Louis OTTER

LICENCIÉ ÈS LETTRES, CURÉ DE VESLY

HISTOIRE
DE VESLY-EN-VEXIN

(EURE)

AVEC DE NOMBREUX DÉTAILS

SUR DANGU, NOYERS, CHAUVINCOURT, GAMACHES

VILLERS-EN-VEXIN, AUTHEVERNES ET GUERNY

ÉVREUX

IMPRIMERIE DE L'EURE

—

1920

HISTOIRE

DE VESLY-EN-VEXIN

(EURE)

Louis OTTER

LICENCIÉ ÈS LETTRES, CURÉ DE VESLY

HISTOIRE

DE VESLY-EN-VEXIN

(EURE)

AVEC DE NOMBREUX DÉTAILS

SUR PANGU, NOYERS, CHAUVINCOURT, GAMACHES
VILLERS-EN-VEXIN, AUTHEVERNES ET GUERNY

ÉVREUX

IMPRIMERIE DE L'EURE

—

1920

A LA MÉMOIRE

DE

Mme NARCISSE GUESNIER

Hommage
de profonde gratitude

INTRODUCTION

A part quelques points de repère bien établis dans les ouvrages généraux de dom T. Duplessis, de Le Prévost et de Charpillon, l'histoire de Vesly était un sujet aussi neuf que difficultueux.

Point d'archives de la fabrique antérieures à l'an XI ; avant 1823, rien des délibérations municipales : quelques rares pièces détachées (A. M.), plus les registres de catholicité depuis 1668, moins le 2ᵉ semestre de 1684. Si l'on excepte les origines du Prieuré et la seigneurie des Chartreux assez documentées par les collections de la Bibliothèque (B. N.) et des Archives nationales (A. N.), pour la période précédant le XIXᵉ siècle, on ne rencontre aucun ensemble de pièces à peu près suivi. C'est une poussière de textes qu'il a fallu glaner aux archives de l'Eure (A. E.), de la Seine-Inférieure (A. S. I.), de l'Indre-et-Loire (A. I. L.), de la bibliothèque municipale de Tours (B. T.), au notariat de Gisors (T. G.), dans les archives des communes voisines et dans quelques maigres papiers de famille.

Nous venions trop tard pour explorer la mine immense des titres de la seigneurie de Dangu, admirablement conservés et classés, et stupidement dispersés, il n'y a pas quarante ans. Le peu que nous en avons découvert témoigne suffisamment qu'avec les documents de l'église, des abbayes de Marmoutier et du Mont-Sainte-Catherine de Rouen, aujourd'hui perdus comme ceux des autres fiefs, c'était là une des sources essentielles de nos annales.

En face de tant de lacunes, on ne s'étonnera pas que nous ayons maintes fois élargi notre cadre afin de l'éclairer par ailleurs. Les faits du reste ne s'emboîtent pas volontiers dans les rigides casiers d'une monographie, sans un préjudiciable morcellement. Au risque d'encourir le blâme des professionnels de l'histoire locale, nous avons cherché à l'éviter, comme aussi toute parade de fastidieuse érudition, n'omettant jamais cependant les indispensables références.

Cet ouvrage s'achevait quand éclata le coup de foudre de la guerre. Dès lors l'attention se portait presque entière là d'où partait le canon qui secouait nos fenêtres : le lecteur s'en apercevra çà et là. L'histoire ne s'écrivait plus, elle se faisait dans le sang et les soldats de notre village y tenaient noblement leur place.

Aussi, tout en arrêtant l'ensemble de notre récit avec l'année 1913, nous n'avons pas voulu clore ce volume sans y dresser le tableau d'honneur de nos glorieux morts de 1914-1918. Leur sacrifice projettera sur ces pages où les ombres ne manquent pas un très pur rayon de lumière.

CHAPITRE PREMIER

LES ORIGINES (VIe-XIe siècles). LE PRIEURÉ.

Situation et aspect général du pays. Formes et étymologie de son nom. La donation de Jean de Laval et la fondation du prieuré. Acquisitions diverses à Vesly et aux environs. Les origines de la paroisse. Cadilon et Gausfred. Une restitution solennelle. Litiges divers et accroissements. Translation du prieuré.

Lorsqu'on va de Paris à Rouen par la route de Magny, une fois franchi la vallée d'Epte et dépassé le faîte de la côte d'Authevernes, on aperçoit vers la droite, dévalant les pentes qui se prolongent en arc de cercle, dominé par un clocher trapu qui paraît de loin une petite maison hissée au-dessus des autres, un pays qui semble d'importance à en juger par les taches nombreuses que ses toits mettent dans la verdure. C'est Vesly, village sans prétention, assez modeste commune rurale qu'aucun événement notable ne signale à l'historien, aucun guide au touriste, et qui cependant mérite un regard sur son passé, non seulement parce que c'est celui d'un coin du sol national dont rien ne saurait nous être indifférent, mais aussi, nous le verrons, parce qu'il est réellement digne d'intérêt pour lui-même.

Vesly-en-Vexin, comme on disait avant 1789, et comme on dira sans doute encore si l'on revient officiellement au cadre provincial, est situé à la limite du Vexin normand, dans un des derniers replis de ce fertile plateau, à une lieue environ de la ligne de l'Epte qui séparait le duché de Normandie du royaume de France. A l'abri entre la première ligne de défense des châteaux-forts de Neaufles, Dangu et Château-sur-Epte, et la seconde dont celui de Gamaches était un point important, il a dû souffrir des guerres pour la réunion de la Normandie à la couronne, sans y jouer aucun rôle.

Le site dans lequel Vesly s'encadre, n'offre pas non plus rien de très remarquable. C'est dans la partie opposée au coteau, la plaine immense dont la parure est toute la beauté. L'horizon, limité par le cercle des grous au sud et à l'est, s'étend sans fin au nord et à l'ouest, barré seulement par les sombres frondaisons du Boisdenemets. Du sommet de la colline qui atteint au maximum 146 m., alors que le point le plus bas du territoire est à 88, et la moyenne du plateau à 120, le panorama recule ses limites jusqu'à la forêt de Lyons, au delà des bois de Gisors et d'Etrépagny. On peut aussi jouir de quelques échappées sur les vallons de Nainville et de Noyers et sur la vallée d'Epte.

Du côté du Vexin français, Vesly est borné par les villages d'Authevernes, Guerny et Noyers. Les Thilliers et Villers-en-Vexin, Gamaches et Chauvincourt, forment la limite opposée. Mais pour les 4/5 son territoire est contigu à celui de Noyers, Gamaches et Authevernes : il figure une sorte de rectangle où l'agglomération est placée vers le bord sud-est, sans annexe d'aucune sorte. S'il est exact que « le vrai Vexin » longe sur 4 à 7 kil. des deux côtés la route de Paris à Rouen, entre Grainville et les Thilliers (1), Vesly en fait indubitablement partie : cette grande voie de communication forme même la limite partielle du pays.

Mais l'issue naturelle du village est la route qui conduit de Vernon à Gisors, le chef-lieu de canton, éloigné de 11 kil. et centre le plus fréquenté. On ne va guère aux Andelys, la sous-préfecture, que pour affaires judiciaires ou administratives. Que dire des relations avec le chef-lieu du département, distant de 53 kil. par la route et dont l'accès par voie ferrée prend près d'une demi-journée ! (74 kil. par Vernon et Pacy-sur-Eure (2); 99 par Vernon, Mantes et la ligne de Cherbourg ; 144 par Etrépagny, Pont-de-l'Arche, Oissel, Serquigny et la même ligne; 213 par Vernon, Mantes, Oissel et Serquigny : parcours parfois le plus rapide). On touche ici du doigt l'irrémédiable vétusté du cadre départemental. Beauvais (54 kil. par route, 45 par voie ferrée), Rouen surtout (42 kil. par route, 58 par le train), Paris

---

(1) *Les paysans de la Normandie orientale*. Étude géographique par Jules Sion. Paris, 1908. In-8°.

(2) 88 k. par Pacy-Bueil et la ligne de Caen.

même (80 kil. par route, 79 par voie ferrée) seraient bien mieux à portée. Les communications sont aisées et rapides, avec un seul transbordement tout au plus.

En fait, de ces trois villes, Paris seul exerce une attraction sérieuse. C'est là que les gens aisés vont faire leurs gros achats, là surtout que les jeunes iront de préférence chercher à se placer. Sa proximité, le voisinage du Vexin français, l'instabilité de la population, ont depuis longtemps fait disparaître les caractéristiques nettement provinciales. « Le vent est de France », disent encore quelques rares anciens, quand il souffle de Paris. Le vent de l'uniformité banale a soufflé lui aussi. Ni dans le mobilier, ni dans le costume encore moins, il ne faut s'attendre à trouver quelques traits marquants de couleur locale. Le bonnet de coton, les hautes casquettes en soie, les blouses longues et empesées ne se portent plus que sur les cartes postales. Quelques hauts bonnets à dentelles dorment dans les tiroirs. Une dizaine d'années encore et « la marmotte » elle-même ne sera plus qu'un souvenir. On se sait en Normandie et on aime à le redire, sans chercher plus loin.

La suite de cette histoire précisera ces généralités sur la situation et la physionomie du pays. Examinons maintenant quelles transformations a subies son nom.

Au xie siècle, puisque les textes ne remontent pas plus haut, on écrit *Verlei* ou *Verli*, auquel correspond en latin *Verliacum*, forme la plus répandue, et parfois *Verleium*.

L'*r* vraisemblablement n'était pas prononcée. Elle équivalait à une *l*, et couramment on écrivait, par exemple, *Guillermus* pour *Guillelmus*. Aussi au xiiie siècle, on trouve plus souvent les formes *Velli* ou *Velly*, correspondant à *Velliacum*. L'*y* n'est pas autre chose dans ce cas qu'un *i* ornementé.

Dès cette époque ces formes tendent à prévaloir, mais on trouve encore jusque dans le xvie siècle Wailly, Wéély, Wély, Véély, Vély, Veilly et Villy, qu'on devait prononcer sans mouiller les *l*.

Ces variations n'ont rien de surprenant, car on se souciait plus des sons que d'une orthographe fixe, et parfois dans un même document le même nom de pays est écrit de plusieurs manières. Pourvu qu'on se reconnût dans la série des localités, on se tenait pour satisfait.

Plusieurs communes qui avaient primitivement un nom identique, en sont restées à une des étapes que nous venons d'indiquer. Citons seulement Villy-le-Bas (canton d'Eu, Seine-Inférieure), qu'on a écrit Wesly, Welly, Willy, Velly, Velli ; Villy-sur-Eaulne que l'on traduisait *Verleium* ; Villy (canton de Falaise, Calvados) qu'on a orthographié Veillie et rendu par *Veilleyum* ; Vailly-sur-Aisne, près Soissons, qu'on a écrit Valli ou Vally, et en latin *Velliacum*, *Vailiacum* et *Velleyacum*. On pourrait multiplier les citations (1), car beaucoup de pays portent un nom similaire.

Cependant il n'y a aujourd'hui en France qu'une seule commune dont le nom s'orthographie de la même manière : c'est Vesly, bourg du canton de Lessay dans la Manche (2). Cette dernière forme avait fini par l'emporter pour notre village, dès le début du xixe siècle. On la rencontrait çà et là durant les deux cents années précédentes, surtout dans les registres de tabellionage, au milieu des formes plus fréquentes Velly ou Vély.

Ces trois graphies s'engendrent d'ailleurs l'une l'autre. Avant l'invention des accents, pour que dans le corps des mots l'*e* ne fut pas muet, la seule ressource était de doubler la consonne suivante. C'est encore une règle des verbes en *eler, eter*. Dans quelques exceptions, l'accent s'impose ; parfois on peut à volonté doubler la consonne ou accentuer, employer l'ancienne manière ou la nouvelle.

C'est ce qu'on fit en écrivant Velly, comme au xiiie siècle, ou Vély. L'accent qui faisait supprimer une *l*, amena par contre l'introduction d'une *s*. En effet cette consonne est une des lettres auxquelles l'accentuation supplée le plus souvent. Epée, écrire, éteindre ont remplacé espée, escrire, esteindre ; et que d'autres exemples ne pourrait-on pas alléguer ! Mais durant quelque temps les deux formes furent employées, l'une suggérant l'idée de placer une *s* dans l'autre, là où l'accent en tenait déjà la place.

Ainsi de *Vély* on en vint à *Vesly*, forme actuelle, la plus récente de toutes, qui, si elle n'est pas très en règle avec l'étymologie, a du moins le mérite de n'être pas trop éloignée des anciennes désignations, alors que tant de noms de lieux sont défigurés et estropiés d'une manière grotesque.

Quelle racine peut-on maintenant assigner à ce vocable ? Il faudrait pour cela en connaître la forme la plus ancienne. Nous ne connaissons guère que celle de Vailly-sur-Aisne, désigné au temps de Charles le Chauve des noms de *Vasliacus* et *Vaeslei* (3) (857 et 864). Le suffixe *iacus* servant depuis la période mérovingienne à former des noms de lieux avec des noms d'hommes ou de choses, on peut donner à Vesly pour racine primitive le celtique *wael*, source, fontaine, qui a donné l'anglais *wel* et le flamant *weel*. Orderic Vital appelle *Waiolus* ou *Wael* un ruisseau dénommé aujourd'hui *Guiel* (4). Vesly, *Wasliacus*, serait

---

(1) Veules, arrondissement d'Yvetot (Seine-Inférieure), s'écrivait aussi *Velleium*.

(2) En latin *Veilleium, Velleium Velleyum*. D'origine identique par suite au nom de notre commune. Viesly dans le Nord viendrait de *Veteres Lites*. Sur l'orthographe de tous ces noms, cf. les textes cités dans le *Recueil des grands historiens de la France*, t. XXIV, *le pouillé dit d'Eudes Rigaud* et ceux publiés par Aug. Longnon. Klinchsieck, Paris, 1903.
Il y a en France 12 communes s'appelant Villy, 4 Vailly et 1 Veilly.

(3) Cf. Le Prévost. Art. Vesly et Cailly. L'identification de *Vaeslei* est discutée. Ce pourrait être, paraît-il, aussi bien notre Vesly.

(4) *Historiæ ecclesiasticæ*. Ed. le Prévost. Ce ruisseau est dans l'Orne ; arrond. d'Argentan.

donc le pays aux sources, comme Guerny, *Garniacus*, le lieu des *gwern* ou aulnes (1).

C'est l'opinion de Toussaint Duplessis, s'inspirant sans doute de la pensée de Huet, le savant évêque d'Avranches. En tous cas le pays n'y contredit en rien, tant s'en faut : il est des plus « sourcineux » et il devait l'être encore davantage quand les forêts le couvraient en grande partie. Ce n'est pas un fait des plus fréquents dans une bonne moitié du Vexin normand. Rien d'étonnant à ce qu'on l'ait mis ainsi en relief. N'est-il pas remarquable que les trois principales et les plus anciennes rues du village soient toutes placées sur le passage d'une source et orientées selon leur cours !

Comme presque partout on a trouvé à Vesly des silex taillés épars dans la plaine. On y a recueilli des anneaux de schiste (2). Vers Noyers, au triège du Mont-Tibout, une grande quantité de poteries anciennes ont été découvertes, pour ainsi dire en tas, brisées malheureusement aussitôt, en sorte que les données font défaut. Au dire des habitants, contrôlés par l'érudit archéologue, M. Léon Coutil, on a rencontré au clos de Bellegarde des fondations et des tuiles romaines (3). Ces quelques détails ne permettent pas de se prononcer nettement.

On ne sait rien de plus d'ailleurs sur les villages attenants. Guerny et surtout Gamaches ne commencent guère à émerger qu'à l'époque mérovingienne. La vie de saint Eloi, le célèbre ministre de Dagobert, raconte que lors d'un séjour à la métairie royale d'Etrépagny, il fit une promenade jusqu'à Gamaches où il guérit un paralytique devant l'église.

On peut également affirmer que Vesly était habité au temps des rois de la première race. A plusieurs reprises en effet dans le cours du XIXᵉ siècle, on y a mis au jour des sépultures de cette

---

(1) D'après les théories de d'Arbois de Jubainville (Recherches sur l'origine de la propriété foncière et des noms de lieux habités en France. Paris, Thorin, 1890) on pourrait faire venir Vesly du gentilice Velleius : ce que les quelques ruines romaines trouvées dans le pays ne démentiraient point. Par Velleius, nom d'homme, on serait arrivé à Velleiacus, Verliacus, etc.

(2) L. Coutil. *Association française pour l'avancement des sciences.* **Congrès de Caen, 1894.** In-8°, 3 p. 28, rue Serpente, 1895. « Anneaux de pierre trouvés en Normandie » etc.

(3) L. Coutil. *Archéologie gauloise, gallo-romaine et franque*, I. Arr. des Andelys, Louviers, 1895.

période. L'endroit où il en a été trouvé en plus grand nombre a été appelé le triège des tombes ou des *timbes*, comme on dit en patois local. Il est borné par le bois de l'Oseraie, les ruelles Châtelaine, Mollière et de la Canée. « On y a découvert une vingtaine de sarcophages en pierre et plâtre qui contenaient des vases et des armes de l'époque franque (1). »

Dans la suite on en a encore trouvé dans ce même rectangle, notamment dans une pièce située au-dessus de la sablonnière du Montpinçon. Quelques découvertes analogues ont été faites toujours dans la même direction à l'est de l'église, en allant vers les hauteurs, mais dans un périmètre bien plus étendu, jusque dans le bois des Carrières au-dessus du haut chemin de Vernon. Par malheur, ces sarcophages ont été stupidement brisés presque aussitôt. On ne sait quelle était leur orientation. Par hasard j'ai obtenu une coupe en terre qui contenait des restes de charbon, une lame de sabre coupant d'un seul côté et un fer de lance ou de javelot (2).

Mais ce n'est là qu'un éclair au milieu des ténèbres profondes où plongent les origines du pays. Écrits ou monuments nous font défaut.

Les premiers textes connus qui fassent mention de Vesly n'apparaissent que dans la seconde moitié du XIᵉ siècle, sous le règne de Guillaume le Conquérant. Ils se rapportent à la fondation du prieuré de Vesly par les moines de l'abbaye de Marmoutier près Tours. Dom Martène qui les a utilisés dans son histoire du célèbre monastère, en a transcrit quelques-uns (3) ; les autres nous ont été conservés par l'infatigable érudit Étienne Baluze, ancien bibliothécaire de Colbert. Exilé de la cour, il séjourna trois années à Marmoutier et se mit, bien qu'octogénaire, à copier dans le chartrier les pièces qui lui semblaient dignes d'intérêt (4).

Comment les moines de l'abbaye fondée par saint Martin vinrent s'établir à Vesly, le document suivant dont nous donnons la traduction intégrale, nous le dira amplement (5).

---

(1) Coutil. *loc. cit.* Il reproduit un petit vase trouvé dans ces sépultures.
(2) De Caumont. *Abécédaire d'archéologie*, 2ᵉ éd., p. 49, reproduit 2 armes semblables.
(3) B. N. *Ms. latin*, nᵒˢ 12878 et 12880.
(4) B. N. *Collection Baluze*, t. LXXVII. En 1713, il copie les chartes normandes.
(5) *Ibid.*, p. 44.

« La plupart du temps la paix et le repos de tous les fidèles sont troublés par l'insatiable cupidité d'hommes pervers, car, ce que les uns paraissent posséder à bon droit, les autres désirent le ravir injustement, et, là où les bons puisent de quoi vivre et se sustenter, tout en servant Dieu, les impies ont le front impudent de trouver matière à chicanes pour satisfaire leur convoitise. C'est ainsi que nous voyons des actes passant jadis pour bien établis sous tous rapports, annulés par la suite, et des biens longtemps possédés sans réclamation, arrachés pour ainsi dire d'entre les bras de leurs détenteurs, sans qu'ils l'aient prévu, sans même qu'ils y pensent. Aussi le devoir des hommes prudents est-il de toujours prévoir l'avenir et d'inscrire dans les actes de vente ou de donation concernant leurs biens, ce qu'il est utile à eux ou à leurs successeurs de ne pas ignorer.

En conséquence, nous, moines de Marmoutier, voulons faire savoir à nos successeurs qu'un chevalier du nom de Jean, originaire du pays du Maine, fils de Guy de Laval, nous a fait don, par la volonté et du consentement de son père et de son frère appelé Haimon, d'un bien-fonds, sis en Normandie, sur le territoire du Vexin, à savoir la moitié de tout le domaine de Vesly (1). Il nous a aussi donné Saut-Longé (2) en entier, l'église du village appelé Guerny (3) situé près de la rivière d'Epte, avec une terre en masure et deux moulins, sept acres de pré et sept demeures d'hôtes (4). La terre de Vesly, Guy, père de Jean et de Haimon, l'avait reçue en dot de son épouse Berthe (5), leur mère ; mais l'église et la terre de Guerny, les moulins, les acres de pré et les demeures d'hôtes ont été achetés par lui, après son mariage.

Tous ces biens, comme il était avancé en âge et affaibli par la vieillesse, il les donna à Jean, l'aîné de ses fils, qui était déjà un jeune homme. Quelque temps après, celui-ci était dans le cours de sa vingt-neuvième année, parvenu à l'âge viril et vivait, ainsi que le comportait son illustre origine, sous l'habit militaire, quand la grâce de Dieu le toucha, comme son prénom donné peut-être à dessein le faisait prévoir, et le cœur plein de componction, il commença à prendre en horreur ce monde qu'il voyait chaque jour aller de mal en pis. Il méprisa donc les richesses de ce monde, dédaigna les choses qui passent pour mériter d'obtenir celles qui sont éternelles (6).

Longtemps il se demanda en quel lieu il satisferait plus complètement son désir. Enfin il choisit pour y passer sa vie cette abbaye de Marmoutier, poussé par cette considération que la faiblesse de la nature y avait le moins de place possible et croyant bien réussir, grâce aux prières et aux mérites de Martin, le plus illustre des confesseurs.

Délaissant donc le costume du siècle, il prit l'habit de la vie religieuse : alors le domaine susdit et l'église avec la terre, les moulins, les acres de pré et les habitations

---

(1) *Medietatem videlicet totius potestatis Verliaci.* Les textes postérieurs montrent qu'il s'agit de la moitié de la seigneurie, l'autre partie étant sous l'autorité du seigneur de Dangu et de ses vassaux.

(2) Ces mots sont en français, mais le nom de ce triège paraît perdu.

(3) *In villa quæ dicitur Garniacus.* Dom Martène a cru qu'il s'agissait de Gournay et dom Rabory (*Hist. de Marmoutier.* Paris, Savaète, t. Ier, p. 120) le répète après lui. C'est une erreur.

(4) *Cum una mansura terræ... et septem hospitiis,* sept « ostises » ou petit tènement occupé par un *hospes,* ordinairement une cabane, une cour et un jardin, et parfois une certaine étendue de terre labourable. Les hôtes payaient des redevances au seigneur, mais n'étaient pas soumis aux corvées.

(5) Morte antérieurement. En 1060, Guy était remarié avec Rotrude.

(6) Plusieurs de ces textes sont empruntés à la vie de saint Benoît par saint Grégoire le Grand.

d'hôtes, tels que son père les avait d'abord possédés et lui ensuite, il les céda en entier à ce monastère, libres et absolument affranchis de tout le tracas des usages et servitudes, en perpétuelle possession.

L'abbé Albert gouvernait alors Marmoutier, et, sachant qu'il n'y avait pas d'autre moyen de maintenir cette donation, il alla trouver Guillaume, chef et duc des Normands et, pour mieux dire, ce qu'on trouverait difficilement ailleurs, roi de toutes ses terres, et comptant sur la grande intimité et l'affection qu'ils entretenaient l'un pour l'autre, il le pria d'accepter et d'autoriser la susdite donation. Par un effet de cette extraordinaire libéralité, qualité par laquelle il l'emportait puissamment sur tous les autres et qui l'avait fait enrichir notre monastère de nombreuses et généreuses faveurs, Guillaume, avec une facilité inattendue, accorda ce qu'on lui demandait et en donna confirmation et ratification avec les témoins soussignés.

Sceau du comte Guillaume ; de Maurice, archevêque ; de Gervais, évêque ; de Guillaume, évêque ; de Robert, évêque ; de Robert, comte, fils du roi d'Angleterre ; de Robert, fils de Roger de Beaumont ; de Raoul, fils d'Erluin ; de Raoul Payen ; de Robert, fils de Roger ; de Ricard, comte de la ville d'Evreux » (1).

Ainsi, comme le dit dom Martène, Jean de Laval doit être reconnu pour le premier fondateur du prieuré de Vesly par la donation qu'il fit de ses biens à Marmoutier, lorsqu'il y entra en religion. Il engagea son père Guy, comte de Laval et fondateur de la ville de ce nom, à l'imiter, en établissant à Laval même un prieuré qui relèverait de son abbaye. Guy lui donna satisfaction en 1060 (2), peu de temps après que Jean eût pris l'habit monastique.

L'établissement du prieuré de Vesly doit donc être fixé au plus tard en 1059, sept années par conséquent avant la fondation du prieuré Saint-Ouen de Gisors par Hugues de Chaumont en 1066.

Les oncles maternels de Jean prétendant à certains droits sur les biens de leur sœur, ne consentirent à se désister de leur opposition à la donation qu'en 1063 par l'accord (3) suivant.

---

(1) Dom le Michel (Biblioth. municip. de Tours, n° 1387) observe dans le premier volume de son histoire manuscrite de Marmoutier, qu'à part Maurille (1055-1067), aucun des évêques indiqués ne se rencontre alors en Normandie. Il croyait cette charte antérieure à 1064, date de la mort de l'abbé Albert. Nous croyons plutôt qu'il faut y voir une amplification postérieure, transcrite au cartulaire, de la charte primitive par laquelle Guillaume le Conquérant avait ratifié en faveur de l'abbé Albert la donation faite par Jean de Laval. On peut penser qu'elle a été composée après la mort du moine Jean et du comte Guillaume (1087).

(2) B. N. *Ms. latin* 12878, p. 878. « Fecit haec Joannis quidem filii sui monachi apud nos nuper effecti occasione.

(3) *Ibid.* et Baluze, p. 50. Rodbertus de Tœniaco, ou, d'après dom le Michel, de Toenio. Peut-être était-il parent de ce Roger de Tosny qui fonda l'abbaye de Conches et lui donna la dîme de Villers près Vesly.

« Vous devez savoir, vous qui habiterez après nous, s'il en est, ce monastère de saint Martin que Robert de Toesni, oncle maternel de dom Jean, notre moine, fils de Guy de Laval, nous a concédé tout ce qu'il réclamait pour lui du domaine de Guerny (1) et a confirmé la possession entière de la totalité de ces biens à saint Martin et à nous aux conditions qui suivent.

S'il arrive que Robert veuille se faire moine chez nous et que son frère, appelé Bérenger et surnommé l'Epine, le veuille aussi, avec son autorisation tant qu'il vivra, nous ne pouvons pas nous y refuser. Toutefois si cela ne leur plaît ni à l'un ni à l'autre et que Robert ait un fils le demandant pour lui-même, avec l'autorisation de son père et du consentement de Bérenger, s'ils sont en vie, nous ne pourrons pas non plus le repousser, pourvu que ce fils ait atteint ou dépassé l'âge de vingt ans.

Cette convention, Robert l'avait faite d'abord avec quelques-uns de nos frères en présence de Guillaume, comte des Normands. Par la suite, il vint dans notre chapitre présidé par dom Albert, notre supérieur, l'an de l'Incarnation du Seigneur 1063, et en donna confirmation chez nous. Était présent avec lui, Bérenger son fils qui approuva l'acte de son père. Était présent aussi un de ses hommes du nom de Gauquelin qui en rendra témoignage » (2).

Jean de Laval ne paraît pas avoir eu dans la suite à s'occuper de sa fondation. Il passa probablement le reste de sa vie à Marmoutier. Plusieurs fois il fut chargé de missions de confiance. On l'envoya notamment à Guillaume le Conquérant, afin qu'il fit donner confirmation par son fils Robert, avant de passer la mer pour conquérir l'Angleterre, de toutes les donations qu'il avait faites ou autorisées sur ses terres de Normandie en faveur de l'abbaye (3).

Après 1080 nous perdons sa trace. Mais n'eût-il pas survécu à Rotrude, seconde femme de son père, laquelle mourut en 1090 (4), il aurait eu le temps de constater que dans le développement inouï des possessions de Marmoutier vers la fin du XIe siècle,

---

(1) La charte de fondation au contraire considère les terres de Vesly comme l'apport dotal de la mère de Jean. Il faut lui préférer cette pièce de 1063.

(2) Suit la liste des témoins de l'acte passé à la cour de Guillaume : Radulfus Taxonis (Tesson, d'après dom le Michel), Tetbaldus filius Berneri, Hugo Britto, Rodbertus filius Gerogii, Ricardus filius Torestini, Girardus Siniscalcus.

(3) Cette ratification fut signée à Rouen en 1066 (B. N. 12878. Baluze, p. 52). Jean, d'après dom Martène, aurait aussi été chargé de soutenir les droits de Marmoutier contre l'abbaye de Redon, jusqu'à Rome même, en 1080.

(4) Guy vivait encore à cette date. Il dut même faire restitution au prieuré de Laval, sa fondation, des droits qu'il lui avait jadis donnés, pour obtenir que Rotrude fut inhumée à Marmoutier, près de Haimon dont il était fils. Guy pouvait approcher alors de 90 ans. Vers 1060 en effet, il passait pour « avancé en âge », et Jean, son fils, avait 30 ans : il devait donc être près de la soixantaine lors de la fondation du prieuré de Vesly. Jean, d'après dom le Michel, était son deuxième enfant. Il avait eu outre Jean, trois fils : Haimon, Guy, Gervais ; trois filles : Hildetrude, Agnès, Hildeburge. (Baluze, p. 179).

Vesly tenait sa bonne place. Dons et acquisitions s'entremêlaient. Ce n'était pas sans difficultés le plus souvent, mais les moines en arrivaient toujours à un accord.

Antérieurement à 1064, Ernoulf de Villaines (de Villanis) leur concéda tout ce qu'ils tenaient dans sa terre de Vesly, laquelle lui était venue par sa femme, paraît-il. Le frère d'Ernoulf y consentit également, et tous deux reçurent en retour des religieux deux colliers d'or et une chaîne du même métal avec des pierres précieuses (1).

Accord analogue une douzaine d'années après.

« Richard de Miry (de Miriaco) nous a autorisés, nous, moines de Saint-Martin de Marmoutier, vivant actuellement sous le gouvernement de dom Barthélémy, l'an de l'Incarnation du Seigneur 1076, le 2 octobre, à posséder tout ce que nous avait donné son père Onfroy au village de Vesly, et tout ce que nous avons acheté jusqu'à ce jour sur ses terres. Il a promis aussi d'apaiser tous ceux qui nous accusent à ce sujet, autant qu'il pourra le faire selon le droit, et accepté en échange la faveur de participer aux mérites de notre société.

A notre tour nous lui avons promis, à dater du même jour, de ne plus rien accepter ni acheter sur ses terres, et de ne plus recevoir des habitants de son domaine sur le nôtre » (2).

Une autre donation, antérieure sans doute, fut aussi contestée, puis confirmée comme il suit.

« Que tous sachent que Milon, fils du chevalier Osbern de Vesly, est venu au chapitre de Marmoutier et que là, il a cédé à Dieu et au bienheureux Martin et à nous ses moines, tout ce que son père nous avait donné à sa mort en se faisant notre moine. En effet le fils d'Osbern récriminait contre nous parce que, se trouvant en Angleterre quand son père mourut, il n'avait pas assisté à la donation faite par son père. C'est pourquoi amené à Marmoutier par dom Cadilon notre frère, prieur de l'obédience de Vesly, il a concédé et ratifié en présence du chapitre général, ainsi qu'il a été dit, ce qu'il n'avait pas voulu concéder auparavant, et il a accepté la faveur de participer aux mérites de notre société » (3).

Indépendamment du grand rôle de dom Cadilon que nous retrouverons en plusieurs circonstances, cette charte atteste qu'un chevalier de Vesly avait assisté à la conquête de l'Angleterre. Au nom de Milon, nous ajouterions volontiers ceux de

---

(1) Dom Anselme le Michel († 1644), dans son histoire en latin de Marmoutier. B. T. 1387, 1388, 1389, est seul à donner cette indication. Il semble avoir eu en main plusieurs documents que dom Martène a ignorés.

(2) B. N. *Ms. lat.*, 5441, extraits du cartulaire compilés par Robert de Gaignières, p. 91 ; et Dict. le Prévost.

(3) 12878, p. 162. Baluze, p. 50. 5441, p. 91 et le Prévost. Sans date.

Guillaume, Hugues et Robert de Vesly qui, d'après Charpillon, furent de la même expédition, si l'on savait au juste de quel Vesly il s'agit (1). Nous pouvons plus sûrement mettre au nombre des chevaliers qui habitèrent notre village, Hubert et Gislebert de Verlei que nous rencontrerons en 1105. On peut y joindre à une époque plus tardive, Davy de Vesly, serviteur de Robert Crespin, seigneur de Dangu dont il reçut, en récompense de ses services, un tènement à Cantelou, paroisse d'Harquency. Il est probable que Davy entra dans l'ordre des Templiers et leur valut les générosités de Robert Crespin. En 1219 il leur donna en effet 60 acres de bois, le droit de pâture sur ses terres et dans ses bois, le droit de panage pour les porcs. Il consentit à leur laisser Davy avec le domaine que ce dernier tenait de lui. On peut donc considérer Davy de Vesly comme le fondateur de la commanderie du Bourgoult sur Harquency (2).

Les Crespins avaient aussi fait beaucoup de largesses au prieuré naissant. Sous l'abbé Bernard (1084-1100), Anschaire le Roux de Vesly, après avoir protesté contre les empiétements des moines, finit par se désister de son opposition. De son plein gré, en présence de Guillaume Crespin, vicomte du roi d'Angleterre au château de Neaufles, d'Herluin du Bec, il leur fit don de treize acres de terre et prit l'habit monastique (3).

Vers 1090 le prieuré s'établissait à Noyers, comme en fait foi la charte suivante :

« Sachez que Raoul et Roger, son frère, ont donné en aumône aux moines de Marmoutier toute la dîme de Noyers. Roger a aussi vendu sur sa part un vavasseur avec le fief entier qu'il occupe à Vesly : il s'appelle Osbert, surnommé le Pèlerin. Roger étant mort, son frère Raoul a donné sa fille en mariage à Robert de Fayel, lequel s'est attaqué à la donation de Raoul et de Roger son frère. Voici comment finit cette contestation (4). Dom Cadilon renvoyé à l'obédience de Vesly a donné au susdit Raoul de Noyers trente sols de deniers de Pontoise, pour qu'il allât confirmer à la

---

(1) Même remarque sur Pierre et Guillaume de Vesly mentionnés au service du roi dans un compte général des revenus royaux pour l'an 1202 ; autant sur Nicolas de Vesly, chanoine d'Evreux en 1264 (A. E. G. 122, n⁰ 258 B) et sur ce Grégoire de Vesly qui servit d'arbitre entre les abbés de Saint-Denis et de Saint-Germain-des-Prés.

(2) Cf. l'abbé Guéry. *Les commanderies dans L'Eure* (Renneville, Chanu, Bourgoult), in-8⁰. Evreux, 1900.

(3) Dom le Michel, *ibidem* 1389, p. 256. Il ne s'agit pas du célèbre Helluin († 1078).

(4) Ici les noms de neuf témoins différents de ceux qui suivent, dont Ernoulf de Villaines, c'est-à-dire de Villers-en-Vexin.

cour de Robert, comte des Normands, au château de Neaufles, devant Guillaume Crespin, vicomte de cette terre, toutes les ventes et donations passées par lui en faveur des moines de Marmoutier. Ainsi fut fait. Témoins : Guillaume Crespin et ses deux fils : Guillaume et Simon, Raoul de Cromanville, Raoul son fils, Bernard de Portmort, Hugues son fils, Enguerrand de Chauvincourt, Alvered de Gamaches, Milon de Verli, Geoffroy de Rienne, etc. » (1).

Le moine Cadilon était donc, pour la seconde fois, prieur de Vesly. Il paraît avoir été un homme fort actif et des plus zélés pour les intérêts de son monastère. Osmond de Chaumont et sa femme réclamaient certains droits sur les terres du prieuré. Il obtint leur désistement en donnant à la femme trente sols en monnaie de Pontoise. Robert, leur fils encore enfant, Osmond et ses frères, Gaston et Robert, reçurent d'autres présents. C'était en 1094.

A cette date, l'abbaye de la Trinité du Mont-Sainte-Catherine de Rouen avait acquis des possessions à Vesly. Des litiges étaient inévitables. Cadilon en appela à l'archevêque de Rouen. Le jour du jugement, les religieux de Sainte-Catherine ne se présentèrent pas et ne se firent pas même excuser. Séance tenante, les juges donnèrent gain de cause aux moines de Marmoutier, en présence de Raoul, prieur de l'abbaye, de Roger, ancien archevêque de Rhegium en Italie, d'Hilgod, ancien évêque de Soissons, tous deux démissionnaires et moines de Marmoutier, d'André, frère d'Hilgod, et de Cadilon (2).

Le zélé prieur obtint aussi gain de cause contre le premier curé connu de Vesly dont la conduite laissait trop à désirer. A cette époque, malgré les efforts des papes, la loi du célibat ecclésiastique avait subi tant de violations qu'un concile tenu à Rouen en 1063, tout en interdisant aux prêtres et aux diacres de contracter mariage à l'avenir, n'imposa pas à ceux qui avaient contracté une union antérieure de renvoyer leurs épouses (3). Le curé de Vesly n'était donc pas une exception, mais sa progéniture, hélas ! ne

---

(1) B. N. 5441, p. 100. Sans date. Robert Courte-Heuse, dont il est parlé, régna de 1087 à 1106 ; mais de 1095 à 1101, il est à la croisade ou ailleurs, et dans la suite n'a plus d'autorité. On voit que Milon de Vesly ne s'était pas fait moine, comme le disent dom le Michel et dom Martène. La dîme de Noyers et des autres paroisses fut confirmée au prieuré par l'archevêque Geoffroy (1111-1128). A. E. H. 1057.

(2) Dom le Michel, *ibidem ;* et aussi pour le fait précédent.

(3) Cf. Vacandard. *Etudes de critique et d'histoire religieuse,* première série. Paris, Gabalda, 1909.

lui faisait pas grand honneur. Elle avait de qui tenir, il est vrai, car lui-même n'avait rien d'édifiant dans sa conduite. A plusieurs reprises, Cadilon envoya des plaintes à l'archevêque. Voici quel fut le dénouement de l'affaire.

« Sachent tous que Gausfred, prêtre de Vesly, se plaignant souvent et par sa faute de nos moines de la même obédience, enfin les deux parties vinrent en jugement devant Guillaume, archevêque de Rouen, à savoir le prêtre et les moines, c'est-à-dire Ulric, Kadilon et Roger. Là le prêtre fut accusé et convaincu de fautes nombreuses et très graves perpétrées tant par lui qu'avec son consentement par un particulier son fils (1)... Ne pouvant en aucune façon se disculper de ces accusations, il a été déposé de son ordre par l'archevêque.

Or, comme dans la suite, ce prêtre, quoique déposé pour ses propres fautes, se plaignait beaucoup cependant des moines susnommés auprès de ceux qui leur avait succédé dans ce même prieuré, et à cause d'eux, de nous tous moines du Grand Monastère de Saint-Martin, il en est enfin arrivé à conclure avec les successeurs de ceux qui l'avaient fait condamner, l'accord suivant.

Ils lui ont donné cent sols de deniers et un muid de froment, un autre de seigle, un troisième d'avoine. Alors il est venu avec eux à la cour du roi d'Angleterre, au château de Neaufles et, en présence de tous, il s'est désisté entièrement de tout son bénéfice et de tout ce qu'il pouvait réclamer à ce sujet sur notre église de Vesly. De plus, devant toute la cour elle-même, il a fait serment de ne plus rien réclamer de tout cela désormais. Ses deux fils : le prêtre Guillaume et le laïc Roger firent d'eux-mêmes au même lieu le même désistement ».

En quel sens les moines du prieuré pouvaient-ils appeler l'église de Vesly « notre église » ? Ils possédaient certainement, nous le verrons plus loin, un droit sur les dîmes de la paroisse et, comme les religieux de Sainte-Catherine, sur les offrandes faites à l'église. Mais jouissaient-ils du droit de patronage, c'est-à-dire de présenter le curé à l'agrément de l'archevêque ? La donation de Jean de Laval qui leur attribue expressément l'église de Guerny, est muette sur ce sujet.

Sans doute on pourrait croire qu'ils ont apporté à Vesly le culte de saint Maurice très vivant chez eux. Quelques-unes de ses reliques se trouvaient dans la basilique Saint-Martin de Tours, un autel lui était dédié à Marmoutier. Le jour de sa fête les moines se rendaient en procession à la cathédrale. En 1095, le pape Urbain II, lorsqu'il consacra la nouvelle église de l'abbaye, plaça dans la pierre d'autel, parmi d'autres, quelques reliques du saint martyr.

Mais bien avant l'arrivée des moines, il y avait une église dans

---

(1) Videlicet de furtis, de sacrilegiis, de fornicationibus et de contaminatione ecclesiæ suæ. (Baluze, tome 77, p. 60 *bis*).

le pays. Vesly avait atteint un développement supposant une population assez nombreuse pour exiger un lieu de culte. A côté des terres de Jean de Laval, il faut placer celles d'Ernoulf de Villaines, d'Anschaire le Roux, d'Osmond de Chaumont, de Richard de Miry, de Milon de Verli, de Raoul et Roger de Noyers, le domaine de Sainte-Catherine, et surtout l'important fief du seigneur de Dangu. Tous ces biens exigeaient des tenanciers indispensables à leur mise en valeur. Une église ou une chapelle, quelle qu'elle fût, devait être à leur disposition.

Il est préférable d'admettre que, dès l'époque mérovingienne, un oratoire fut élevé à Vesly et dédié à saint Maurice. Les vi^e et viie siècles ne sont-ils pas l'époque où le culte des martyrs d'Agaune prit une grande extension (1). Que cet édifice ait été agrandi, remanié et rebâti peut-être en entier postérieurement à la fondation du prieuré, c'est certain, puisque les parties les plus anciennes de l'église sont du xiie siècle. Mais il n'est pas vraisemblable que les moines aient changé le titulaire traditionnel. On ne l'eut pas supporté sans raisons très graves et il en serait resté quelque souvenir.

D'ailleurs s'ils possédaient le patronage de l'église sous l'épiscopat de Guillaume Bonne Ame qui déposa Gausfred (1079 à 1110), ils ne tardèrent pas à le partager avec le seigneur de Dangu, puisque dès 1119 la moitié de l'église seulement appartient à Marmoutier (2). En qualité de gros décimateurs, les moines du prieuré devaient avec ceux de Sainte-Catherine entretenir l'édifice, sauf la nef demeurant à la charge des fidèles.

C'est dans cette église sans doute que Raoul de Boury compléta d'une manière publique et solennelle la restitution des terres qu'il avait usurpées sur le domaine de l'archevêque de Rouen. La réunion dans un village de tant de personnages qui furent témoins de l'acte, constitue un des faits les plus notables de l'histoire de Vesly. Aussi le document mérite-t-il que nous le traduisions en entier.

---

(1) Cf. A. Dufourcq. Étude sur les *Gesta martyrum* romains. T. II. Paris, Fontemoing, 1907. Dans le diocèse actuel d'Evreux il n'y a que Juignettes, outre Vesly, qui ait pour titulaire de son église saint Maurice. Notre patron est plus favorisé dans le diocèse de Rouen.

(2) Archives de Marmoutier, d'après dom Toussaint Duplessis. Nous suivons la chronologie des archevêques de Rouen établie par l'abbé Vacandard.

L'an de l'Incarnation 1105, Guillaume, archevêque, gouvernant la sainte église de Rouen, Raoul, fils d'Albert de Boury, a rendu à l'église Sainte-Marie de Rouen les terres de Gisors que ce même Albert et son fils Raoul, après sa mort, avaient détenues, sous le coup de l'excommunication, les ravissant à cette même église.

Cette restitution fut faite par ledit Raoul à Rouen, le jour de la Pentecôte, en plaçant un couteau sur l'autel de Sainte-Marie, pendant qu'on y célébrait la messe. Étaient présents l'archevêque Guillaume, les archidiacres Benoît, Fulbert, Goeslin, Ursel, Ricard et Roger, le secrétaire, ainsi que tous ceux qui sont attachés à cette église. Présents aussi un très grand nombre d'habitants de Rouen. Là, devant l'autel, l'archevêque donna l'absolution à Albert et à Raoul, son fils, reconnaissant et avouant sa propre faute et celle de son père.

Ensuite, au jour fixé d'un commun accord, des deux côtés on se réunit à Vesly, tant l'archevêque que le même Raoul, fils d'Albert, sa mère et ses frères. Là Raoul renouvela cette restitution et rendit la terre de Gisors à la terre de Sainte-Marie, en remettant un bâton entre les mains de l'archevêque.

Étaient là présents, du côté de Raoul concédant cette restitution, sa mère, ses frères Albert, Eustache et Enguerrand, son neveu, fils de Guillaume de Chars. Étaient présents aussi ses vassaux : Ricard de Fontaines, Odoard Presteval, Jean de Boury, Payen de Courcelles, Hubert de Verlei, Osmond du Faiel, Bernard, fils de Rainier, Drogon Sentier, Reinald Sorel, Raoul fils d'Odoard.

Du côté de l'archevêque, avec les archidiacres sus-nommés, furent présents les chanoines de Sainte-Marie et ses vassaux, à savoir : Osmond de Chaumont, Payen de Neaufles, Robert du Fayel et Gasse, Hugues sénéchal de Payen et Guillaume son frère, Guidard, fils d'Imer, Eustache de Fresnes, Robert, fils d'Hélinand, Gislebert de Verlei, Guillaume Crespin le jeune et son frère Manassès de Dangu, Guillaume de Condé, Guillaume, fils d'Hubert, Hugues de Portmort et Jean son frère, Gautier Torel, Hugues de Boisemont, Robert, fils d'Ernoulf de Villaines, Raoul de Lisors, Hugues, fils de Serlon, Guillaume, fils d'Eustache, Ascelin, fils d'André, Roger de Préaux, le chanoine Florent, Ricard, prêtre de Gisors, les moines de Verlei, Raoul Mordant et Anquetil.

En outre un grand nombre d'hommes étaient venus de Gisors, de Neaufles, de Chaumont et de Verlei.

Aussi, en échange de cette restitution et pour la reconnaître, l'archevêque donna au même Raoul, fils d'Albert, trente marcs d'argent, pour que ce même Raoul partît à Jérusalem, et ce, sous l'attestation de tous ceux qui sont inscrits dans cette charte » (1).

Une pareille assemblée d'une soixantaine de personnages, sans parler de leur escorte et de la foule des curieux, accourus même des environs, ne pouvait se tenir que dans un édifice assez vaste et public, telle l'église, et l'usage d'ailleurs le voulait ainsi, afin de donner à l'acte un caractère religieux et sacré. Le fait que Vesly fut choisi comme lieu de réunion donne à penser que déjà

---

(1) A. S. I. G. Fonds du chapitre, n° 874. Charte de 0 m. 47 de haut sur 0 m. 30 de large. Le texte latin m'a été très obligeamment communiqué par M. Patte, le savant historien de Gisors. Hersan l'avait publié dans son « *Histoire de la ville de Gisors.* — In-12. Gisors, 1858, p. 329.

ce village ne manquait pas d'importance. Il est probable aussi que le fief de l'archevêque ne se bornait pas seulement à Gisors, mais avait quelques dépendances à Vesly, lesquelles constituaient ce « fief Saint-Ouen de Gisors » dont parlent certains textes concernant les biens de Sainte-Catherine. Ce domaine fut de bonne heure absorbé par d'autres et son nom survivait à peine au XVIe siècle.

L'absence du curé de Vesly à cette restitution autorise à croire que les moines avaient remplacé Gausfred dans l'exercice du ministère pastoral. Il n'y avait alors que deux religieux au prieuré, bien qu'en vertu d'un usage local, il dut y en avoir quatre, y compris le prieur (1).

En 1137, Matthieu de Montmorency se rendant, sur l'invitation du roi, aux noces de Louis VII le Jeune avec Eléonore d'Aquitaine, fille de Guillaume comte de Poitiers, passa par Marmoutier et vint demander aux moines réunis en chapitre, d'être associés à leurs prières et à leurs bonnes œuvres. On s'empressa de lui faire cette grâce. « En récompense d'une telle faveur et d'une telle marque d'affection, pour le salut de mon âme et de celles de tous mes parents, dit-il dans une charte (2), je leur ai concédé en perpétuelle aumône par toute ma terre, que pour toutes les choses qui concernent leurs possessions de Gisors et de Vesly, ils ne paient à l'avenir ni à moi ni à mes successeurs aucun droit de rotage ou de travers (3).

Mais ce n'était pas seulement des droits de libre passage que le prieuré obtenait. Il s'était étendu jusqu'à Saussay et au Coudray, au delà d'Etrépagny.

Sous Henri II, roi d'Angleterre, entre 1142 et 1160, un différend s'éleva à propos des biens du Coudray. En voici la conclusion :

« Rotrou, par la grâce de Dieu, évêque d'Evreux, aux barons, vicomtes, justiciers et ministres royaux de toute la Normandie, salut. Sachez tous, tant présents qu'à venir, qu'il y avait une discussion entre Guillaume, prieur de Vesly et Payen du Coudray, au sujet de la terre qui se trouve près des courtils du Coudray. La paix et un accord furent faits à la cour du roi à Rouen devant moi et ses barons, à la condi-

---

(1) B. T. *Ms*. 1380. Dom Gilles Robiet. De l'origine et de l'antiquité de Mairemoustier (2e moitié du XVIe s.) Prior de Veilliaco debet habere tres socios.

(2) Martène. B. N. *Ms*. 12880. p. 154.

(3) Il semble que Matthieu de Montmorency ait été seigneur de Gisors et des environs. Les documents font défaut pour préciser.

tion suivante. La terre en question a été partagée, en sorte qu'à l'avenir la moitié en appartiendra pour toujours au prieur et aux moines de Vesly, libre de toute charge et de toute difficulté, sans que Payen ou ses héritiers puissent les attaquer, et ils la posséderont en paix. Ainsi fut fait dans le temps que je tenais la justice du roi en Normandie. Assistaient à cet accord le comte de Mellent, le comte d'Evreux, le comte Giffard et bon nombre de barons et de vassaux du roi de divers pays » (1).

A quelle date exacte le patronage de l'église du Coudray passa-t-il au prieuré ? On ne sait, mais au plus tard au XIIᵉ siècle. En 1767, le seigneur du Coudray et celui de Lisors se disputaient les droits honorifiques dans cette église : banc seigneurial, encens, litre funéraire. Un procès fut même engagé et M. Courtois, procureur du roi au bailliage de Gisors, était fort embarrassé pour donner ses conclusions (2). Le seigneur du Coudray qui tenait le fief de Sudoïer, prétendait que Marmoutier avait reçu des possesseurs de ce fief le patronage titulaire de l'église : en qualité de successeur, il était donc le patron honoraire. De son côté, le seigneur de Lisors revendiquait ce titre en présentant une charte sans date, par laquelle Guillaume Crespin III, seigneur de Lisors, « cède à titre d'aumône à Godefroy, prieur de Vesli, tous les droits et coutumes qu'il possédait dans l'église du Coudray et sur les terres de Godefroy et de ses moines ». Il attribuait cette pièce à 1180. Peut-être voulait-il parler de la pièce suivante qui suppose une donation antérieure » (3).

« Sachent présents et à venir que moi Guillaume, fils de Jocelin Crespin, j'étais en différend avec Geoffroy prieur de Vesly, devant les baillis de Gisors à la cour du roi de France, Philippe. Je réclamais, en vertu de mon droit héréditaire, certaines coutumes et dans l'église du Coudray et sur leur terre, droits que le prieur rejetait. Enfin, me conformant au conseil de mon père et de mes amis, j'en ai concédé l'entière possession en perpétuelle aumône au bienheureux Martin et aux moines de Marmoutier : ce que j'ai fait confirmer par mon sceau. En furent témoins, Jean Tuelou, Geoffroy de Grainville, Etienne, préposé de Dangu, et plusieurs autres. »

Entre 1184 et 1217 nouvelle contestation, cette fois avec Guillaume curé du Coudray, à propos des dîmes que percevait le prieur. En présence de Gauthier de Coutances archevêque de Rouen qui confirma l'accord, Guillaume finit par reconnaître intégralement les droits du prieuré de Vesly (4). Quant au patro-

---

(1) 5441, p. 98. Le Prévost, *ibidem* — et B. N. Collection Moreau, vol. 59, fol. 208.
(2) A. E. H. 1052. Lettre au prieur de l'abbaye de Marmoutier.
(3) 5441, p. 99 et le Prévost, *ibid*. Sans date, mais sous le règne de Philippe Auguste (1180-1224).
(4) A. E. H. 1052.

nage de la cure, il fut maintenu à l'abbaye de Marmoutier en 1304, en 1326 par les juges de Gisors (1) et en 1706. La Révolution seule y mit fin.

A Saussay-la-Vache, le prieuré possédait des terres et les deux tiers de la dîme qu'il percevait encore en 1528 (2).

A ces dîmes il faut ajouter le tiers de celles de Vesly sans parler des oblations à l'église. Les curés qui jouissaient du tiers des dîmes qu'on ne pouvait leur enlever, ainsi que l'avait réglé le concile d'Avranches en 1172, essayèrent bien d'obliger le prieuré à payer la dîme pour ses propres terres et à leur laisser la totalité des oblations : ils perdirent leurs procès, notamment au début du XIVᵉ siècle (3).

Une telle puissance temporelle n'allait pas, nous l'avons vu, sans susciter de fréquents litiges. La lettre suivante écrite par un ancien moine de Cluny élevé au siège archiépiscopal de Rouen, nous renseignera amplement sur les empiétements que se permettaient ces hommes d'armes que l'écrivain autorisé ne craint pas de qualifier en termes bibliques sans doute, mais non moins significatifs.

« Hugues, par la grâce de Dieu, archevêque de Rouen, à ses chers fils Ursin prieur et aux moines de Saint-Martin de Marmoutier fixés à Vesly pour toujours. Il nous a certes été agréable que votre genre de vie, au milieu des serpents et des scorpions, soit trouvé digne de recommandation, parce que vous implantez parmi eux les choses de Dieu et de la religion et que, selon les moyens que le Seigneur vous a donnés, vous ouvrez, on ne peut plus volontiers, un cœur plein de charité à ceux qui viennent vous trouver.

Voilà pourquoi nous prêtons de très bon gré l'oreille à votre demande et la prière que vous nous faites avec piété et humilité, nous jugeons digne de l'examiner.

En conséquence nous vous donnons et confirmons la dîme du Coudray que Richard Avenel, après l'avoir détenue injustement, nous a rendue. Nous l'en avons absous, et, ainsi qu'il l'a demandé en votre faveur, nous vous concédons cette dîme en entier et sans restriction. Robert Boudart et ses fils au fief desquels elle appartient, nous ont fait la même humble demande et semblable concession.

Nous vous donnons aussi la dîme de Saussay que Robert Boudart et ses fils Fulbert, Hugues et Guillaume, nous ont restituée et nous leur avons donné convenable absolution de leur faute. Gislebert de Saussay (4) du fief duquel elle dépend, a bien

---

(1) Dom le Michel, *loc. cit.*

(2) A. E. H. 1055.

(3) *Ibid.*, 1057. En 1085 l'archevêque de Tours donne à Marmoutier l'abbaye Saint-Quentin des Roches avec droit de patronage et le tiers des oblations. Son successeur ne laissa au curé que le tiers des dîmes.

(4) Gilbert de Saussay reçut des moines de Mortemer un cheval appelé Payen, et Robert Boldart ou Boudard un cheval de 5 livres, à la suite sans doute de quelque transaction. L. Delisle, *loc. cit.*, p. 23.

voulu y consentir et nous en prier en votre faveur, ainsi que ses frères Hubert, Roger et Hugues.

Nous vous donnons et vous confirmons la dîme de Nainville que vous avaient enlevée Guillaume d'Authevernes (1) et Osmond de Falaise et que, du consentement de leurs fils et de leurs filles, ils ont remise entre nos mains libre de toute charge et de toute contestation. En conséquence nous leur avons donné l'absolution.

Quelles que soient donc les propriétés ou les biens que vous possédiez à l'heure actuelle, à juste titre et canoniquement ; quels que soient ceux qu'à l'avenir, vous pourrez acquérir, Dieu aidant, par tout moyen équitable : qu'ils vous demeurent acquis et garantis sans empiétement et sans trouble, sous la protection de la sainte église de Rouen et la nôtre.

Avec vous donc et avec ceux qui maintiennent le bon droit, soit la paix de N. S. J.-C., afin qu'ils reçoivent par là le fruit de leurs bonnes actions et puissent, lors du rigoureux jugement, trouver les récompenses de l'éternelle paix. Si quelqu'un est assez osé pour agir, à bon escient, contre ce texte de notre constitution, et si, averti deux à trois fois, il n'a pas soin de faire satisfaisante réparation de sa faute téméraire, qu'il sache qu'il est excommunié et qu'au jugement dernier, il méritera la vengeance divine.

Fait à Rouen, l'an de l'Incarnation 1152, régnant en France le roi Louis, gouvernant la Normandie le duc Henri (2). »

Cette lettre qui atteste en quelle estime l'archevêque tenait les religieux du prieuré, nous montre aussi que les richesses ne les avaient pas du tout détournés de leur vocation de piété et de charité. Ils étaient en situation de rendre de très grandes services au village.

Le modeste établissement qui avait été le berceau du prieuré devenait insuffisant. Situé en face de l'église, limité par le chemin de Guerny et le fief des religieux de Sainte-Catherine, on ne pouvait l'agrandir. Les moines descendirent donc dans un endroit plus accessible et moins resserré qu'ils ne devaient plus quitter. Cette translation dut s'opérer vers la fin du XIIe siècle. Une chapelle fut bâtie dans le nouveau prieuré sous l'invocation de sainte Madeleine. En face de son entrée principale, de l'autre côté de la route, se trouvait une grange, dite Grange à l'Abbé, attenante à une terre du seigneur de Dangu. Ce fut l'occasion de la charte suivante donnée par lui.

« Sachez que moi Guillaume Crespin, je donne aux moines de Marmoutier à Vesly le droit que je disais avoir sur les murs de la Grange à l'Abbé. Quant aux places (3) de ce même pays, aux mesures du vin, aux chemins et aux sentiers, il doit en être

---

(1) Guillelmus de Alta Avesna.

(2) Martène, *ibid.*, p. 161. *Ms. lat.*, 5441, p. 98. Le Prévost. Art. Le Coudray.

(3) *In frocis ejusdem villæ.* Le froc était une place commune, plus large que le chemin et soumis à la même police. Par exemple la place actuelle. Cf. Delisle. *L. c.* p. 113.

fait par moi et par eux une réglementation convenable. J'ai confirmé la présente charte en la munissant de mon sceau en présence des témoins suivants : Richard de Fayel, Guillaume de Aute Avesne, Pierre de Faye, Eudes le Veneur, Doré d'Etrépagny, Jean de Bosfrane, Gislebert de Pormort alors prieur de Verli. Fait en l'an de grâce 1216 à Dangu au mois d'avril (1). »

On sait que l'entretien et la police des chemins d'intérêt local appartenaient généralement aux seigneurs. Quant au vin, boisson ordinaire du pays à cette époque où le cidre y était presque in connu, peut-être était-il soumis à quelque droit. A Villers, le seigneur du fief Guillaume Dubois percevait l'afférage, c'est-à-dire un denier par muid sur le vin vendu au détail.

En 1227, Osbert Lover et ses fils Guillaume, Richard, Louis et le prêtre Pierre firent don au prieuré d'un trait de dîme à Portmort qu'ils avaient reçu par héritage. Ce fut l'objet cette année même d'un accord devant arbitres entre Geoffroy II abbé de Marmoutier et l'abbé de Mortemer qui avait un monastère à Portmort. D'autres transactions eurent lieu notamment au sujet de la dîme des vignes de ce pays. En janvier 1282, Robert de Hermanville abbé de Mortemer garantissait à l'abbé de Marmoutier, Etienne de Vernou, deux muids de vin chaque année à titre de compensation (2).

Marmoutier était alors au comble de la prospérité. La splendeur de ses offices, la dévotion à saint Martin son fondateur, le désir d'avoir part aux prières des religieux expliquent son prestige et les largesses qui lui venaient de toutes parts. Mais son développement touchait à sa fin.

---

(1) 5441, p. 101, et le Prévost, art. Dangu. Guillaume d'Authevernes était sans doute parent de celui dont il est question en 1152. Le fief de Boisfranc ou de Bosfrane était situé à Authevernes.

(2) 5441, p. 102 et dom le Michel.

CHAPITRE II

LE PRIEURÉ, DU XIIIe SIÈCLE A LA RÉVOLUTION.
LE DOYENNÉ DE VESLY. LA GRANGE A L'ABBÉ.

Situation de la cure. Les visites d'Eudes Rigaud (1248-1270). Les visites de Jean de Mauléon abbé de Marmoutier. Continuation des démêlés à propos du droit de procuration. Le prieuré en commende. La dynastie des de Lagrange. Etat des biens du prieuré. La liquidation révolutionnaire· La seigneurie de la Grange à l'Abbé. Sa situation, ses fermiers, sa vente.

En 1215, il y avait longtemps sans doute que le prieuré était transféré loin de l'église. Cette année là Hugues des Roches, abbé de Marmoutier, permit d'élever sur le lieu du monastère primitif une demeure pour le curé : le premier presbytère connu. Il n'est pas admissible cependant qu'on ait attendu jusque-là pour donner un successeur à Gausfred de triste mémoire. Les moines de Sainte-Catherine avaient aussi voix au chapitre.

« Nous avons, dit la charte, donné à maître Gilbert, prêtre de Verli, un emplacement que nous possédons à Verli, près de l'église paroissiale, où se trouvait jadis une maison de moines. Le dit maître Gilbert devra y bâtir sa maison et il en jouira sa vie durant. A sa mort toutefois le dit emplacement, avec les constructions et toutes les améliorations introduites, nous fera retour libre de toute charge. En outre nous avons accepté le dit maître Gilbert comme frère donné de notre église de Marmoutier en lui accordant qu'il ait à nos messes, veilles, jeûnes, aumônes, prières et autres biens spirituels qui pourront se faire, Dieu aidant, en notre église, jusqu'à la fin des temps, la même part que, par la miséricorde de Dieu, nous espérons nous-mêmes obtenir (1). »

Cette donation qui témoigne d'une bonne entente entre le curé et les moines fut confirmée en octobre 1220 par l'archevêque de Rouen, Robert Poulain.

---

(1) A. E. H. 1049. B. N. 5441, p. 101.

Cette gracieuseté de l'abbaye de Marmoutier ne doit pas nous porter à croire que les revenus de l'église étaient insuffisants. Dans le second quart du xiiie siècle en effet, d'après le pouillé dit d'Eudes Rigaud, la cure valait 40 livres tournois : un assez bon chiffre en lui-même. Vesly avec 180 feux rapportait autant que Saint-Denis-le-Ferment avec la même population, autant que Lyons-la-Forêt avec 200 feux. Certes, comparativement à la population, beaucoup de paroisses sont mieux dotées (1); mais c'est-là une considération plutôt secondaire. Quarante livres tournois au xiiie siècle représentent au moins 3 000 francs de notre monnaie, autant qu'il est possible d'être exact en évaluation si délicate (2). Rappelons-nous qu'en 1229, pour 50 livres, on vend à Hennezis 10 acres 1/2 de terre; un demi-acre à Cahaignes en 1288, pour quatre livres, et qu'avec le revenu de la cure de Vesly, on aurait pu acheter alors sept à dix chevaux de trait (3).

Le curé de Vesly avait en outre le patronage exclusif de la chapelle Saint-Thomas de Cantorbéry, fondée pour le service de la maladrerie sous l'épiscopat d'Eudes Rigaud. Il jouissait aussi du patronage de la chapelle Saint-Léger au château de Nainville, ce hameau de Vesly, dont nous avons vu en 1152 l'archevêque de Rouen remettre les dîmes au prieuré. A Chauvincourt, il nommait alternativement avec le seigneur du pays, le titulaire de la chapelle Saint-Nicolas (4) sise à Neuville sous Beaumont-le-Perreux, dont le revenu était de 12 livres : il perdit toutefois ce droit avant le xve siècle.

Quant à lui, il était nommé par les patrons qui se partageaient l'église de Vesly, mode qui prêtait infailliblement aux conflits. Il fut donc réglé sous Eudes Rigaud, aux assises de Gisors antérieurement à 1260, que l'abbé de Marmoutier présenterait à l'archevêque le candidat que lui désignerait le seigneur de Dangu, sans jamais pouvoir le récuser. Le droit des moines se réduisait

---

(1) Pour comparer. Au-dessous : Charleval, 230 f. 20 l. Perriers-sur-Andelle, 198 f. 25 l. Doudeauville 90 f. 12 l. Au-dessus : Bernouville, 30 f. 20 l. Bezu-le-long 80 f. 20 l. Le Coudray 52 f. 20 l. Villers-en-Vexin 75 f. 20 l. Authevernes 60 f. 30 l. Gamaches 120 f. 29 l. Suzay 45 f. 15 l. Ecos 65 f. 30 l. Farceaux 45 f. 30 l. Sainte-Marie-des-Champs 30 f. 70 l.

(2) Cf. A. de Foville. La Monnaie. Paris, Lecoffre, 1907. Chap. xvii.

(3) Cf. Delisle. *L. c.*

(4) Pouillés de la province de Rouen publiés par Longnon déjà cité.

donc finalement à une pure formalité. En fait il n'y avait plus qu'un patron : le seigneur de Dangu, Guillaume Crespin, comme l'indique le pouillé.

Au xve siècle une liste des bénéfices de Marmoutier (1) cite encore « la cure de Veilli dont la nomination appartient au sire de Préaulx, la présentation au seigneur abbé et la collation à l'archevêque de Rouen. » Mais peu après et jusqu'à la Révolution, Marmoutier laissa le seigneur de Dangu exercer seul ce droit de patronage.

Vesly fut quelque temps le siège du doyenné rural qui portait au début du xiiie siècle le nom de Gamaches et le reprit vers 1288, N'imaginons pas à cette époque un décanat bien groupé, comme nous en connaissons depuis le Concordat. Le doyenné de Vesly, avec ses 49 paroisses (2), découpait, d'une extrémité à l'autre du Vexin normand, une longue bande de territoire ; s'appuyant à l'est sur l'Epte avec Dangu et Guerny, au nord sur l'Andelle avec Charleval, appelé alors Noyon ; à l'ouest sur la Seine, d'Amfreville sous-les-Monts aux abords des Andelys.

Tous les prêtres du doyenné furent réunis à Ecouis le 1er juillet 1249, par l'archevêque Eudes Rigaud (1248-1275) qui dès l'année précédente avait commencé la série des seize voyages qu'il devait faire à Vesly, en l'espace de vingt ans, principalement pour visiter le prieuré.

Le 21 août 1248, il y vint dans ce but de Gaillon. « Nous y avons trouvé un moine nommé Renaud qui n'a pas voulu nous répondre ; bien mieux il nous a planté là, écrit-il dans son journal. Il y avait aussi un vieux moine qui ne savait rien de l'état de la maison. » De Vesly l'archevêque gagna son manoir de Fresne près Ecouis.

---

(1) B. N. 20622 *Ms. fr.*

(2) En voici la liste Vesly, Noyers-sous-Vesly, Guerny, Dangu, Chauvincourt, Provémont, Gamaches, Villers-en-Vexin, Sainte-Marie-des-Champs (aujourd'hui, de Vatimesnil), Hacqueville, Richeville, Farceaux, Suzay, Boisemont, Corny, Cuverville, Fresne (l'Archevêque), Bacqueville, Amfreville-les-Champs, Ecouis, Grainville-sous-Fleury, Noyon-sur-Andelle, Flipou, Heuqueville, Houville, Vatteville, Daubeuf-en-Vexin, Connelles, Andé, Muids, Amfreville-sous-les-Monts, et les paroisses suivantes qui n'existent plus : Gisancourt, Flumesnil, la Londe-sous-Farceaux, la Neuville-sous-Farceaux, Mussegros, Villerets, Cressenville, Marcouville, Orgeville, Saint-Pierre-de-Pont-Saint-Pierre, Senneville, Herqueville, Roncherolles, la Roquette, Léomesnil, la Fontaine-du-Thuit, Noyers-sur-Andeli, Villers-sur-Andeli.

Le 30 août 1251, nouvelle visite, toujours « aux frais du prieuré ». Deux moines seulement s'y trouvaient. Ils répondirent affirmativement aux trois questions de l'archevêque qui leur avait demandé s'ils célébraient l'office divin, s'ils le faisaient en commun et avec le chant convenable. Il leur demanda encore s'ils offraient assez souvent le saint sacrifice. A quoi les moines répondirent qu'ils ne passaient pas un jour sans messe. Eudes Rigaud a soin de noter : « sur certains sujets, il nous ont répondu, sur certains autres non. »

Les moines de Marmoutier qui jouissaient du privilège de l'exemption, ne se prêtaient pas volontiers au contrôle des évêques, malgré les décrets que venait de publier le pape Grégoire IX, pour rétablir la régularité dans l'Ordre de Saint-Benoît. Ce fut même l'origine d'un conflit entre le vigilant archevêque et le prieur de Saint-Ouen de Gisors, membre de la même abbaye.

Deux ans après en effet Eudes Rigaud écrit : « Le 17 septembre nous avons été à Vesly aux frais du prieur et nous avons averti les moines qu'ils devaient observer les statuts du pape Grégoire. Nous leur avons donné avis et enjoint, comme au doyen de Gisors, de signifier eux-mêmes au prieur de Gisors qu'il doit d'ici la Saint-Rémy comparaître devant nous ou devant notre official, pour dire s'il veut nous admettre à faire dans son prieuré une enquête sur la manière dont on y observe les statuts du pape Grégoire, ainsi que le seigneur pape l'a ordonné. »

Le prieur de Saint-Ouen de Gisors, nommé Pierre, se garda bien de comparaître dans la quinzaine. Cette fois encore il refusa d'utiliser le délai qu'on lui offrait et de dire les raisons pour lesquelles il s'opposait à la visite de l'archevêque. Déjà excommunié depuis un an, il aggrava son cas en refusant de payer à l'archidiacre le droit de procuration. Les évêques et autres dignitaires de l'église ne visitaient pas les monastères à leurs frais. Il était juste que les religieux prissent à leur charge les dépenses faites par ceux qui se dérangeaient afin de veiller aux intérêts spirituels et temporels de la communauté. Eudes Rigaud a toujours soin de noter qu'il vient à Vesly « aux frais du prieuré ». Plût au ciel que tous les visiteurs officiels aient eu son zèle et sa discrétion ! Certains, amenant une nombreuse suite avec chevaux et chiens, cherchaient surtout à se promener à bon compte et abusaient de l'hospitalité monastique si large par tradition. Aussi bien souvent des plaintes s'élevèrent qui engagèrent les papes à régler l'exercice du droit de procuration, mais sans mettre fin aux conflits.

Eudes Rigaud, voyant que deux années durant le prieur de Gisors, « sans souci de son propre salut et au scandale d'un grand nombre », ne tenait aucun compte de l'excommunication, porta l'affaire à Rome. Le pape Innocent IV, le 20 mai 1254, « la onzième année de son pontificat », ordonne à l'archevêque « de le dénoncer et de le faire dénoncer, tous les dimanches et jours de fête, les cierges allumés et au son des cloches, comme excommunié à éviter soigneusement par tous » (1).

Innocent IV mourut la même année. Le prieur en profita sans doute pour traîner les choses en longueur. En 1257 il obtint qu'on eut recours à l'arbitrage. Eudes Rigaud, Geoffroy de Marmoutier et le prieur lui-même désignèrent l'archidiacre du Grand Caux, Michel chantre de l'église d'Angers et Robert prieur de Maintenon, pour régler la question. Par un acte daté de Paris les trois arbitres décidèrent que l'archevêque pourrait aller une fois par an au prieuré de Gisors avec les siens et y coucher. Le prieur lui paierait 112 sols parisis comme droit de procuration, taxe que le Parlement de Rouen maintint en 1400.

En juillet l'opiniâtre moine était nommé prieur de Vesly. Il n'y avait guère plus d'un an que trois moines venaient d'y arriver, grâce à la fermeté d'Eudes Rigaud. Visitant le monastère de Sainte-Madeleine le 15 novembre 1253 et n'ayant trouvé aucun religieux, il avait ordonné au curé-doyen de Vesly de saisir la Grange à l'Abbé, si d'ici l'Epiphanie Marmoutier n'envoyait un prieur et des moines.

Pierre, l'ancien prieur de Gisors, reçut le 26 juillet dans sa nouvelle résidence, l'absolution des censures portées contre lui en punition de sa rébellion. En présence de l'archevêque et de Robert archidiacre du Vexin Normand, il jura de se soumettre désormais à la visite et aux taxes canoniques.

Le surlendemain Eudes Rigaud se trouvait à Villarceaux (aujourd'hui commune de Chaussy, (Seine-et-Oise) et visitait le monastère où vivaient une vingtaine de religieuses. La nièce du prieur de Vesly qu'on logeait à l'infirmerie, y attendait en habits séculiers le voile que la prieure et la communauté lui avaient

---

(1) A. S. I. G. 1755.

promis, n'osant sans doute pas l'admettre dans leurs rangs de crainte de froisser l'archevêque en lutte avec son oncle. Toutes les moniales en chapitre vinrent supplier Eudes Rigaud de ne pas refuser son consentement et il acquiesça.

La même année en octobre, il vint coucher à Vesly, après avoir tenu synode à Gisors. En septembre 1258, après avoir séjourné à Vesly, il se rendit à Vernon auprès de son ami le roi saint Louis, et tous deux s'en furent visiter l'abbaye du Trésor près Ecos.

De 1256 à 1269 inclusivement, pas une année il ne manqua de venir à Vesly. Plusieurs fois il ne signale que deux moines au prieuré. En juillet 1269, il note que « le prieur de Pierrefonds près Compiègne avait la maison dans sa main et la faisait garder par un religieux ».

Son précieux journal nous renseigne moins sur la paroisse. Le 28 février 1260, Etienne, le curé qu'il avait nommé lui-même, depuis 1248 par conséquent, vint le trouver à Paris et lui remettre spontanément sa démission. Il le remplaça par Jean de Heudin-court (Heudicourt), désigné par l'abbé de Marmoutier et présenté par Guillaume Crespin qui avait des terres en ce lieu.

L'année suivante le 9 août, Eudes Rigaud était de nouveau à Vesly. « Le 10, écrit-il, nous y avons célébré la messe dans l'église paroissiale ; nous y avons prêché et, Dieu aidant, donné la confirmation. » C'était la Saint-Laurent fête alors chômée. Ainsi la voix de cet infatigable apôtre a retenti sous les voûtes de l'église actuelle. Il est bon de souligner ce souvenir.

Le prieuré continuait à prospérer. En 1296, Guillaume Crespin sire de Dangu confirma l'échange fait à Marmoutier du manoir que Guillaume et Jeanne Bourdon avaient à Vesly près la cha-pelle Saint Thomas (1), en présence de Colet de la Ruelle « son homme. (2) » Une maison avait aussi été acquise par le prieuré

---

(1) Ce détail est de dom le Michel.

(2) 5441 p. 101. « A touz, je Guillaume Crespin, chevalier sires de Dangu salu. Sachent tuit moi avoir otroié à l'abbé et le couvent de Meurmostier tout icel eschange que Guill. Bordon et Jehanne Bordonne, menaresse de ses enfants : Colet, Jeheneste et Jeheneste, fiz jadis feu Jehan Bordon, du consentement Jehan Hure son mari, ont fait au prieur de Velli, le manoir qu'ils avaient en la paroisse de Velli. Et témoing de laquelle octroi et permutacion faite de l'assentiment de l'ottroi, Colet de la Ruelle mon homme. Je devant dit Guillaume Crespin chevalier voit et ostroi et loue et appreuve. Donné l'an de grâce 1296 le mois d'octobre.

de Martin le Drappier. En 1328 « le mercredi, veille du Saint-Sacrement », Adam du Moustier et damoiselle Catherine sa femme, demeurant à Guerny, vendirent à frère Renaut de Marcilly prieur de Velly, cinquante sols de rente sur le manoir d'Adam « emprès le moustier (1) ». Il y avait dans la paroisse un fief de ce nom dont nous aurons à parler.

L'abbé de Marmoutier Jean de Mauléon (1312-1330) avait commencé à visiter en personne les possessions de l'abbaye. Il vint trois fois au prieuré. Nous avons le journal de ses visites (2). Un mercredi de juin 1316 « nous avons visité, écrit-il, notre maison de Velly. Il y avait là comme prieur frère Raynaud de Marcilly ; comme frères claustraux, Etienne de Guestreville, Michée des Mezins, Hervé de Séches. Ce troisième était en deça du chiffre en vertu d'une ancienne coutume. Dans cette visite nous les avons trouvés de bonne vie et de mœurs convenables, célébrant quotidiennement l'office divin tant de jour que de nuit, selon l'usage de notre église, munis de livres en bon état pour dire l'office ».

En 1322 il passa au prieuré la veille, le jour et le lundi de Pâques. Il y trouva le même prieur et deux moines claustraux : Etienne de Guestreville déjà nommé et Jacques de Garnbes. Il fit les mêmes constatations. « Les livres, les vêtements et les ornements de l'autel pour la célébration de l'office divin, étaient en bon état. Les bâtiments aussi. Les terres et les vignes étaient bien cultivées. Le prieur ne devait rien. Il y avait assez de vivres pour attendre les nouveaux fruits. Au prieuré appartient l'église de Saint-Martin de Coudray qui vaut pour les dîmes 25 livres, celle de Notre-Dame de Guerny qui vaut 20 l. Nous avons été là aux frais du prieuré. »

Il avait noté que le prieur de Croth, dépendance de Marmoutier, devait 60 l. tournois à celui de Vesly. De là il se rendit au prieuré Saint-Ouen de Gisors. En mars 1324, le lundi suivant le dimanche *Oculi*, il revint à Vesly et y resta jusqu'au mercredi. « Le prieur était Guillaume des Mezins et les frères claustraux : Henri de Cullent, Léonard de Saint-Léonard et Guy de Villetart lequel était là en deça du nombre. » Les mêmes formules de satisfaction

---

(1) 5441, p. 102.
(2) A. I. L. H. 365. La page est endommagée à la visite de 1316.

reviennent sous sa plume. « Leurs livres étaient en bon état, à savoir : un « Aspiciens (1) » et « Tu principatuum » ou lectionnaire en un volume, un second volume avec les légendes des saints, deux psautiers, deux graduels, un missel sans la note, un calice, neuf corporaux, trois bourses de soie pour mettre les corporaux, huit aubes dont quatre étaient parées, quatre bonnes chasubles, huit nappes. Le prieuré était dans un état pacifique. Le prieur ne devait rien ».

Il y joint les réflexions ordinaires sur le bon état des bâtiments, la suffisance des provisions et l'église de Guerny et du Coudray dont il évalue cette fois la dîme à 40 l. De là, il fut au prieuré de Gisors, revint le samedi à Vesly pour chanter le *Laetare*, puis partit pour Gournay.

Le revenu du prieuré était évalué en 1337, 120, 125 ou 131 livres, soit près de 8.500 fr. de notre monnaie (2). Cette même année l'abbé Simon le Maye fit un accord avec l'archevêque de Rouen qui abandonna le droit de procuration. Mais la suite montra que ce règlement n'était pas définitif.

Vers 1395, le prieur de Vesly était Robert Gournier, « écolier de l'Université de Paris ». Depuis 1329, Marmoutier avait dans la capitale un collège qui lui permettait d'envoyer quelques religieux suivre les cours en Sorbonne.

L'Université, comblée de faveurs par les papes et les rois, possédait entre autres l'extraordinaire privilège de juger les siens, maîtres ou élèves. Bien des fois, la justice civile ou ecclésiastique avait été contrainte de reconnaître sa juridiction.

Robert Gournier, par deux fois, ne manqua d'y faire appel en se prévalant de son titre d'écolier de Sorbonne, dans ses difficultés avec le seigneur de Dangu et l'archevêque de Rouen.

Chaque moulin, on le sait, possédait alors son « ban », c'est-à-dire, avait sous sa dépendance une certaine étendue de territoire. Tout blé récolté dans l'étendue du ban devait être moulu au moulin banal, et si on l'emportait hors du ban avant qu'il fut

---

(1) L'*Aspiciens*, livre des répons de matines dont le premier, office de l'Avent, débute par ce mot. Le même volume renfermait sans doute les leçons de l'Écriture. Il ne s'agit pas d'aubes « parées » à la façon moderne.

(2) Longnon, *l. c.*

transformé en farine, on devait payer une taxe, le droit dit de sèche moute (1).

Frère Gournier, interpellé par Jean de Paris fermier des moulins de Dangu et de Gisancourt (2), arguant des franchises dont usaient ses prédécesseurs, refusa de payer « sèques mouttes », comme on disait alors, et se vit confisquer ses deux chevaux chargés chacun d'une mine de blé. « Ne prit congé de ce ledit Prieur », et mettant en avant sa qualité d'écolier de l'Université, il obtint des lettres « pour le connaissement venir devant le prévôt de Paris, conservateur desdits écoliers. »

Alors « pour esquiver plaids et nourrir amour ensemble », Jacques de Bourbon, seigneur de Dangu, Préaux et Thury concéda au prieur que les chevaux et le blé seraient restitués. Et il mandait l'accord, de Paris, le 20 février 1396 à son « amé » fermier. « Avons ordonné que dorénavant, au cas que ledit prieur tiendra ou fera tenir ménage, faisant résidence continuelle de deux ou trois personnes à son manoir dudit prieuré, et qu'il fasse le tour de notre dit moulin de Gisancourt, en la manière que ses prédécesseurs audit prieuré ont fait et accoutumé de faire de temps passé, ledit prieur puisse emmener et emporter par lui, ses gens ou autres tels, et toutes fois, et par telles voitures que bon lui semblera, partout où il lui plaira, les grains de son ferme et de son labour, sans que, de par vous, il soit mis aucun empêchement, où qu'il soit où doive être contraint de payer sèques mouttes. »

Il ordonnait en même temps de lui solder les arrérages du blé auquel lui et ses prédécesseurs avaient droit sur le moulin de Gisancourt, « pourvu qu'il nous accorde de soy laisser payer en argent, au prix que le bled a valu en chaque année que lesdits arrérages sont dus et échus ». Tout était donc réglé au mieux des intérêts du prieuré.

Nous constatons par cet accord que les moines avaient ajouté aux nombreux droits dont ils jouissaient, celui de prendre du blé sur le moulin du seigneur de Dangu, et depuis de longues années. Nous ignorons l'auteur et le chiffre primitif de cette

---

(1) Cf. L. Delisle. *L. c.*, p. 520.

(2) A. E. E 198. Hist. de Dangu par Bérée de Courpont p. 5. Il écrit Gourmier. Les pièces officielles donnent Gournier.

concession. En 1679, elle était de soixante boisseaux de blé (1).

Le droit de procuration, éternelle matière à chicane, valut au prieuré de Vesly d'être en procès durant plus de deux cents ans. En 1342 l'abbé de Marmoutier avait fait un concordat avec l'archevêque de Rouen, Aimery Guenaut, pour fixer la taxe de procuration qu'avaient à payer plusieurs monastères de Normandie (2). Vesly fut imposé à 10 l. tournois exigeables dans le mois qui suivrait la visite de l'archevêque. Dès que celui-ci arrivera au prieuré de Parnes ou de Chaumont, le curé de Vesly ou son vicaire devaient en être informés et avertir le prieur de Sainte-Madeleine de prendre ses mesures pour la réception. Quand la visite n'avait pas lieu aucun droit n'était à payer.

Robert Gournier, en dépit des textes, soutint que l'archevêque n'avait aucun droit sur les religieux « sous ombre de visitation, procuration ou autrement en quelque manière que ce soit ». Ils étaient exempts depuis si longtemps « qu'il n'est mémoire du contraire ». L'archevêque lui fit signifier à Vesly et ailleurs une sentence d'excommunication en 1396 (3). Dans l'état d'anarchie où se trouvait alors l'Eglise partagée entre plusieurs papes, on ne s'étonne pas trop que le prieur ait fait signifier à l'archevêque en son manoir de Déville qu'il en appelait au Parlement de Paris.

L'affaire, nous le verrons, ne paraît pas avoir eu de suite décisive. En 1495 « frère Guillaume Turmel, religieux de l'ordre de Saint-Benoît et prieur de Velly », loua à Jehan le Porcher, curé de Noyers depuis 1458, « la moitié des dîmes de cette paroisse tant grosses que menues, pour six dépouilles, du jour de la Toussaint prochain venant ».

En retour le curé qui possédait l'autre moitié s'engageait à lui payer chaque année « deux muids de froment, mesure de Velly, bon blé, sec et nouvel, douze boisseaux d'orge, douze boisseaux d'avoine, une douzaine de lin avec un pourceau gras, ou quarante sols pour ledit pourceau ». Des deux muids de blé l'un devait être porté aux Andelys à ses frais, et l'autre avec l'orge, l'avoine, le lin et le pourceau « payé sur le lieu en sa grange à

---

(1) A. E. H. 1056. Il y eut encore des difficultés avec le seigneur de Dangu à propos d'un moulin, mais le prieur Etienne Tourmel obtint gain de cause devant les tribunaux en 1467. *Ibid*. H. 1075.

(2) A. S. I. G. 1755.

(3) G. 1781. On y indique le nom du curé Jehan Pousschart.

Noyers (1) ». Parmi les témoins de l'acte figurent Guy de Thury curé de Vesly, Jehan le Porcher vicaire de Saint-Jean de Dangu, maître Jehan Blier et Pierre Dubus.

Le prieuré n'avait donc plus toute la dîme de Noyers qu'il avait reçue vers 1090. Il devait en être ainsi depuis longtemps, car à la fin du xve siècle, on affirmait que Marmoutier n'en avait jamais eu que la moitié. Quant au patronage de l'église, il ne lui appartint jamais (2).

Le droit de procuration continuait à susciter des querelles. Vesly, Gisors et plusieurs autres monastères refusaient de le payer. En 1456 le cardinal d'Estouteville fut obligé d'en appeler au pape. Par une bulle du 9 octobre, le pape Calixte III prit une mesure draconienne : l'archevêque ou son mandataire convoquerait les récalcitrants, entendrait leurs explications, et déciderait lui-même sans appel, et sous menace de censures en cas de révolte (3).

La taxe de Vesly fut maintenue à 10 l., mais sans résultat. Jusque dans la seconde moitié du xvie siècle, les comptes de l'archevêché portent chaque année cette mention inscrite dès 1472 : « le prieuré de Vesly n'a pas été visité cette année parce qu'il est en procès (4). »

Au xve siècle et jusque vers 1562, il est classé comme prieuré simple comptant trois moines outre le prieur. Ses redevances annuelles à l'abbaye de Marmoutier étaient de 5 l. tournois pour la mense abbatiale, 26 s. 6 deniers pour les officiers, 6 setiers de farine de froment pour l'aumônerie et 16 l. 9 s. pour les jeunes moines étudiant à la maison de Paris (5).

Bien avant le concordat de 1516 qui accordait au roi le droit de nommer à tous les bénéfices de l'Eglise de France, le prieuré était tombé en commende. Dès 1500 il appartient à Michel Jubert prêtre, doyen de Vernon, chanoine de Rouen, prieur d'Ophy et

---

(1) A. E. H. 1054.

(2) Note du bail de ces dîmes. Au xiiie siècle le seigneur de Dangu présentait à l'église de Noyers *ratione dotis.*

(3) A. S. I. G. 1755.

(4) G. 9, 55, 65, 109, etc.

(5) B. T. *Ms.* 1380 et B. N. *Ms. fr.* 20622. Ce dernier est du xve siècle, malgré une note de 1552. A la fin dans la liste des bénéfices auxquels Marmoutier présente, on lit : In diocesi Rothomagensi, ratione prioratus beate Marie-Magdalene de Velliaco : Cura de Couldray, Cura de Gernyaco. (Guerny et le Coudray-en-Vexin.)

de l'ordre de Saint-Lazare († 1541). Dès 1528 Guillaume de Paris, fait à titre de prieur commendataire de Sainte-Madeleine de Vesly, un accord avec le curé de Saussay, François Disque, grand archidiacre de Chartres et conseiller au Parlement de Paris, qui lui garantit les deux tiers des dîmes de ce village : droit plusieurs fois séculaire du prieuré (1).

En 1560 Jean Jubert, grand vicaire du cardinal de Lorraine, cumule le bénéfice de Vesly avec les prieurés du Mont-aux-Malades, de Sausseuse et d'Ophy, En 1596, Sainte-Madeleine est passée à Alexandre du Cros (2) et Claude Chevalier est receveur du prieuré (3). On jugera que l'officialité de Rouen n'exagérait pas en écrivant en 1670 que Vesly était en commende depuis plus de quarante ans : il y avait en réalité plus d'un siècle et demi. On ne voit pas comment ses revenus auraient été attribués durant quelques années au prieuré Bonne-Nouvelle d'Orléans pour l'aider à subsister (4). Peut-être a-t-on voulu parler des revenus du fief de la Grange à l'Abbé qui était une propriété de l'abbaye. Peut-être Marmoutier abandonnait-il à Bonne-Nouvelle la redevance que le prieur de Vesly lui payait chaque année, à savoir : « six setiers de seigle rendus ès greniers de l'abbaye à la Saint-Martin d'hiver », et 72 l. 15 s. 6 d. pour la table abbatiale, les officiers et le collège. En 1733, les six setiers de seigle avaient été payés 38 l. (5) et non en nature.

Pendant cent ans environ le prieuré fut l'apanage de la famille de Lagrange. Dès 1626 le jeune Claude en est prieur commendataire, et comme il est encore mineur, son père Sébastien, seigneur de Marcouville et de Harenvilliers, lui sert de procureur et afferme le domaine à Robert le Bas qui en sera receveur au moins jusqu'en 1635 (6).

En 1643 le prieuré est aux mains de Charles de la Grange, écuyer, conseiller du roi et son aumônier ordinaire, chanoine de la Sainte-Chapelle du palais royal, abbé de la Selle. Il profite du

---

(1) A. S. I. G. 6129.
(2) G. 9570.
(3) A. E. E 1400.
(4) Mémoire pour montrer que Marmoutier a beaucoup obligé sa Congrégation. Note du ms. 533 B. T. Cette attribution aurait eu lieu de 1645 à 1660.
(5) A. I. L. H. 371.
(6) A. E. E 1033. H 1056.

droit de patronage alternatif à la cure de Guerny pour y présenter en 1661 l'un des siens, François de la Grange, prêtre du diocèse de Rouen (1). Après avoir abandonné son bénéfice de 1665 à 1667, en faveur d'un simple clerc, Louis Armand de la Grange, il le résigne définitivement en 1670, pour en faire jouir son neveu et filleul, Charles, clerc du diocèse de Paris, tonsuré en 1663. Et c'est le curé de Guerny son parent, qui, au nom de cet enfant, fils d'un conseiller d'Etat et président de la Chambre des requêtes, sera mis en possession du prieuré par le vicaire de Vesly, délégué du doyen de Gamaches (2). On ne peut pas mieux s'arranger en famille. Sept ans après, Charles de la Grange résigne ce bénéfice en faveur de son frère Jules César. En 1719, il appartenait encore à Charles de la Grange-Trianon, licencié de Sorbonne (3).

Ce n'était là que de la petite noblesse. Vers 1728, le prieuré passait dans une illustre famille dont la célébrité devait grandir encore au cours du siècle. François Honoré de Choiseul-Meuze, clerc tonsuré, avait à peine quinze ans lorsqu'il devint titulaire de ce bénéfice dont le revenu évalué à 3510 livres, était estimé en 1763 en valoir 4500 (4). Il était alors domicilié au palais du Luxembourg à Paris chez sa mère Françoise Honorée Julie de Zurlauben (5). Louis XV récompensait peut être ainsi les services de son grand-père maternel, lieutenant-général des armées, tué en 1704 à la bataille d'Hochstaedt, et ceux de son père Henri Louis de Choiseul, marquis de Meuze, blessé en 1712 à la bataille de Denain.

Vers 1736 le jeune prieur avait fait un séjour de quatre mois chez les Pères Mathurins du couvent Notre-Dame de Liesse à Gisors. Il fallut recourir à la justice pour obtenir le paiement de ses frais de pension et de résidence. Le 11 janvier 1737, il fut condamné à payer à ces religieux 500 l. plus « les intérêts de ladite somme » : le tout à prendre sur les revenus du prieuré (6).

---

(1) A. S. I. G 1786.

(2) G 6129.

(3) G 6128, 6135. Il présenta à la cure de Guerny en 1719. Demay dans son Inventaire des sceaux de la Normandie (Paris, 1881) décrit ainsi ses armoiries. « Ecu au chevron chargé d'une engrêlure et accompagné de trois croissants surmonté d'une couronne timbrée d'une crosse dans un cartonche. Sans légende (N° 3064)

(4) G 9524.

(5) A. E. G 5529.

(6) E 215, 219.

En 1743, la commende de Sainte-Madeleine de Vesly fut attribuée à un prêtre du diocèse de Toul, Nicolas Théodore de Fussey-Mennessaire, comte et chanoine de Saint-Pierre de Mâcon et d'Autun ; à sa mort, en 1777, à Thomas le Rat, licencié en théologie, chanoine de la cathédrale de Rouen et abbé commendataire de l'abbaye de Bellosanne près Gournay-en-Bray (1). Ce fut le dernier prieur.

Au moment où la Révolution va anéantir l'antique fondation de Jean de Laval, voyons ce que l'avaient faite plus de sept siècles d'existence.

Fief « à la nomination du roi, relevant du duché de Gisors », le prieuré qu'il ne faut pas confondre avec la seigneurie de la Grange à l'Abbé, comprenait outre le manoir et les bâtiments de ferme édifiés sur 16 vergées, 534 acres dont 207 seulement étaient fieffés.

Le reste englobait trois acres en masures, 180 acres environ de terre labourable et 148 acres de bois : c'est-à-dire le bois de l'Oseraie presque en totalité, mesurant environ 6 hectares, et le Bois-Prieur, ainsi que son nom l'indique, en comprenant près de 46. Borné au nord en ligne droite par le territoire de Gamaches, à l'ouest par le Chemin-Vert, le Bois-Prieur était situé entre les deux routes menant à Étrépagny soit par Gamaches soit par Chauvincourt. La Sente-aux-Moines, partant derrière le prieuré, séparant le clos du Décret de sa ferme, coupant à travers champs, y conduisait directement. Il en reste un court passage le long de l'ancien monastère, encore le tracé en a-t-il été rectifié peu après 1890 dans la partie touchant à la route de Gisors.

Le prieur jouissait du tiers des oblations faites à l'église ; du tiers des dîmes, puis du quart vers 1789 ; d'une redevance de 38 boisseaux de blé sur la ferme des Chartreux (2) ; de 60 boisseaux de blé à prendre sur le moulin de Dangu ; et naturellement des droits et rentes seigneuriales du fief. Le prieur avait le droit de célébrer ou de faire célébrer par son chapelain la grand'messe

---

(1) Son écu portait les initiales L. R., surmontées d'une couronne entre une mitre et une crosse. Cf. Demay, *loc. cit.* Il était vicaire général de Reims et demeurait ordinairement à Paris, à l'abbatiale Saint-Germain-des-Prés. T. G.

(2) H 1056. A. S. I. G 5529. Le premier document est de 1679, l'autre de 1763. Le rôle des vingtièmes (A. E. C 230) et les ventes des biens nationaux m'ont servi à compléter.

paroissiale aux jours de Pâques, de la Pentecôte et de Noël, les trois plus grandes fêtes de l'année : dernier vestige de son droit de patronage sur l'église.

A Guerny, le seigneur local lui rend hommage pour une partie de son fief, l'autre relevant de Guitry. Il possède une ferme, 38 acres de terre labourable, 7 acres encore chargés en vignes en 1679, 2 acres et demi de pré ; le tiers des dîmes de la paroisse, une partie des rentes seigneuriales et le patronage alternatif de la cure.

A Noyers le prieuré possède 8 acres de terre, la moitié des dîmes et le droit de célébrer ou faire célébrer la messe dans l'église le jour de la Nativité de la Vierge, patronne de l'église.

Au Coudray et à Saussay 27 acres de terre lui appartiennent, plus le patronage de l'église du Coudray dont le curé lui doit 17 l. 10 s. de rente. A Authevernes il a 60 acres de terre qui paient la dîme pour les 2/3 à la fabrique et pour le reste au curé (1) ; il a aussi quelques pièces à Gamaches et une partie des dîmes de Port-Mort.

Les bénéficiaires de pareil domaine ne se mettaient pas en peine de le gérer. Nous avons constaté que dès le xvie siècle, ils affermaient bâtiments, terres et rentes à un receveur. La famille Lefebvre en fournit plusieurs au xviie siècle, notamment Louis Lefebvre en 1697, De 1708 à 1730, Jacques Belin est fermier du prieuré ; de 1730 à 1739, Michel Nicolas Vinot. La marquise de Choiseul-Meuze lui loua le bénéfice de son fils pour 4391 l. par an ; à charge pour lui de loger le prieur, son équipage et les gens qu'il voudra envoyer ; de faire célébrer 4 messes par semaine dans la chapelle (2) du prieuré dont une le dimanche, et d'y fournir le pain bénit ; de faire chanter quatre grand'messes par an : le jour de sainte Marie-Madeleine au prieuré ; à Noël, à Pâques et à la Pentecôte à la paroisse, en fournissant le pain, le vin et le luminaire. Il devait donner pour ces messes 104 l. En outre il avait à solder à l'abbaye de Marmoutier la redevance dont nous avons parlé plus haut, se montant alors à 105 l. par an ; et payait jusqu'à concurrence de 500 l. les religieux envoyés

---

(1) H 1057.

(2) En 1700, mort à 65 ans de Jean Pagnière, natif d'Etrépagny, chapelain du prieuré. En 1738 dom Pierre Lefebvre, bénédictin, paraît remplir cet office.

pour « tenir les assises de la justice », plus 10 l. au sénéchal et au greffier du fief et 200 l. pour les décimes. Tout pesé, ces charges étaient fort douces.

Les receveurs gagnaient gros et généralement ils s'enrichissaient rapidement, comme d'ailleurs presque tous les gérants de seigneuries. Ainsi Jean-Baptiste Lefebvre de l'Ozeraie fermier du prieuré en 1769, achètera bientôt le fief du Taillis. Son successeur, de 1778 au plus tard jusqu'en 1796, payait 7.000 livres de fermage contre 6.000 avant 1789. Il n'achètera pas de seigneurie, le temps n'y est plus, mais son fils deviendra propriétaire des trois quarts de l'enclos du prieuré et de tous les biens de la Chartreuse.

Le manoir de Sainte-Madeleine avait été rebâti en entier vers 1728 et il existe encore quoique un peu remanié. Sous toute sa longueur s'étend l'ancienne cave : large couloir voûté avec caveaux latéraux en plein cintre. Le colombier seigneurial s'est écroulé en 1912 et sur son emplacement un bâtiment de service a été élevé.

La chapelle, orientée comme l'église vers le nord-est, longue d'une quinzaine de mètres, avait son entrée sous la tour du clocher, vis-à-vis du manoir. Sa nef, voûtée en pierres et à plusieurs travées, était flanquée de contreforts et terminée par une abside à trois pans. Vers 1763, on dépensa 6.800 l. à la restaurer. L'entrée de la chapelle où l'on accédait en descendant deux marches, fut débarrassée de l'écurie qui lui faisait peu d'honneur (1). La flèche du clocher, renversée par un ouragan, fut refaite sur 50 toises carrées, couverte en ardoises, avec baies pour les abat-son, dépassant 2 mètres en hauteur. Qui aurait alors pu prévoir la ruine d'établissements dont l'origine se confondait avec celle du village ?

Le 20 mars 1791, conformément aux lois révolutionnaires, le maire, Clair Legros, Fleury, procureur-syndic et tout le conseil communal, procédèrent à l'inventaire du « cy-devant prieuré », assistés du vicaire de la paroisse. Il fut fait d'une façon trop sommaire, comme celui de l'église, nous le verrons. Un calice pesant 1 l. 6 gros, des missels, des burettes en étain avec leur plateau, 6 chandeliers de bois, 2 en cuivre, 6 chasubles, 6 nappes, un coffre, un jeu d'orgues appartenant à Lefebvre de Saint-

---

(1) A. E. Maîtrise de Lyons, N° 10.

Hilaire : rien de plus remarquable n'est signalé. Le tout fut évalué, non compris le calice et les cloches, 24 l. 4 s. Nous voudrions savoir si la chapelle contenait des statues, des pierres tombales : tout ce que six siècles avaient dû y accumuler d'intéressant. Mais les inventaires de la Révolution ne sont pas mieux compris que ceux de la Séparation.

Le mobilier de « la Madeleine », ainsi qu'on appelait la chapelle, fut porté aux Andelys le 23 septembre par Georges Delafosse, voiturier et charpentier, qui avait travaillé à la restauration du clocher. Pour 10 l. il descendit les cloches et les transporta au district le 19 octobre avec deux chandeliers et un bénitier de cuivre. La plus petite pesait 114 l. ; l'autre, brisée depuis une cinquantaine d'années, 159. On avait tardé jusqu'à ce jour à envoyer le calice et le directoire avait dû réclamer. Le 26 avril 1792, on expédia de même 2215 l. de cuivre arraché des bâtiments.

A cette date toutes les possessions du prieuré étaient déjà vendues. Les biens de Guerny furent achetés le 28 janvier 1791, 36.300 l. par le seigneur du lieu Gabriel Remy Lempereur dont la famille devait s'allier aux de Boury. Il rentrait ainsi dans les biens de la seigneurie donnés aux moines, comme il disait, par son prédécesseur Jean de Laval.

Le 23 mars, le trop fameux chancelier de Louis XV, René Augustin de Maupeou, seigneur de la Roquette, le Thuit, Roncherolles et Cuverville, etc., grand acquéreur de biens nationaux, acheta le prieuré et tout son domaine de Vesly, sauf le Bois-Prieur, pour 200.000 l. payables en douze annuités. Jean-Louis Guesnier, fermier du prieuré, en avait requis la vente. La première adjudication avait été faite à Lefebvre de Saint-Hilaire pour 80.000 l. sur une mise à prix de 78.584.

Le cupide Maupeou acheta le même jour les possessions des Chartreux. Il mourut l'année suivante. Un négociant de Rouen, Jean-Martin Hurel acheta le Bois-Prieur 29.900 l. et acquit également les biens de la Grange à l'Abbé. Ce 23 mars 1791 où Vesly vit la liquidation complète du patrimoine tant de fois séculaire des religieux de Marmoutier, des Chartreux et de Saint-Léger de Nainville, dut être un jour mémorable.

Les terres du Coudray et de Saussay furent achetées le 12 juillet 24.000 l. par Albert Mathurin Groult de Saint-Paër, colonel et chevalier de Saint-Louis demeurant à Étrépagny.

On le constate : les petits propriétaires ne profitaient pas de cet immense bouleversement qui faisait passer la terre aux mains de quelques spéculateurs. L'attitude de Lefebvre de Saint-Hilaire achetant des biens d'église ne doit pas nous surprendre. Nous verrons les Huvé de Garel, des marguilliers et autres gens « bien pensants » faire de même. Le désarroi des idées était tel qu'on y trouve, sans faire appel à la passion de la terre, l'explication de bien des faiblesses.

Le 8 prairial an ix le fils du chancelier Maupeou laissait le prieuré et la Chartreuse à sa fille Aglaé. Dès 1809 il était acquis par des parisiens, Aubry et Lagrange, qui firent deux lots des bâtiments et de l'enclos du manoir. Le premier, comprenant la chapelle, la maison d'habitation et la majeure partie des bâtiments de ferme, appartenait en 1824 à Charles de Pincton, baron de Chambrun, ainsi que le Bois-Prieur. Vers 1830 ces biens passèrent par héritage à la famille de Montagu d'O ; puis par donation vers 1900 aux de Parfouru qui vendirent la ferme en 1912 à M. Fleury, fermier à la Bucaille sur Hennezis et originaire d'une ancienne famille de Vesly. Le Bois-Prieur avait été défriché avant 1840, morcelé et passé à différentes mains comme les terres de Sainte-Madeleine.

Le deuxième lot, comprenant la majeure partie de l'enclos, fut acheté vers 1824 par Jean-Louis Guesnier, fils de l'ancien receveur du prieuré. Il y fit construire des bâtiments de ferme et vers 1840 la maison actuelle (1). Il utilisa les démolitions de la chapelle qu'on abattit à cette époque. Des chapiteaux renversés servent de support à la charpente de la remise et de la grange. L'un deux est à crochets, nettement du xiiie siècle. Le socle d'une piscine sert de seuil à un grenier. Sur le toit de l'habitation se dresse le coq du clocher.

De superbes marronniers dans la propriété voisine marquent l'emplacement de la chapelle. Lors de la démolition on trouva, paraît-il, des ossements qui furent transportés au cimetière. Malgré l'autorisation donnée en 1186 par Alexandre III à tous les prieurés de Marmoutier d'avoir un cimetière, il ne semble

---

(1) Il avait fait valoir longtemps tout le Prieuré et la Grand-Maison. Quand il quitta la culture, il fit aménager un parc de plaisance. Narcisse Guesnier ajouta un petit pavillon à la maison.

pas qu'il y en ait eu à Vesly, sinon peut-être la chapelle elle-même.

D'après l'arpentage de 1748, l'ensemble des biens de Marmoutier à Vesly s'élevait à 1069 acres, les 2/5 du territoire. Nous venons de passer en revue ceux qui constituaient le domaine exclusif du prieuré, la moitié environ. Les autres appartenaient immédiatement au puissant monastère. L'abbé de Marmoutier en avait la seigneurie èt les revenus : d'où le nom de Grange à l'Abbé donné à ce fief, attendu qu'il avait pour « chef moys, une grande grange ancienne, couverte de tuiles, avec deux petits jardins aux côtés d'icelle, petite cour devant la dite grange, le tout entouré de hautes murailles anciennes, qui est le globe ancien du dit fief », occupant au plus deux vergées. Cette division des biens devait remonter très haut, car dès 1216, on parle de la Grange à l'Abbé, et en 1254, Eudes Rigaud menaça de la faire saisir. Son revenu en 1337 était de 200 l., supérieur donc d'un tiers à celui du prieuré (1).

Il consistait surtout en rentes seigneuriales, car les 535 acres du domaine étaient presque entièrement fieffés. Une vingtaine seulement restaient à la libre disposition de Marmoutier. En 1763 un fermier se plaindra de n'en trouver que 23 au lieu de 30 depuis l'arpentage général du pays, et encore il faut comprendre dans ce chiffre les 2 acres en 2 pièces que les Mathurins de Gisors avaient dû céder en compensation des acquisitions qu'ils avaient faites dans le fief de la Grange à l'Abbé, plus 2 acres réunis au domaine non fieffé, faute de paiement des redevances.

Cette antique répartition des biens de Marmoutier à Vesly en deux lots absolument distincts, valut à chacun un sort différent. Quand le prieuré tomba en commende et par suite devint inutile aux religieux, les revenus de la Grange à l'Abbé en revanche leur furent attribués. Un bail de 1649 dit que le cardinal de Richelieu, abbé commendataire de Marmoutier de 1629 à 1642, « a délaissé » la Grange à l'Abbé « aux religieux de ladite abbaye pour partie de leur mense » conventuelle ou « pitancerie ». Les Bénédictins de Saint-Maur avaient été appelés par lui dans l'antique monastère de Saint-Martin. Ils continuèrent à affermer le fief de la Grange à l'Abbé, comme l'abbé commendataire l'avait

---

(1) Longnon *loc. cit.* « Exempcio Majoris Monasterii » dit le pouillé.

fait le 10 novembre 1576 à son profit, avec l'assentiment de la communauté : détail que dom Martène a soin de souligner pour montrer que ces bénéficiaires ne disposaient pas sans contrôle des biens de leur mense.

De même que la menace d'Eudes Rigaud au XIIIᵉ siècle, ce bail nous permet de constater que le fief relevait jadis de la mense de l'abbé dont les revenus étaient séparés de ceux de la mense du monastère. Richelieu en avait changé avec raison la destination.

La Grange à l'Abbé fut louée de 1638 à 1648 par Charles Potart et Adam Mollemont (1). Le contrat fait en leur nom par Louis Potart, secrétaire de M. de Lezeau « conseiller du roi en son Conseil d'Etat », stipule un fermage de 500 l., plus un couple de chapons à Noël. De 1649 à 1654, ils payèrent 650 l. Ensuite Nicolas Lefebvre, maître de postes d'Ecouis et Jérôme Vinot laboureur demeurant à Guerny, passèrent bail pour 1100 l. (2). Vinot la reprit seul en 1659 pour 950 ; et en 1661 « à cause des nielles et autres accidents sur les blés arrivés » les trois années précédentes, à 800 l. jusqu'en 1696. Il avait la charge des réparations et le paiement du « gros » au curé de Vesly.

On ne sait au juste en quoi consistait jadis cette redevance ; mais en 1664 le curé Nicolas le Roux fit régler par acte notarié ce « supplément de portion congrue ». Le prieur, les religieux de Marmoutier s'étaient engagés à payer chaque année au curé un gros de 60 boisseaux de blé et de 60 boisseaux d'avoine, mesure de Gisors (3) : engagement qui fut observé jusqu'à la Révolution.

Le fermier devait encore nourrir et héberger, durant quelques années, chaque fois que ce serait utile, le sieur Ogier feudiste chargé de dresser le terrier du fief. Il avait à payer les impôts, à tenir les plaids de la seigneurie au moins tous les trois ans, à fournir de cire la chapelle du prieuré et entretenir les ornements, loger les religieux en cas de besoin. En retour il percevait les cens et rentes en nature et en espèces et jouissait du domaine non fieffé.

---

(1) A. E. H 1049 et E 425, 426.
(2) E 1048.
(3) Soit 17 hectolitres et demi environ tant que de blé que d'avoine.

A Michel Vinot (1671-1680) succéda Pierre Lefebvre receveur du prieuré. En 1696 son fils Michel reprit la Grange à l'Abbé à 900 l. ; en 1699 à 1000 ; en 1726 à 1050. Pierre Lefebvre, receveur du Taillis, la loua de 1743 à 1763 pour 1000 l. d'abord, puis 1200 en 1749, payables à l'abbaye de Saint-Germain-des-Prés. Au dire des religieux, c'était « un homme riche, spirituel, entendu en affaires, zélé pour Marmoutier et payant bien ». Mais il commençait à être vieux et comme les moines n'avaient que « des notions confuses sur cette ferme, ils songeaient à réclamer les aveux (1) ». Voilà pris sur le vif un exemple de laisser-aller qui donne à supposer que les locataires tiraient meilleur parti du domaine que les propriétaires.

De 1763 à 1778 Jean Michel Fleury tint la Grange à l'Abbé, d'abord pour 1600 l., puis 2.000 et en 1768 pour 2.200. Le rôle des vingtièmes en 1778 estime son bénéfice net à 2.020 l. Les moines l'évaluaient à 2.200. Aussi obligèrent-ils Michel Nicolas Vinot à reconnaître par un billet que le prix porté sur le bail était inférieur de 600 l. à la réalité, lorsqu'il prit la succession de Fleury. Quand il renouvela le bail en 1787 avec Jacques-Antoine Huvé de Garel son gendre, il dut payer 3.400 l., chiffre auquel Marmoutier évaluait le bénéfice moyen du fermier. Le revenu total de la Grange à l'Abbé aurait donc été de 6.800 l.

La plus grande partie provenait des redevances du domaine fieffé, en particulier du droit de champart auquel presque tout le domaine était sujet, à raison de 2 gerbes sur 11, à porter à la Grange avant de rien enlever, sous peine d'amende. Pour quelques pièces, ce droit avait été remplacé par une rente fixe en nature. Certaines payaient en plus du champart 10 deniers tournois par an.

La variation du taux des rentes se retrouve là comme dans les autres fiefs. Pour une masure rue de Rome, Nicolas Périer doit deux boisseaux d'avoine à Noël et « un quart de demi-poule ». Pour 25 perches Pierre Dupérier paie deux boisseaux d'avoine ; pour 3 vergées Laurent Le Roux un boisseau de blé méteil et un d'avoine. L'un donne 10 deniers par acre, l'autre 6.

---

(1) A. I. L H 273, 367, 371, 390, 918. Dans le but d'échapper aux vingtièmes le prix des baux est souvent inférieur à la réalité. Un billet secret et postérieur faisait seul foi entre les parties.

Les masuriers du fief devaient « nettoyer la grange avec les autres vassaux une fois l'an, au jour indiqué par le prévôt le dimanche précédent, à peine de 75 s. d'amende », et de plus « fournir les lits, constes de draps et autres linges nécessaires, quand lesdits seigneurs religieux viennent gésir audit Velly (1) ». Cette prescription est un souvenir des anciennes « corvées » convenues entre le seigneur et les tenanciers de son fief. A Noyers où la Grange à l'Abbé possédait 7 acres 2 vergées 33 perches fieffées, les moines percevaient, quand ils venaient, 1 denier d'étoublage sur la masure des vassaux. Ceux-ci payaient le champart à la 10ᵉ gerbe, la dîme étant due à Noyers, et 10 deniers tournois de rente par acre.

La nuit du 4 avril 1789 qui vit la suppression des rentes féodales sans compensation, dépréciait considérablement le fief. Il n'y avait plus de vassaux pour payer les redevances et remplir la grange. Les terres, 20 acres et demi et 1 vergée de masure où s'élevaif le chef-mois lui-même, furent mises à prix 8.159 l., un peu plus du revenu total de la seigneurie supprimée. Le 22 mars 1791, Hurel dont nous avons déjà parlé, achetait le tout 15.900 l. Il venait d'acquérir le Bois-Prieur ce jour même où furent vendus tous les biens du prieuré et de l'abbaye de Marmoutier à Vesly.

En 1809 la vieille grange seigneuriale avait été démolie et le terrain qu'elle occupait transformé en verger par Lefebvre de Saint-Hilaire. Il appartient encore à ses descendants qui habitent la « villa Henriette » bâtie dans l'enclos de Marmoutier. Le mur est de la grange a été enclavé dans le mur de la cour d'école. C'est tout ce qui rappelle cet important fief.

---

(1) A. E. H 1057. E 426. L. Delisle signale des corvées analogues au xivᵉ siècle.

CHAPITRE III

LES ÉTABLISSEMENTS RELIGIEUX *(suite)*.

LE FIEF DE SAINTE-CATHERINE ET LE FIEF DES CHARTREUX.

LA MALADRERIE SAINT-THOMAS.

Constitution du fief Sainte-Catherine au xie siècle : son importance, ses droits, sa réunion à la Chartreuse de Gaillon. Origine du fief des Chartreux au xive siècle. Démêlés avec le seigneur de Dangu. Accroissement du domaine. La fusion avec le fief Sainte-Catherine. Constitution de l'enclos et transactions avec le village. La liquidation de 1791. Terres de Fontaine-Guérard et des couvents de Gisors. La léproserie, la chapelle et ses titulaires. Comment Vesly acquiert et conserve des lits à l'hospice de Gisors.

I. Sainte-Catherine et la Chartreuse.

Peu de temps après l'établissement des moines de Marmoutier à Vesly, les moines de l'abbaye de la Trinité du Mont près Rouen y devinrent propriétaires à leur tour. Fondée en 1030, l'abbaye avait étendu ses possessions dans la région jusqu'à Authevernes où elle avait reçu le principal fief et le patronage de l'église. A la même époque dans la seconde moitié du xie siècle, elle obtint à Vesly une pièce de terre, premier lot d'un domaine qui devait compter plus de 66 acres au xvie siècle, sans parler de la seigneurie du pays.

Voici la charte de la donation primitive. « Benoît de Verlei et sa femma Emma ont donné au monastère de la Sainte-Trinité deux acres de terre dont l'un se trouve derrière le bûcher des moines de Saint-Martin, et une vergée pour l'âme de défunt Anschaire, mari d'Emma, et pour le salut de leurs âmes (1). »

---

(1) Cartulaire de sainte Catherine, p. 469, publié par A. Deville, à la suite du cartulaire de Saint-Bertin. A la fin de la charte on lit : *Signum Benedicti, Emmæ uxoris*

L'emplacement indiqué derrière le prieuré, situé alors près de l'église paroissiale, son étendue, indiquent nettement qu'il s'agit du domaine appelé encore aujourd'hui « clos Sainte-Catherine », du nom qu'avait pris l'abbaye, après qu'on y eut apporté d'Orient une relique de cette célèbre martyre. On construisit en cet endroit un manoir et une ferme où vraisemblablement les religieux ne séjournèrent jamais. Aucun document ne mentionne non plus l'existence d'une chapelle sur ce domaine que l'abbaye louait au moins dès le xiiie siècle.

Voici le premier bail que nous connaissons des possessions de Sainte-Catherine. Il fut fait devant l'official du diocèse de Rouen.

« Sachez que se trouvant en notre présence maître Guy de Velli a reconnu qu'il avait pris à ferme ou à titre de location, des religieux Abbé et moines du couvent de Sainte-Catherine du Mont de Rouen, pour six années consécutives, à partir de la fête de la Nativité du bienheureux Jean-Baptiste l'an du Seigneur 1302, au prix de 90 livres tournois payables auxdits religieux ou à leur mandataire chaque année, la moitié à la Purification de la bienheureuse Vierge Marie et le reste à la Nativité du bienheureux Jean-Baptiste, tous les biens que lesdits religieux possèdent ou peuvent posséder dans la paroisse de Velli : à savoir le manoir, ses revenus et le fruit des dîmes et toutes les autres choses quelles qu'elles soient, en un mot toute la ferme que gérait Robert le Fèvre (1) de la dite paroisse.

Toutes les possessions desdits religieux seront donc confiées au dit maître Guy en bon état, paix et tranquillité pour qu'il les fasse valoir durant l'espace de ces six années. Et il a promis de bonne foi de payer aux religieux ou à leur mandataire la somme indiquée à l'échéance fixée. Maître Guy a aussi promis qu'il fera charrier et mettre sur les terres desdits religieux relevant de cette ferme, tout le fumier et compost noir qui se fera au manoir de Velli leur propriété. Il a promis également de conserver et d'entretenir raisonnablement à ses frais et convenablement le manoir, ses bâtiments et leur clôture durant ces six ans. Le terme expiré, il les rendra aux religieux avec toutes les terres de cette ferme, cultivées comme il convient et ensemencées : le tout en bon état comme au jour où il les reçut.

Il est expressément convenu et réglé entre les deux parties que s'il arrivait, Dieu nous en garde, que durant ce bail le manoir ou quelqu'une de ses parties ou quelqu'un de ses bâtiments, vint à brûler ou à être détérioré n'importe comment, par manque de surveillance ou par faute imputable soit à maître Guy, soit à quelqu'un de sa maison, le preneur paiera intégralement aux religieux le dommage causé, et à ses frais il remettra les choses en état. Il est aussi expressément convenu et réglé entre les parties que si maître Guy manque à payer ses termes en tout ou en partie, les religieux pourront alors lui enlever la ferme et en disposer à leur gré, sans préjudice des termes en retard.

Toutes ces conventions, il a promis de les observer fidèlement et constamment, et il s'y est engagé envers les religieux sur ses biens meubles et immeubles présents et à

---

ejus, Odoardi Boissel. Testes : Willelmus de Barentin, Malgerus de Scalis, Robertus de Barentin, Aulgerus Ingran filius Radulphi, Ricardus Haran.

(1) Il y a *Faber* dans le texte qui est latin. A. N. S 4067.

venir ainsi que sur leurs fruits et revenus. Aussi ses propres biens, il ne les dissipera ni ne les aliénera à l'insu des religieux ou même à leur escient sans leur consentement formel : engagement pris par lui-même personnellement, sans chercher d'exceptions ou d'autres moyens de défense avantageux pour lui et nuisibles aux religieux en quelque façon que ce soit. »

La charte qui est en mauvais état, ajoute que « les religieux étaient, de bonne foi et depuis un temps qui passe mémoire d'homme, en possession du droit de percevoir 23 mines de blé » sur un moulin qui doit être celui de Dangu, « la dîme des fruits excrus sur le fief Raffouel en la paroisse de Velli, de même sur le fief de Seuzay et aussi la tierce partie des dîmes du fief Saint-Ouen de Gisors ; de plus la tierce partie des oblations, tant en cire qu'en argent, qui se font dans l'église de Velli sauf pour les défunts ; et en outre les deux parts des dîmes du fief de Jean le Brun », sans doute sur Nainville.

Les religieux de Sainte-Catherine étaient donc seigneurs de Vesly comme leurs confrères bénédictins de Marmoutier. Leur domaine était beaucoup moins vaste, mais leur droit sur les oblations égal, et bientôt leur droit sur les dîmes. Des tiraillements étaient inévitables, mais nous en ignorons le détail (1) : les moines de Marmoutier avaient d'ailleurs le grand avantage d'être sur place grâce au prieuré.

Le 9 août 1359, le manoir seigneurial et la ferme de Sainte-Catherine furent loués, pour le même temps et le même prix, à dater de la saint Jean-Baptiste, « avec le droit que les religieux ont en la paroisse de Dangu ». Le preneur devait ensemencer le tiers des terres « de bonne semenche », le second tiers « en trémois », mélange de fourrages verts, et laisser le reste en jachères. On lui faisait les mêmes conditions qu'à maître Guy pour l'entretien de la ferme et le péril d'incendie. Il devait entretenir « chacun an un cierge au grand autel de Velly », payer à l'archidiacre le droit de visite lors de sa tournée dans les paroisses ; défrayer de tout l'abbé de Sainte-Catherine, ses gens et son bailli, quand ils viendront, et en cas que l'abbé passe l'année sans venir, payer une taxe de 100 sols, « s'il lui plaît à prendre ». Tous les trois ans, il fournira une « chappe » au bailli

---

(1) A. E. H 105I. Le premier litige connu fut jugé à Rouen, nous l'avons vu plus haut.

du monastère. Les frais d'aumônerie de ladite ferme seront aussi à sa charge.

« Et reconnurent et confessèrent Robert de Préaux, curé de Velly et Guillaume le Fèvre qu'eux savaient et avaient vu les religieux prendre en ladite église la tierce partie du baise-main et autellage, excepté aux messes de Requiem ; que lesdits religieux prenaient de la dîme les deux parts tant ès champs comme à ville », sauf probablement sur la solle de derrière les murs, « le manoir qui fut messire Bertaut de la Roche ». Sur le fief de Suzay et de Gisors, l'abbaye avait aussi les deux tiers de la dîme, un tiers seulement sur le fief du Moutier (1). En cas de dommages par fait de guerre, on était sous le règne de Jean le Bon prisonnier en Angleterre, — les religieux en feront déduction au preneur en proportion convenable.

Le dernier bail du domaine de Vesly passé par le monastère de Sainte-Catherine fut fait en 1596 au nom de l'abbé commendataire, le cardinal Charles de Bourbon, archevêque de Rouen, mort cependant en 1594. Guillaume Trouart, sieur d'Orgeville, demeurant à Tosny, louait le fief pour sept ans et sept dépouilles, au prix de 150 l. aux conditions ordinaires, payables à Rouen en la maison du sieur Le Pigny receveur de l'abbaye. Il devait en outre payer au prieur de Vesly chaque année trente boisseaux de blé, en vertu d'une convention passée entre Marmoutier et le monastère de Sainte-Catherine le 21 juillet 1424, dans le but de dédommager le prieuré que les religieux de Rouen avaient réduit à jouir comme eux d'un tiers de la dîme, alors que primitivement sa part était plus grande (2).

En échange de ces droits lucratifs sur la dîme et les oblations, les moines devaient entretenir l'église sauf la nef. « A charge aussi, lisons-nous dans ce contrat de 1597, par ledit preneur d'entretenir de réparations et de rendre en la fin du présent bail en bon état le chancel de ladite église dudit lieu de Velly pour la part contingente de ladite abbaye. Nous aimerions à savoir ce que firent pour l'église les deux grands monastères, quel rôle ils

---

(1) *Ibidem*. Dans une note aux deux chartes susdites, les Chartreux ont écrit qu' « il est quasi impossible de s'y reconnaître », dans cette question des dîmes. Nous pensons comme eux et nous ne cherchons donc pas à y voir plus clair.

(2) A. N. S 4068, 4052, 4066, 4067. Les pièces y sont réparties au hasard : elles proviennent toutes du couvent des Chartreux de Paris à Vauvert.

jouèrent dans sa construction, son agrandissement : pierres et papiers sont muets.

Cette même année 1597, l'abbaye de la Trinité du Mont-Sainte-Catherine fut rasée de fond en comble. Jugée dangereuse pour la sécurité de Rouen à cause des Ligueurs qui auraient pu s'y fortifier, il n'en reste plus que le nom conservé par la côte. Les biens de la mense abbatiale furent attribués par le Pape à la Chartreuse de Gaillon : tel fut donc le sort du fief de Vesly comme de celui d'Authevernes, des terres de Guerny et de tant d'autres.

Désormais le domaine de Sainte-Catherine va perdre son individualité et se confondre avec celui des Chartreux. Seul le clos de l'ancien chef-mois a maintenu son souvenir. Depuis sa donation par Benoît de Vesly, il n'avait pas subi d'agrandissement. Près de la route y était enclavée une masure bâtie sur douze perches. Quant au manoir, aux bâtiments de ferme, aux murs qui entouraient le domaine de tous côtés, ils avaient disparu avant le milieu du XVIIe siècle. Du terrain on fit un herbage : une petite partie resta en jardin.

L'ensemble mesurant 47 ares 22, estimé 1700 fr. en 1843, fut alors acquis avec la Chartreuse par Jean-Louis Guesnier. Sur l'emplacement de la masure qu'il rasa (1), il fit bâtir une maison bourgeoise en pierre de taille, de plus d'apparence que de solidité, qui depuis quarante ans environ est devenue le presbytère. Le reste du domaine, appelé clos Sainte-Catherine, en a été détaché et la commune le loue séparément.

Trois cents ans après l'établissement à Vesly du prieuré et du fief Sainte-Catherine, les chartreux de Notre-Dame de Vauvert, près Paris, y acquéraient un domaine lui aussi très important. On sait que leur monastère, fondé par saint Louis, occupait une partie des quartiers actuels du Luxembourg et de l'Observatoire et que la célèbre « Vie de saint Bruno », aujourd'hui au Louvre, fut peinte par Lesueur pour l'ornementation de leur cloître.

Le 28 janvier 1367 (2), ils achetèrent de Guillaume Crespin

---

(1) Il en reste la cave souterraine analogue à celle du prieuré, mais moins large et beaucoup moins profonde.

(2) Il y a 3 expéditions sur parchemin de l'acte de vente aux A. N. et une copie du XVIIIe siècle; aux A. E. une copie de l'époque, sur papier. E 547.

écuyer, seigneur de Mauny, et de Jeanne de Calletot sa femme, un vaste ensemble de terres réparties sur Noyers, Vesly, Villers-en-Vexin, les Thilliers et Berthenonville : le tout pour 3.000 livres tournois. Les terres de Noyers relevaient de la seigneurie de Guillaume Crespin à Lisors, les autres du fief de Suzay où il avait son manoir. Nous avons déjà trouvé mention des dépendances de ce fief sur la paroisse de Vesly en 1302.

A Noyers, les chartreux entraient donc en possession du manoir seigneurial, cours, granges, étables, etc., contenant environ deux acres, et en outre 102 acres de terre labourable dont le détail est curieux pour l'histoire et la topographie du pays. Les rentes féodales s'élevaient à 20 l. 17 s. 9 d. « maille, parisis, poitevins, tournois de même cens sur terres et masures », 10 mines d'avoine et 2 boisseaux de blé mesure d'Étrépagny, 39 chapons et 2 gélines, 300 œufs au jour de Pâques. Ils jouissaient en outre « de la seigneurie de 200 livres de terre ou environ que tenait Guillaume de Noyers pour demi-membre, item deux corvées fieffées qui valent 6 journées de charrue (1) par an » et tous les autres droits seigneuriaux « sur tous les habitants de Noyers », y compris le droit de haute justice et le patronage de l'église.

« Item à Veely en Vexin, 25 l. 12 s. parisis de rente que doit Mgr Almaury de Villers, chacun an, moitié à la fête de la Chandeleur et moitié à Pâques, à cause de 32 acres de terre assises en plusieurs pièces en la paroisse de Veilly, 22 pieds la perche, que japieça prit pour ladite rente à toujours dudit Guillaume Crespin ou de son procureur Guillaume le Sauvage dit Guillore, de ladite paroisse. Et lequel G. le Sauvage pour contrepleige de la dite rente a obligé spécialement les héritages qui ensuivent qu'il tenait du fief de Suzay, assis en la dite paroisse de Veely.

Premièrement huit vingt perches de terre à la Hache, contre les héritiers Robert Macren d'un côté, à Jean Dumesnil d'autre. Item demie acre à la voie de Rouen entre Jean Dumesnil d'un côté et Jean Sente d'autre. Item demie acre au Carrouge, entre les hoirs Robert Macren d'un côté, à messire Guillaume de la Mare prêtre d'autre. Item 7 vergées au sentier de la Conhon, jouxte les hoirs Jacques Le Febvre d'un côté. Item acre et demie au champ de la Hache, emprès le Val Adam d'un côté. Item acre et demie à la Gruette jouxte les hoirs Adam de la Mare d'un côté. Item 3 vergées au Champ Serens entre le prieur de Veelly d'un côté et Pierre Gaupery.

Item 3 vergées et 20 perches jouxte le prieur de Veely. Item une vergée au buc Ogier emprès les hoirs Pierre le Sauvage. Item demie acre aux Longues Raies emprès Jehan du Mesnil. Item demie acre au buc Louvet, emprès les hoirs Guillaume Lemoine Item 3 acres et demie au sentier de la Porte, encosté Guill. Le Febvre. Item sept

---

(1) Les lettres d'amortissemeut indiquent « six journées de chevaux ». Le manoir et sa ferme existent encore à l'entrée du pays, près de la route de Vesly à Noyers.

vingt perches à la voie de Rouen jouxte Guill. Leberet. Item une vigne en côté l'our-metel des Hayes (1). Item sept vingt perches de terre au buc Louvet jouxte ledit Guillaume Crespin, pour y avoir ladite rente comme aussi sur les dits 32 acres.

Item un fief de pleines armes que tient Jehan du Mesnil et Jehan de Corbie écuyers. Item environ 106 soulx 8 deniers tournois de menu cens, portant ventes, saisines, amendes, dus et payés de plusieurs personnes à cause de certains héritages assis au dit lieu par les termes qui ensuivent : c'est assavoir au jour de fête Saint-Rémy 21 s. 6 d. ; au jour de fête Saint-Denys 55 souls et à jour de Noël 25 s. »

A Villers, Guillaume Crespin laissait aux Chartreux 40 acres environ, tenus en douaire par sa mère Jeanne de Mouy dame de Mauny, dont 22 acres « au Tilleel » (les Thilliers); à Berthenonville, 2 arpents et demi de pré, la moitié d'un moulin à ban sur la rivière, 20 l. 4 s. 5 d., 12 chapons, 2 gélines et demie et 44 œnfs de rentes; cour, usage, basse justice et un fief de pleines armes tenu par Guillaume le Grand.

Le vendeur consentit à prendre à sa charge les 28 l. de pension annuelle que les religieux auraient dû payer à la dame de Mauny pour son douaire de 44 acres. Un mois après, les Chartreux recevaient des lettres d'amortissement pour leurs acquisitions, de Jean de Melun, comte de Tancarville, chambellan de France et de Normandie, cousin, par sa femme Jeanne, de Guillaume Crespin, lettres ratifiées par Charles V en 1368. Ils eurent soin d'ériger sur leurs manoirs des différents villages la croix qui était la marque de cet affranchissement. En 1462, à la suite de réparations faites au manoir de Vesly, la croix fut replacée « en signe de bien amorti » avec l'autorisation du bailli de Gisors.

Néanmoins en 1581, on leur réclama le droit de mainmorte qu'ils refusèrent de payer. Décrétés de saisie par le duc de Ferrare « jouissant des comptes de Gisors », ils obtinrent gain de cause du roi Henri III.

Comme partout, leurs biens de Vesly ne devaient pas tarder à faire boule de neige. D'abord ils achetèrent le fief de pleines armes des deux vassaux qui le tenaient par moitié : Jean de Corbie et Jeanne de Noyers sa femme, demeurant à Mouflaines, Etienne du Mesnil et son épouse Marie de Courcelles, demeurant à Étrépagny, l'abandonnèrent contre 120 francs d'or en échange d'une rente de 8 l. parisis, 5 francs d'or pour celle de 16 sols 2 d. Cela se passait deux mois après la première acquisition.

En 1376 ils tenaient en vavassorerie un manoir dont Pierre le

---

(1) Une pièce de 1646 nous apprend que ce triège est borné par la sente de Rome au chemin qui conduit à la Croix. A. E. E 1042.

Barrois, curé de Chérences, fit don à sa nièce, épouse de Perrin Mallet. Estimé alors 30 francs d'or, il fut revendu 21 francs à Jean Bourdon dont la propriété était voisine. En 1393, en présence du prêtre Régnier Lefèvre, Étienne Gaupery de Vesly vendit aux Chartreux deux pièces de terre dont une d'un acre et demi pour 40 sols parisis. Mais nous ne suivrons pas les religieux dans leurs acquisitions de terres, de maisons et de rentes foncières. Il nous suffit de savoir que leur domaine non fieffé en vint à mesurer en 1575 près de 125 acres, rien qu'à Vesly.

En 1465 ces terres étaient louées à Martin Auger pour 6 muids de blé, mesure d'Andely, livrables en ce lieu au grenier des religieux. En 1497, les rentes seigneuriales de Noyers, Mouflaines, Vesly, Berthenonville étaient affermées à Laurent Lambert de Noyers (1) 44 l. par an. Il était alors procureur des Chartreux et avait obtenu le 7 juin 1496 de Guillaume de Ferrières, seigneur de Dangu un accord qui donnait gain de cause aux religieux en différents litiges. Guillaume leur reconnaissait la propriété d'un acre de terre au « Carrouget ou les groûts (2) de Romme » qu'ils avaient acquis dès 1403. Il admettait que les hommes et tenanciers des Chartreux à Vesly et Noyers n'étaient pas assujettis au ban des moulins de Dangu et de Gisancourt : ils étaient donc exempts des droits de moûtes dont nous avons eu à parler au sujet du prieuré.

De même ils avaient « le droit de passe et rapasse par la chaussée, pont et travers de Dangu, et leurs serviteurs, charrois ou autrement », sans payer. Cette franchise de péages, d'après les Chartreux, avait existé de tout temps pour leurs tenanciers. Leurs hommes ne seraient pas non plus astreints à faire le guet au château de Dangu ni à en payer les frais. Quant au droit de communauté et de pâture pour ses animaux sur les terres de Noyers, Guillaume n'y avait aucun titre, et la seigneurie de ce village ne dépendait de lui en aucune manière.

En 1483 Laurent Lambert avait pris à fieffe une trentaine d'acres, outre les rentes seigneuriales et le champart, pour 13 l. 6 s. 20 d. parisis de rente annuelle et perpétuelle. En cas de non

---

(1) A. N. L 939.

(2) Les textes anciens écrivent ainsi ce mot. En dehors d'eux, nous suivons l'orthographe de Littré.

paiement, les terres devaient être réunies, après trois ans, au domaine non fieffé, quand bien même une partie de la rente eut été rachetée : toutefois on le tiendra quitte des trois années d'arrérages.

En 1538, la ferme de Vesly est louée 5 muids 18 mines de blé mesure d'Andely, pour neuf années et neuf dépouilles, durée de tous les baux de ces terres depuis l'établissement des Chartreux jusqu'en 1789. En 1548, elle est louée 7 muids 3 setiers mesure de Paris : soit 18 hectolitres par muid et 150 litres par setier. En 1558 Guillaume Petit loue en bloc les terres des Thilliers, Villers et Vesly pour 12 muids de blé et 3 setiers de pois blancs. « Ledit bled bon, sec, sain, net et marchand à douze deniers parisis près du prix du meilleur sur chacun setier qui se vend aux halles de Paris ». Le tout à livrer par voie de Seine au couvent de Paris à ses risques et périls. Si les habitants d'Andely, comme ils en avaient l'habitude depuis les troubles, cherchaient à arrêter le grain, on le conduirait à la Roche-Guyon ou à Vétheuil. Jusqu'à la fin du xvie siècle, les baux portent cette recommandation.

Le preneur, outre la charge des réparations, devait tenir les pleds de la seigneurie et en payer les rentes aux Chartreux. « Si auront iceux religieux leur chambre et étable accoutumée pour eux, leurs gens et chevaux loger, toutes et quantes fois qu'ils iront » à Vesly. On leur fournira bois, linge, chandelle, ustensiles, foin et avoine pour leurs chevaux et de plus il sera tenu de nourrir les religieux selon leur état. Ces clauses se trouvent dans tous les baux jusqu'à la Révolution.

En 1564, Philippe Boismègue tenait la ferme au même prix qu'en 1548 et en outre, trois setiers de pois blancs. Mais pas plus que le fermier des Thilliers, il ne fit honneur à ses affaires. Les baux résiliés, Guillaume Petit reprit toutes ces terres, à charge de faire rentrer les arrérages se montant à 11 muids 16 mines de blé. Jusqu'en 1591, il cultiva les 125 acres de Velly et les 46 acres des Thilliers et Villers, d'abord pour 12 muids de blé et 3 setiers de pois blancs, puis à partir de 1576 pour 11 muids. Les mêmes conditions furent faites après lui à Jacques Berthin et Anne Belin sa femme. En 1594, qu'on juge par là des ravages causés par les guerres de la Ligue, Nicolas Lambert loue le tout pour 5 muids seulement.

A Villers, il fallut, aussitôt la paix, faire appel au témoignage des anciens du pays pour reconstituer les titres de la seigneurie. A Vesly les titres avaient aussi été perdus ou détruits durant la guerre civile. Les tenanciers en profitaient pour ne pas payer les rentes et autres droits seigneuriaux. Le roi autorisa les Chartreux en 1595 à faire assigner tous leurs vassaux pour les obliger à présenter leurs aveux et reconstituer le terrier de ce « fief (1) de haubert auquel il appartient court et justice ».

Un terrier avait cependant été composé en 1533, un second lors de l'arpentage de 1575. A ce dernier travail sans doute se réfère un jeton de cuivre trouvé à Vesly, au millésime de 1574, représentant saint Louis avec le nimbe et la couronne, le sceptre en main, et au pourtour : S. LUDOVICUS. CARTUSIE. PARISIĒSIS. FŪDATOR (saint Louis, fondateur de la Chartreuse de Paris). Et sur l'autre face où une mitre est encore visible : COMPUTATIO. DILATA. MLTA. FACIT. OBLIVISCI. (Les comptes différés font oublier beaucoup de choses).

Comme le monastère de Paris s'était endetté durant les guerres, un arrêt du Parlement l'autorisa à vendre pour 25.000 écus de son temporel. Justement Jean Sublet de la Guichonnière, né en 1553 à Paris, fils d'un notaire de Blois, anobli par Henri III en 1578, avait acheté l'année suivante l'ancien fief de Guillaume de Noyers et aspirait à posséder la haute seigneurie du pays. Il avait même failli être poursuivi par les Chartreux pour ses empiètements ; mais en 1582, « pour nourrir paix et amytié ensemble », un accord était intervenu. Le grand tableau portant les armoiries de Sublet et de sa mère demeurerait là ou il l'avait fait placer, au-dessus du maître-autel, mais il ne pourrait ni le rafraîchir ni le changer en quoi que ce soit. La clef de la porte qu'il avait fait percer dans le chœur serait remise au curé qui devait la lui ouvrir pour les offices. Il reconnaissait d'ailleurs les Chartreux pour seigneurs de Noyers et patrons de l'église. Quant aux terres de leur tenure que Sublet englobait dans les agrandissements de son parc, ils en faisaient condonation moyennant échange d'héritages proportionnés. Pour ses autres acquisitions à Noyers : 4 acres environ et la moitié d'une masure, Sublet leur paierait 40 écus (2).

---

(1) A. N. S 4160. Les terriers de 1533, 1575 : S 4159.
(2) L 937.

Finalement les Chartreux lui vendirent leur fief le 27 mai 1596 : le manoir et la ferme, 134 acres de terre labourable à Noyers et tous leurs droits sur ce pays, pour le prix de 7.559 écus sol. Ils ne se réservaient qu'une pièce de 7 acres. Sublet et ses successeurs rendraient hommage de leur fief aux Chartreux ; ils nommeraient le curé de Noyers, mais les religieux se réservaient d'examiner ses aptitudes : précaution très sage pour l'époque.

Le couvent de Notre-Dame de Vauvert gardait les domaines des Thilliers, Villers, Berthenonville et Vesly. Dans ce dernier village, il allait obtenir une sérieuse compensation de ce qu'il avait vendu à Noyers.

Nous avons vu que les biens de l'abbaye Sainte-Catherine de Rouen avaient été « dévolués » en grande partie à la Chartreuse de Gaillon fondée en 1574, pour l'aider à sortir des embarras financiers où elle se débattait. Les terres de Sainte-Catherine à Vesly qui faisaient partie de son lot, furent donc louées aussitôt 450 l. avec les droits de la seigneurie.

Le domaine fieffé qui s'étendait principalement sur des masures et des jardins (1), valait en rentes annuelles : 6 chapons, 10 œufs, 100 sols de deniers, 61 boisseaux de blé et 4 minots d'avoine. Le domaine non fieffé évalué à 53 acres, en compta 63 après arpentage. Nous avons déjà parlé du tiers des dîmes et des offrandes dont jouissait Sainte-Catherine.

Dès 1594 le monastère de Gaillon était redevable à la Chartreuse de Paris d'une somme de 36.000 livres dont elle payait l'intérêt au denier douze. Ne pouvant parvenir à se libérer, les religieux songèrent naturellement à céder à leurs confrères de Paris établis à Vesly, le fief qui leur avait été attribué dans ce même pays. Bref en 1609 avec l'assentiment du prieur général de l'ordre, le fief de Sainte-Catherine passait aux Chartreux de Paris qui abandonnaient leur créance de 36.000 l. La somme était bien des fois supérieure à la valeur du domaine ! Il fut convenu que si le monastère de Gaillon devenait plus riche, il payerait quelque chose en compensation.

Les terres de Vesly louées 10 muids de blé, mesure de Paris, à Hiérosme Lambert et son fils en 1603, étaient tenues en 1621,

---

(1) Z 4613. Plaids de 1496.

avec celles de Sainte-Catherine (1), pour 1058 l. et 12 l. en plus à cause des rentes seigneuriales de ce fief. Le fermier jouissait des droits de l'abbaye supprimée et, du tiers des dîmes et des oblations qui se faisaient à l'église. Par contre il devait continuer d'entretenir un cierge à l'église Saint-Maurice « en la manière accoutumée », pratique observée, nous le savons, au moins dès le xive siècle ; payer une part du buis pour le dimanche des Rameaux et le vin pour la communion aux grandes fêtes de l'année.

Cette dernière clause que les baux ont gardée jusque vers le xviiie siècle, nous montre encore en vigueur à Vesly l'antique usage d'offrir du vin aux fidèles qui venaient de communier, afin d'aider à la déglutition des saintes espèces. On sait qu'il existe toujours à la messe d'ordination pour les nouveaux ordonnés.

Le 9 mars 1660 l'évêque de Lisieux défendit de distribuer du vin à la communion du Jeudi-Saint « pour empêcher le trouble qui se commet dans les églises (2) ». Nous ne savons comment cet usage disparut à Vesly.

Continuant la série de leurs acquisitions (3), soit en terres soit en masures et jardins, les Chartreux se proposèrent avant tout d'agrandir l'enclos de leur manoir et ferme. Ils achetèrent donc toutes les propriétés avoisinantes, mais ils ne pouvaient entourer le domaine à cause des chemins qui le divisaient : la ruelle Marion et la rue de la Noue se prolongeaient alors jusqu'au chemin Vert, en ligne directe.

Le 5 juillet 1637, Nicolas Le Roux curé, son vicaire, Louis Potart sieur de la Ruelle, Robert le Bas receveur du pricuré, Jean le Porcher dit d'Hôtel, receveur du Taillis et une trentaine d'autres habitants, « eux disant représenter la meilleure et saine partie des habitants et paroissiens dudit lieu, assemblés en état de commune à heure et issue de vêpres », vendirent les deux chemins aux religieux.

On s'accordait à les trouver superflus, vu la proximité du bas

---

(1) Il sous-loua la même année le clos ou « jardin Sainte-Catherine » à Jean du Périer pour 10 l. et 10 chapons.

(2) Coutumes du pays et duché de Normandie. Rouen, Jacques Besongne 1716.

(3) Dom Augustin de Montrouge et dom Joseph Chazeletz, leur procureur en la charge de Normandie, s'y employèrent.

chemin de Vernon et du chemin du Roy qui passait devant le manoir, et d'ailleurs les eaux stagnantes les rendaient impraticables neuf mois de l'année ; dangereux, car ils favorisaient le libertinage, l'impunité des vagabonds et assassins qui venaient piller les jardins et s'attaquer aux gens des Chartreux et les voler. Il ne faut pas oublier qu'à cette date la misère était extrême, et ce fut pour cette raison surtout que les habitants consentirent à la vente : ils le reconnurent d'ailleurs.

« Considérant, dit l'acte, la grande obligation qu'ils ont envers les Chartreux qui les ont associé à leurs prières et les soins qu'ils prennent journellement pour la conservation d'icelle paroisse, et particulièrement depuis peu en affaires d'importance, et leur est encore nécessaire être ainsi continués pour l'avenir à cause des pertes qu'ils ont souffertes et souffrent journellement ». De plus le village était en procès avec les « chirurgiens qui ont assisté ladite communauté pendant la contagion dont ladite paroisse avait été infectée quatre ans ou environ ». Les habitants ne pouvaient s'acquitter des frais médicaux « pour leur pauvreté, causée non seulement pour ce sujet mais encore pour cause la grande fréquentation des gens de guerre qui logent ordinairement audit lieu ».

Les Chartreux s'engageaient donc à les faire sortir de procès avec les héritiers du chirurgien Claude Vinot qui les avait soignés durant « la contagion, et encore d'amender leurs autres chemins et rues dudit Vély vis-à-vis, devant et derrière leur logis seigneurial et masure », jusqu'à concurrence de 250 l.

Mais il ne suffisait pas de l'autorisation de la commune, il fallut aussi le consentement des seigneurs du pays. Le prieur Charles de la Grange, le seigneur du Taillis, Jacques du Fay, donnèrent un avis favorable. Le seigneur de Dangu, Henry de Lévi, duc de Ventadour, comte de la Voûte, marquis d'Annonay, au nom de sa femme Liesse de Luxembourg, princesse de Tingry, alors à Chambéry, se rendit lui-même avec tous ses officiers à Vesly pour se rendre compte des choses et donner son autorisation. « Désirant, disait-il, gratifier lesdits P. Chartreux de tout notre pouvoir à l'exemple de nos prédécesseurs qui les ont toujours eu en particulière considération à cause de la sainteté de leur ordre qui seul en vieillissant rajeunit et fait refleurir en nos jours la vraie piété et dévotion des anciens anachorètes, sans qu'il ressente aucune des faiblesses et des déformités ordinaires aux choses dont la naissance est ancienne, mais au contraire s'affermit et se fortifie par le temps et nous fait voir la vertu favorisée et aimée ».

Il fallut encore l'avis des principaux fermiers : les receveurs du Taillis, du prieuré, de la Grange à l'abbé ; Christophe Parmentier prévost du Taillis, Martin Lether, Charles Potart et Jean du Périer, et enfin l'autorisation du vicomte de Gisors. Les Chartreux payèrent alors les 250 l. convenues : nous verrons ailleurs ce que les habitants en firent. En 1646, ils donnèrent encore 15 l. à la fabrique pour qu'on les autorisât à empiéter un peu sur le chemin du Roy afin de mettre entièrement en ligne droite la clôture de leur jardin. Rien ne prouve que les Chartreux soient plus tard intervenus autrement dans la vie communale. L'état misérable dans lequel ils avaient trouvé le village en 1637, leur montrait pourtant qu'il n'y manquait pas de bien à faire. On ne vit plus que de loin en loin la tunique blanche du Père visiteur, ne s'intéressant qu'au fief.

Le manoir, maison tout en rez-de-chaussée, fut rebâti à cette époque, ainsi que l'écurie située tout près, au côté nord, avec ses étroites baies en pierre de taille. On ne sait où se trouvait la chapelle dont il est question à partir de cette date et que les religieux se réservaient avec « leurs chambres et l'étude qu'ils ont accoutumé d'occuper, plus une écurie pour leurs chevaux, quand ils iront audit lieu ». Dans ce cas ils étaient nourris et entretenus par le fermier. L'autel de la chapelle, une longue pierre ornée des cinq croix liturgiques, a été donné à un amateur de Gisors, il y a quelques années. Quant à l'enclos, de 3 acres il était passé à 8 1/2 : ce fut le plus vaste du pays.

En 1638 le bail de Hiérosme Lambert qui devait plus de 1500 l. aux religieux, fut résilié et la ferme louée à David Lefebvre, fils d'Isambart Lefebvre marchand à Vatimesnil, et à sa femme Suzanne Belin, moyennant 1700 l. dont 500 pour les terres de Sainte-Catherine, et 200 « pour être employées à la clôture des jardins et masures joignant le manoir seigneurial, selon le plan fait, et planter le clos de pommiers et arbres fruitiers (1) ». Les terres mesuraient alors près de 178 acres.

---

(1) A. E. E 1033. A. N. S 4067. Le plan des constructions s'y trouve.

Les preneurs devaient fournir « 200 jeunes arbres, poiriers, pommiers pour le clos », les religieux le reste. Tous les trois ans on fumera les arbres, tous les ans on houera leur pied. On ne labourera qu'à un pied et demi de distance de chaque côté. On les entourera d'épines attachées à un pieu et on leur mettra au pied de la paille et du chaume pour les tenir frais. Il était défendu de semer dans le clos de la bourgogne ou du chanvre.

Le preneur jouissait de toutes les rentes et droits du fief et payait les charges dont nous avons déjà parlé. En 1648 le fermage était de 1800 l., puis de 1900. En 1666 les Vinot entraient à la Chartreuse dont ils ne devaient guère sortir jusqu'à la Révolution (1). Jérôme Vinot receveur de la Chartreuse de Mouflaines et son fils Michel, louèrent la ferme 2.200 l.; en 1692, le fils seul 2.025, aux charges ordinaires. On leur imposa en plus de nettoyer le rû de la Bélière qui amenait l'eau à la mare ; d'avoir au moins, non plus seulement 160 moutons comme David Lefebvre, mais autant de bêtes à cornes. Les réparations étaient comptées pour 15 l. Quant au tiers des oblations et autres droits à l'église, héritage de Sainte-Catherine, on lui conseillait de ne pas les exiger, s'il y avait des difficultés avec le curé : ce qui arriva, et ce privilège six fois séculaire fut aboli.

Les preneurs gardèrent du moins le tiers de la dîme, « excepté, stipulaient pieusement les Chartreux, sur les terres propres de la cure et le jardin de la Lampe, à cause du saint usage auquel il est destiné ». Cette question des dîmes amena des différends avec le prieuré. Le droit des Chartreux venant de Sainte-Catherine était difficile à déterminer. Ce fief avait eu, paraît-il, le tiers des grosses dîmes, sauf sur le domaine non fieffé de Sainte-Madeleine. Le prieur de son côté ne percevait pas de dîmes sur les biens similaires de Sainte-Catherine qui par compensation, nous l'avons vu plus haut, lui payait, depuis près de deux cents ans, une pension annuelle de 30 boisseaux de blé.

Les Chartreux pour exempter leurs propres terres des dîmes dûes au prieur, lui acquittaient une redevance de 7 mines 1/2 de froment. Quand ils eurent acheté Sainte-Catherine, ils refusèrent la pension de 30 boisseaux, charge inhérente à ce fief. En 1676, ils consentirent à laisser au prieur qui réclamait, les 2/3 des

---

(1) Lefebvre Marinville en est cependant receveur en 1772.

menues et vertes dîmes sur le fief de Marmoutier et de la Chartreuse, sans en prendre leur part. Mais sur les terres de Sainte-
Catherine et du « Rafoy », ils s'en réservaient les 2/3. Sur les
fiefs de Dangu, Nainville, Hacqueville, la Ruelle et du Moustier,
le Prieuré et la Chartreuse auraient chacun un tiers des dîmes.
La rente annuelle de 30 boisseaux de blé due à cause de Sainte-
Catherine serait désormais payée, mais non plus celle des
7 mines 1/2 qui était passée à 8 boisseaux : les Chartreux atten-
draient pour cela une preuve que la part dîmale du prieur était
inférieure à la leur.

Elle fut faite sans doute car Nicolas Vinot qui loue la ferme en
1701 pour 2.039 l. paie en plus au prieur une pension de 38 boisseaux : il en fut ainsi jusqu'en 1789. Il devait en outre une mine
de blé à chaque officier de la seigneurie : prévôt, greffier, sénéchal ; 30 l. au P. chartreux visiteur et à son garçon. En 1719 son
fermage est de 2.650 l. ; de 2.900 en 1729.

En 1789, les Chartreux possédaient au total 425 acres dont 170
seulement étaient fieffés. D'après la déclaration (1) faite en 1790 par
le monastère de Paris en vue de la vente de ses biens par l'Etat,
la ferme de Vesly comprenait un clos de 5 arpents avec potager,
260 acres de terre, mesure du pays, dont 69 sur Villers et les
Thilliers, 7 sur Noyers et un demi sur Authevernes, le quart des
dîmes à Vesly évalué à 1.500 l. Le tout était loué pour « neuf
années commencées aux jachères 1782 », à Michel-Nicolas Vinot,
3.500 l. par an. Il la louait antérieurement 3.300 l. mais avec le
tiers de la dîme.

A Berthenonville, les Chartreux de Paris possédaient une
ferme de 110 acres à la grande mesure, 18 arpents de pré dont
5 ou 6 à Château-sur-Epte, les 3/4 d'un moulin : le tout loué
2.100 l. à François Guesnier.

A Mouflaines, ils avaient une ferme de 133 acres à la grande
mesure, 3 acres de bois et un pressoir à cidre affermés à Jean
Vinot 2.200 l. Les Chartreux de Gaillon avaient gardé leurs terres
de Guerny et d'Authevernes.

Le 3 mars 1791, à la requête de Lefebvre de Saint-Hilaire, juge

---

(1) S 3948. Le rôle des vingtièmes de 1778 n'indique guère que 249 acres plus
10 acres de masures. Mais, on a dû le constater, très rarement il y a concordance entre
les différentes évaluations.

de paix du canton de Gisors résidant à Vesly, la Chartreuse déclarée bien national fut mise en vente y compris le clos Sainte-Catherine et acquise par ce même chancelier Maupeou qui venait d'acheter à l'instant les biens du Prieuré. En ajoutant au domaine de Sainte-Madeleine celui des Chartreux : « une maison, bâtiments, cour, jardin, masure de 8 acres 1/2 et 179 acres de terre en labour et 67 acres 1/2 de terre également en labour, le tout à Vesly », il se constituait, lui qui ne possédait pas quelques heures avant dans le pays « de quoi ficher son doigt en terre », comme disent les paysans, une propriété de 454 acres, le cinquième du territoire cultivé.

Sa petite-fille Marie Aglaé vendit en 1820 à Antoine Huvé de Garel, tout le domaine des Chartreux pour 177.600 francs plus les charges. En 1838 il était loué pour neuf ans à M. Psalmon qui le céda ensuite à Augustin Dévé. Le preneur payait 8.600 fr. de fermage, les impôts, cent bottes par an « de fourrures du poids de 9 à 10 kilos », et devait fournir les chaumes pour l'entretien des toits et des murs et faire les grosses réparations.

Après la mort d'Huvé de Garel, en 1843, la Chartreuse comprenant 95 hectares 31 acres, dont près de 5 hectares pour la ferme et ses dépendances, fut vendue 280.200 francs plus les charges à Jean-Louis Guesnier et à trois autres acquéreurs. Il garda le corps de ferme et 50 hectares environ. Jacques Court, de Beauvais, prit 33 h. 75 ; François Devin, des Thilliers, 4 h. 1/2 et Louis Roycourt, 2 h. 22. Ce dernier était l'ancien fermier de Barbé-Marbois, et le propriétaire du château de Noyers qu'il avait acheté à la mort de l'ancien ministre en 1837.

Après avoir appartenu à la fille de Jean-Louis Guesnier, Mme Arnoult, elle passa de son petit-fils à M. Louis Puissant de Dangu, en 1907.

II. **Possessions diverses d'établissements religieux.**

L'abbaye de Fontaine-Guérard fut le troisième établissement monastique qui acquit des biens à Vesly. Fondée vers 1198 dans un site délicieux des bords de l'Andelle près Radepont, elle était occupée par des religieuses observant la règle de Citeaux.

« Moi, Raoul de Barentin, chevalier, porte la charte de donation, du consentement et de la volonté de mon épouse Lucie, j'ai concédé à Dieu et à l'église de Sainte-Marie de Fontaine-Guérard et aux religieuses servant Dieu en ce lieu, en pure et perpétuelle aumône, une pièce de terre labourable que j'avais dans la paroisse de Velli-en-Vexin, située au-dessus de la vallée du Petit-Moine, près de la terre de Girard le Muet d'un côté, et près de la terre de la femme de Raoul Cophin de l'autre, ainsi qu'elle se comporte en longueur et en largeur, jusqu'au chemin qui va vers Villers. Fait l'an du Seigneur 1236 (1) ».

Cette donation falte par Raoul de Barentin à ses derniers moments, fut autorisée par Guillaume Crespin, seigneur de Dangu, au mois de juillet de la même année. La pièce relevant de son fief, il se réserva son droit et celui de ses héritiers. La prieure du monastère eut soin aussi à la même date d'obtenir, grâce à l'entremise de l'archevêché de Rouen, confirmation de ce legs par l'héritier de Raoul, son neveu Jean, encore mineur et sous la tutelle de son père Guillaume Fiket. La chose n'alla pas sans « plusieurs altercations », dit la charte, mais finalement ils reconnurent les dernières volontés de Raoul de Barentin et promirent de laisser les moniales en possession paisible.

Au XIVe siècle, la pièce dut être ravie aux religieuses, sans doute lors de la guerre avec les Anglais, car le 18 février 1401, Jehan le Bigre demeurant « en la ville de Velly », leur abandonna sans condition les 8 acres qui leur avaient été donnés en 1236 et qu'on appela dans la suite la Couture (2) aux Non-nains.

En 1421, elle est louée pour six ans à Jean de Guisencourt dit Dieumaine, de Vesly ; en 1550 1555 à Guillaume le Tellier pour « 10 mines de bon blé froment, mesure d'Andely, à douze deniers par mine pris du meilleur du choix de la halle dudit lieu d'Andely » où devait se faire le paiement à la Toussaint (3). En 1629 elle est louée pour neuf ans 100 sols par acre ; en 1638, à Barbe Chevallier veuve d'Achille·Potart et à son fils Charles, 42 livres en tout ; en 1704 et 1720, 70 livres ; en 1747, 72 ; en 1778, 80.

---

(1) A. E. H 1287, comme les autres pièces mentionnées ici. Un triège porte encore le nom de Val Cophin.

(2) Du latin *cultura*, terre mise en culture.

(3) E 1234.

Le 22 mars 1791, Jacques-Antoine Huvé de Garel l'acheta comme bien national 6.400 l. sur mise à prix de 2.328.

Presque tous les couvents qui furent fondés à Gisors au xviie siècle, acquirent des terres à Vesly.

Les religieux trinitaires ou Mathurins qui s'occupaient du rachat des chrétiens emmenés en captivité par les Turcs, acquirent bientôt 42 acres. On peut présumer que la dévotion à Notre-Dame de Liesse à qui leur chapelle était dédiée et qu'on invoquait en temps de peste, ne fut pas étrangère à ces acquisitions. Le tout était loué 600 l. en 1781, et en 1784 « 50 boisseaux de blé froment sec et bien vanné, mesure de Gisors, à deux sols près du meilleur, rendus en ladite communauté, et la somme de 350 l. en argent », en deux termes à Noël et à Pâques (1).

Les dames Annonciades obtinrent par la dot de Marguerite Moreau, en religion sœur Saint-Augustin, fille d'un chapelier de Gisors, 6 acres de terre à Vesly, loués 68 l. en 1768 à Nicolas Leter (2) et 97 en 1783.

Les Carmélites établies à Gisors par François Sublet seigneur de Noyers, possédaient 5 acres, loués 38 l. en 1778.

Les Ursulines avaient reçu en 1763, à charge de fondation, 22 l. 16 s. de rente sur une maison et enclos de 115 perches situés rue de la Noue. Mais la propriétaire, veuve de Nicolas Lambert sieur de la Chesnaye, était si pauvre qu'elle ne put payer et dut abandonner sa demeure au couvent. Les religieuses la revendirent (3) la même année à Marie de la Mare, veuve de Pierre du Périer à charge de payer la rente, amortissable à 321 l.

Le 22 mars 1791, conformément aux lois « nationalisant » les biens d'église, les terres des Annonciades furent vendues 2.475 l. au boucher Michel Forceville ; celles des Carmélites et des Mathurins à Michel Fleury, l'ex-seigneur de la Ruelle : 3.425 l. les premières, 24.000 l. les autres. Les Ursulines, vers 1778, ne possédaient plus rien à Vesly.

---

(1) H 1187.

(2) H 1468.

(3) H 1572. Pour 100 l. d'arrérages, la veuve Lambert donnerait au couvent 25 boisseaux de froment et 20 l. « de poil de cœur de chanvre ».

III. La maladrerie Saint-Thomas.

La lèpre ne fut pas rare au moyen-âge surtout dans la période qui suivit les croisades. Pour empêcher la contagion, les malades étaient isolés dans des locaux écartés, généralement appelés maladreries. Tout le monde connaît le charmant récit de Xavier de Maistre : « le lépreux de la cité d'Aoste ».

Le terrible fléau avait fait son apparition à Gisors à la suite de la troisième croisade vers 1192, et en 1210 Jean, seigneur de la ville, y fondait une léproserie sous le patronage de saint Lazare. Bientôt tout village un peu important eut la sienne. Citons seulement aux environs Villers et Gamaches. En ce dernier endroit elle comportait une chapelle dédiée à sainte Marguerite.

C'est sans doute aussi au début du xiii⁰ siècle qu'une maladrerie fut fondée à Vesly. Elle était située en dehors de l'agglomération, à près d'un kilomètre de l'église. Aussi conformément à l'ordre du concile de Latran (1) tenu en 1179 qui exigeait dans les léproseries, là où les revenus le permettaient, l'érection d'une chapelle afin que « les meseaux » ne fussent pas privés des services religieux, un lieu de culte y fut établi sous l'épiscopat d'Eudes Rigaud (2), entre 1248 et 1275. Lui-même en nomma chapelain un clerc appelé Guillaume, sur la présentation du curé : ce qui donne à penser que la maladrerie et sa chapelle étaient une fondation de la communauté des habitants, et non de quelque seigneur qui n'aurait pas manqué de faire valoir son droit de patronage.

La chapelle était dédiée à saint Thomas Becket, évêque de Cantorbéry, auquel son courage à défendre les droits de l'Eglise contre les empiètements du roi, avait valu le martyre. Il n'était pas un inconnu dans la région, car il était venu chercher quelque temps asile à Gisors. Son persécuteur repentant, Henri II, roi d'Angleterre et duc de Normandie, lui éleva en 1185 une chapelle dans le donjon du château de Gisors, appelé depuis tour Saint-Thomas. Le culte du nouveau martyr était donc en pleine

---

(1) Labbe, tome X, col. 1250.
(2) *In parrochia de Velly est quædam capella beati Thomæ de novo fundata,* dit le pouillé qui porte son nom.

période d'expansion quand on lui érigea un autel dans la maladrerie de Vesly.

En 1337 le revenu de la léproserie Saint-Thomas était de 12 l., le cinquième de celui de la cure, soit 1.000 francs environ, chiffre qui, en rentes foncières, selon l'usage d'alors, ne suppose pas un domaine fort étendu. Aussi reçut-elle de 1350 à 1354, 10 sols par an au terme des Brandons, le 1er dimanche de Carême, sur les 2.073 l. que le sous-aumônier du roi répartissait « aux pauvres, maladreries et maisons-Dieu », soit au total 50 sols parisis (1). Il est peu probable que les terres de la léproserie se soient accrues par la suite, alors que, la lèpre disparaissant, les donations charitables allaient être détournées de leur légitime affectation. Dès la fin du XVe siècle au plus tard, le domaine de Saint-Thomas n'est plus qu'un simple bénéfice dont jouit entièrement le titulaire de la chapelle.

Le 16 novembre 1497, il est attribué à Laurent Le Routier prêtre présenté par le curé de Vesly, malgré l'opposition du seigneur de Dangu, Guillaume de Ferrières, qui réclamait le droit de patronage. La mort de Louis Lestre prêtre, successeur de le Routier, fait passer la chapelle aux mains de Guillaume Nagerel, clerc du diocèse de Rouen, présenté par son frère curé de Vesly. Peu après la maladrerie Saint-Thomas devint pour plus d'un siècle l'apanage de la famille Le Pigny.

Nicolas Le Pigny la résigne le 11 mai 1566 à Marin du même nom, clerc de Rouen qui l'a obtenue, paraît-il, en cour de Rome. Marin le 11 juillet 1599, la résigne à Bernard, clerc de Rouen, qui en fait autant en 1610 pour un parent du même nom, lequel, devenu chanoine et archidiacre de l'église cathédrale (2), la laissa toujours en famille. Finalement un Pigny, en 1684, la résigna en faveur de Jacques Grenet, prêtre du diocèse de Rouen, docteur de Sorbonne, prêtre habitué en la paroisse Saint-Paul, qui mourut moins de deux ans après. Potart de la Ruelle, aidé par l'évêque de Valence, obtint le bénéfice, en cour de Rome, en

---

(1) Archives de l'hospice de Gisors : B 36, cote qui ne correspond en rien à celles de l'inventaire conservé aux A. E., à savoir : C 25, liasse de 12 pièces; C 26, 47 pièces ; et E 17, bail des terres fait en 1842. Aucun de ces documents n'est antérieur à 1690, mais ils se réfèrent à de plus anciens.

(2) Voici d'après A. S. I. G 4, quelques dates de présentation : 8 novembre 1470, 16 novembre 1486, 19 novembre 1544, 1566, 1599, 1610, 1652, 1676.

faveur de Louis Boivin d'Hardancourt, clerc de Paris, dont la famille avait quelques attaches à Vesly (1).

De son côté le seigneur de Dangu, François-Henri de Montmorency, avait présenté en 1686 Louis Bucquet, curé de Parnes (2). Il n'est pas probable cependant que le curé de Vesly eut renoncé au droit de patronage de la chapelle qu'il exerçait encore à la fin du xvi⁰ siècle. Toujours est-il qu'à cette date, il n'y aurait rien perdu. L'heure était venue où les biens des pauvres allaient reprendre une affectation charitable.

Par édit de 1672, Louis XIV avait uni nombre de maladreries dont celle de Vesly à l'ordre du Mont-Carmel et de Saint-Lazare de Jérusalem, sorte d'ordre purement honorifique comme aujourd'hui celui des chevaliers de Malte. Heureusement en 1693 il revint sur cette décision. En 1694, la maladrerie de Gamaches était unie à l'hospice des Andelys et le 20 juillet 1696 celles de Vesly et de Chaumont à l'hospice de Gisors, « à charge de satisfaire aux prières et charges de fondation » des deux établissements supprimés. Le roi avait tenu compte que « Vesly n'était éloigné de Gisors que de cinq quarts de lieue ».

Le titulaire de Saint-Thomas résista, comme l'on pense. Depuis 1693 Boivin avait résigné ce bénéfice à Eustache Le Roux, curé de Guerny. En vain celui-ci fit-il valoir qu'il en avait été pourvu par Rome, qu'il jouissait des biens de la chapelle et non de ceux d'une maladrerie qui n'avait jamais existé : la Chambre des Comptes lui opposa avec raison les allocations du trésor royal en 1350. Il ne fut pas plus heureux que Bernard Pigny qui avait été condamné en 1673 par la même cour, à remettre à l'ordre de Saint-Lazare les revenus de Saint-Thomas perçus depuis vingt-neuf ans. Un arrêt du 2 juillet 1700 le débouta. Des lettres patentes du roi en février 1701 réglèrent définitivement la question. Tous les biens et revenus de la chapelle Saint-Thomas devaient « être employés à la nourriture et entretien des pauvres malades dudit Hôtel-Dieu de Gisors, à charge de recevoir ceux dudit Velly, à proportion des biens de ladite maladrerie et d'acquitter les prières et services de fondation dont peut être tenue ladite maladrerie. » Par suite tous les papiers et

----

(1) En 1691, il est parrain à Vesly avec dame Claude Potart.
(2) A. S. I. G 1791.

titres sans exception devaient être remis aux administrateurs de l'hospice.

La maladrerie possédait alors 34 acres de terre labourable, y compris le clos de 3 acres environ sur lequel elle était bâtie (1). Ces terres payaient la dîme au curé pour un tiers. Depuis 1686 elles avaient été louées par le chapelain à Jean Féret pour 210 l., 12 poules à la Notre-Dame d'août et « à charge de faire célébrer les messes comme par le passé et payer les honoraires au prêtre. » Ce bail fut renouvelé par le chapelain Le Roux en 1694 aux mêmes conditions, et par l'hospice de Gisors en 1703.

Jusqu'en 1790 le fermier fut ainsi tenu de faire dire deux messes par mois dans la chapelle. Il avait la garde du mobilier liturgique qui comprenait en 1709 un calice d'argent avec sa patène ; trois chasubles : une rouge, une blanche, une de « moquette » ; une nappe, une aube, une ceinture ; un missel, trois chandeliers : deux en bois, un en cuivre et deux « buirettes » d'étain : « le tout fort usé et qui sont tous les ornements de ladite chapelle. »

Les terres étaient affermées en 1709 par François Sauvé pour 190 l. et 6 poulets au 15 août : cette dernière clause persista jusqu'à la Révolution. De 1739 à 1771, elles furent louées à Gilles Mollemont (2), successivement pour 220, 230 et 240 l., et enfin à son gendre, Jacques Boursier, pour 370 l. et 10 poulets. Une nouvelle acquisition dont nous verrons plus loin l'origine, se louait à part 100 l. et comprenait 11 acres 46 perches. Jean Fleury, seigneur de la Ruelle, cultiva le tout de 1771 à 1790 pour 620 l. par an. L'ensemble du domaine de Saint-Thomas comprenait alors 17 h. 87 a. 24 c.

Sur les 20 lits que comptait l'hospice de Gisors (3), un seul était réservé à Vesly (1775). Ce droit fut reconnu par l'administrateur le 11 vendémiaire an IX (3 oct. 1800) et aussitôt la commune envoya un malade, Maurice Thiberge. L'année suivante, le 29 mars (29 germinal an X), on y accueillait le soldat Maulle, du 11ᵉ régiment de cavalerie dont un détachement stationnait à Vesly pour l'escorte des diligences.

---

(1) A. E. G 1535. Le clos était limité par le bas chemin de Gamaches, le vieux chemin de Vernon et la rue Saint-Thomas.

(2) Tous les 3 ans il devra nettoyer les fossés entourant le clos Saint-Thomas.

(3) Dès 1692 une femme de Vesly y était admise.

Il était malade d'une fluxion de poitrine. « Il sera considéré comme un enfant de Vesly, écrivait l'administrateur à l'adjoint Carlier. A ce moyen il ne lui sera rien retenu sur sa solde pendant sa maladie. C'est une légère marque de reconnaissance s'il s'est bien conduit durant son séjour à Vesly, et une obligation pour ses camarades de se bien conduire tout le temps qu'ils seront au milieu de vous. Cela ne m'empêchera pas de recevoir à l'hôpital celui des habitants qui pourrait en avoir besoin ».

En 1842 les terres de Saint-Thomas étaient louées 1.352 fr. et 21 hectolitres de blé par an. Lors de la construction du nouvel hospice, on jugea nécessaire de les vendre. Avec raison la municipalité de Vesly s'y opposa, réclamant la reconnaissance officielle des droits de la commune, des garanties hypothécaires sur d'autres biens de même nature, l'engagement de réserver quatre lits aux malades du pays. L'hospice passa outre et le 4 janvier 1863, les 18 hectares environ furent vendus 41.334 fr.

Il fut établi que le patrimoine de Saint-Thomas ne comprenait lors de la réunion que 12 h. 59 a. 84 c. (en 28 pièces). Peu de temps avant, on ne sait comment, 11 acres en avaient été aliénés frauduleusement et l'hospice les avait rachetés en 1732 à un sieur François Duval. Les droits de la commune ne portaient donc que sur les 12 h. et demi adjugés 29.320 fr. Un titre de rente de 1.281 fr. fut acquis avec cette somme, portant mention des charges imposées à l'hospice en faveur de Vesly.

Mais la commune exigeant des garanties formelles y mit opposition. Main levée ne fut donnée qu'en 1880, après un accord très précis. Quatre lits sont réservés aux malades de Vesly dont deux pour vieillards incurables, avec une moyenne de journées (1) proportionnelle au revenu du titre et compensation, si besoin est, sur l'année précédente et l'année en cours. Si la dépense en deux ans excédait 2.562 fr., la commune se chargerait du surplus.

Ainsi sont respectées les intentions des fondateurs et bienfaiteurs de la maladrerie, ainsi les pauvres de Vesly profitent encore de la charité d'ancêtres qui vivaient il y a près de 700 ans. C'est la seule fondation qui ait survécu aux ruines accumulées par la Révolution.

---

(1) Le prix de la journée est double pour les vieillards gâteux.

La chapelle Saint-Thomas existe toujours. En 1794 elle servit de lieu de réunion à la Société populaire pendant son éphémère durée. L'autel s'y trouvait encore. Peu après on en fit une grange qui jusqu'au milieu du XIXe siècle portait encore la croix sur son pignon. Quelques années plus tard un maçon (1) l'aménagea pour en faire une maison en y joignant au nord un appentis avec cheminée.

Bâtie comme l'église en pierraille du pays, elle n'a plus aucun caractère, si jamais elle en eut. On y voyait naguère un bénitier à pied : il y restait aussi, servant d'appui à une fenêtre, le socle de la piscine de l'autel avec ses deux ouvertures. La statue de saint Thomas, travail assez remarquable, vraisemblablement du XVe siècle, a été transférée à l'église vers 1850 et restaurée en 1905 par J. Lunel, un menuisier du pays, artiste à ses heures (2) († 1913).

---

(1) Il appartenait justement à une très ancienne famille du pays qui avait sans doute pris son nom de la chapelle : les de Saint-Thomas.

(2) Il enleva la peinture, refit le nez, les mains et la crosse.

CHAPITRE IV

La Ruelle. Le manoir de Saint-Hilaire, les Turmel, les Potart. La Grand'Maison et la chapelle Saint-Nicolas. Les Lecousturier d'Armenouville et l'Ardoise. Les Lefebvre. — *Le Taillis*. Les Bellegarde, les Jubert, les du Fay. Le manoir du Raffouel. Les Lefebvre et le château de Marinville, les Vinot et la Maison Neuve. — *Nainville*. Son ancienneté. Les Lebrun, les Sublet. Richelieu contre Guillaume de la Boissière. La chapelle Saint-Léger.

I. Dangu.

Si les fiefs ecclésiastiques de la Grange à l'Abbé ou de Marmoutier, du Prieuré et de Sainte-Catherine et plus tardivement des Chartreux, s'étendaient sur une moitié du pays, l'autre appartenait à des fiefs laïques sous la suzeraineté du seigneur de Dangu.

On peut croire que bien antérieurement à la donation de Jean de Laval et à l'établissement des moines à Vesly, le village tout entier relevait de cette puissante seigneurie. Ce vaste domaine avait été fractionné et fieffé à des vassaux dont descendaient sans doute ces chevaliers que nous voyons aux XIe et XIIe siècles habiter Vesly et y posséder des terres. Quelques fiefs s'affranchirent de cette suzeraineté en passant aux mains des religieux ou de certains membres de la famille des Crespin, tel le fief acquis par les Chartreux qui relevait de Suzay ; quelques autres furent absorbés par les seigneuries locales, tels ceux du Moustier et de Saint-Ouen de Gisors.

En tous cas de ces fiefs laïques, trois seulement se sont perpétués jusqu'à la Révolution depuis au moins le XIIIe siècle : la

Ruelle, Nainville et le Taillis qui ne cessèrent pas de relever de Dangu.

Fait remarquable, sur 1109 acres dont le baron de Dangu avait la seigneurie sur le territoire actuel de Vesly, 558 étaient fieffés aux seigneurs de la Ruelle et du Taillis, 535 autres à des roturiers lesquels constituaient son fief proprement dit. Il ne lui restait dès le xvie siècle que 16 acres non fieffés : le friche du Bois-des-Carrières, « le long du chemin de Vernon et de la sente de Nainville », qui fut considéré à la Révolution comme la propriété personnelle du seigneur de Dangu et passa avec le château au marquis de Talhouët.

On sait que le contrat de fieffe était un véritable contrat de vente effectuée pour un revenu invariable et perpétuel : rente en nature ou en argent, parfois les deux. Celles en argent, par l'avilissement continuel de la valeur numéraire, étaient devenues presque dérisoires. Quant au censitaire, il était réellement propriétaire et pouvait revendre son bien toujours grevé de la rente seigneuriale.

Ces mêmes rentes formaient le revenu invariable de la seigneurie. Seul le domaine non fieffé que le seigneur exploitait ou le plus souvent louait, était susceptible de rapporter davantage, selon la teneur des baux toujours modifiables à leur échéance. Généralement les rentes du domaine fieffé étaient affermées à un receveur. En 1740 le receveur du fief de Dangu appartenait à la famille Vinot.

Les tenanciers des terres ou des masures du seigneur étaient obligés de comparaître aux « pleds » tenus par le greffier ou le sénéchal du fief, pour y présenter « l'aveu » par lequel ils reconnaissaient tenir leur bien du seigneur, et payer les redevances. C'était une source de difficultés. Quand les retardataires devenaient trop nombreux, par trois « crys » faits trois dimanches successifs à l'issue de la grand'messe, les vassaux étaient requis de se mettre en règle, sans quoi on leur infligeait des amendes, et faute de paiement, on en venait à la saisie. Ce n'étaient pas des faits très rares.

En 1659 à Villers une soixantaine de tenanciers sont condamnés chacun à 3 sols d'amende pour défaut de comparution, et de plus à payer 18 sols 3 d. pour chaque année d'arrérages. En cas d'insolvabilité, on remettait la tenure en vente ou elle était réunie au domaine fieffé. Dans le 1er cas l'acquéreur prenait à sa charge l'ancienne rente plus les arrérages et les amendes. A Villers en 1602, 10 perches furent ainsi vendues pour 10 sols de rente irrecouvrable ; en 1613, une maison chargée de 30 sols de cens fut réunie au domaine fieffé pour trois années d'arrérages.

Les vassaux de Vesly comme ceux de Dangu, Gisancourt et Nainville, terres qui firent toujours partie du fief, étaient encore assujettis au xvie siècle à faire le guet au château seigneurial ou à en payer les frais. L'exemption dont les Chartreux se prévalaient pour leurs censitaires n'existait nullement pour les tenanciers des autres fiefs purement laïques.

D'après une déclaration (1) de 1643, le seigneur de Dangu a droit de foire à Dangu à la Saint-Jean, à Vesly à la Saint-Maurice ; droit de mesure à blé, vin et autres liqueurs ; droit d'aulnage sur tous les sujets ; droit d'étoublage, c'est-à-dire d'un denier à la Saint-Rémy sur chaque « bête porcine », possédée dans chaque foyer au mois d'août, sous peine de confiscation. Les bêtes trouvées sans maître lui appartenaient ; il avait droit de chasse dans toute la seigneurie. A Dangu, il percevait un droit de « travers en la chaussée depuis le pont estant sur la rivière d'Epte jusques à la Maison rouge vers France ». Les Chartreux ne laissèrent pas leurs gens s'assujettir à ce péage, on l'a vu, ainsi qu'au moulin banal dont nous parlons ailleurs en même temps que du droit de four et de pressoir.

Nous n'avons pas trouvé trace à Vesly du droit de regard dû pour les mariages, mais il existait à Dangu et un berger appelé Languedoc qui avait oublié de le payer en 1733, fut condamné à verser 50 l. au seigneur et 22 s. pour les frais du procès (2).

On parlera plus loin du très ancien droit de haute justice, « de pilier et de carcan pour punir les délinquants et les blasphémateurs ». La ferme des amendes et des exploits était louée 10 l. par an en 1652.

____

(1) T. G.-H. Stein et Langlois (*Archives de l'histoire de France*, Paris, 1892) disent qu'il existe au château de Dangu un cartulaire intéressant. Or, ni en 1892, ni avant, ni après, il n'a existé de cartulaire à Dangu. Nul ne l'a vu ni cité. Les papiers de la seigneurie ont été dispersés à la vente du comte de Lagrange. Me Foullon, notaire à Gisors, en a recueilli plusieurs liasses : elles sont conservées au notariat où nous les avons consultées.

(2) A. E. E 226.

Les seigneurs de Dangu sont trop connus pour en parler. Nous en retrouverons plusieurs au cours de ce récit. Citons seulement en 1552, Jacques Dalchias appelé aussi Phillière de Chassenage (1) et sa femme Anne Daumont dont les noms font défaut dans les dictionnaires connus.

II. La Ruelle.

Il y a dans l'Eure une dizaine de lieux dits la Ruelle, nom dont l'origine est tout indiquée. A Vesly, ce fief avait sans doute pris sa désignation de l'étroite ruelle qui le reliait à celui du Taillis. Son chef-mois était situé en effet là où s'élève aujourd'hui le manoir dit de Saint-Hilaire. Primitivement l'enclos ne devait pas dépasser 2 acres et demi ; mais dans la seconde moitié du xviiie siècle, par acquisitions successives, Antoine Lefebvre se créa un vaste domaine d'une superficie double, au cœur du village.

Le manoir actuel se compose de deux ailes. Celle qui borde la place, avec galerie à colonnes au rez-de-chaussée sur la cour, est due à l'originalité d'Amélie Tessier, veuve de Nicolas de Saint-Hilaire. L'autre, bâtie en briques et pierres, avec une belle salle aux vastes fenêtres, comme le manoir des Chartreux n'a que des chambres mansardées, et ne paraît pas antérieure au règne de Louis XIII. Sur son toit en tuiles se détachent deux lucarnes à baie en plein cintre, surmontées d'un fronton circulaire accosté de consoles. La cour très étroite renferme les bâtiments de culture et le colombier seigneurial.

En 1296, le seigneur de Dangu appelle Colet de la Ruelle (2) « son homme », c'est-à-dire son vassal. Le fief appartenait en 1482 à Jean de Saint-Pol et passa par sa fille Hélène à Pierre Turmel, écuyer, qui l'avait épousée avant 1507 (3). Nous verrons qu'il fut témoin en 1516 d'une fondation de son seigneur, Pierre de Ferrières, baron de Dangu. En 1525, il tenait 21 acres des Chartreux. Dans la seconde moitié du xvie siècle, Claude et Charles de

---

(1) A. S. I. G 5541 et A. E. Fonds des Jubert.

(2) Le livre des jurés de Saint-Ouen, cité par Léopold Delisle, nomme un « Cole de la Ruele », tenancier de la seigneurie de Perriers-sur-Andelle, en 1291.

(3) Il blasonnait d'azur à 3 bandes d'argent, d'après Charpillon.

Turmel possédaient des terres dans le pays. Ce dernier s'appelait sieur de Vigny.

En 1558 Quentin de Turmel et Hiérôme Potart se disaient seigneurs de la Ruelle. Celui-ci dont la famille était établie à Vesly depuis assez longtemps, obtint en 1582 des lettres d'anoblissement, car depuis l'ordonnance de 1579 l'achat d'un fief n'ôtait pas la roture. Sa femme Jeanne de Nainville, veuve dès 1588, ne savait pas écrire (1).

Son fils Pierre Potart, lui succéda : il avait épousé Catherine de Gaillarbois. Dès 1652, leur fils Claude, chapelain à N.-D. de Paris, renonçait à leur succession. Leur fille Catherine en fit autant en faveur de Jean-Pierre Pastey, écuyer, sieur du Chastaignier, trésorier général de France en la généralité de Caen (2), moyennant 300 livres.

Néanmoins de 1630 à 1667 Louis Potart se disait sieur de la Ruelle. C'est lui sans doute qui acquit le fief du Moustier et laissa aux Pastey l'ancien chef-mois de la Ruelle. Un autre Louis Potart, secrétaire de Nicolas Potart sieur de Lezeau et conseiller d'Etat à la direction des finances, se faisait appeler, nous verrons pourquoi, sieur d'Hardancourt. Il ne paraît pas avoir su gérer ses affaires. En effet, comme il n'avait pas où se loger, sa sœur Jeanne consentit à le prendre chez elle en 1645, en spécifiant bien qu'elle n'aurait pas à répondre de ses faits et dettes. Il fut longtemps trésorier de la paroisse. Charlotte Potart, née en 1610, fut inhumée dans l'église en 1684.

A cette date, le fief de la Ruelle appartenait à Nicolas Potart, écuyer, secrétaire du roi, gentilhomme ordinaire de la fauconnerie du roi, qui avait épousé Marie de Saint-Paul, fille d'un marchand de Rouen où il demeurait ordinairement. Il semble avoir été un personnage très influent dans les affaires du pays, notamment dans celles de la fabrique. Il fut chargé de l'exécution du testament du curé Robert Doré. En 1699, il acquérait la seigneurie de Lû (3).

---

(1) A. E. E 1040, 1047-48, 1030-31, 1036. La fille de son second mari épousa un marchand de Gisors.

(2) Il habitait Vesly dès 1646. Henry de Saint-Pol, laboureur à Guerny, lui payait un boisseau de blé par an pour la mouvance de 7 perches de terre. E 1041.

(3) H 1017. A. S. I. G 9725.

Ce fut sous lui sans doute que le fief du Moustier se confondit entièrement avec celui de la Ruelle. Il y édifia un manoir d'un style grave et froid qu'on appela la Grand'Maison, nom très significatif que portait aussi le château de Radeval près les Andelys. Évidemment la masse de l'édifice avait frappé l'imagination populaire. Après le manoir du Taillis, c'était alors la plus belle habitation du pays (1).

Avec l'autorisation de l'archevêque de Rouen, il y fit ériger une chapelle, le 16 avril 1691, sous le vocable de son patron saint Nicolas. Dans le rapport qu'Eustache Le Roux, curé de Guerny, reçut mandement de dresser auparavant, on lit des détails qui permettent encore de la reconnaître. Elle est située « au milieu du corps de logis, large de 6 pieds sur 13, sans y comprendre le vestibule qui est en face de ladite chapelle, au haut du degré ; le tout couvert de tuiles, ayant son entrée par ledit vestibule, sans qu'il y ait aucun logement ni dessus ni dessous » (2). L'autel était « situé du côté du soleil levant, avec deux petites fenêtres aux deux côtés », dans une sorte de demi-tourelle faisant encorbellement sur la façade regardant la rue.

On peut la voir encore avec la base de l'autel : le célébrant ne devait pas s'y trouver fort à l'aise. A la rigueur, avec 1 m. 95 de large et 4 m. 20 de long (le pied valant 0 m. 324), en ouvrant la porte donnant dans le vestibule, elle pouvait suffire au personnel de la ferme. La raison motivant cette concession semble plutôt étrange : le sieur Potart trouvait l'église trop éloignée ! Que devaient dire les habitants de la rue de la Noue ! En tout cas, il ne manquait pas de prêtres dans le pays pour desservir la minuscule chapelle Saint-Nicolas qui n'était à dire vrai qu'un petit oratoire.

La seigneurie passa bientôt à la famille le Cousturier qui possédait des terres à Vesly et une ferme dès 1588 (3). Robert le Cousturier, trésorier des Suisses, fut anobli en 1492 dans l'élection de Gisors (4). Sa famille était d'ailleurs originaire de cette

---

(1) Les deux pavillons couverts en ardoise semblent plus récents.
(2) G 1791.
(3) A. E. E 1030.
(4) Etat des anoblis en Normandie de 1545 à 1661, par l'abbé Lebeurier. Evreux, 1866.

ville où elle demeura jusqu'à la Révolution. Depuis 1650 au moins, une branche portait le nom de la terre d'Armenouville.

Déjà ils possédaient la principale ferme de la rue de la Noue, lorsque André le Cousturier en 1651 acheta deux acres de la terre contiguë, tenus des Chartreux. Un domaine quasi-seigneurial y fut constitué dans la suite par François le Cousturier d'Armenouville, écuyer, contrôleur général de la verderie de Telles, des chasses et fauconneries de France, qui avait épousé Elisabeth du Mazy, fille d'un avocat au Conseil. En 1674 il avait en effet obtenu des Chartreux que les deux acres lui seraient inféodés moyennant 10 sols tournois de rentes seigneuriales à la Saint-Rémy et une paire de gants estimée 15 sols au jour des plaids. Cet arrière-fief serait soumis à un droit de mutation d'un écu d'or (10 l. environ) à la mort du possesseur. Permission fut accordée de bâtir un colombier à pied : il mesurait 72 pieds de circonférence et 22 pieds de hauteur (1).

Un manoir seigneurial y fut bâti peu après. Vers 1702, François le Cousturier possédait la seigneurie de la Ruelle. Quant à la Grand'Maison elle appartenait à Michel Lefebvre, avec le chef-mois primitif situé près de la place. Celui-ci avait été près d'un siècle la résidence des Pastey, sieurs de Saint-Hilaire (fief de Grainville-la-Campagne près Falaise), si bien qu'on l'appela le manoir de Saint-Hilaire.

Les Lefebvre étaient si nombreux que depuis fort longtemps on avait dû les distinguer par des additions plus ou moins fondées à leur nom. Antoine, fils de Michel Lefebvre, prit à son tour le titre de Saint-Hilaire. Il était d'ailleurs écuyer, auditeur à la Cour des comptes de Rouen, et exempt de la taille. Il n'y avait pas d'autre noble à Vesly en 1789.

La famille Pastey s'était éteinte. En 1676 on inhumait dans l'église Charles de Pastey sieur de Courgy ; en 1682 un Pastey sieur de Courgy et de la Bédollière et vers 1700 le fils du sieur du Chastaignier (2), Pierre, chevalier, ancien capitaine au régiment

---

(1) A. N. S 4066.

(2) On lit dans l'acte de la fondation de Nicolas Vinot en 1715. « A été accordé au sieur fondateur la plasse qu'occuppe présentement Pierre de Pastey escuyer. sieur de Sainct-Hilaire, attenant les ballustres du chœur ou celle qu'occuppe ledit sieur fondateur, sur laquelle il a fait mettre un banc. Le tout à son choix avec permission

de Persan, qui fut parrain en 1671 avec Elisabeth du Mazy et en 1698 à Authevernes. Comme les Potart, ils semblent avoir été apparentés à la famille Le Bret (1) qui depuis le xve siècle avait des possessions à Vesly.

En 1646, Julien Le Bret, 4e du nom, écuyer, conseiller au Parlement de Paris, avait un nommé Pierre Lambert pour fermier de ses nombreuses terres dans le village. Il avait épousé la nièce du célèbre Sublet de Noyers. Son père Cardin Le Bret (1558-1655) avait publié en 1602 un « Recueil d'anciens plaidoyers faits en la Cour des Aydes avec les arrêts et règlements sous le nom de « Le Bret, sieur de Vesly (2) ». Peut-être était-ce une des six éditions de ses harangues et principaux plaidoyers publiés pour la première fois en 1597. Vers la fin du xviie siècle cette famille ne possédait plus rien dans le pays.

En 1740, le fief de la Ruelle appartenait à Robert le Cousturier d'Armenouville qui avait épousé une parente du même nom : fait très fréquent chez les Vinot et les Lefebvre. Son fils Robert, sa fille Geneviève et Antoine Le Couturier, lieutenant d'infanterie au régiment de Picardie (3), vendirent le fief et le manoir de la rue de la Noue à Jean Michel Fleury ancien receveur de la seigneurie de Neaufles. C'était chose courante de voir des roturiers prendre la place des seigneurs, après s'être enrichis à leur service. Fleury acheta en même temps quelques terres des sieurs Demay et Jean Delafosse.

La seigneurie, depuis longtemps confondue avec l'arrière-fief d'Armenouville, comprenait le manoir : grand corps de logis avec cuisine, salle, chambres hautes ; deux granges et autres édifices à usage de ferme ; pressoir, jardin et futaies ; 10 acres de masures, deux maisons, 182 acres de terres non fieffées, avec droits seigneuriaux, ventes et treizièmes. Le preneur conservait le droit de réédifier le colombier déjà effondré. Les terres fieffées couvraient environ 75 acres. Le revenu total de la seigneurie

---

de faire mettre une épitaphe... En cas qu'il prenne la place dudit sieur de Sainct-Hilaire, il sera tenu et obligé de faire mettre un banc fermé à ses frais conforme à celui de M. d'Armenouville ».

(1) Cf. *Bulletin catholique du canton de Gisors*, avril 1914.

(2) In-8°, parchemin, *Bulletin des bouquinistes*. D'après les notes de l'abbé Carême aux A. E.

(3) A. E. G 1766.

était évalué en 1778 par le rôle des vingtièmes à 2.400 l., chiffre inférieur sans doute à la réalité, comme il arrive en matière fiscale.

Quant au second manoir de la Ruelle contigu au prieuré et bâti par les Potart, il était occupé dès 1640 au plus tard par les Lefebvre qui en faisaient valoir la ferme et devaient l'acquérir au début du xviiie siècle. De Pierre Lefebvre dit de la Grand'-Maison (1), elle passa à Michel, puis à Lefebvre de l'Ozeraie et enfin à la fille de Lefebvre de Saint-Hilaire, Catherine dame Lebugle de l'Orme. En 1833, la Ruelle appartenait à Delagué de Salis qui acheta également le manoir d'Armenouville. Le tout fut acquis en 1875 par un coquetier enrichi Augustin Lefrançois.

Mais dès 1809 l'enclos des Le Cousturier comprenant 7 acres, soit plus de 3 hectares d'un seul tenant, avait déjà été dépecé en cinq ou six morceaux. Fleury n'avait guère gardé pour les louer que 78 hectares de terres de labour. Sauf la ferme située à l'est du manoir et devenue propriété séparée, les bâtiments qui entouraient la cour d'entrée furent démolis les uns après les autres. Devenu une annexe de la Grand'Maison, le manoir servit de grange. Quand le manque d'entretien eut fait son œuvre, il fallut se décider à l'abattre : ce qui fut fait en 1911. Rien ne rappelle plus le souvenir des d'Armenouville (2) que l'inscription de l'église relatant une fondation de leur jardinier.

. La physionomie assez pauvre du village y perdait à coup sûr. L'Ardoise, ainsi qu'on l'appelait parce que son toit le premier avait arboré cette couverture, était avant la construction du château de Marinville, la maison la plus haute et la plus imposante du pays. Toute en façade, quatre fois plus longue que large, bâtie en moëllons et pierres de taille, elle présentait neuf ouvertures si élevées qu'un panneau dormant en garnissait le tiers. Sur le toit au comble brisé, se voyaient une lucarne à

---

(1) Sa petite fille épousa à Vesly en 1733 Pierre Nicolas Potin, écuyer sieur de la Mairie, valet de chambre de la Reine.

(2) Ils étaient apparentés avec Robert Denyau, le fameux curé et historien de Gisors. Plusieurs demoiselles furent Ursulines au dit lieu. Une fille de Robert fut tenue sur les fonts par Victoire Thomas de Saint-André, épouse de Nicolas Chevalier comte de Rieux ; une autre par Thomas de Saint-André curé de Saint-Paër, de la famille d'un curé de Gisors du même nom, et par la femme de Nicolas de Belloy seigneur de Gisancourt et Provémont.

fronton triangulaire, avec de chaque côté, un œil de bœuf à fronton semblable et une autre lucarne à tympan à cintre surbaissé.

Le grand air qu'avait ce manoir venait surtout de l'ensemble de ces baies et du toit, car pour le reste, ni à l'intérieur ni à l'extérieur il n'offrait de décoration. Cependant un bel escalier avec rampe en fer forgé en occupait le centre. Au-dessus de la porte d'entrée était gravée la date : 1680. La cave était fort petite.

Un beau portail en pierre de taille, daté à l'arrière 1693, donnait accès sur la cour d'honneur. Entre le cintre surbaissé et l'entablement à moulures droites et horizontales, s'étendaient des rinceaux très finement sculptés partant de panonceaux ovales où l'on ne voyait plus aucune trace d'armoirie. Sur les consoles latérales, de face serpentaient des fleurs, et sur l'épaisseur s'étalait une grosse glane de fleurs et de fruits. C'était la seule entrée intéressante qui existât dans le pays (1).

Quant au chef-mois primitif de la Ruelle, devenu le manoir de Saint-Hilaire, nous savons qu'il appartenait dès 1778 à Antoine Lefebvre de Saint-Hilaire qui en louait les locaux. Il consistait en maison, bâtiments à usage de ferme avec colombier : 5 acres de masures et 70 acres de terre en dépendaient. Le fisc estimait son revenu à 850 l.

A la mort de la veuve de Nicolas Lefebvre, le manoir passa par héritage à Sophie Huvé de Garel, dame de Pulligny, qui commença le démembrement du superbe enclos et finalement vendit en 1871 le manoir et la ferme à la famille Delaporte qui le possède encore.

III. Le Taillis.

Comme la Ruelle, le Taillis relevait de Dangu, mais c'était un plein fief de haubert. On désignait ainsi d'une longue chemise de mailles de fer, le fief dont le titulaire noble devait le service des armes à cheval.

A l'origine, nous l'avons vu en 1302, le Taillis portait le nom de Raffouel (2) qui, à en juger par certaines pièces, paraît être

---

(1) Les plus anciennes ont gardé l'étroite toiture transversale qui abrite la porte contre le pluie. L'entrée de la Chartreuse, sur les champs, est antérieure à 1789 : on y voit encore un écusson, qui a dû être gratté.

(2) A. N. S 4066. Il y avait un fief Raffouel ou Raphaël à Berthenonville.

une corruption de Raphaël, prénom de quelque seigneur. Un bois, appelé aussi le buc Ogier, était encore connu au XVIᵉ siècle sous le nom de Raffouel ; et en 1585 des terres de la tenure de ce fief sont désignées de même.

De 1455 à 1483 nous le trouvons aux mains de Guillaume de Maynemares, chevalier et sieur de Bellegarde : il lui venait par sa femme Jeanne de Harenvilliers. « La famille de Mainemares tire son origine du bailliage de Caux où elle a possédé de tout temps le fief de Bellegarde, situé dans la vicomté de Caudebec près de Duclair (1) ». En 1515 René de Mainemares fit hommage à François Iᵉʳ du fief de haubert de Tranchevilliers, de la vicomté d'Évreux, chatellenie de Nonancourt (2). C'est à cette époque que la famille s'allia aux Clinchamp.

Le Raffouel en a pris le nom de Raffouel aux Bellegardes, puis de Raphois aux Bellegardes, enfin avant le XVIIᵉ siècle, par une étrange corruption, de Rafouyaux. Un clos voisin faisant partie du fief, s'appelle encore clos de Bellegarde.

Au XVᵉ siècle la famille Jubert possédait déjà des terres à Vesly et sans doute ce fief du Moustier dont le manoir, voisin du prieuré, jouissait de 50 sols de rente, laquelle fut achetée par les moines en 1323. Aussi s'appelaient-ils seigneurs de Vesly, tout court, même après avoir acquis le Raffouel. Issue des environs de Saint-Yrieix en Limousin, la famille Jubert ne tarda pas à se faire anoblir et à s'élever aux plus hautes situations. Guillaume Jubert, IVᵉ du nom, écuyer, seigneur de Bizy, Brécourt, Douains, Velly, Arquency, Canteleu, Bonnemare, Gamaches, etc., est le premier de la famille que nous voyons en possession du Taillis vers 1450. Il était fils de Catherine de Brument et de Guillaume Jubert III. En 1468 il épousait Catherine, fille de Michel Daniel de Boisdenemets : il était alors lieutenant du grand bailli de Gisors. Il fut aussi conseiller à l'Echiquier en 1490 et servit Louis XI, Charles VII et Charles VIII. Il mourut en 1503 et fut inhumé dans une chapelle située derrière le chœur de l'église

(1) La Chesnaie des Bois. dict. de la noblesse, 3ᵉ éd. tome XII, p. 908.

(2) Académie des sciences morales et politiques. Collection des ordonnances des rois de France. Actes de François Iᵉʳ. tome V, Paris 1892. Cf. leurs armoiries dans l'Inventaire des sceaux de la collection des pièces originales du cabinet des Titres, ar J. Roman, tome Iᵉʳ, nᵒˢ 7300-7301.

des Cordeliers à Vernon : il l'avait fait bâtir pour la sépulture des enfants qu'il avait perdus encore jeunes.

Sur dix-neuf en effet il lui en restait trois qui se partagèrent, le 17 août 1510, la succession de leur père et mère : Catherine de Boisdenemets ne mourut cependant qu'en 1513. Le premier lot, « le fief, terre et seigneurie de Velly avec toutes les circonstances et dépendances, laquelle est un fief de haubert entier avec domaine fieffé et non fieffé et toutes droitures à fief noble », échut à l'aîné, Guillaume, V⁰ du nom, avec le fief de Bonnemare sur Gamaches. La terre de Chailly au même lieu et d'Harquency fut attribuée à Michel, né en 1484, prêtre, doyen de Vernon, chanoine de Rouen, prieur de l'ordre de Saint-Lazare, de Velly et d'Ophy, qui mourut en 1541.

Guillaume, né le 15 septembre 1471, était représenté dans un vitrail de l'église du Marais-Vernier, à genoux sur un prie-Dieu, revêtu d'une cotte d'armes d'azur, semé de fers de lances ; sa femme à genoux derrière lui. Il avait épousé Marie Gouel, fille de Guillaume, sieur de Poville, le 20 juillet 1499 ; en 1521, il mariait en secondes noces Catherine de Blancbaston veuve de Robert Sureau. Nommé conseiller à l'Echiquier par Louis XII, il prit part en cette qualité aux « grands jours de Caen » en 1500. En 1540, il était doyen du parlement de Rouen et prêta en 1543, l'année même de sa mort, 3.000 écus d'or soleil à la ville, pour qu'elle put payer au roi 50.000 livres et s'assurer ainsi « l'entretènement et la conservation de ses privilèges ». Il fit reconstruire la chapelle Saint-Clair dans l'église Sainte-Geneviève de Vernon pour en faire le tombeau de la famille. Son père Guillaume Jubert IV, en était devenu patron alternatif par sa femme née de Boisdenemets. Le 30 août 1634 on inhuma en cette église Jacques-Daniel de Boisdenemets, mais dans la chapelle Sainte-Elisabeth.

Les cinq fils de Guillaume Jubert V, se partagèrent l'héritage. Le Raffouel échut à Claude, l'aîné, qui était représenté aussi sur une verrière dans l'église du Marais-Vernier. Né à Rouen en 1521, à vingt-deux ans, il prêta 2.000 écus d'or soleil à François Iᵉʳ. Une lettre du roi datée de 1543 constate que cette somme, énorme pour l'époque, lui a été donnée « libérallement par forme de prest, pour luy aider dans ses affaires ». Le remboursement s'en fera tant sur les deniers et amendes de la Cour de Rouen que des vicomtés et bailliages de Normandie. Dans ce but Claude Jubert qui était déjà licencié ès lois, fut nommé en 1543, conseiller à l'Echiquier, par ordre formel de François Ier. Néanmoins il eut du mal à rentrer dans ses fonds. Malgré les ordres du trésorier de France en 1552, l'opposition continua. Il eut beau saisir les recettes des domaines des vicomtés, l'année suivante l'Echiquier le déboutait dans une de ces affaires de saisie, bien que sa femme Anne Rémon, fût fille du sieur de Courcelles, premier président au parlement de Rouen. Il mourut en 1559 et fut inhumé à Saint-Laurent de Rouen, où l'on voyait jadis son épitaphe.

Son frère Jean, né en 1523, écuyer, conseiller à l'Echiquier, seigneur de Bizy et du Marais-Vernier, prieur du Mont aux Malades sur Rouen, de Sausseuse, d'Ophy et de Sainte-Madeleine de Vesly, grand vicaire du cardinal de Lorraine, fut nommé en 1561 doyen du chapitre de Rouen. Les chanoines et le cardinal de Bourbon en appelèrent au parlement de Paris qui leur donna tort en 1565 (1). Quand Claude, seigneur de Vesly, vint à mourir, il eut la tutelle de ses enfants (2) : trois filles.

Madeleine, la dernière, épousa en 1582 Jean du Fay, dont le père, premier du nom, seigneur de la Lande et du Taillis, au Trait entre Jumièges et Duclair, conseiller à l'Echiquier, avait pour femme Anne de Moncel qui lui apporta la seigneurie de Bourg-Achard.

Jean II du Fay fut grand bailli de Rouen, chevalier du Saint-Esprit, gentilhomme ordinaire de la chambre de Monsieur frère du roi, puis du roi lui-même pour « bons et agréables services par lui rendus au fait de guerres ». Déjà seigneur du Taillis, Saint-Ouen, Vergetot, Limézy, Mélicourt, La Haye-au-Vidame, Heuqueville, Lieurey, etc., il reçut par Madeleine Jubert sa femme la seigneurie de Vesly. On l'appelait ordinairement le sieur du Taillis, de son fief voisin de Jumièges, et c'est ainsi que le Raffouel, après avoir porté le nom de Bellegarde, s'est appelé le Taillis, dénomination qui a fini par prévaloir.

Jean II du Fay mourut en 1615 et fut inhumé avec sa femme, décédée deux ans auparavant, dans l'église Saint-Laurent de Rouen. Charpillon a donné leur touchante épitaphe. Les armes

---

(1) A. E. Fonds des Jubert (don de Louis Passy).
(2) E 1309.

des du Fay étaient de gueules à la croix d'argent, cantonnées de quatre molettes d'éperon. Celles des Jubert portaient au 1er et au 4, d'azur à la croix d'or ; au 2 et au 3, d'azur à cinq fers de lance mornés d'argent.

Jean, fils de Jean II du Fay, étant mort sans héritiers, le fief de Vesly passa donc au fils aîné de Madeleine Jubert, Jacques du Fay sieur du Taillis, bailli et capitaine de Rouen ; puis à son fils Jean François du Fay, comte de Maulévrier, « chevalier de dévotion de l'ordre de Saint Jean de Jérusalem (autrement dit de Malte ou de Rhodes), maréchal de bataille dudit ordre » (1).

Il vendit une partie des terres, peut-être le fief du Moustier dont le nom se perdait, à Louis Potart et à Madeleine Giron son épouse. Des partages avaient dû se faire, car François le Tellier, sieur de la Luthumière, époux de Charlotte du Bec, fille de Marie Jubert, sœur aînée de Madeleine, se disait aussi sieur de Vesly. Françoise, leur fille, épousait en 1648, Henri, sire de Matignon et de la Roche-Guyon, gouverneur des villes de Cherbourg, Granville et Saint-Lô, lieutenant général en Normandie, qui mourut en 1683. De cette famille est sortie la branche des princes de Monaco.

Les du Fay possédaient encore des terres à Vesly en 1695. Le Raffouel appartenait alors à Charles Marc de la Ferté (2), écuyer, seigneur de Reux, de la Salle et de Canouville, époux de Marie Françoise Amiot. Leur fille Marie-Anne épousa en 1705, Antoine de la Mire, écuyer, seigneur de la Motte et de Hangest, capitaine au régiment du roi, chevalier de Saint-Louis, demeurant à Davénescourt près Montdidier, dont le fils, né en 1715, devait vendre la seigneurie. En effet, François Jean Luc de la Mire de Mori d'Honninguem, vendit le 22 juin 1770 la totalité du fief à Jean-Baptiste Lefebvre de l'Ozeraie.

La seigneurie comprenait avec le manoir, bâtiments à usage de ferme, colombier, pressoir, droits seigneuriaux, champarts, 10 acres de masure et 311 acres de terre dont une dizaine seule-

---

(1) E 1032, 1044. En 1647, son fermier d'Hôtel résilie le bail des 50 acres du Taillis qu'il cultivait depuis une vingtaine d'années. Le dernier bail était de 1640, à 10 l. par acre. Le seigneur signe : J. F. du Fay-Lieurey.

(2) Jusqu'en 1745 au moins. (E 426) En 1668 J. Fr. du Fay, seigneur de Tancarville, est parrain à Dangu avec Elisabeth de Vienne, comtesse de Bouteville, dame de Dangu, veuve du célèbre duelliste décapité sous Richelieu. En 1715 Nicolas Vinot est receveur des Chartreux et du Taillis tout à la fois.

ment étaient fieffés. Le tout était loué 3,000 l. à Marc Hébert. Du domaine libre il faut déduire quelques terres que le Taillis tenait du Prieuré, de Marmoutier, des Chartreux et de Dangu. L'enclos du manoir mesurait 6 acres et demi.

A la mort de son père, Nicolas Lefebvre, ex-curé de Branville, hérita du Taillis que les Mignot firent valoir plus d'un demi-siècle. Après lui en 1830, on fit deux lots de la ferme dont l'un fut acquis par la famille Mignot.

Comme plan elle ressemblait à tous les grands établissements agricoles du pays : une vaste cour rectangulaire close par les bâtiments d'exploitation qui l'encadrent, avec en bonne place la maison d'habitation. Le côté est du manoir ainsi scindé a été complètement remanié et n'a plus de caractère. La partie nord a conservé un remarquable reste de sa façade, bâti dans le style gracieux et délicat de la première renaissance. Après l'église c'est le seul édifice intéressant pour l'archéologue.

Les Lefebvre dont le nom revient constamment dans l'histoire du pays durant plus de deux cents ans, avaient dû acquérir une grosse fortune en gérant comme fermiers-receveurs les biens de presque toutes les seigneuries du pays, sans parler de celles des environs. Quelques-uns furent en même temps maîtres de poste aux Thilliers, à Saint-Clair et à Ecouis : plusieurs exercèrent des charges inférieures dans la magistrature ou entrèrent dans le clergé.

Outre le Taillis, Lefebvre de l'Ozeraie possédait par héritage de son père, échange avec Robert Lefebvre et acquisition de M. de Belancourt, la ferme constituée avant le xviiie siècle, à l'extrémité sud de la rue Saint-Thomas. En 1778 elle consistait en une modeste maison de fermier, bâtiments ad hoc, 6 a. 80 p. de masure et 160 a. de terre : fiscalement le revenu en était évalué 1830 l.

Vers 1808 Lefebvre de Marinville, héritier du domaine, se fit bâtir dans l'enclos qui comprenait 7 acres, une vaste et belle demeure aux allures de château, ayant cependant le potager sur sa façade ouest et au sud un labour planté. La propriété était dès lors virtuellement scindée en deux lots dont le premier avec le château et son enclos de 2 h. 43 revint à Antoine Huvé de Garel qui hérita de la moitié des biens de son grand oncle par alliance. Il entoura le château d'un parc de plaisance.

A sa mort en 1843, François Mignot acheta le domaine. Depuis une quinzaine d'années il appartient à M. J. Pauthonier qui a notablement agrandi le parc. Quant à la ferme, elle devint également en 1843 la propriété des Vinot-Préfontaine qui en joignirent le domaine réduit à 110 ares environ par le château, à leur antique possession du Clos du Décret (2 hect.) Ils la vendirent en 1912 avec 65 hectares de terre labourable, 175.000 francs à E. Hervé fils du papetier des Bordeaux-Saint-Clair.

Les Vinot ne possèdent donc plus un pouce de terre (1) à Vesly, pas même ce clos de Préfontaine situé au chevet de l'église, dont le grand oncle de la femme d'Antoine Huvé de Garel, Jérôme Vinot, bailli de Gisors, avait pris le nom, le premier de la famille, avant 1750. Leur ancienneté dans le village et leur notabilité égalaient celle des Lefebvre. Ils avaient acquis leur fortune dans des charges semblables, sauf peut-être la maîtrise des postes. Pendant près de cent vingt-cinq ans ils furent fermiers des Chartreux.

Le 12 juillet 1753, Jérôme, fils de Michel-Nicolas Vinot receveur de la Chartreuse et de Geneviève Lefebvre, se fit émanciper à l'âge de seize ans, à la mort de son père, avec l'autorisation de Claude-Guillaume Vinot curé de Gisors et docteur de Sorbonne son oncle ; de Jean-Baptiste Lefebvre receveur du prieuré, oncle paternel par Angélique Vinot sa femme ; de Benjamin Mignot, receveur de la seigneurie de Frenelles, son oncle maternel par Marie-Anne Lefebvre sa femme ; de Pierre Lefebvre, receveur de Marmoutier son grand oncle ; de Nicolas Lefebvre de Dampierre, seigneur des Thilliers-en-Vexin et avocat au parlement de Paris ; de Pierre Lefebvre secrétaire de la Bibliothèque du Roi, un des académiciens libres de la marine, oncle à la mode de Bretagne (2).

Par une série d'acquisitions les Vinot s'étaient constitué au début du xviiie siècle, près de la Chartreuse, un domaine de cinq acres avec manoir et bâtiments de ferme. On l'appela la Maison Neuve. La petite grille d'entrée en fer forgé porte la date 1738, ajoutée paraît-il, il y a une quarantaine d'années, par un serrurier du pays qui ne l'a cependant pas inventée. En 1778 la ferme comprenait, outre 8 acres de masure, 270 acres de terre et 12 acres de bois « s'usant tous les neuf ans ». Le fisc en évaluait le revenu à 2.888 l.

---

(1) Les de Tarlé, leurs parents par alliance, y ont encore quelques terres.
(2) E 224.

Antoine Huvé de Garel en devint possesseur bien avant la mort de son beau-père Nicolas Vinot, car dès 1786 il semble administrer le domaine. Vers 1800 il rélégua la ferme sur le côté et transforma la majeure partie de la propriété en domaine de plaisance. La ferme que les Berteaux firent valoir près d'un demi-siècle, était louée en 1839 à Auguste Berteaux (1), pour 8000 francs et comprenait 112 hectares 25.

A sa mort en 1841 il légua la Maison Neuve à son petit fils Eugène Huvé de Garel qui la vendit 135,000 francs à son gendre Nicolas Séraphin marquis de Belloy. Vers 1850 elle passait au mari de sa fille Armande-Elisabeth, le vicomte Henry-François de Bodin de Galembert (2). Charles, un de leurs très nombreux enfants, fut baptisé à Vesly en 1853 par Mgr Olivier. Quelques jours avant l'évêque avait fait faire leur première communion à douze enfants du village et donné la confirmation.

Peu après 1890 le vicomte de Galembert quitta le pays. On s'y souvient encore de sa vive piété et de son indulgente bonté. La Maison Neuve fut alors acquise par M. Baquet qui l'a depuis entièrement restaurée et y a transporté sa laiterie du Taillis (3).

---

(1) La famille aurait été apparentée à Ledru-Rollin qui serait ainsi venu plusieurs fois à Vesly (d'après l'abbé Belhoste).

(2) Né à Vendôme le 29 juillet 1815, il se maria le 18 avril 1844. Il blasonnait d'azur à un chevron d'or avec trois roses de même.

(3) Le manoir n'a rien à signaler qu'un beau placard sculpté dans la vaste salle à manger. La Grand'Maison qui n'a pas été remaniée, est beaucoup plus caractérisée, surtout à l'intérieur. On y voit une cheminée Louis XIV, d'un style un peu sobre, et une belle rampe d'escalier en chêne à épais balustres. Il n'y a rien à dire des plafonds à poutrelles apparentes, très communs jusqu'au xix siècle.

Au manoir de Saint-Hilaire, le manteau d'une cheminée s'appuie sur une colonnette gothique avec chapiteau à feuillage.

De tout cela rien n'est comparable à la façade du Taillis avec ses trois pilastres ornés de grotesques. On est surpris de rencontrer ce joli morceau de sculpture emboîté dans une vulgaire construction. La corniche supérieure a disparu comme les trois statuettes dont on voit la place à la base du premier étage, encadrant deux écussons aux armoiries effacées.

Les baies inférieures ont leurs voussures garnies d'un rang de feuilles de chêne et d'un rang de petites coquilles. Au-dessous de la plus étroite se voit un écu losangé, entouré d'une cordelière dont les glands retombent à mi-hauteur du blason. Il portait donc les armoiries d'une femme. Seraient-ce celles de Madeleine Jubert ? Le style de l'ensemble ne permet guère de descendre si bas.

A l'intérieur, rien à signaler qu'une banquette de pierre sous le manteau d'une cheminée et dans une chambre un corbeau sculpté.

IV. Nainville et la Boissière.

Le territoire de Vesly, déjà si vaste, s'avançait autrefois sur la côte de la vallée d'Epte et englobait la ferme, le château et les terres de Nainville. Situé dans un gracieux vallon auprès du ruisseau Saint-Léger, dit aussi ruisseau de Vesly parce qu'il prend sa source dans la direction de ce village que dissimulent les groues, Nainville ne touchait pas jadis à l'ancien parc du seigneur de Noyers au point d'en paraître une dépendance. Cette contiguïté ne remonte qu'aux agrandissements opérés par Sublet au XVIIe siècle.

Son nom n'apparaît pas dans les textes avant 1152. Nous l'avons vu, la dîme de Nainville que les usurpateurs Guillaume d'Authevernes et Osmond de Falaise, avaient rendue à l'archevêque de Rouen, fut restituée par lui au prieuré cette année même.

Une chapelle se trouvait dans l'enceinte du château, dédiée à saint Léger l'illustre évêque d'Autun, martyrisé en 678 par le maire du palais Ebroïn. Il ne faudrait pas conclure de ce patronage qu'elle remontait aux temps mérovingiens, mais on peut croire qu'elle était bien antérieure au XIe siècle, époque extrême de l'expansion du culte de ce saint martyr. En tous cas la dépendance où elle se trouvait vis-à-vis de l'église de Vesly, montre bien qu'elle lui était postérieure, comme aussi le château qui, vu son éloignement du centre paroissial, avait dû posséder une chapelle dès l'origine.

Le patronage en appartenait au curé de Vesly et au seigneur de Nainville conjointement. Un différend étant survenu entre eux à ce sujet, le curé Guillaume et le chevalier Pierre Le Brun firent régler par l'archevêque de Rouen l'exercice de leur droit de présentation à la chapelle Saint-Léger « située dans les limites de la paroisse dudit prêtre (1) ».

« Il a été convenu et réglé unanimement devant nous, dit la charte de Guy de Colmieu, que ledit prêtre Guillaume et le chevalier Pierre ou leurs successeurs doivent dans le délai d'un mois après la vacance de ladite chapelle, s'accorder pour nous présenter à nous et à nos successeurs une personne convenable. Si dans le délai d'un mois ils ne s'entendent pas à ce sujet, tous deux nous concèdent qu'alors, nous et nos successeurs, nous pourrons sans opposition conférer la dite chapelle à qui nous vou-

---

(1) A. S. I. G 2065. Le texte porte Neinvilla. Un pouillé de 1337, Neyvilla. On trouve aussi Néville, Neyville, Ninville. Ce nom paraît venir de *nova villa*.

drons et pour cette fois, afin qu'elle ne soit pas privée plus longtemps par la mésentente de ses patrons du service religieux auquel elle a droit. Et il en sera toujours ainsi à l'avenir.

Quant au chapelain qui aura été institué, comme aussi ses successeurs, il résidera dans les bâtiments de la dite chapelle ; il fera hommage au curé de Vesly et donnera aide et assistance à l'église de Vesly comme à l'église mère, chaque fois que ledit curé sera retenu par quelque infirmité corporelle ou occupé aux affaires de son église. Le chapelain sera tenu aussi, aux fêtes solennelles et le dimanche des Rameaux, de venir en personne à l'église de Vesly et d'assister aux processions et aux grand'messes desdits jours. Cependant si c'est nécessaire, le chapelain pourra ces jours-là célébrer la messe de grand matin.

Le dit chevalier a reconnu en outre qu'il était paroissien de l'église de Vesly et qu'il était tenu de lui payer fidèlement et sans détour les droits paroissiaux. Pour manifester sa soumission et son obéissance, aux fêtes de l'Assomption de la Sainte Vierge, de saint Maurice et de la Toussaint, il se rendra en personne à l'église susdite, à moins d'empêchement pour nécessité urgente... Fait l'an du Seigneur 1236, le premier jour de la lune après Noël. »

La famille Le Brun (1) qui dès 1210 tenait un fief à Vatimesnil, posséda Nainville jusqu'au xvɪᵉ siècle. Sous Eudes Rigaud, Jean Le Brun successeur de Pierre, a aussi le patronage des églises de Berthenonville, Molincourt et Aveny où il tenait des fiefs relevant de Nainville, ainsi qu'à Dampmesnil et Bernouville. D'accord avec le curé de Vesly, il présenta comme chapelain de Saint-Léger un clerc nommé Philippe, lequel sous Eudes Rigaud même, fut remplacé par un certain Pierre, présenté par le chevalier Gilles de Maubuisson qui semble ne faire qu'un personnage avec Gilles Le Brun connétable de France lequel, au témoignage de Joinville, accompagna saint Louis dans sa première croisade.

Après un second Gilles Le Brun constaté en 1330, qui servit sous Philippe VI de Valois, et un troisième qui fut aussi connétable de France et mourut en 1399, de Jacques Le Brun tué, croit-on, en 1415 à Azincourt, Nainville était passé à Charles Le Brun que les Anglais dépossédèrent, comme le seigneur de Dangu, au profit de Richard Wideville. Après leur expulsion, il rentra dans son fief qui à sa mort échut à sa fille Jeanne de Palaiseau, épouse de Guillaume de Harville, échanson du roi. En 1502-1512 leur fils Fiacre tint Nainville, après Antoine de Cugnac constaté en 1470. En 1536 le fief appartenait à Barthélémy Delisle, écuyer sieur de Berthenonville (2).

En 1469, le chapelain de Nainville Jean Le Boullenger étant

---

(1) Voir sur elle Le Prévost et Charpillon aux noms de lieux cités.
(2) G 9524.

décédé, le curé de Vesly, patron alternatif, présenta Siméon Mallet simple clerc (1).

Jean Sublet de la Guichonnière (2), qui avait déjà, comme nous l'avons vu, réuni en ses mains les deux fiefs de Noyers : celui des Chartreux et la seigneurie laïque, acquit de son gendre, Charles le Prévost, peu après 1596, le fief et la baronnie de Nainville.

Sa fille Jeanne fut marraine en 1603 d'un Charles Boivin qui devint secrétaire de la compagnie des Indes Orientales. La famille Boivin dont quelques membres se disaient sieurs de Nainville ou d'Hardancourt, semble tout simplement avoir géré la ferme du château. En 1593 Tristan Boivin avait épousé Gillette de Guestrus, fille du sieur de Travailles qui demeurait à Authevernes. Les Boivin s'allièrent aussi aux Potart. En 1691, Madeleine-Françoise Boivin d'Hardancourt était ursuline à Gisors (3).

Après avoir partagé ses biens entre ses enfants, Jean Sublet se fit chartreux à N.-D. de Vauvert de Paris en 1617 à soixantequatre ans. L'aîné François, seigneur de Noyers, reçoit sur les registres de cette paroisse en 1645 l'année de sa mort, les titres de « baron de Dangu, conseiller du roi, secrétaire d'Etat des commandements de sa Majesté, surintendant général des bâtiments et manufactures de France, capitaine concierge du château de Fontainebleau ».

Mathurin, le second fils qui avait obtenu Nainville en 1632, fut conseiller au Grand Conseil et procureur général de la reine Anne d'Autriche. Sa veuve, Marie Lenormand dame de Lévemont, acquit quelques années après l'importante ferme de la Boissière à Vesly. Ce domaine, relevant de Marmoutier et peutêtre la vavassorerie vendue au prieuré par Raoul de Noyers au XIe siècle, n'était pas un fief noble. Il appartenait au début du XVIIe siècle à Jean de la Boissière (4), seigneur de Chambors et et de la Grange-Cercelle à Gisors, qui mourut en 1624 laissant ses biens à ses trois petits fils, car ses propres enfants étaient morts à la guerre au service d'Henri IV.

---

(1) G 9457.

(2) Cf. Louis Régnier. Les Carmélites de Gisors. Mémoires de la Société hist. et archéol. de Pontoise et du Vexin.

(3) Patte. Hist. de Gisors, p. 462.

(4) Sur cette illustre famille, cf. Patte, p. 339.

En 1637 les terres de la Boissière furent partagées entre les héritiers (1). Le sieur de Guersent, écuyer, parent de Marguerite, femme de Jean de la Boissière, en obtint une partie. Mais la ferme fut attribuée à Guillaume de la Boissière IV° du nom, avec le fief de la Grange-Cercelle, les terres du Mont-de-Laigle et de Chambors près Gisors.

Par dépit, à la suite de ce qu'il considérait comme un passe-droit, il eut la faiblesse (2) d'entrer dans une de ces nombreuses conspirations soudoyées le plus souvent par le frère du roi Gaston d'Orléans, pour mettre fin au gouvernement de Richelieu.

En 1637 le comte de Soissons ayant comploté avec ce dernier de tuer le puissant cardinal, avait dû s'enfuir à Sedan chez le comte de Bouillon. Sommé en 1641 de rentrer à la cour, il ne craignit pas d'appeler à son aide les ennemis de la France : l'Empire et l'Espagne. Guillaume de la Boissière entra dans la coalition. Une rencontre eut lieu à la Marfée : l'armée française dans les rangs de laquelle combattait Sublet d'Heudicourt, petit neveu du célèbre châtelain de Noyers, fut complètement mise en déroute, mais le comte de Soissons fut tué et faute de chef, les conjurés se dispersèrent.

Trois jours après, le 19 juillet 1641, Richelieu exerçait sa juste vengeance contre Guillaume de la Boissière qui avait porté les armes contre sa patrie, en faisant démolir par 500 pionniers son château de Chambors, ses fermes du Mont-de-Laigle et de Vesly. Il ne rentra dans son pays qu'à la mort du cardinal.

C'était sur ces entrefaites que cette même année 1641, la veuve de Mathurin Sublet avait acquis la Boissière du sieur de Chambors en exil, et, pour quelques terres, de la dame d'Apremont et de Louis Boismègue et autres (3). Cette ferme comprenant une masure, chambre et grange fut louée en 1644 par la baronne de Nainville à Robert le Bas, 150 l. par an pour les bâtiments et 7 l. 10 s. pour chacun des 121 acres de terre : au total 1.050 l. tournois (4).

En 1649 Marie de Lévemont et son fils Louis Sublet, seigneur

---

(1) A. E 1032, et T. G. pour les terres et quelques démêlés avec Dangu.

(2) Voir les « Souvenirs » publiés à Rennes en 1892 par le comte de Wismes. On y lit une relation de ces faits écrite par Guillaume lui-même.

(3) A. N. Z 4613.

(4) A. E. E 1039.

de Nainville, revendirent aux Chartreux de Vesly 12 acres de ce domaine pour 1.200 l. (1). Elle mourut en 1662 et « fut inhumée aux Carmélites de Gisors, après avoir reposé une heure en l'église de N.-D. de Noyers sa paroisse (2) » : elle avait soixante-trois ans.

A la mort de son cousin Guillaume, fils du célèbre secrétaire d'Etat de Louis XIII, Louis Sublet unit le fief de Noyers à celui de Nainville. Il avait épousé Hélène de Roncherolles, dame de Longchamps qui décéda en 1690 à soixante-quatorze ans.

Joseph Sublet qui mourut en 1689, trois ans après Louis son père, signait dès 1671 : « le chevalier de Nainville ». Sa première femme était décédée prématurément à vingt-cinq ans en 1680 ; il se remaria avec Marie-Anne de Barnoin et trépassa lui aussi à la fleur de l'âge à trente-neuf ans. Le curé de Vesly a soin d'inscrire dans les registres mention de son décès « au château de Noyers où il faisait sa résidence depuis quinze mois ou environ », et de son inhumation « le lendemain dans l'église dudit Noyers au sépulchre de ses ancêtres », sans oublier de rappeler qu'il a été baptisé à Vesly « sa paroisse ».

Sa fille Marguerite-Chàrlotte était en 1743 grande prieure de l'abbaye Saint-Antoine de Paris. A la mort de Joseph Sublet en 1707, les deux autres enfants de Louis, Michel seigneur de Noyers et Louis-Claude, de Beausséré, se partagèrent la succession. Nainville consistait alors « en un château, bois, enclos, terres labourables, prés, étangs et pâturages, 22 arpents de pré entre Gisancourt et Guerny chargés de 65 l. de rente envers le chapelain de Saint-Léger » : le tout évalué 3.800 l. (3).

De Michel Sublet le domaine passa à sa fille Marie-Elisabeth, femme de Guillaume Groulard de Bogefroy, puis au gendre de ces derniers Balthazar Sublet d'Heudicourt, chevalier et comte de Lénoncourt en Lorraine, fils de Denys, comte d'Heudicourt et de Marie de Lénoncourt. Ainsi Nainville fut maintenu dans cette famille par un mariage entre cousins à un degré fort éloigné.

Quant à la Boissière qui en 1692 appartenait au comte d'Auvergne, elle était en 1730 aux mains d'Étienne Salbray, écuyer,

---

(1) E 1044.
(2) Registres paroissiaux où ont été pris plusieurs autres détails.
(3) E 975.

garde du corps du roi, fourrier de la brigade de Fizy, compagnie de Noailles, qui avait épousé Anne de Nayville (1), héritière de Gérard de Nayville ou Nainville : famille qui compte encore des descendants à Gisors. Vers 1750, un laboureur d'une antique famille du pays, Jean de la Fosse, en fit l'acquisition. Après lui, en 1771, ses enfants louèrent la Boissière 800 l. à Michel Blancouyer : elle comprenait alors 4 acres de masure et 43 acres et demi de terre. Bientôt par mariage, il en devint propriétaire. L'enclos comprenait alors 5 acres, bien morcelés au XIXᵉ siècle.

Anne de Bogefroy, veuve dès 1761, était aussi dame de Noyers qui comme Nainville relevait de la baronnie de Dangu, à l'exception de l'ancien fief des Chartreux dont ces religieux gardaient le haut domaine. Cette même année elle réclama en faveur du fermier de Nainville, Nicolas Dupérier, que les Vinot et les Lefebvre avaient fait charger de tailles d'une manière excessive (2). Le bail était de 1 900 livres en 1778 avec charge d'entretenir le vieux château, motif pour lequel l'estimation fut diminuée de 200 livres, à la demande de Mme de Lénoncourt, pour la fixation de l'impôt des vingtièmes. Outre ce vieux château, Nainville comprenait alors, « une ferme avec maison de fermier, bâtiments à différents usages, colombier, pressoir, 60 perches de masure, 133 acres de terre et 27 arpents de bois taillis s'usant tous les 9 ans, et en plus un trait de dîme ».

Depuis 1645 l'ancienne chapelle était désaffectée. « Elevée dans la basse-cour du château, sur le terroir et district de la paroisse de Vély, c'était un lieu incommode et indécent, ne portant aucune marque de distinction des autres bâtiments de ladite basse cour, étant en fort mauvais état, lequel semble plutôt un lieu pour les bestiaux, lesquels peuvent y entrer sans difficulté quand la porte est ouverte. Pas de clocher, pas de lambris, la pluie peut tomber sur l'autel ». Ainsi s'exprime le procès-verbal d'érection de la nouvelle chapelle (3) le 15 avril 1645.

En effet, « la veuve Mathurin Sublet » en avait fait construire une autre à ses dépens dans la haute cour du château, en pierre

---

(1) Nicolas Vinot fut condamné en 1751 à renoncer à son profit à une donation que lui avait faite Marie Cécile de Nainville. Ibid. 222.

(2) A. S. I. G 1788, 1460.

(3) *Ibidem* 1791.

de taille, bâtie à chaux et à sable, longue de cinq toises (10 m. environ), dont la charpente est voûtée en cintre et au dos de laquelle est une sacristie. Le tout enduit et crépi, tant dehors que dedans, de plâtre; pavé de grands carreaux de terre cuite. Au bout, il y a un clocher fait de bois, en dôme, sur piliers, couvert en ardoises et en plomb ». Elle était éclairée par « quatre grandes croisées de huit pieds de haut et quatre de large (2 m. 60 sur 1 m. 30 environ) avec barreaux de fer et chassis de verre, donnant d'un côté sur le jardin seigneurial dudit lieu, de l'autre sur le parvis de la dite haute cour ».

Les deux chapelles existent encore. L'ancienne fait partie des bâtiments de ferme qui se trouvent à gauche en entrant dans la vaste cour. On peut constater que les dires de Marie Lenormand étaient des plus exacts. Rien ne la signale aux regards que son entrée avec cintre en pierre de taille. Elle est située dans la déclivité du terrain, comme les autres bâtiments d'exploitation de l'aile nord, et sert de grenier à fourrage. Les titres de propriété l'appellent communément « la chapelle », nom qui n'a pas été conservé à celle du XVIIᵉ siècle.

Celle-ci n'est pas placée à la suite et à l'alignement des étables, mais contre la maison d'habitation dont elle semble un pavillon. Les murs portent à l'extérieur un couronnement en pierres et briques avec triglyphes et rosaces absolument semblables à ceux que l'on voit sur une petite partie de l'enclos du parc des seigneurs de Noyers, au bord de la route de Guerny. Le clocher a disparu et le jardin contigu est devenu un herbage. La chapelle a été coupée en deux dans sa hauteur par un étage qu'on y a aménagé pour faire un grenier à blé : on y voit encore la voûte cintrée en bardeaux recouverts de plâtre. Comme l'ancienne, elle est orientée selon les règles.

Rien n'a été conservé du mobilier cultuel. Voici comment le décrit l'inventaire dressé en 1689 à la requête de Claude d'Orgebray tuteur du fils de Joseph Sublet et d'Anne de Barnoin (1). « Deux chandeliers en cuivre sur l'autel et deux en cristal, six pots de fayence à fleurs et deux autres plus petits couverts de paille peinte. Item une petite chásse. Un grand tableau servant de contretable représentant la sainte Vierge avec son enfant

---

(1) A. E. E 1055.

Jésus, saint Joseph, sainte Anne et saint Jean. Une armoire au côté de l'autel pour mettre les burettes.

Hors le chœur dans la chapelle a été trouvé un grand tableau bordure de bois noir, représentant l'image de saint Léger patron d'icelle ». On signale encore « un boîtier de cuivre représentant une horloge », un grand rideau de toile pour couvrir la contre-table, trois devants d'autel, deux chasubles, l'une rouge, l'autre noire et des chapes de satin vert à fleurs et fond blanc.

La convention de 1226 continuait à régler tout au moins le patronage de la chapelle. Les présentations se faisaient selon sa teneur (notamment en 1337 et en 1511) (1) et l'accord conclu en 1645 entre François Sublet et Nicolas Le Roux, curé de Vesly n'y changea rien. Au lieu de deux messes seulement par an, le chapelain devait en dire deux par semaine. Alors fut sans doute augmentée la dotation de Nainville qui n'était en 1337 que de 12 l. de rente (2).

L'entretien de l'édifice et du culte demeurait à la charge du seigneur, « sans que les successeurs curés dudit Vesly puissent être empêchés de faire leurs dévotions et processions ordinaires et accoutumées en ladite chapelle. Leur seront lesdites portes dudit lieu seigneurial ouvertes toutes fois et quantes qu'ils le requèreront. »

Pour sa part le curé consentait à l'érection de la nouvelle chapelle et aussi à échanger les terres dont elle avait la propriété avec d'autres appartenant au seigneur, au mieux des intérêts de la fondation, malgré l'opposition judiciaire du chapelain Alexis David.

Ce dernier qui était déjà en charge (3) en 1641, mourut six mois après, le 2 octobre 1645 « à deux heures après minuit », le jour même de la fête du titulaire de la chapelle saint Lieugard (4), comme disait le peuple. « Il fut inhumé suivant ses dernières volontés dans la chapelle du Nom de Jésus en l'église de Noyers, le lendemain à deux heures après-midi. »

Son successeur, René Coiffier, résigna sa charge et fut rem-

---

(1) Toussaint Duplessis.

(2) Longnon l. c.

(3) A. N. Z 4613. Mme de Nainville l'envoie à cette date à Vesly aux pieds de la Chartreuse, à sa place.

(4) De Leodegarius, forme latine de Léger.

placé le 24 octobre 1664 par Jacques Thibaut (1), chanoine de de S. Côme et S. Damien à Luzarches, qui mourut en 1685. Pierre de Piscard, prêtre du diocèse de Rouen, obtint alors Nainville. Le dernier chapelain de Saint-Léger fut présenté en 1783 par le curé Carlier, à la mort d'un nommé Charles curé de Montherlant : c'était Henry-Louis Denouville, curé de Gisancourt, paroisse destinée aussi à disparaître. Il prêta le serment civique en 1791.

Cette année-là et l'année suivante les terres de la chapelle furent vendues comme bien national : deux acres de terre labourable sur Authevernes, 2,025 l. à un sieur Devin de cette commune ; près de cinq acres de même nature, 3 vergées de bois taillis, un arpent dix perches de prés sis à Gisancourt, 6,175 l. à Christophe Hénin de Dangu ; un acre en labour, au même lieu, 930 l. à un charpentier du village Claude Etienne ; enfin un arpent également en labour à Guerny, 465 l. au maire de la commune, Pierre Normandin. Au total un peu plus de 4 hectares pour 9,595 francs.

Nous l'avons déjà constaté, depuis deux siècles au moins les habitants de Nainville se considéraient en fait comme paroissiens de Noyers. Les seigneurs se faisaient inhumer dans l'église de ce lieu. En 1673 un fermier de Nainville, Jacques Odinelle suit leur exemple, après avoir fait une fondation en faveur de la fabrique de Noyers. Finalement, à la Révolution, Nainville fut englobé dans cette commune. Par contre de 1802 à 1807, Noyers ayant été uni à Vesly pour le culte, Nainville fut rattaché à l'église-mère plus étroitement encore qu'au XIII° siècle.

---

(1) A. S. I. G 6128, 1791.

CHAPITRE V

La guerre de Cent Ans sous Charles V et Charles VII. La misère sous la Ligue.
L'incendie de 1605. Une levée de gens de guerre en 1638 après cinq années d'épi-
démies. La peste de 1777 et la Charité Saint-Adrien. Les marais fieffés. Les curés
Laisney et le Roux. Inhumations dans l'église et fondations. La moralité générale.
La situation matérielle. La justice, les mesures locales. Prix des terres et des
maisons.

L'événement le plus notable pour la chronique locale au
XIVe siècle fut l'établissement des Chartreux à Vesly en 1367 :
nous avons vu dans quelles conditions.

A cette date le roi Charles V luttait avec succès contre les
Anglais. Il avait enlevé à leur allié, Charles le Mauvais, roi de
Navarre, la ville de Mantes et venait d'établir des impôts pour
la faire fortifier. La seigneurie de Dangu appartenait alors à la
jeune Marguerite de Préaux qui avait épousé Jean Bureau, sire
de la Rivière, chambellan du roi et très en faveur auprès de lui.
Les circonstances étaient bonnes pour obtenir décharge des
nouvelles taxes. « A la supplication de son amée et féale dame
de Préaux », le roi consentit le 24 mai 1366 à remettre « aux
habitants des paroisses et villes de Dangu, de Gisencourt et de
Velly » les impositions levées « pour la fortification du pont et
de l'église de Mantes (1) ». La situation allait changer avec le
malheureux Charles VI.

En 1419, les Anglais s'emparaient le 1er février d'Étrépagny, le
23 de Neaufles, en septembre de Gisors et de Dangu. Gamaches

---

(1) Extraits des Mandements de Charles V, publiés par L. Delisle, p. 154, n° 312.
L'acte est daté de Senlis.

résista jusqu'en 1422. Vesly qui n'était protégé par aucun château-fort, dût tomber dès la première heure sous la domination étrangère. Dès février 1419 d'ailleurs, les domaines du seigneur de Dangu, Pierre de Bourbon, demeuré fidèle au roi de France, furent attribués à Richard Wideville, écuyer sénéchal de Normandie qui épousa dans la suite la veuve du duc de Bedford.

Le nouveau seigneur de Vesly lui donna un curé anglais, Jean-Etienne Nohorton ou Norhauton qui fut comme plusieurs de ses successeurs, chapelain de la chapelle intérieure du château de Dangu. Il mourut à son poste en 1438.

Mais les Anglais ne jouissaient pas en paix de leurs conquêtes. Des bandes de partisans français les harcelaient sans cesse au grand dommage des paysans qui avaient à pâtir des deux côtés. « La contrée toute entière apparaît comme un réceptacle inépuisable d'ennemis, traîtres, brigands, réserve sans cesse alimentée à des sources nouvelles, qui ne se dépeuple ni ne s'épuise, malgré la surveillance, les colonnes volantes qui sillonnent le pays, la chasse en règle et les battues à l'homme (1) ». Des archers à cheval circulaient sur les routes pour protéger les communications de l'envahisseur, notamment en 1429, l'année à jamais mémorable où Jeanne d'Arc délivrait Orléans. Pris de peur les Anglais renforcèrent en juillet la garnison d'Étrépagny (2).

Comme en quantité d'autres villages voisins, le sang coula dans l'église et le cimetière de Vesly en 1432, au cours d'une lutte sans doute entre les paysans et les soldats anglais. Il en fut de même cette année-là à Gamaches et au Thil. On dut procéder à la réconciliation liturgique destinée à effacer la profanation. C'était le tour d'Authevernes et de Sainte-Marie de Vatimesnil en 1437. La misère était si grande que l'archevêché fit

---

(1) La guerre de partisans dans la Haute-Normandie (1424-1429), par Germain Lefèvre-Pontalis. *Bibl. de l'Ecole des Chartes* (1893 à 1896). Des lettres de rémission furent accordées en janvier 1426 à Jean le Cras de Veilly pour fait de complicité avec Perrin Alleaume et Jeannot Louvel de Saint-Pierre-en-Val. L'auteur semble songer à notre Vesly. Il s'agit plutôt de Villy-le-Bas qui se trouve avec Saint-Pierre-en-Val dans le canton d'Eu (Seine-Inférieure).

(2) *Cf*. De Beaurepaire. De l'administration de la Normandie sous la domination anglaise.

remise à ces deux paroisses des droits de réconciliation s'élevant à 10 livres (1).

Vesly redevint français comme Dangu probablement vers 1444. La population était diminuée de moitié et le pays ruiné. En 1440-41 les doyens de Gisors, de Gamaches et de Baudémont ne paient pas la rétribution annuelle, appelée synode, due à l'archevêché, « parce que le doyenné est inhabité et n'y demeure personne passé a six ans » (2). Vu le malheur des temps, le prêtre-fermier de la cure de Vesly, Jacques le Candellier, n'a pas encore payé en 1441 le déport qu'il a obtenu pour 30 l. en 1439, et on finit par le lui laisser à 5 l. 6 s. 4 d. (3).

On sait qu'à la vacance de chaque cure, une année de ses revenus appartenait à l'évêché. En pratique on les affermait pour un an au plus offrant, clerc ou laïque, moyennant le paiement d'une taxe proportionnée dont les deux tiers allaient à l'évêque, le reste à l'archidiacre. Les variations du cours de cette taxe sont forcément en relation étroite avec la situation matérielle de la paroisse. Or le déport de Vesly adjugé au curé lui-même pour 30 l. en 1396, pour 40 en 1403, pour 30 de nouveau en 1439, et en 1476 à Jean Bellosse pour 40, est obtenu en 1519 par un notaire, Roger Selle, qui jouissait aussi de celui de Marcouville et de Villers, pour 200 l. ; en 1524 à deux prêtres, Jehan Meignen et Guillaume Légier pour 160 l. ; en 1535 à Louys Lestart prêtre, pour 180 l. (4). Ainsi depuis la paix, en moins d'un siècle la valeur de la cure avait dû presque quintupler : preuve évidente des ravages causés par la guerre de Cent Ans.

La Réforme devait ramener des jours plus douloureux peut-être. En février 1590, le duc du Maine qui tenait pour la Ligue s'empara du château de Dangu. Les soldats logèrent dans les villages voisins, pillèrent et ravagèrent tout ce qu'ils purent trouver et mirent même le feu à plusieurs localités. Les églises ne furent pas épargnées : on les dévalisa et on y fit « plusieurs autres indignités qu'il vaut mieux taire que dire » (5).

---

(1) A. S. I. G 121.

(2) De Beaurepaire. Notes et documents sur l'état des campagnes dans les derniers temps du Moyen-Age.

(3) G 154.

(4) *Cf.* Les comptes de l'archevêché. G 10 à 121.

(5) *Cf.* Journal d'un bourgeois de Gisors. Paris, Duché, 1878.

Pris entre les ligueurs et les partisans d'Henri IV, les paysans devaient payer les impôts des deux côtés. Gisors étant aux mains du roi, les habitants des villages voisins n'osaient s'y rendre de peur d'aller rejoindre en prison ceux qui déjà s'y trouvaient pour n'avoir pas payé leurs tailles. Aucune sécurité : partout des pillards enlevant récoltes et bestiaux.

En mars 1591, quelques-uns d'entre eux trouvèrent un repaire au château de Saint-Clair-sur-Epte : « partant nul n'osait passer par illecq ny allentour qui ne feust volé ». On les délogea à coups de canon. Il y avait autant à craindre des défenseurs de l'ordre. On parquait les chevaux dans les églises, les soldats jetaient sur des charrettes tout ce qu'ils pouvaient enlever « de hardes et de butin », poussant devant eux les troupeaux.

En août 1592, un nommé le Broc, de Villers-en-Vexin, et quelques autres habitants du pays unis à des gens de Pontoise, s'emparèrent de la ferme du Fort à Authevernes. De cette enceinte bien défendue, on peut encore en juger, « ils sortaient en grande quantité tant de jour que de nuit pour voler », s'avançant jusqu'aux faubourgs de Gisors, affamant la ville. Le manque d'artillerie empêcha l'armée royale de les réduire.

On voit d'ici la situation de Vesly pressuré par les deux partis. A Villers, les moulins à vent qu'on admirait encore en 1576 furent détruits ; le manoir seigneurial, le colombier et les autres bâtiments de ferme brûlés et ruinés « durant la fureur des troubles » (1), expression courante pour désigner les guerres de la Ligue pendant les années qui suivirent. Pourquoi Vesly aurait-il été épargné ? C'est peut-être alors que fut détruit le manoir seigneurial du Taillis, gracieuse construction du XVIᵉ siècle, si l'on en juge par ce qui en reste.

Les plaies des discordes civiles étaient à peine pansées qu'un grand incendie ravageait le village, le jour même de la solennité de saint Maurice qu'on ne remettait pas alors au dimanche, le 22 septembre 1605. Triste fête où l'on vit le feu « brûler la plupart de la paroisse, consommer les blés, avoines, orges et autres grains des laboureurs et des plus aisés habitants avec leurs chevaux, bestiaux, meubles, harnais et ustensiles nécessaires au

---

(1) Papiers de la seigneurie de Villers appartenant à M. Chéron de Gamaches. Nous avons vu ailleurs la location de la Chartreuse baisser de plus de moitié en 1594.

7

labourage » (1). **Le village fut à moitié détruit.** Pour se relever de ces ruines, les habitants adressèrent au roi Henri IV une requête tendant à obtenir décharge des contributions de 1605 et des deux années suivantes. Le 14 janvier, le Conseil des finances la renvoyait aux trésoriers de Rouen.

Le 17, ordre était donné de surseoir à toute contrainte durant trois mois pour le paiement de l'arriéré. Enfin le roi, le 6 mai, sur l'avis des trésoriers généraux de Rouen, fit remise des quartiers de juillet et d'octobre 1605, soit de 352 l. 9 s. 11 d. Pour 1606 les impositions de Vesly étaient réduites au tiers, d'après le tableau qui suit :

Principal de la taille	502 l. 17 s.	les 2/3	337 l. 4 s.
Le taillon.	42 l.	—	28 l.
La grande crue	558 l.	—	392 l.
La crue de M. de Montpensier.	6 l. 11 s.	—	4 l. 10 s. 8 d.
	1.139 l. 8 s.	—	761 l. 10 s. 8 d.

Toutefois la crue de M. de Montpensier, contribution levée par le gouverneur de la Normandie, était à payer en entier : ce qui réduisait la remise à 757 livres. Le roi voulait que cette somme fut utilisée à rebâtir les maisons incendiées, sous le contrôle des « élus » de Gisors. A l'avenir ceux-ci, en établissant les rôles d'imposition, tiendraient compte des ruines accumulées par le sinistre (2).

Beaucoup de maisons ne furent rebâties qu'après la mort d'Henri IV (1610), témoin les deniers à l'effigie du jeune Louis XIII qu'on y a trouvés lors de leur démolition.

Ce ne fut pas la dernière fois que le feu désola le pays, mais jamais plus à ce point. Les toits de chaume qui recouvraient presque tous les bâtiments du pays, sauf les manoirs seigneuriaux, étaient une proie toute indiquée, surtout avec des cheminées faites en bauge et en bois qui se lézardaient facilement. En 1732, le bailli de Dangu prit une ordonnance pour faire abattre les cheminées en terre, à peine de 50 l. d'amende. Le maçon Jean-Baptiste de Vesly fut chargé d'en passer l'inspection (3). En 1735, huit habitants de Dangu furent condamnés à obéir à l'ordon-

---

(1) Registre du Conseil d'Etat pour l'an 1606 fol. 5. B. N. Ms. fr. 18170. Registre du Conseil des finances. A. N. E 10. fol. 14.

(2) A. S. I. C 1241.

(3) A. E. E 219, 218, 226, 213.

nance et à faire reconstruire leurs cheminées « en bloc, briques ou écailles », et à payer 5 sols pour les frais de justice. L'un d'eux se montrant récalcitrant, d'office la démolition fut faite dans le délai de trois jours. On était le 16 mars ; le 30, onze autres habitants reçurent la même injonction. En 1762, un nouvel incendie consumait à Vesly dans leur maison Pierre Lefebvre et Suzanne Mollemont. L'année suivante l'abbé de Marmoutier envoyait 90 l. aux victimes du fléau.

Trop souvent aussi des épidémies contagieuses désolèrent le village. Le peuple dans sa frayeur et son ignorance les désignait ordinairement du nom de peste. En 1633, elle s'implanta dans le village (1) et quatre années durant y sema la mort et la misère. Gisors et Chauvincourt ne furent pas épargnés. On inhumait précipitamment les morts, parfois de nuit (2). On fuyait affolé dans les paroisses voisines, propageant au loin le mal. Un enfant de Vesly fut ainsi baptisé en 1636 à Authevernes et eut pour marraine « damoiselle Marie de Guestrus ».

En 1635 le mal sévit avec fureur et se communiquait aux personnes qui soignaient les « pestiférés » ou les ensevelissaient. Les habitants de Dangu redoutant le contact des vassaux de Vesly qui venaient porter leur blé au moulin banal et presque tous suspects d'être contaminés à cause de leurs rapports avec les victimes du fléau, signifièrent au receveur de la seigneurie, Claude Famin, qu'ils leur interdisaient l'entrée du pays. L'épidémie avait repris aux derniers jours d'août et ne s'arrêta que vers janvier 1636.

Cette défense ne faisait pas l'affaire du sous-fermier du moulin banal, Gilles Cauchoix. Depuis le 8 septembre, Vesly ne pouvait plus porter ses grains chez lui à cause du « mauvais air ». Il exigea de Famin une enquête sur place pour vérifier la gravité du mal ; puis suffisamment édifié, proposa aux habitants de leur fournir la farine nécessaire pour subsister huit mois durant, à condition que Jehan le Porcher dit d'Hostel, receveur du Taillis et autres paroissiens solvables, voulussent lui en garantir le remboursement.

----

(1) A. N. S 4065, 4067.

(2) Avant 1789 on inhumait au plus tard le lendemain de la mort. Dans la suite jusque vers 1850, on ne dépassait guère le délai de 24 heures.

Mais ceux-ci qui entendaient bien ne pas payer le droit de banalité et moudre leur grain à Vesly, puisque Dangu leur refusait l'accès du moulin seigneurial, n'acceptèrent aucun arrangement. En vain Cauchoix essaya-t-il de faire lever l'interdiction, il ne lui restait qu'à se pourvoir contre le receveur. Le 2 janvier 1636 jour où Vesly put retourner au moulin banal, il réclama une compensation de 400 boisseaux de blé estimés 600 l. Des arbitres furent désignés : Sébastien Roye, curé de Saint-Jean, Georges Jullian curé de Saint-Aubin et Antoine Trognon, ancien fermier du moulin. Après avoir examiné la liste des assujettis, le nombre de feux, ils jurèrent sur les saints évangiles que durant les quatre mois de l'interdiction, Cauchoix avait perdu chaque semaine 15 boisseaux de blé méteil mesure de Gisors, à 28 sols le boisseau. On lui alloua donc 240 boisseaux, valant 336 l. t. (1).

On ne sait si Famin actionna la duchesse de Ventadour pour obtenir à son tour une diminution sur son bail général des revenus de la seigneurie, comme il avait fait en 1634 après avoir été condamné à accorder au même Cauchoix une diminution analogue, à la suite sans doute d'une semblable interdiction pour 1633, visant déjà les vassaux de Vesly. Il avait alors eu gain de cause.

La mortalité dut être considérable durant ces années de deuil, comme la suite va le montrer. En 1638, la France se jetant à corps perdu dans la guerre de Trente Ans dont la dernière période devait lui assurer la prépondérance en Europe, le cardinal de Richelieu ordonna « une levée de gens de guerre ». Le puissant ministre, uniquement préoccupé de la grandeur de la patrie, se souciait peu de la misère du peuple. En qualité d'abbé de Marmoutier, il était seigneur du fief de la Grange à l'Abbé et tout à fait à même de se renseigner sur l'effroyable dénuement des habitants de Vesly.

Néanmoins, d'après l'estimation du lieutenant-général au siège d'Étrépagny, Robert Durand, le village dut fournir quatre soldats. Mais lorsque les recruteurs, le sieur de la Croix et Charles Bouges, écuyer, sieur de Chaumont et garde à cheval des plaisirs du roi, vinrent à Vesly, ils ne purent en lever que deux : « Jehan

---

(1) Comme il prenait le 16ᵉ godet sur un boisseau, il devait moudre 240 boisseaux par semaine, soit à la mesure de Gisors 72 hectolitres environ.

le Roy dit Lafontaine et Pierre Le Roux dit Des Maretz, pour être le reste de la jeunesse de Vesly demeurée malade, et n'en ont pu en ravoir plus ». Ils y séjournèrent cependant du 3 au 15 septembre.

Les habitants ne pouvant payer les 150 l. nécessaires à l'équipement des deux recrues, vu « leur grand besoin et nécessité », les sieurs de la Croix et Bouges leur avancèrent l'argent, et ayant égard à « leur extrême pauvreté », ne voulurent rien réclamer pour les frais de route et le séjour qu'ils avaient fait à Vesly. Le seigneur de Dangu lui-même avait constaté sur place que « tant par la maladie contagieuse dont il avait plu à Dieu de visiter la paroisse, que par le continuel passage et logement des gens de guerre, les plus aisés des habitants avaient été presque réduits à la mendicité » (1).

On ne voyait que maisons découvertes ou tombant en ruines. La commune était assignée en paiement par les chirurgiens qui avaient soigné les malades pauvres lors de la peste. Il lui fallait également rembourser les avances faites par les recruteurs. Ce fut donc une bonne aubaine dans cette grande détresse que les 250 l. données par les Chartreux pour l'acquisition de deux chemins nuisibles à leur enclos. Les religieux s'étant chargés de désintéresser les chirurgiens, les habitants avaient songé à employer la somme en réparations des plus urgentes au chemin du Roy en face du manoir de la Chartreuse. Mais le jour même où ils la reçurent, le 5 octobre, assemblés en état de commune, il fallut verser immédiatement 150 l. aux recruteurs.

La situation semble s'être améliorée les années suivantes. Mais en 1658, 1659 et 1660, les blés furent gâtés par la nielle et autres « accidents ». Le 13 août 1658, le procureur de l'élection de Gisors vint constater en vue d'un dégrèvement des tailles. Il parcourut la solle des blés : 500 acres et plus, entendit des témoins assurant qu'un dizeau (2) ne fournirait pas un boisseau ; certains dirent une quarte. On ne sait s'il y eut remise d'impôts.

En 1694, éclata une nouvelle épidémie dont on ignore la nature, en tous cas la plus meurtrière que l'on connaisse à Vesly, car

---

(1) A. N. Pièces concernant les Chartreux, déjà citées.

(2) A. E. C 183. On dit plus souvent aujourd'hui « diziau » ; faisceau de 10 à 12 gerbes. On compte alors 3 solles : derrière les Portes, le Bois-Prieur, le Boisde-nemets. Il semble qu'une solle entière était exclusivement chargée en blé.

elle enleva le septième de la population. Coup sur coup le fléau dut reparaître en 1701, 1712, 1727, 1731, 1734, 1741, 1743, 1748, favorisé sans doute par la misère croissante. Ce serait une grande erreur de croire ce déplorable état sanitaire spécial au pays : on trouve aussi mal et pire ailleurs.

Devant ces maladies inconnues la médecine, si peu avancée à cette époque, était à peu près désarmée. Louis XV, imitant son prédécesseur qui avait ainsi inauguré « l'assistance médicale gratuite », faisait distribuer dans les villages « des boîtes de remèdes », composées d'après les indications de son propre médecin Helvétius. Cette petite pharmacie était confiée à la sœur qui faisait la classe aux filles et entre temps soignait les malades pauvres. Mais ni secours, ni dévouement ne pouvaient changer les conditions d'existence du menu peuple.

Vesly avait son « chirurgien » qui cumulait la médecine et la culture. Mais les paysans n'oubliaient pas d'invoquer saint Sébastien, le grand défenseur contre les maladies contagieuses. A Vesly comme à Authevernes, il avait sa chapelle dans l'église, ornée d'un tableau le représentant attaché nu au poteau et percé de flèches. Que de supplications durent monter vers cette peinture grossière aujourd'hui bien délaissée !

En 1777 le fléau s'abattit de nouveau sur la paroisse. Des fièvres milliaires ou inflammatoires putrides, au dire des experts du temps, portèrent l'effroi dans le pays. En quelques jours il y eut 130 malades, presque tous des jeunes gens. Le sieur Carré, chirurgien à Vesly avait fort à faire « pour panser les malades dont le nombre était effrayant, étant obligé de visiter ces malades jusqu'à deux et trois fois par jour ». L'intendant de la généralité de Rouen ordonna qu'ils seraient tous soignés aux frais de l'Etat et leur envoya M. Delaubel médecin à Gisors. Quand celui-ci vint le 1ᵉʳ mars, on comptait déjà huit morts, tous jeunes gens de 22, 18, 17 et 15 ans, et 74 étaient encore dans un état grave. « La maladie qui règne dans la paroisse de Vesly, écrivait-il le 9 mars à l'intendant, m'a paru une des plus effrayantes que j'ai encore vues depuis vingt-huit ans que vous et vos prédécesseurs m'ont fait l'honneur de me choisir pour visiter les pauvres des différentes paroisses de l'élection de Gisors. Je la

---

(1) P. Duchemin. Le département de l'Eure avant la Révolution, t. I, p. 620.

regarde comme une suite de celle qui a parcouru les paroisses voisines, telles qu'Authevernes, Cahaignes, Fours, Noyers, Berthenonville, Saint-Clair, mais qui n'a pas fait à beaucoup près les mêmes ravages. Plusieurs y avaient déjà succombé lorsque je m'y suis rendu pour la première fois et j'attribue leur mort prompte tant aux accidents propres à la maladie qu'au défaut de précaution dans le commencement et au mauvais régime qu'ils observaient » (1).

Comme l'épidémie paraissait gagner les villages environnants, d'après la tradition, le drap mortuaire fut arboré au clocher pour signaler le péril aux étrangers et les éloigner du pays. Les morts étaient inhumés promptement. Marie-Anne Thiberge, âgée de trente ans, fut « à cause du mauvais air enterrée huit heures après son décès. » Nous ne savons si comme au Gros-Theil, l'année d'avant, « les malades mangeaient la paille de leur lit, leurs draps ; se sauvaient pour aller se jeter à l'eau ». Ce qui est certain c'est que la désolation était grande à Vesly.

Non loin de Rouen, dans une falaise crayeuse dominant la Seine, existait une chapelle dédiée à saint Adrien, un soldat martyr comme saint Sébastien, qu'on venait prier lui aussi contre la peste, même de fort loin, car c'était un lieu de pélerinage célèbre et très ancien. Dès 1494 un seigneur de Château-sur-Epte, Louis de la Porte, allait y faire ses dévotions (2). Justement la fête du saint tombait au début de mars. La paroisse s'y rendit en pèlerinage. On en rapporta une statue du saint qui est encore conservée dans l'église.

Jusqu'alors Vesly n'avait pas sa Charité, cette association de piété, groupant les hommes pour le service de l'église et des inhumations, et dont quelques-unes remontent très haut, comme celles d'Hacqueville fondée au xvie siècle, celle de Romilly-sur-Andelle établie en 1479 (3). Saint-Clair-sur-Epte en possédait une très réputée, Gamaches avait la confrérie de saint Gilles, Villers depuis le xviie siècle celle de saint Nicolas. Beaucoup avaient été créées à l'occasion d'une épidémie, en face d'une panique qui aurait valu aux morts de rester sans sépulture, tant l'on

---

(1) A. S. I. C 86.
(2) Dict. de Charpillon.
(3) G 9470.

redoutait la contagion. Quelques hommes d'une foi vive et de grand courage s'associaient alors sous le patronage d'un saint et s'engageaient à rendre aux trépassés les derniers devoirs en toutes circonstances. Ainsi à Mainneville après l'épidémie de 1706 où les prêtres avaient dû eux-mêmes porter les morts, une charité fut établie sous l'invocation de saint Hubert. Des circonstances semblables durent amener la fondation à Vesly de la confrérie de saint Adrien. Supprimée par la Révolution, elle était réorganisée dès 1804 : preuve qu'en moins de vingt ans, elle avait poussé dans la paroisse de vigoureuses racines.

La foi était d'ailleurs très vivace et l'influence du prêtre extraordinairement puissante. Au XVIe siècle et dans la première moitié du XVIIe, c'est souvent dans sa demeure que se concluent les actes de la vie civile où il figure presque toujours comme témoin. D'ailleurs contrats, acquisitions, baux, testaments étaient lus à l'église à l'issue de la grand'messe. Sous ce rapport les registres de Chauvincourt et d'Authevernes sont curieux à consulter : toutes ces publications y sont mentionnées.

De temps immémorial les habitants jouissaient des marais de Rome et d'Hardancourt que leur avaient fieffés les seigneurs de Dangu moyennant certaines redevances. Mais pratiquement on ne payait pas, si bien que la vicomté de Gisors en 1627, croyant que c'étaient là des terres sans maître, exigea que les habitants présentassent leurs titres : faute de quoi elles seraient vendues au profit de la couronne. De son côté le seigneur de Dangu pour bien attester que les marais lui appartenaient, somma la communauté de payer les arrérages des rentes féodales qui n'avaient pas été perçues depuis fort longtemps.

Pour s'en décharger les habitants donnèrent à la fabrique les neuf acres (1) qu'ils disaient posséder dans le marais d'Hardancourt. De fait nul ne savait, ni du seigneur ni de la communauté, la superficie des marais. Un terrier de Dangu en 1643 leur assigne « 7 acres environ », soit à peu près 4 hectares, « bornés d'un côté plusieurs pièces de terres du côté d'en-bas, du côté d'en-haut vers ledit chemin de Vernon : d'un bout le chemin de Saint-Clair ou

____

(1) G 1768. Trois furent vendus par le curé à son prédécesseur, alors chanoine à Montmorency à la suite d'arrangements pour une fondation faite par ce dernier de 26 l. de rente à l'église de Vesly.

chemin qui conduit de Rome à la croix, d'autre le dîmage d'Authevernes ».

L'accord passé avec la fabrique dut être sans suite, car le 21 janvier 1629 un nouveau contrat de fieffe fut conclu avec les paroissiens « assemblés en état de commune à l'issue des vêpres ». Pierre Seguen, capitaine au château de Dangu agissant « pour haut et puissant seigneur Henry de Lévy, duc de Ventadour, pair de France, comte général pour le roi en sa province de Languedoc, comte de la Voûte, baron de Dangu et de plusieurs autres terres et seigneuries, délaissa à toujours de rentes seigneuriales, à titre de fief aux habitants le droit de faire pâturer leurs bestiaux qui seront par eux ou leurs successeurs, vassaux de mondit seigneur duc, nourris et hébergés dans le village », sur lesdits marais, « comme ils ont ja fait ci-devant par la permission et pouvoir qui leur a été fait par les feux seigneurs dudit Dangu. » Les rentes seigneuriales étaient réduites à 6 chapons payables à Noël, sous peine de 17 sols d'amende. Ceux qui refuseraient d'y contribuer seraient exclus du droit de pâturage et « leurs bestiaux pris en dommage », si on les trouvait dans les marais (1).

« Un homme vivant et mourant » devait être élu pour présenter au nom des habitants aveu de cette tenure « ès plaids de la baronnie ». Mais ils s'en gardèrent bien, et en 1657, la vicomté de Gisors croyant de nouveau le domaine sans maître, s'apprêtait à le vendre au profit du roi, lorsque Sublet seigneur de Dangu les assigna en paiement des arrérages. Plusieurs furent poursuivis et leurs biens vendus, en sorte que l'assemblée des paroissiens le 5 mai 1658, céda à l'église, à charge de payer l'arriéré, les frais de procès et la redevance annuelle, 4 acres ou environ « sans fourniture de mesure estant au bout d'icelle commune vers le dîmage d'Authevernes au chemin de Paris nommé Croicornet ».

C'est alors que Nicolas Potart prétendit que les marais étaient sa propriété personnelle. Son père Louis, les avait achetés 80 l. à la vicomté en 1634, lors de leur réunion à la couronne, dans le but, paraît-il, de les revendre aux habitants qui en jouissant

______

(1) A. M. Cahier du partage des biens communaux, et T. G. pour les autres détails. Le seigneur en 1641 prétendait aussi y faire pâturer ses bestiaux.

gratis, firent la sourde oreille. Le seigneur de Dangu prouva que 150 ans avant cette date et 50 ans après, il était en possession régulière, et Potart, moyennant les 80 l., proposa de déclarer nul son contrat d'adjudication. Sublet lui offrit le petit Hardancourt mesurant 4 acres, à charge de payer à la Toussaint 15 deniers tournois de cens et les treizièmes à chaque mutation. Il ne semble pas qu'en définitive les prétentions de Potart aient été admises.

Il est probable que la fabrique finit par ne plus payer les 6 chapons de rente seigneuriale. Les assignations eurent beau pleuvoir, notamment en 1689, 1690, 1699. La communauté abritait son indépendance derrière l'église.

En tête des 61 chefs de famille figurant dans la fieffe de 1629 se trouve le curé Philippe Laisney. Nommé en 1595 par provision de Rome, entré en fonctions en 1597, il avait des raisons d'être en bons termes avec le seigneur de Dangu, puisque comme quatre au moins de ses prédécesseurs, il était chapelain au château de la chapelle Notre-Dame de Recouvrance ou de la Motte. Bâtie par Guillaume de Ferrières, dès 1492 des indulgences lui avaient été attribuées (1). Un vitrail, placé lors de sa restauration par le comte de Lagrange, y retrace la scène à laquelle sa fondation serait due : Guillaume désarçonné, traîné par son cheval et en danger de mort, fait un vœu à la sainte Vierge pour qu'elle lui sauve la vie. Il y a une autre version qui mérite de prendre place ici étant donné son rapporteur. « Aucuns ajoutent, comme faisait défunt Mᵉ le Roux, ancien curé de Vesly, depuis chanoine de N.-D. de Rouen, que cette chute fut causée par une fille qui gardait les dindons, laquelle fit peur au cheval de M. de Ferrières ou le toucha avec la gaule de laquelle elle gardait les dindons, dont il fut si irrité qu'il excita ses chiens contre cette fille qu'ils dévorèrent et déchirèrent et qu'en pénitence de ce, il avait fait bâtir cette chapelle » (2).

Nicolas le Roux qui le dernier cumula la cure de Vesly et la chapellenie de la Motte, pouvait être bien renseigné. On était cependant alors 150 ans environ après l'événement. Originaire du diocèse de Séez, le patron collateur choisissant le prêtre qui

---

(1) A. S. I. G 9484. En 1561, Pierre de Ferrières y établit un chapelain perpétuel, à charge d'une messe les dimanches, lundi et jeudi.

(2) A. E. H 198. Histoire de Dangu par Bérée de Courpont.

lui plaisait, — présenté en 1634 à la mort de Laisney, par Marie Laetitia de Luxembourg, princesse de Ventadour, duchesse de Tingry, dame de Dangu (1), le Roux ne tarda point à parvenir aux honneurs. En 1638, il était déjà doyen et archiprêtre de Gamaches. Il fut aussi doyen de Périers et de Gisors.

Au nom de la fille de Henri IV, Christine, sérénissime duchesse de Savoie qu'il connaissait peut-être par la châtelaine de Dangu résidant habituellement dans cette province, il demanda à l'abbaye de Fécamp des reliques du bienheureux Guillaume de Dijon, son premier abbé mort en 1031. Sur les instances d'Henri de Lorraine, abbé commendataire, le tombeau qui avait déjà été ouvert le 28 octobre 1638, le fut de nouveau le 6 décembre et Nicolas le Roux s'en fut en Savoie porter les reliques qu'on en avait retirées (2).

En 1640 il bénissait le cimetière des Ursulines installées depuis trente ans dans cette dernière ville (3). La même année il entrait au Conseil de l'archevêché établi par Mgr de Harlay (4). Chanoine de la cathédrale de Rouen, il était aussi titulaire de la cure de Saint-Laurent qu'il résigna en 1666, à Étienne de Fieux, curé de Saint-Eloi dans la même ville (5).

C'est sous son administration, en 1660, qu'un habitant de Vesly, Pierre Parmentier, fut dénoncé à la calende du doyenné de Gamaches, comme n'ayant pas communié à Pâques dans son église paroissiale, selon le droit en vigueur. Il fut sommé de comparaître devant l'officialité diocésaine pour donner les raisons de sa conduite (6). On ignore ce qu'il en advint. Nicolas le Roux maintint encore les droits de la cure vis-à-vis de Marmoutier et de Nainville, nous l'avons vu. C'est à lui qu'on doit la constitution du vaste domaine qui entourait le presbytère. En échangeant une maison léguée à l'église par un de ses prédécesseurs, Jean le Laboureur, mort chanoine à Montmorency, il obtint du P. Augustin de Montrouge, fondé de pouvoir des Chartreux, un demi-acre qui lui valut, joint au fruit d'un autre échange,

---

(1) A. S. I. G 9583.
(2) *Neustria pia* par du Moustier. Rouen 1663, p. 222.
(3) A. E. H 1577.
(4) A. S. I. G 2025.
(5) G 6228.
(6) G 723.

d'étendre le domaine presbytéral jusqu'à la ruelle qui se rend à la Boissière (1). Il avait trouvé un enclos de 75 perches, il en laissait un de 218 qui demeura tel jusqu'à la Révolution. De vastes bâtiments allaient entourer la cour et donner au manoir presbytéral l'aspect des grandes fermes du pays. De fait Remy Lambert était alors prêtre-fermier de la cure et des dîmes, comme le vicaire Quentin Dupérier en 1560 (2). Généralement les curés faisaient valoir eux-mêmes les terres de leur mense.

Quant au presbytère, dans son état actuel, il date de 1722 comme le rappelle l'inscription gravée au-dessus de la porte. C'est une maison toute en façade, selon l'usage d'alors et un modèle courant que l'on retrouve à Mouflaines et Authevernes notamment : on y compte avec l'étage une douzaine de pièces. On ignore à quelle date exacte les curés de Vesly vinrent s'établir dans cet endroit assez éloigné de l'église, mais sûrement dès la fin du xve siècle ils y habitaient.

Parmi les successeurs de Nicolas le Roux, il faut signaler Étienne le Mérat (1686-1710), du diocèse d'Auxerre, ancien curé de Gisancourt, moins à cause des protestations qu'il éleva contre une chapelle où l'on faisait le pain et l'eau bénite au mépris de ses droits curiaux (3), que pour ses bizarres armoiries enregistrées dans le d'Hozier. Il blasonnait « d'or à une tête de mort de sable bandée d'argent » (4).

Après lui, Guillaume Lefebvre du Mont, apparenté à une des plus notables familles du pays, ancien vicaire de Magny, exerça quarante-huit années durant le plus long ministère que la paroisse ait connu. Marguerin Guéroult, ce curé de Noyers qui mourut en 1633 à quatre-vingt-quinze ans, après soixante-dix ans d'exercice, le laisse encore bien loin derrière lui ; mais à Vesly, Lefebre « tient le record », et parmi ses successeurs, Carlier seul en approche avec quarante-trois ans de ministère. En 1736, lors de la visite du doyen de Gamaches, titre que Lefebvre allait bientôt obtenir, il est noté (5) « comme homme instruit et bon

---

(1) E 1041, 1042. L'enclos primitif relevait de Dangu, ainsi que le manoir comprenant en 1643 : maison, chambre haute et basse, cour, four, écurie, grange, étable, cave et jardin. La cave actuelle est bien antérieure.

(2) A. E. E 1058. H 1087.

(3) A. S. I. G 729, 9725.

(4) Armorial général. Normandie p. 1342, année 1697.

(5) G 1797. Lefebvre, maître de postes à Ecouis, hérita de ses meubles. A. E. E 229.

sujet, mais un peu trop difficultueux ». Comme le Mérat et Robert Doré, on l'inhuma dans le chœur : mais il fut le dernier curé enterré dans l'église.

Être enseveli en un tel lieu était un honneur fort recherché. De droit pour le seigneur patron de l'église, le curé et le marguillier qui mourait en charge, il s'obtenait autrement par quelque fondation ou en payant une taxe au trésor. En 1731, l'archevêque l'avait fixée à 25 l. dans les campagnes (1). Parmi les défunts ainsi inhumés, on relève les noms suivants : Lambert, Sevey, Chevallier, Launay, Sauvé, Féret, Leroux, Hullot, presque tous désignant des gens de modeste condition. Il faut y joindre Matthieu le Tacq, jardinier de M. d'Armenouville et sa femme Françoise de Chaumont, dont le mariage réhabilité à Vesly en 1695, avait été obtenu hors de la paroisse par surprise. Une inscription dans l'église mentionne la fondation qu'ils firent pour le repos de leurs âmes. L'une mourut en 1701, l'autre en 1711.

A part ces exceptions et la fille d'un « commis au bureau des Indes Orientales » morte en nourrice, les autres défunts inhumés dans l'église appartiennent à de riches familles. Citons par exemple : quelques Pastey de Saint-Hilaire, Nicolas Mignot, chanoine d'Ecouis en 1774 ; la femme et les enfants d'un Potart de la Ruelle ; quelques enfants des Lecousturier d'Armenouville ; des membres de la famille Belin, receveurs du prieuré et de la Chartreuse, dont Suzanne Belin, femme de David Lefebvre, qui avait « sa tombe proche l'autel de la Vierge vers la muraille » (2). Le plus fort contingent est fourni par les familles Vinot et Lefebvre dont aucun membre ne fut mis au cimetière (3).

La dernière inhumation dans l'église, après celle du père de l'abbé Carlier (1772), fut celle d'Angélique Vinot, femme de Lefebvre de l'Ozeraie, en 1778. De 1668 à cette date, plus de soixante personnes étaient venues dormir là, soit sous le pavé des allées, soit au pied des autels, soit sous le banc du trésor ou des familles elles-mêmes. Cette dernière disposition était assez appréciée : on assistait aux offices sur la tombe même de ses morts.

L'arrêt du parlement de Paris en 1765 exigeant des caveaux

---

(1) A. S. I. G 9435.
(2) A. E. E 1045.
(3) En 1716, Catherine Langlois femme de Claude Lefebvre sieur de Neufmarché.

bien conditionnés, dans l'intérêt de la salubrité publique, interrompit ce pieux usage, l'église en étant dépourvue.

Les fidèles continuèrent cependant à faire des fondations jusqu'en 1789. Il serait trop long de les énumérer toutes, bien que la lecture en soit édifiante. La plus ancienne connue est de 1580. Généralement le fondateur « désirant faire quelque chose d'agréable à Dieu afin d'être après sa mort participant aux suffrages et prières de l'église de Monseigneur Saint-Maurice (1) », quelquefois « estant au lit malade, toutefois sain d'entendement et d'esprit », cédait à la fabrique une pièce de terre ou encore lui léguait une rente foncière déjà constituée sur des biens étrangers ou à constituer sur ses biens personnels. La plupart du temps ces rentes étaient amortissables.

Claude Vinot, chirurgien à Vesly en 1584, lègue 5 vergées de terre pour deux grand'messes avec *Libera* et *Vexilla Regis* ; en 1599, Louis Belhoste, fils de Noël, 50 perches pour une messe basse avec un *Libera* et la récitation de la Passion, « la cloche sonnante ». David Lefebvre qui fonda une messe pour sa femme en 1650, demande aussi qu'on sonne la cloche un quart d'heure durant (2). Le plus souvent on stipule une messe haute, précédée des vigiles, suivie du *De profundis* ou du *Libera*. Quelques-uns exigent au service diacre et sous-diacre et même chapiers et le font suivre du *Vexilla Regis* ou du *Stabat*. En 1624, Louis Belhoste demande la belle invocation à la sainte Vierge pour les trépassés : *Languentibus*. Au XVIIIᵉ siècle on ajoute à l'obit des « saluts ».

Certains contrats mentionnent une recommandation avec prière au prône au dimanche ou à la fête précédant le service, voire même à l'offertoire. On sait que cet usage de la recommandation des défunts au prône est toujours en vigueur. Il n'en est plus de même du *Libera* chanté au pied de la tombe, stipulé par quelques fondations (3), et qu'on retrouve encore en certaines paroisses.

---

(1) *Ibid.*, fondation de Pierre Lambert en 1650 et de Louis Lester en 1653. E 1048. La fabrique prête en 1649 à Quentin Parmentier « tisserand en toile », 56 l. à charge de 4 l. de rente annuelle, gagée sur une masure et 1/2 acre de terre (E 1066.

(2) E 1045.

(3) E 1048, 1053. Anne Parmentier, vieille fille, laisse en 1684 1/2 acre de terre et demande trois prières au prône, avant le jour de l'obit, à la saint Maurice et à la Toussaint.

La plupart des rentes léguées allaient de 2 à 5 livres, provenant en grande partie de gens de modeste condition et même d'ouvriers. Des fondations plus importantes furent faites en 1655 par André le Cousturier, écuyer, sieur d'Armenouville qui laissa 19 l. de rentes « pour six messes basses plus un banc de sépulture dans la nef de l'église » ; par Jean-Pierre du Pastey, seigneur du Chastaignier, conseiller du roi, trésorier général des finances à Caen, qui légua 120 l. de rentes pour deux messes par semaine le lundi et le samedi (1). Les amateurs d'épigraphie pourront lire à l'église, gravée sur pierre, avec celle de Matthieu le Tacq, la fondation de Michel-Nicolas Vinot et de sa femme Geneviève de Fontenay en 1715 (2). Fixées toutes deux, d'une manière très ostensible, dans un encadrement de plâtre ornementé, sur les piliers de l'entrée du chœur, faisant face à la nef, ces inscriptions déplacées en 1903, ont été scellées dans les murs à leur place actuelle en 1909. Une autre inscription sur cuivre, placée sur la colonne derrière le banc du trésor, relate une fondation de Pierre Lefebvre, receveur de Marmoutier, en 1734.

En résumé, dès 1694 on comptait 162 messes fondées dont 118 basses et 44 hautes, sans parler de prières de toute sorte. En 1755, pour l'acquit des fondations, le curé recevait 172 l. : ce qui ne dénote pas une très large augmentation du chiffre des messes, étant donné que ses honoraires étaient pour chacune en moyenne de 15 à 20 sols (3). L'église possédait alors en 72 parcelles une cinquantaine d'acres de terre (4) dont la location jointe aux rentes des fondations, avec charges ou non, faisait un revenu fixe de 600 l. pour le trésor. Les quêtes s'élevaient environ à 100 l. Le vicaire recevait de la fabrique 300 l. Quant à la cure, elle jouissait de trois acres de terre et du clos de la Lampe, situé en face du presbytère et donné pour l'entretien de la lampe du Saint-Sacrement. Pour plus de précision, il faudrait les papiers de la fabrique qui sans doute portés au district en l'an III, comme ceux d'Authevernes furent brûlés lors de l'incendie du tribunal des Andelys vers le milieu du xixe siècle.

---

(1) A. S. I. G 1768.
(2) Les lettres de l'inscription sont garnies de plomb coulé. Cf. p. 74, note 2.
(3) G 6078.
(4) 40 acres 46 perches en 1691. En 1708, 36 acres en sont loués 252 l. à Guillaume. Belhoste.

Jacques-Dominique Boettard de la Rue, du diocèse de Lisieux (1) et ancien vicaire de Saint-Jean de Dangu de 1742 à 1754, ne voulut pas être inhumé dans l'église. Dans son testament très détaillé, il demande « pour que l'office se fasse avec plus d'aisance et de facilité », que son corps soit « porté en terre dans le cimetière du côté du midy, en approchant la tête le plus qu'on pourra de la chapelle Saint-Nicolas, les pieds tournés du côté de la rue, sans cependant endommager les fondements de la muraille de ladite chapelle contre laquelle il sera apposé une croix de bois sur qui on imprimera mon nom, sans autres ornements que d'être peinte en noir avec larmes blanches, encore bien moins aucun éloge, ne désirant rien autre chose que les suffrages des prières des survivants » (2). Il fut donc inhumé contre le mur ouest de la chapelle actuelle du Sacré-Cœur.

Il avait laissé à la fabrique toute sa récolte de l'année qu'il estimait à 1500 l. et tous ses biens, moins quelques dons particuliers, demandant que la vente en fut confiée à un homme intelligent qui sut en tirer parti de manière « à faire une somme capable de fournir à la dépense d'un calice propre et honnête, n'y en ayant qu'un à l'église : ce qui est trop peu ». Il demandait aussi qu'on recrépît l'église au dedans, aux endroits qui en ont le plus besoin comme le pignon », le regrattage des piliers et de la voûte du chœur, « comme on a fait les voûtes des chapelles, afin que ce vaisseau soit en tout et partout conforme par sa couleur en son dedans ». Il laissait en outre un capital de 200 l. pour 3 messes annuelles.

Le calice qui fut acheté conformément à ses intentions est tout en vermeil, d'un style très maniéré et porte sous le pied cette inscription fautive : *Ex dono D. D. Caroli Dominice Boetard, hujus ecclesiae pastoris.*

---

(1) G 142.

(2) T. G 1771, p. 62 et 96. Il laissa 56 chemises, 391 volumes et 3 chevaux : sa succession totale fut inventoriée à 4092 l. Il légua 100 l. à chacun de ses 3 domestiques dont une servante; 100 l. à son vicaire Hubert et les Instructions de Soissons en 3 vol. ; son cheval valant 10 pistoles à Olivier de Bonnechose curé de Mainneville, sa chaise de poste au curé de Gamaches. Le détail de son vestiaire montre qu'il portait autant la redingote que la soutane. Il avait demandé pour ses obsèques 6 cierges d'un quarteron sur l'autel et 12 d'un pareil poids autour du corps ; pour le service 12 cierges d'une livre sur et autour de l'autel, 12 du même poids au catafalque, et 8 d'un quarteron dont 2 sur chacun des 2 petits autels. Quatre de ses neveux étaient curés : un au Torpt, un autre à Triqueville (Eure).

La cure passa alors à François-Alexandre Carlier, bachelier de Sorbonne, avocat au Parlement, fils d'un ancien notaire royal, ex-curé de Saint-Waast-lès-Mello au diocèse de Beauvais (1). Né en 1737, il arrivait en pleine jeunesse. A en juger par sa bibliothèque, au dire de l'abbé le Bret, un de ses successeurs, il était de tendances jansénistes : ce qui dut singulièrement favoriser le penchant naturel du peuple à se faire une religion d'assistance aux offices et de pratiques purement extérieures.

En 1736, on comptait 300 communiants (2) sur une population maxima de 500 âmes, à peu près autant que de fidèles au-dessus de douze ans. Mais on ne sait si ce chiffre officiel correspondait à la réalité et, si comme au temps du curé le Roux, personne ne manquait au devoir pascal (3). Vers 1789, au lit de mort, les hommes ne reçoivent guère que le sacrement de pénitence. Certainement à en juger par les habitudes que l'on retrouve au début du XIXᵉ siècle, la dévotion avait fléchi, bien que personne ne manquât aux offices et ne mourût sans être en règle.

On ignore si l'on avait gardé l'usage d'aller en procession à Saint-Léger de Nainville, parfois de très grand matin. Dans les vingt-quatre heures, les enfants étaient présentés au baptême. La coutume de donner deux parrains aux garçons et deux marraines aux filles avait disparu vers 1650 (4). Souvent les ouvriers priaient leurs maîtres de tenir leurs enfants sur les fonts, et les plus riches d'entre eux, les nobles même, s'y prêtaient volontiers. On vit même, spectacle inconnu en notre siècle d'égalité ! Lefebvre de Saint-Hilaire prendre pour parrain et marraine de son enfant, un charretier, Maurice Delafosse, la femme d'un journalier, appelé Mabille : ses propres domestiques. Il arriva au seigneur du Boisdenemets d'en faire autant (5). Baptêmes et mariages étaient l'occasion de tirer force coups de fusils. Le bailli de Dangu en fit défense à la suite d'accidents, sur toute

---

(1) G 6197.

(2) G 1767.

(3) On communiait alors aux grandes fêtes surtout à Noël. On appelait cela « faire son bonjour. » Reg. de Gamaches, 1640.

(4) Cet usage était fort ancien : Jeanne d'Arc eut 4 parrains et 4 marraines. Le concile de Trente le désapprouva.

(5) En 1752. 1753, 1758. Il prit une fois des « pauvres de la paroisse ».

l'étendue de sa juridiction sous peine de 50 l. d'amende (1). L'usage s'est maintenu pour les mariages.

Il régnait d'ailleurs un grand esprit de famille : la stabilité de la population facilitait la sûreté des relations. Comme aujourd'hui et plus encore, les paysans aimaient à se donner des surnoms, généralement inoffensifs : Bon beurre, Cognate, Poupon, Basset, Gros Jean, la Toise, la Souris, Gaillardin, Paquet, Pétrin, la Buse, Courte, Ménage, Moulot, la Joie, Sans chagrin, Mère joie, la Flamme, Benoît, Brin d'amour.

La moralité était assez satisfaisante. Ainsi de 1668 à 1793, époque de « multinatalité », on ne rencontre que sept naissances illégitimes. Il est vrai que les filles avaient un recours légal contre leurs séducteurs et elles ne manquaient pas d'en user pour réclamer le mariage ou, en cas d'impossibilité, des dommages-intérêts. C'est ce qui eut lieu en 1735, 1744, 1755, notamment pour une domestique de M. d'Armenouville qui avait « fauté » avec un serviteur de la même maison (2). Le bailli de Dangu s'informait si la requérante n'avait pas d'autre amant, s'il y avait eu promesse de mariage, puis prenait des réquisitions contre le coupable. Si plainte n'était pas portée, on devait s'enquérir du nom du père au moment de la naissance. Voici un acte de baptême rédigé dans un de ces cas si rares. « Ledit jour vendredi 7ᵉ jour de mai, Catherine Blier, femme de Pierre Parmentier, qui fait l'office de sage-femme en cette paroisse, a apporté à l'église de Véli une enfant née hors mariage ledit jour, qu'elle a déclarée être fille d'Elisabeth Magnan. Et à l'égard du père de ladite fille, ladite Magnan, requise par elle et par d'autres femmes, n'a pas voulu dire quel il était ; en suite de quoi ladite fille a été baptisée et nommée Marie-Madeleine ».

S'il y avait mariage dans la suite, l'enfant était exposé « sous le poêle » durant la messe des épousailles : ce qui arriva en 1672. Hors le cas de mariage, il n'y a pas d'exemple que le nom du père ait été révélé officiellement, sinon une fois au lit de mort de la mère en 1797.

Sous la Révolution, on devait se rattraper. En moins de huit ans, on compta dix naissances illégitimes. Quant au sui-

---

(1) A. E 224, 229 qui parle de 10 l. seulement.
(2) E 227, 221, 224.

cide, le premier qu'on connaisse date de 1795. Il n'y eut qu'un divorce en 1798 durant les vingt-quatre années qu'il fut permis par la loi civile.

N'allons pas nous imaginer toutefois que nos ancêtres étaient de petits saints ? Ils paraissent avoir été assez procéduriers. On en voit aussi quelques-uns défiler devant le tribunal de Dangu pour de légers délits de vols dans les bois ou dans les champs, de glanage ou de pacage dans des endroits interdits (1). Un habitant usurpe une mare que les juges attribuent à la communauté des habitants en 1735. Un ivrogne, le seul qui ait été poursuivi de ce fait, Pierre le Roux dit Bonnard ou Civilise est condamné, pour avoir dit qu'il mettrait le feu à sa maison, à faire des excuses aux habitants de Vesly à l'issue de la grand'messe et à 18 l. d'amende. La sentence sera lue et affichée à la porte de l'église. Défense lui est faite pour tapage nocturne et coups à sa femme, de fréquenter les cabarets la nuit. Un autre qui a traité un huissier de voleur devra lui faire réparation d'honneur.

Les rixes sont des plus rares. Le 24 septembre 1752, un dimanche où l'on continuait à fêter la Saint-Maurice dont la solennité se célébrait le jour même, quatre étrangers en s'en retournant se prirent de querelle pour un motif futile au carrefour des trois vieux chemins de Vernon à Gisors, de Dangu et de Bernouville, lieu dit alors triège des Fossés. Louis Simon et Jean Berry, charretier chez Rouget fermier de la seigneurie de Chauvincourt, frappés à coups de couteau, restèrent sur la place. Il était sept heures du soir. Ramenés en tombereau à l'auberge de Nicolas Périer, malgré les soins du chirurgien Noblet, ils moururent quelques jours après. Ce ne fut qu'en août 1753 que les juges de Dangu rendirent la sentence. L'assassin, domestique du prieur de Beaumont, fut condamné par contumace « à être pendu jusqu'à ce que mort s'ensuive à une potence sur une place de Dangu », à 10 l. d'amende et à la confiscation de ses biens. En attendant, il fut exécuté en effigie. Son complice s'en tira habilement et fut acquitté (2).

Le doyen de Gamaches visitant Vesly en 1736 écrivait dans son rapport. « Le trouble et la mutinerie règnent depuis long-

---

(1) E 217, 223, 224, 226, 229, 218.
(2) E 230.

temps dans cette paroisse. J'en ai porté mes plaintes au procureur du roi à Gisors qui m'a promis d'y mettre ordre et je crois qu'il a commencé d'y travailler (1) ». On peut douter qu'il y ait réussi. L'esprit frondeur a persisté. N'exagérons rien cependant : le bon doyen serait moins difficile aujourd'hui (2).

Nous n'avons pas de détails nombreux sur la situation matérielle du peuple, mais la mortalité qui va croissant vers le xviiie siècle, peut nous faire présumer qu'elle était plutôt assez triste. Les impôts rentraient difficilement. En 1666, un habitant de Gamaches en détention pour les tailles, mourut dans la prison d'Étrépagny. Les collecteurs, nommés par l'assemblée communale et responsables de la perception, vivaient sous le coup de perpétuelles menaces.

En 1677, d'après le registre d'enregistrement des exploits contre les collecteurs (3), nous constatons en février à Vesly deux saisies et un emprisonnement, autant en mars, saisie en avril et vente, saisie en mai, juillet et octobre. L'année suivante, on ne compte pas moins de quatorze saisies dans le village. D'ailleurs pour toute l'élection de Gisors, on relève 1.088 contraintes de ce genre durant 1677 et 1678, et ce sont des années normales. Que devait-il se passer en temps de disette ou d'épidémie !

Les malheureux collecteurs harcelés par l'administration, s'attiraient parfois des haines et des coups de leurs compatriotes. En 1731, le fils d'un laboureur, Guillaume Belhoste, âgé de vingt-six ans, roua de coups au sortir de la messe, le fils d'un charpentier, Georges de Lafosse qui faisait la collecte des tailles pour son père. Afin d'éviter une sévère condamnation, Belhoste soutint qu'il n'avait pas visé l'employé du fisc. Défendant à coups de fourche une truie assaillie par les chiens du collecteur, car les porcs se promenaient alors librement dans les rues, il avait été assailli lui même par Delafosse protégeant ses gardiens. Néanmoins il fut condamné à payer 25 l. à sa victime pour frais de « médication (4) ».

---

(1) A. S. I. G 1767.

(2) Mentionnons honorablement les hommes qui chantaient au lutrin en 1789 : Aubé, Pérel, Durand, Le Roux, Antoine Vivant, Pierre Pezet, Nicolas Maurice Le François, Michel Blancouyer, sous la direction de l'instituteur Victor Féret.

(3) A. E. C 226.

(4) C 190-191.

Quelqu'un venait-il à quitter le pays, il avait bien soin de le faire publier en chaire, afin de n'être pas inscrit en deux endroits sur les rôles des tailles. Nous ne parlons pas des fraudes classiques dans la vente et la déclaration des boissons : il y eut de nombreuses contraventions (1). Il est probable qu'on ne se privait pas non plus de frauder la gabelle car des contrebandiers trafiquaient, et pas toujours en secret. En novembre 1707, 140 faux-sauniers menant une centaine de chevaux chargés de sel, armes à la main, circulaient dans le Vexin et vinrent vers Noyers et Saint-Clair (2). En 1703 Nicolas Vinot était vérificateur particulier des rôles et états pour la distribution du sel à Vesly. Michel le Roux lui succéda.

On devine que les habitants ne se laissaient pas facilement imposer de nouvelles charges. En 1760, Gisors requis de fournir 40 lits pour deux compagnies du régiment d'Archias, obtint de l'intendant que la moitié de la dépense serait répartie entre les paroisses de Dangu, Delincourt, Neaufles et Vesly. Notre village devait payer le loyer de quatre lits.

Mais le syndic de la commune, Robert Fournier, refusa catégoriquement et obtint gain de cause. Pour se venger en quelque sorte des habitants, de nouvelles corvées pour la mise en état des routes leur furent imposées, bien qu'ils en eussent déjà fait durant dix jours. Fournier protesta de nouveau, dépeignant la misère des ouvriers « dont quelques-uns étaient obligés pendant ce temps d'envoyer leurs enfants chercher du pain ». Il s'indignait qu'on osât contraindre un pauvre village à venir en aide à une ville commerçante comme Gisors qui retire profit de la présence des troupes (3). Ces difficultés devaient souvent se renouveler, car les troupes, n'étant point casernées, dans un endroit fixe comme aujourd'hui, changeaient de temps en temps de cantonnement et se logeaient aux frais du pays. Néanmoins les protestations du syndic pour une cinquantaine de livres d'impositions, montrent bien que la situation de Vesly n'était pas brillante à cette époque.

---

(1) C 206.

(2) Duchemin *L. c.*, t. Ier, p. 240.

(3) *Ibid.*, p. 351. En 1693, naissance d'un fils à un cavalier nommé Keller, natif de Cologne, du régiment de Bourgogne, de passage à Vesly. En 1710, deux ou trois pauvres mendiants moururent dans la rue à Authevernes et Gamaches, durant le terrible hiver.

Nous verrons qu'avec la dîme et les vingtièmes, les habitants pouvaient payer en 1789 de 12 à 14.000 l. d'impôts directs : chiffre qui équivaudrait aujourd'hui à plus du double. Les deux tiers de la dîme payés au prieuré et aux Chartreux ne profitaient malheureusement en rien au village.

Les grains récoltés dans le pays n'en pouvaient sortir qu'en acquittant au seigneur de Dangu les droits de verte ou de sèche-moute qui consistaient en la 16e gerbe : autrement confiscation des chevaux et harnais. Ces droits étaient affermés par la seigneurie 12 l. 12 s. en 1571 à Pierre le Tellier de Vesly, 7 l. en 1586 et en 1595, 10 l. en 1652.

Le moulin banal était aussi de rigueur pour les tenanciers : il était prélevé le 16e godet sur chaque boisseau. Pour moudre son grain ailleurs, il fallait payer le 16e boisseau au seigneur. En 1687, le moulin était affermé 1.800 l. et un porc gras estimé 30 l. En 1751 il était loué à Robert Fournier.

Il y avait à Vesly sur la hauteur, au coin de la route de Saint-Clair et du chemin de Guerny un moulin-à-vent qui relevait du Taillis et dont usaient les tenanciers des autres fiefs. Sa tour et ses grandes ailes devaient mettre une note pittoresque dans le paysage : il fut démoli vers 1840. Les transformations économiques l'avaient rendu inutile, alors que cent ans avant, il n'était presque personne qui n'eut à porter du blé au moulin.

Le fermier de la banalité de Dangu s'étant avisé de donner par pitié un tour de faveur aux vassaux de Vesly, Gisancourt et Nainville, afin qu'ils pussent partir avant la nuit, s'attira des réclamations. Le bailli lui rappela que ce privilège ne devait être accordé qu'aux pauvres qui louaient un animal pour apporter leur grain ou perdaient à attendre un temps qui leur était cher (1).

La même année il défendit au meunier de prendre plus d'un godet par boisseau de mouture, sous peine de 50 l. d'amende : les grains des vassaux devaient être pesés tels qu'ils le requéreraient et être moulus avant ceux des étrangers.

Le droit de petit four était moins onéreux pour les tenanciers. Tous les cabaretiers et taverniers étaient obligés de prendre leur pain au four de Dangu. Personne n'avait le droit d'en exposer ni

---

(1) A. E. E 220.

d'en vendre que les boulangers de la baronnie ou l'adjudicataire de la banalité. Leurs initiales devaient être marquées sur les pains à peine de 5o l. d'amende. Deux fois par semaine ils en portaient dans les villages de la seigneurie.

Voici quel était le tarif de panification établi en 1740. Au prix minimum de 18 sols le boisseau de blé, la livre de pain était à 1 s. 6 d. ; au prix maximum de 7 l. 13 s., le pain montait à 4 s. En cas de hausse, 2 sols pour le blé correspondront à 1 denier d'augmentation pour le pain.

Pour Dangu même, le droit de four banal était beaucoup plus strict. Les habitants y étaient assujettis à cause de la donation que leur avait faite le seigneur à une époque très reculée, d'un bois dénommé pour cette raison, bois des Bannis. Chaque année on leur répartissait les coupes de bois par « riblettes », en autant de lots que de foyers. En 1741, on distribua 8.821 riblettes en 122 lots. La main-d'œuvre payée par les bénéficiaires revint à 28 s. par feu.

Chaque habitant venant cuire au four apportait une riblette par boisseau de blé pour le chauffer. Or elle ne suffisait pas toujours, tantôt parce qu'on la choisissait trop petite, tantôt parce que le four était encombré de pommes et de galettes qu'on y faisait cuire pendant qu'on le chauffait : cause de refroidissement. Quand il y avait trop de fournée, chacun voulait que son pain fut cuit au grand four, au risque de gâter tout ce que contenait le petit. Et le fournier était accablé d'insultes.

On ne s'en tint pas là et puisqu'il se plaignait, on se plaignit aussi de sa conduite. Il n'avait droit qu'à une livre de pâte par boisseau de blé : or il en prenait un morceau en sus pour « le fourgonnier ». La braise et la cendre étaient son profit personnel, mais pour en avoir plus, il ne laissait pas assez longtemps le charbon sous l'âtre. Il réclamait des riblettes supplémentaires et lui et ses amis ne fournissaient pas la riblette réglementaire. Bien mieux il avait le sans-gêne de faire sécher de la filasse devant le four. L'affaire fut déférée au tribunal en 1738.

Le bailli donna satisfaction aux habitants contre le fournier et réciproquement. Défense de mettre des pommes dans le four à peine de 20 sols d'amende, de faire cuire plus d'une galette par

---

(1) E 217, 219, ou bois des assujettis au ban du four seigneurial.

maison et par fournée, sous la même sanction. Ordre de suppléer à la riblette si le four n'était pas assez chaud : autrement on paiera trois sols pour le bois que le fournier mettrait en plus. En tous cas défense de l'insulter et de jurer dans le four, à peine de 3 l. d'amende. L'ordonnance fut lue à trois tours de cuisson, affichée dans le four et remise au syndic.

Ce droit de four banal auquel le seigneur tenait beaucoup, puisqu'il fit condamner un habitant à démolir son four s'il avait plus d'une coudée, avec défense d'y cuire du pain (1), n'existait donc que fort restreint sur Vesly. Beaucoup de maisons y avaient leur fournil où l'on cuisait encore il y a une quarantaine d'années, car aujourd'hui même les plus grandes fermes ont recours au boulanger.

On ne sait si le droit de pressoir banal fut exigé jusqu'en 1789. Affermé 90 l. en 1605 par la dame de Dangu, Anne de Lalain, il était d'un seau sur quatre pour le vin et d'un sur cinq pour les autres liquides. Gisancourt (2) y était encore certainement assujetti au xviiie siècle et Vesly en 1643. Chaque seigneurie du pays possédait cependant son pressoir : celui de la Chartreuse existait encore en 1842 avec sa cuve en pierre dans un bâtiment spécial. Un pressoir public qui se trouvait rue de l'église entre le vicariat et la ruelle la Messe, a fait place vers 1850 à une maison de briques sans étage. On ignore son origine : peut-être était-ce celui de la ferme des Boursier qui s'étendait jusqu'à la ruelle de la Cannel et dont sept maisons occupent aujourd'hui l'emplacement. La vis a été utilisée dans un escalier.

Au moment où allait disparaître l'ancien régime, Vesly, au point de vue religieux, relevait du diocèse de Rouen, archidiaconé du Vexin normand, doyenné de Gamaches. Au point de vue civil, il appartenait à la généralité de Rouen, une des trois circonscriptions administrées chacune par un intendant, qui formaient le gouvernement de Normandie. Pour le parlement, la chambre des comptes, la cour des aides, Vesly relevait également de Rouen. Il était compris dans l'élection de Gisors, subdivision de la généralité, qui avait trait surtout à la répartition de l'impôt direct. Des six officiers de l'élection, charges qu'on ache-

---

(1) E 218.

(2) Cette sujétion peut paraître très gênante, mais Guitry, Forêt et Lébécourt dépendaient bien du moulin de la Chaussée de Saint-Clair, à Guerny.

tait à l'Etat, Vesly en comptait deux en 1789 : un élu, Michel Lefebvre ; le procureur du roi, Jérôme Vinot (1).

Sous le rapport judiciaire, Vesly dépendait du bailliage de Gisors et de la sergenterie de Guitry. Le sergent, sorte d'huissier, avait le droit de faire des exploits à Vesly, Authevernes, Villers, Dangu, Noyers et Guerny, relevant du même bailliage, au moins dès 1343. A cette date, Michel des Royaulx, écuyer, occupait cette charge (2). Mais au xviiie siècle elle comprenait dans sa juridiction 24 paroisses.

En première instance Vesly ressortissait depuis l'origine au tribunal de Dangu dont le seigneur avait racheté en 1703 la haute, moyenne et basse justice, à lui adjugée pour 1.200 l. (3). Il siégeait d'abord le lundi, puis à partir de 1733, le mardi ou le vendredi. On y rencontrait un sergent, deux à quatre procureurs et le procureur fiscal qui était en 1703, François Lefebvre et en 1718, Nicolas Vinot. Il fallait être en robe sous peine de 100 l. d'amende, comme l'avait prescrit le parlement de Rouen en 1750.

Sauf les questions de fiscalité, on y jugeait toutes les affaires entre roturiers, depuis les contraventions aux ordonnances prescrivant l'échenillage ou défendant l'installation de trappes ou volières à pigeons, jusqu'aux coups, blessures et meurtres.

Le pilori, attribut du seigneur haut justicier, était planté sur la place de Vesly, près d'une croix, supprimée sans doute à la Révolution, au carrefour de la rue de l'église. Le mercredi ou jeudi, 19 ou 20 septembre 1725, durant la nuit plusieurs habitants arrachèrent le poteau d'ignominie, le roulèrent dans la boue du fossé voisin et le replantèrent, après avoir piqué, cassé et souillé l'écusson aux armoiries de Jubert de Bouville. Le carcan avec sa chaîne avait été emporté. Une enquête fut faite, une douzaine de personnes interrogées : on n'avait rien vu ou rien distingué (4).

C'était le procureur fiscal de Dangu qui agréait les gardes-chasse ou les gardes-messiers, après s'être assuré par un certificat du curé qu'ils étaient bons catholiques. Choisi par les habitants assemblés en état de commune, parfois pour le seul temps de la moisson, le garde-messier devait empêcher « les vachers, bergers

---

(1) Plusieurs Vinot furent « élus ».
(2) Le Prévost. Art. Guitri.
(3) E 216, 222, 225, 226.
(4) E 230.

et porchers d'entrer dans les pièces », veiller sur les femmes qui menaient paître leurs vaches le long des chemins, empêcher le glanage après le coucher du soleil et avant son lever, et surtout tant que les dizeaux n'étaient pas enlevés. Les cultivateurs lui donnaient un boisseau de blé par charrue et ceux qui cultivaient moins d'une demi-charrue, deux sols par acre chargé en grain (1).

Il ne paraît pas y avoir eu de vacher communal. Dangu avait le sien qui conduisait 150 vaches environ. Il fut même condamné à 20 l. de dommages-intérêts envers le seigneur pour les avoir laissé paître dans une de ses prairies mesurant 36 arpents, en 1735 (2). Authevernes avait un berger communal.

Depuis l'édit de 1702, chaque paroisse nommait un syndic, chargé de l'exécution des lois et des rapports avec les agents de l'Etat. Toutes les affaires intéressant le village continuaient à être décidées par l'assemblée des habitants réunis dans l'église en état de commune au son de la cloche. Le syndic était élu par les taillables et agréé par l'intendant. En principe, une fois élu, il devait acheter sa charge en échange de certains privilèges ; mais nous ne croyons pas qu'à Vesly les désirs du roi à court d'argent aient reçu satisfaction sur ce point. Ce ne furent pas les plus riches habitants qui occupèrent cette charge : on ne la vit point aux mains des Vinot et des Lefebvre.

En 1715, nous avons trouvé François Sauvé, en 1759-1760, Robert Fournier, laboureur qui payait 115 l. de taille environ, y compris les accessoires et la capitation ; en 1777, Marc Hébert, receveur-fermier du Taillis ; de 1783 à la Révolution, Michel Blancouyer qui faisait valoir près de 120 acres appartenant à la fabrique, à l'hospice de Neaufles et à plusieurs communautés religieuses. On les prenait donc d'ordinaire dans la petite bourgeoisie.

En 1787, quand le ministre Calonne eut obtenu la création d'assemblées provinciales, la généralité de Rouen fut dans ce but divisée en dix départements dont celui de Gisors partagé en trois arrondissements : Gisors, Étrépagny et Lyons. Du 29 septembre au 4 octobre 1788, l'assemblée du département se tint à Gisors au couvent des Récollets. Le bailli de cette ville, Jérôme Vinot de Préfontaine, était député du tiers-état et le curé de

---

(1) 217, 229. On trouve aussi la défense de « faire du chaume » dans la plaine avant le 18 octobre.

(2) E 218.

Vesly, Carlier député du clergé. Ce dernier fut placé au bureau des travaux publics. L'assemblée émit quantité de vœux qui intéressent plutôt l'histoire générale (1). Ainsi se préparait par de petites répétitions le grand drame de la Révolution.

Avant de passer en revue le prix des maisons et des terres durant la période antérieure à 1789, disons un mot des mesures propres au pays. Le muid de Vesly pouvait valoir de 35 à 40 hectolitres : il contenait 12 setiers, le setier 6 boisseaux pour le blé et 8 pour l'avoine, et le boisseau 16 godets ou pots. Il ne s'agit ici que de mesures pour les grains bien différentes des mesures pour les liquides. Le souvenir des unes et des autres a totalement disparu (2).

Il faut en dire autant des mesures de superficie. Heureusement les anciens terriens nous fournissent des points de repère. L'acre de Vesly, divisé comme partout en 4 vergées de 40 perches chacune, était plus petit d'un dixième que l'arpent mesure du Roi. Il ne valait que 90 perches de l'arpent commun dont la perche contenait 22 pieds, alors que la perche de Vesly n'en contenait que 16 1/2, et le pied 11 pouces.

Notre acre était de même plus petit que celui de Noyers dont il ne contenait que 107 perches, en sorte que 10 acres de Noyers valaient un peu plus que 13 de Vesly. On voit s'il était besoin que les mesures fussent unifiées. L'hectare vaut 2 acres 31 perches, mesure de Vesly : en conséquence la perche égale 32 m. q. 15 et la vergée 12 ares 86. Les 2.686 acres du territoire correspondent à 1.185 h. 11.

Aux renseignements sur le prix et le loyer des terres que nous avons donnés en passant à propos des fiefs de Vesly, ajoutons les quelques notes que nous avons glanées çà et là en compulsant les documents.

En 1293 Alexandre (Alissandre) Reii et Alice (Aeliz) sa femme habitant Vesly, vendirent 60 sols tournois une pièce qu'ils avaient à Cahaignes (3). Elle devait être assez étendue puisqu'en 1373 à Villers-en-Vexin, pays de bonne terre, on vend l'acre 12 sols (4); en 1403 à Vesly, 3 acres 18 fr., d'or (5).

---

(1) A. S. I. C 1214.

(2) A Gisors, pour les grains le muid valait 22 h. 32, le setier 1 h. 86, le boisseau 29 l. 76, d'après Charpillon. *Gisors et son canton.* Les Andelys. Delcroix, 1867. Ce livre au point de vue historique est parfois un pur roman.

(3) Le Prévost.

(4) Robillart de Beaurepaire. Notes et documents... Déjà cité.

(5) Nos sources sont les pièces déjà citées concernant les Chartreux, la série E des A. E. et les papiers de la seigneurie de Villers.

En 1418, 1 acre 60 perches se vendent 10 l. ; en 1425, 2 acres : 12 francs 8 s. parisis ; en 1490, 1 acre 5 l. ; en 1489, 11 acres : 120 l. ; en 1457, 4 acres : 41 l. 2 s. 6 d. Les variations ne sont pas minimes durant le xv⁰ siècle puisqu'elles vont de 5 l., prix que paie Robert de Gerville, écuyer demeurant à Vesly en 1403, à 11 livres environ. Les ruines accumulées par la guerre de Cent-Ans y sont sans doute pour quelque chose. Beaucoup de terres étaient abandonnées et le pays, nous l'avons vu, à moitié dépeuplé. Il est vrai qu'à cette époque on louait un ouvrier pour 10 à 18 l. par an plus la nourriture. On vendait à Paris 28 sols le cent de harengs frais et 50 sols le mille d'œufs (1). En 1424, 18 acres sont loués 3 boisseaux de blé par acre. Jean Augier en 1483 loue 1 acre de pré, 1 acre en labour à la Crassemie, 1/2 Fosse Raymboust, 60 perches au Chesnay plus 2 acres environ, pour 10 mines de blé ou 9 setiers. En 1488, 32 acres au Tillier et 18 à Villers sont pris à bail pour 2 muids de blé par an.

Au xvi⁰ siècle les prix augmentent d'une façon extraordinaire. En 1514 alors que 6 vergées sont vendues 18 l., en 1560, 2 acres 1/2 passent à 150 l. En 1565, on vend 1 acre 145 l. ; en 1573, 50 perches à Noyers, 22 l. 7 s. La location ne paraît pas suivre la progression. En 1526, 32 acres au Tillier sont affermés 2 muids de blé ; en 1553, 3 setiers de blé et 4 setiers de pois blancs. En 1538, 18 acres sont loués 3 muids 1/2 de froment ; 46 1/2 au Tillier en 1594, 3 muids seulement. Trois arpents de pré à Gisancourt se vendirent en 1588, 25 l. 16 s. 10 deniers

Dans la première moitié du xvii⁰ siècle, la moyenne du prix de la terre paraît être de 75 à 80 l. l'acre. En 1611 à Anthevernes 20 perches sont vendues 7 l. et 10 sols pour le vin du marché, chargées de 3 d. de rente à la Saint-Rémy ; 1 acre, 35 l. et 30 s. de vin ; en 1612, 2 acres environ près du chemin de Paris, chargés de 22 d. de rente, 135 l. et 60 s. de vin ; un arpent, grevé de 18 d. de rente 40 l. En 1613 Jean de la Boissière paie un demi-acre 60 l.

A Vesly en 1615, 7 vergées ont coûté 216 l. ; 4 acres environ, 329 l. 5 s. 6 d. ; 1 acre, triège de la Roquette 200 l. ; un autre au même lieu 120 l. et 40 l. de vin ; 3 vergées, 110 l. En 1618, 2 acres se vendent 105 l ; 4 acres, 252 l. ; 1 acre au Val Hanneton, 100 l. et 6 l. de vin ; en 1623, au chemin de Vernon, 72 l. l'acre ; en 1624, 1 acre sente des Genèvres sur les groûts 38 l. ; 1 vergée, 24 l. ; en 1626, 1 vergée et demie à la Noue 3 l. 10 s. ; en 1635, 9 acres 3 v., 1147 livres ; en 1637, 1 a. 43 l. ; en 1644, 108 p. 67 l. 10 s.

André le Cousturier en 1645 acquit 3 a. pour 600 l. et 6 l. de vin. La même année on vend 78 p. aux Genèvres pour 18 l. ; 100 p. ailleurs 40 l. ; en 1647, 1/2 acre 55 l. Pierre Pastey sieur du Chastaignier paie 430 l. 3 acres dont un aux Courtes Raies et 2 à la Grouette. Un autre paie 400 l. pour 4 acres 1/2. En 1648, 1/2 acre chargé de 6 d. de rente, 25 l. ; en 1653, 4 a. 550 l, ; en 1655, 7 vergées aux Folies et route de Saint-Clair, 110 l. ; en 1683, 58 p. au Tillier 60 l. ; en 1694, 1 v. à la Noue 25 l. A la fin du siècle la moyenne va bientôt dépasser 100 francs l'acre. Quelques achats à des prix très élevés ne peuvent servir de base sérieuse. Ne voyons-nous pas à Villers en 1639, 1 acre payé 260 l.

A cette époque les fermages en grains tendent à disparaître, on paie le plus souvent en argent. En 1622, 3 acres 1 v. sont loués 15 l. ; en 1630, 46 acres au Tillier 500 l., 630 en 1646, 650 en 1655, 700 en 1661 avec jouissance de rentes seigneuriales toutefois. En 1633 Noël Lefebvre Collaizier loue à Vesly 7 vergées pour 14 l. En 1639 les Chartreux louent 47 acres environ au Tillier et à Villers à Elisabeth Payen, veuve de Philippe Bélier, archer du grand prévôt de Normandie pour 550 l. En 1647, Charles de Quenouiller à Vesly loue 12 a. pour 17 mines de méteil. En 1683, 1 acre 1/2 à Vesly

---

(1) A. N. Z 4613.

sujet au champart est affermé 8 l. En 1692 49 acres (1), loués antérieurement 700 l. passent à 750. En 1653, 3 v. pour 100 sols de rente.

Au XVIIIe siècle, avec les rôles des vingtièmes il est plus facile d'établir une moyenne sans oublier toutefois que souvent les habitants ne présentent pas de titres ; parfois parce qu'ils ont été brûlés dans un incendie, parfois pour frauder le fisc qui s'en rapporte au dire de bons compères. Un acre se loue alors en moyenne 14 fr. 50, de 7 à 22 francs. Cinq acres et demi sont loués 20 boisseaux de blé méteil.

Détail curieux : on louait aussi des animaux, chevaux, vaches surtout. En 1649, une vache sous poil rouge, âgée de 6 ans, est louée 4 l. 10 s. par an. En 1650 Jeanne Potart loue une vache à Jean de la Londe pour 3 ans, moyennant 5 l. par an. En 1684, Normandin de Guerny en loue une au même prix pour deux années. Cresson, curé de Saint-Aubin de Dangu et exécuteur testamentaire du curé de Saint-Jean, loue les deux vaches du presbytère, l'une de 3 ans l'autre de 6, pour 10 l. de fermage, « à charge par le dit preneur de bien nourrir, loger, garder et esberger lesdites vaches », estimées 58 l.

Le prix des maisons a subi des fluctuations analogues à celui du cours des terres. En 1534, au Montpinçon une masure bâtie sur 4 ou 5 p., chargée d'une rente d'un boisseau d'avoine et d'un chapon envers le fief de Sainte-Catherine, est vendue 5 l. plus 10 l. d'arrérages de rentes impayées. En 1553 une maison avec étable et grange est payée 70 l.

En 1611 à Authevernes, une masure et 3 vergées sur les grous avec champart de 2 gerbes sur 11, se vend 100 s. de rente, rachetable à 70 l. ; en 1614, maison avec étable et grange sur 2 acres, 9 l. de rente ; en 1615, une maison analogue 210 l. ; une masure avec cour et jardin, 9 l. de rente à la Chandeleur, rachetable à 80 l. ; une masure sur une vergée, chargée de 2 poules de rente, 37 l. 15 s. ; une maison à deux cours, étable et jardin, chargée de 12 s. de rente, 60 l. ; en 1619 une masure de 12 p. 16 l. ; en 1620, une de 8 p. 50 s. de rente rachetable à 25 l.

A Vesly en 1624, on achète une maison chargée de 2 s. de rente, 80 l. ; en 1630, une masure d'une vergée plus trois vergées de terre, 60 l. ; en 1634, une de 5 p. à la Noue, une autre de 69, 402 l. ; en 1635 une d'une perche 1/2, pour la rente de 4 l. ; en 1637, une de 9 p. Grande Rue pour 200 l. ; en 1638 une d'une perche, en démolition, pour le terrain et 3 toises 1/2 de pierre, 9 l. ; une petite maison dans la Grande Rue proche la Chartreuse 42 l. ; en 1639, une maison de 13 p. 20 l. ; une masure et un logement en ruines sur 6 v. 200 l. ; en 1641, une maison de 15 p. au Montpinçon 16 l. ; une chargée de 7 l. de rente sur 25 p. 120 l. Le curé le Roux acheta la même année 1/2 acre en masure près le presbytère 105 l. 3 s.

En 1643, une vergée de terre en jardin à la Courbe Rue fut vendue 97 l. par la fabrique pour rembourser un ancien trésorier. Une maison voisine avec arbres et un demi-acre de terre fut achetée à un sieur Lambert, cavalier au régiment de M. de Mainneville, 10 l. de rente : elle devait déjà 5 l. de rente à l'église, amortissable à 70 l. En 1646 la fabrique cède au curé pour l'échanger avec les Chartreux, en vue de l'agrandissement du clos presbytéral, 60 perches en masure Grande Rue, moyennant 10 l. de rente qui seront employées à exécuter la fondation de Jean le Laboureur son prédécesseur, lequel avait donné dans ce but à l'église ces biens avec d'autres terres et rentes.

En 1647 une maison, étable, cour et jardin, rue des Hayes, 4 l. de rente ; une autre sur 7 p. Grande Rue, proche le sieur de la Chesnaye 42 l. payables en pistoles d'Espagne ; une masure et clos de 2 acres près Sainte-Catherine, 20 l. de rente amortissable à 268 l. ; une masure vendue par le fils de Jean Collézier 40 l. Le vicaire Matthieu

---

(1) *Acre* est toujours du féminin dans les titres locaux. Ils écrivent aussi plus souvent *les groûts*.

Heudier achète la même année, une maison avec la moitié d'une chambre, la moitié d'un grenier, jardin et droit de passage 63 l. En 1649, une maison sur 3 acres 1/2, 1200 l.; en 1650, une maison, chambre, cour et jardin rue des Haies est achetée 48 l.; en 1654, une masure 21 l. 10 s.

Nous avons moins de données sur les loyers puisque chacun avait sa maison, dépendant toutefois d'une seigneurie et baillée à fieffe. Au xviie siècle une maison bâtie sur 1/2 acre est louée 50 l. par an ; vers 1778 une maison et 140 perches 75 l.; une maison et 126 p. 18 l.; en 1699 une masure et 1 acre, 13 l.

On ne peut se faire une idée juste de ces prix sans se rappeler que le pouvoir d'achat de l'argent est allé et va sans cesse diminuant. Entre 1602 et 1628, Pierre le Comte curé d'Authevernes qui confiait aux registres paroissiaux les petites affaires de son ménage, engage une servante du 15 octobre à la Saint-Jean, soit 8 mois pour 12 l. en tout. Le menuisier pour 27 l. lui fait une porte à l'église, une armoire, une corniche au maître-autel et des réparations au tabernacle. Il achète 8 aunes de toile 12 sols. En revanche il paie 12 aunes de coutil 12 l., 4 muids de cidre 40 l. Il vend son blé 6 l. 10 s. le setier, soit 3 l. environ l'hectolitre.

Les salaires étaient naturellement en proportion. En 1741 Pierre Belhoste se loue comme charretier pour une saison jusqu'à la Saint-Jean (24 juin) moyennant 36 l. Mais comme il a quitté sa place durant les grands froids, le fermier qui comptait sur lui et dont les chevaux restent à l'écurie, réclame 150 l. de dommages-intérêts (1). En 1724 chez les Vinot à la Chartreuse, chaque aouteur reçoit pour le mois 60 boisseaux de blé estimé 70 s. le boisseau, au total 210 livres ; le charretier en reçoit 45 et le calvénier (2) autant.

Voici comment en 1778 le contrôleur des vingtièmes évalue le prix des céréales.

Le setier de froment	pèse 210 l. au prix commun de 19 l. 15 s.		
—	méteil	— 240 l.	—	17 l. 15 s.
—	seigle	— 250 l.	—	11 l.
—	avoine et orge	— 220 l.	—	10 l.
—	menus grains	— 510 l.		

La paille de blé, ajoute-t-il, se vend au cent de bottes 15 l. et la botte pèse 20 l. ; la paille de seigle se vend de la même manière ainsi que le foin et la vesce : la première 40 l. et la botte pèse 30 l.; le second 15 l. et la botte pèse 10 l.; le troisième 18 l. et la botte pèse 15 l.

Ajoutons à ces chiffres un inventaire fait en 1684 au domicile de Pierre Ozanne filassier à Villers (3). Nous y verrons ce qu'était le ménage d'un ouvrier et ce qu'il pouvait valoir.

Crémaillère, marmite, poêle . . .	30 s.	1 coffre de bois de chêne « à l'ancienne mode » de peu de valeur.	3 l.
1 chopine étamée, 3 plats, 2 écuelles d'étain, à 8 sols la livre : en tout 5 livres	40 s.	3 chemises d'homme	30 s.
		6 draps de toile d'étoupe. . . .	6 l.
1 justaucorps de drap gris, culotte de toile, paire de bas de toile. .	30 s.	Une méchante huche à cuire de peu de valeur avec une seille en hêtre.	15 s.
Une « beste asine » de poil gris. .	6 l.		
2 muids de cidre	17 l.	4 poules et 1 coq	30 s.
1 chapeau, paire de souliers d'homme.	15 s.	Une cotte bleue à usage de femme et 4 chemises de femme. . . .	3 l.

Le tout est estimé à 43 l. 10 s.

---

(1) A. E. E 227.

(2) Ce mot encore employé désigne l'aide factotum.

(3) E 1053.

CHAPITRE VI

LA RÉVOLUTION A VESLY.

Election des députés pour le baillage. Le cahier des doléances. L'anarchie spontanée : Gisors contre Vesly à la recherche des blés. Le serment civique et le clergé. La descente des cloches et le pillage des églises. Interruption du culte et remise des lettres de prêtrise. La Société populaire. Elle sauve trois suspects. La loi du maximum : réquisitions, perquisitions. Reprise du culte : liquidation du patrimoine ecclésiastique. Le crime du Moulin. L'escorte des diligences. Le Concordat.

Le 19 mars 1789, Michel Hudebert, huissier royal en la mairie de Gisors, à la requête du procureur fiscal du bailliage, se présenta chez le syndic de Vesly, Michel Blancouyer, lui donna connaissance des lettres et règlements édictés en vue de la convocation des Etats généraux. On devait les « publier dimanche prochain au prône de la messe de paroisse », les faire également lire, publier et afficher à l'issue de cette messe, au-devant de la porte principale de l'église, en convoquant au son de la cloche, en la manière accoutumée l'assemblée desdits habitants pour dresser leurs cahiers de doléances, plaintes et remontrances et nommer leurs députés, dans le nombre et la manière prescrite, savoir dans les bourgs, villages et communautés, deux députés à raison de 200 feux et au-dessous (1) ».

Le lundi 25 mars, fête chômée, les hommes, « âgés de 25 ans, tous nés français, compris dans le rôle d'imposition pour ledit lieu contenant 127 feux », se réunirent dans l'église, au banc d'œuvre, devant Eustache Fourmont, avocat de la haute justice de la baronnie de Dangu, assisté de Me Gilles Caiquet, greffier ordinaire.

---

(1) A. E. Ainsi que tous les cahiers ci-après mentionnés.

On procéda en premier lieu à l'élection des deux députés qui devaient représenter la commune à l'assemblée du bailliage de Gisors, lors de la fusion de tous les cahiers en un seul. La presque unanimité des suffrages se porta sur le syndic, Michel Blancouyer, fermier de la Boissière, et sur Michel-Nicolas Vinot, riche propriétaire de la ferme de la Maison-Neuve et conseiller et procureur du roi en l'élection de Gisors (1). Visiblement, comme à Villers où furent élus les fermiers les plus fortunés, Denis de Chaumont et Jean-Louis Guesnier, la richesse n'était pas encore un motif de suspicion.

Il ne semble pas d'ailleurs que les hommes aient mis beaucoup d'empressement à prendre part à cette réunion. Trente habitants ont signé le procès-verbal d'élection et le cahier de doléances : tous les assistants qui savaient le faire. C'est peu, si l'on songe que plus de 83 p. 100 des hommes savaient au moins écrire leur nom et qu'il devait y avoir plus de 130 citoyens majeurs.

Quant aux doléances des habitants sur l'ancien régime, ce n'est guère dans le cahier qu'il faut les chercher. On y lit une série de considérations politiques fort générales qui dépassent de beaucoup la portée d'une population rurale. Rien de senti, rien de vécu, rien de personnel au pays. Aucune de ces remarques, comme on en trouve dans les cahiers de Forêt-la-Folie, Amécourt, Bazincourt, Bezu-le-Long, Fontenay-en-Vexin, Aveny, Ecos, qui indiquent une réelle collaboration du peuple. Il est manifeste, par sa ressemblance avec le cahier totalisateur de Gisors, que ce cahier aura été composé sur quelque modèle passe-partout, comme il en courait alors, lu aux habitants, au lieu d'être rédigé en séance (2) : il ne restait que les signatures à mettre. Ainsi était simplifiée la besogne du greffier, mais complètement méconnue la volonté populaire, à supposer que le peuple sut ce qu'il voulait !

Voici ce « cahier des doléances et remontrances des habitants de la paroisse de Vesly, ancien ressort du grand bailliage de Gisors, arrêté d'un consentement unanime ».

---

(1) Le registre de la Société populaire en 1794, porte qu'il y eut 616 voix en leur faveur sur 627. A ce compte, il y aurait eu à Vesly en 1789 plus de 2.000 habitants. Il faut lire 116 voix sur 127 feux, soit moins des deux tiers des hommes majeurs.

(2) Le cahier paraît écrit en entier de la main du curé Carlier.

L'article premier donne mandat aux députés de faire ce qu'ils croiront le mieux pour la prospérité du pays.

ART. 2. — « L'assemblée désire qu'aux Etats généraux, les députés de son ordre respectent la prérogative de préséance du clergé et de la noblesse, mais sans consentir aux distinctions qui avilirent les communes aux Etats de Blois et de Paris (1). »

ART. 3. — « Ladite commune désire encore qu'aux Etats généraux, les délibérations soient prises par les trois ordres réunis et y soient comptés par tête... Si cependant l'opinion contraire paraissait prévaloir, ils proposeront qu'il soit avant tout demandé si les deux premiers ordres accordent et ratifient l'abolition des privilèges pécuniaires et des impôts distinctifs d'ordre (2). »

ART. 4. — Le désir de l'assemblée des habitants est aussi que la nation jouisse à l'avenir d'une constitution durable.

Pour atteindre à ce but, il faut que les droits du trône et ceux du peuple soient assurés. En conséquence, elle recommande aux députés de son ordre, de se conduire par les maximes suivantes :

Que la France est une monarchie ;

Que le roi est le chef de la nation ;

Que l'autorité souveraine réside en la personne du roi, sans cependant que la nation française cesse d'être libre et franche, parce que l'autorité souveraine ne peut s'exercer en matière d'impôts que par le consentement de la nation assemblée, et en matière de législation qu'avec le secours de ses délibérations et de son Conseil ;

Que chaque français est libre et franc sous la protection du roi et la sauvegarde de la loi et que toute atteinte portée à ses libertés ou à ses propriétés, autrement que par l'application des lois prononcée par les tribunaux ordinaires, reconnus par la nation est illicite et inconstitutionnelle (3). »

ART. 5. — Dans ce but, il faut le retour périodique des Etats-généraux, « régime permanent d'administration », à période absolument fixe et aussi courte que possible. Tous les impôts, lois et réglements ne seront établis à l'avenir que « par la réunion de l'autorité du roi et le consentement libre de la nation. »

On doit exiger « qu'aucun acte du pouvoir absolu ne puisse jamais interrompre le cours de la justice réglée », qu'on délimite nettement les attributions de la justice et de l'administration, que les états généraux sortent des états provinciaux et qu'on rétablisse les états de Normandie, « conformément à sa constitution, à ses chartes et à la promesse récente de sa Majesté. »

ART. 6. — On ne votera des subsides qu'après avoir réglé la Constitution générale. Tous les anciens impôts seront remplacés par des nouveaux, « pour qu'ils aient tous leur origine dans la concession libre des Etats généraux ». De plus ils ne seront votés que jusqu'au retour des prochains Etats, ainsi aucun impôt ne sera reconnu, si la nation n'y a consenti par eux.

ART. 7. — Les députés chercheront à connaître « les besoins réels de l'Etat, l'étendue de la dette publique, celle des récompenses ou grâces purement pécuniaires », les charges inutiles qu'on peut supprimer. « D'après ces connaissances, ils régleront les sacrifices patriotiques qu'exigeront la dignité du trône, le maintien de la foi publique et le bien du service dans les divers départements (4). »

Dans ce but, il faudra faire la chasse aux abus, distinguer les dépenses ordinaires des dépenses extraordinaires affectées aux dettes remboursables à époque fixe ou aux

(1 et 2) *Idem* Gisors, art. 1, 3, 4.

(3) *Idem* Gisors, art. 5.

(4) *Idem* Gisors.

rentes viagères. Pour éviter le désordre dans le budget, on libérera le trésor royal des dépenses extraordinaires, en sollicitant pour les dettes à époque fixe, « l'abandon et la vente des domaines restant en la main du roy », sauf les forêts, et en faisant payer les rentes viagères par les provinces qui profiteraient de leur exstinction au fur et à mesure.

ART. 8. — En cas de guerre imprévue survenant en dehors de la tenue des Etats, et pour ce seul cas, l'impôt sera augmenté d'un sol par livre, « pour faire face aux intérêts d'un emprunt, non à rente viagère, mais à époque fixe de remboursement. »

Mais si les Etats n'étaient pas réunis au jour fixé, la perception de ces impôts cesserait de plein droit (1).

ART. 9. — « Que la liberté personnelle des citoyens soit mise à l'abri des atteintes auxquelles elle est exposée par l'usage arbitraire des lettres de cachet et par les enrôlements de la milice tirés au sort.

Que la liberté de la presse soit autorisée avec les modifications nécessaires au maintien de l'ordre public et de l'honneur des particuliers.

Que toutes les entraves fiscales qui nuisent à l'agriculture soient anéanties, que toutes les gênes de même nature qui arrêtent l'essor du commerce soient abolies, singulièrement l'impôt sur les cuirs, les droits de traites et douanes intérieures, le droit de halage, travers et pontonnage. Enfin que les droits de banalité de moulin, four et pressoir dénués de titres demeurent éteints et supprimés et que ceux fondés en titres puissent être rachetés, afin que le peuple puisse acheter ou bon lui semble, la denrée de première nécessité en grain ou en farine à son choix et le convertir en pain à son gré. »

On facilitera la translation de la propriété en écartant la foule de formalités « qui ruinent le peuple sans enrichir le souverain ». On pourvoira « à l'abus des arrêts de surséance devenus arbitraires, aux désavantages provenant du traité de commerce avec l'Angleterre et l'arrêt du Conseil du 30 août 1781 relatif aux colonies.

« En octroyant les nouveaux impôts, qu'il n'en soit établi aucun ni conservé qui marque une différence d'ordres pour la contribution et que l'égalité proportionnelle de répartition soit ordonnée instinctivement entre tous les citoyens. »

ART. 10. — On réclame une meilleure administration pour les forêts. Pour empêcher qu'on les dilapide, on les fera administrer par les états provinciaux. Le produit des ventes servira à faire replanter et à aider à réclamer les parties usurpées, « enfin à la découverte et à l'exploitation des mines de charbon. »

ART. 11. — « En conservant aux propriétaires des fiefs le droit de chasse, le vœu de la communauté serait que par des lois sagement établies et exécutées avec rigueur, l'exercice de ce droit ne put jamais devenir à charge aux cultivateurs. Elle désirerait que les capitaineries qui ne servent point aux plaisirs du roi soient éteintes. »

ART. 12. — « La milice tirée au sort fait fuir tous les ans des campagnes une partie de la jeunesse : elle se retire dans les villes pour mener la vie oisive des domestiques et y rester dans le célibat : de là le défaut de bras dans les pays de culture.

Les états feraient encore un grand bien aux mœurs s'il était possible que les femmes eussent par exclusion l'exercice des arts (2) et métiers qui semblent être naturellement l'apanage de leur sexe. »

---

(1) Gisors *Idem.*

(2) Le cahier de Noyers qui copie mot à mot celui de Vesly, en le résumant par endroits, ajoute ici « tels que la lingerie, la broderie, l'art de coëffer les femmes ».

Art. 13. — Que les chemins soient partout bien entretenus et qu'on n'en change pas le tracé sans raison.

Art. 14. — « L'assemblée s'abstient d'insérer plusieurs objets de détail qui tiennent aux intérêts locaux de la province pour ne pas distraire les Etats de l'intérêt général du royaume : ces objets d'ailleurs seront plus utilement confiés à la sollicitude des états provinciaux dont le rétablissement et l'existence permanente fera partie de la Constitution générale. Et en consentant à s'adjoindre, sur ce dernier point, au régime commun d'administration qui sera arrêté par les Etats, elle n'a d'autre intention que celle de lier les intérêts de la province à ceux du royaume et de faciliter la régénération générale par l'uniformité des principes du gouvernement. Elle se réserve formellement tous les droits particuliers de la province dans le cas où, pour quelque raison que ce soit, les Etats généraux se trouveraient dans l'impossibilité de remplir les mesures importantes qui la déterminent. »

Ce cahier, plus digne d'un futur ministre que d'une assemblée de paysans, fut porté à Gisors, le 31 mars, par les deux députés. Michel-Nicolas Vinot fut un des trente mandataires élus par l'assemblée du bailliage pour porter à Rouen le cahier totalisateur de Gisors et nommer les députés du Tiers aux Etats généraux. Un de ses parents par alliance, Robert Lefebvre de Chailly (1), riche cultivateur de Gamaches, eut l'honneur d'être nommé membre de la future Assemblée nationale.

La prise de la Bastille, interprétée comme une victoire de la liberté, ne tarda pas à exalter le menu peuple et à fomenter l'anarchie. « Au commencement de juillet 1789, écrit la municipalité de Vesly (2), tout le peuple est en armes : les grandes villes par nécessité, les villages en interprétant mal le décret de l'Assemblée nationale sur la chasse, et les petites villes pour paraître ne rien céder aux grandes.

Dans les villages comme dans les petites villes, ce n'a été que le peuple de la dernière classe qui s'est armé : de là infinité de désordres dans les campagnes. Les villageois perdent leur temps pour poursuivre un lièvre et l'esprit de domination s'est tellement emparé des habitants des petites villes que chacun examinant son séjour comme avec un microscope, s'est persuadé qu'il devait donner des lois à tous ses voisins. De là ces courses à la manière des Tartares, ces scènes d'horreur et cette foule de

---

(1) Il fut aussi dans la suite membre du Conseil des Cinq-Cents (Manuel du bibliographe normand par Frère). Il ne signa pas le serment du Jeu de Paume.

(2) Pétition à l'A. N. du 6 novembre 1789, rédigée par le curé Carlier. A. M. Tout ce qui concerne les affaires des blés est de sa main. Nous nous contentons de faire des extraits des documents.

règlements bizarres, inventés d'enthousiasme, et dont l'exécution se poursuit avec chaleur, malgré les dispositions contraires des décrets de l'Assemblée nationale ».

En effet, le lundi 27 juillet, à sept heures du matin, on vit paraître à l'improviste à l'entrée du village, une trentaine d'hommes armés, sous les ordres d'Eustache François Brisset, chevalier de Saint-Louis et capitaine de « la milice bourgeoise de Gisors », suivis de quelques soldats du « régiment mestre de camp de cavalerie ». Le mauvais temps, la mine de ces individus dont plusieurs étaient avinés, leurs jurements, leurs menaces, tout concourt à inspirer le plus grand effroi. Les circonstances y prêtaient aussi : on se crut perdu.

Aussitôt arrivés, ils se divisèrent en pelotons dont chacun pénétra dans les maisons des cultivateurs, après avoir placé une sentinelle à la porte. Sans respect pour le domicile et le droit de propriété, ils perquisitionnèrent partout, les soldats avec assez de douceur, mais la milice bourgeoise avec menaces et violences. Lefebvre de l'Ozeraie, cultivateur au Taillis, vieillard de soixante-dix-sept ans, connu pour sa charité, avait cru devoir cacher une portion de grain pour la nourriture de sa maison, le paiement de ses ouvriers et à l'avance pour le salaire de ses aouteurs, « à cause de la misère du temps » et par crainte des mauvais sujets qui s'étaient déjà présentés chez lui nuitamment, ainsi que chez plusieurs autres habitants, réclamant du blé ou de l'argent. Ce grain fut découvert. Voilà nos gens en fureur. On voulait lier et garrotter ce vieillard, l'emmener à Gisors, attaché à l'arrière d'une charrette. Brisset eut le bon goût de s'y opposer.

Quatre-vingts sacs de grain furent ainsi réunis sans argent, sans reçu. A onze heures, Brisset requérait le syndic de lui fournir vingt chevaux pour conduire le tout à Gisors. Le convoi fit son entrée dans la ville au son du tambour, toutes les cloches sonnant, comme s'il avait été pris sur l'ennemi. Puis le sieur Brisset fit vendre son butin aux halles, le jour même, à vil prix, le blé à 4 l. le boisseau de 32 pintes, mesure de Paris, le seigle à 3 et l'orge à 2. Ce spectacle avait amené une grande foule.

Quelques jours auparavant les mêmes gens avaient opéré de la même manière dans treize paroisses circonvoisines, en particulier à Gamaches chez Lefebvre de Chailly, où de nuit, en l'absence du maître, ils avaient pris du grain sans compte ni mesure.

La municipalité de Vesly élue selon l'ordonnance de juillet 1787, composée du curé et du syndic membres de droit, de Boursier, Michel Nicolas Vinot, Fleury, propriétaire de la Ruelle, Guesnier, receveur du prieuré et des trois Lefebvre (de l'Ozeraie, de Saint-Hilaire et Marinville), se réunit au presbytère le jour même, mais sans rien décider. On croyait qu'on ne revivrait plus pareils moments. Vaine espérance : dès le 1ᵉʳ août, la municipalité de Gisors donnait l'ordre d'apporter dans les quarante-huit heures pour le marché du lundi « une quantité suffisante et proportionnée à vos réserves ». Dans le cas où Vesly n'obéirait pas, ne craignait pas d'ajouter le maire Geanrot, « nous ne pourrons empêcher l'effervescence du peuple qui menace hautement de se porter en foule chez vous. Vous devez savoir de quelle conséquence est l'avis que nous vous donnons ».

Il fallut céder. Les conseillers fournirent eux-mêmes trente sacs de grain « pris sur le vrai nécessaire des habitants et des ouvriers », reste de la récolte de 1788. « C'est un dernier effort que l'humanité seule fait faire, écrivait le curé, et si le temps continuait à être pluvieux, il est certain que les hommes riches et pauvres de cette paroisse souffriraient de ce sacrifice ». Quant à l'escorte que Gisors proposait au convoi, le conseil la refusait « attendu que l'expérience de lundi dernier a convaincu les habitants que ces sortes d'escortes sont plus à charge qu'à profit ». On convint que les voitures partant de Vesly à sept heures et demie se trouveraient au bois de Dangu vers neuf heures. Là seulement, l'escorte de vingt hommes de la milice bourgeoise que Gisors envoyait avec un tambour, se chargerait du convoi. Belles promesses ! Au grand effroi des habitants, Brisset et ses hommes pénétrèrent dans le village. « On ne peut donc plus compter sur rien, écrivait le curé au maire de Gisors ce matin-là, pas même sur la parole de deux corps qui se réunissent pour la donner. Le sieur Brisset sort d'ici et on ne devait venir qu'au bois ! O tempora, o mores ! »

A la fin du mois, Vesly fut sollicité d'un autre côté, mais d'une manière bien différente. La municipalité de Paris menacée de disette, avait chargé un nommé Jarry de se procurer des grains à Magny et dans le voisinage. A cause du mauvais état des routes vers Gisors avant la construction du nouveau chemin, Vesly était dans l'usage de conduire ses blés à Magny. M. Jarry invita donc le syndic à en faire porter le plus possible aux deux marchés du mercredi et du samedi en l'assurant qu'on y « trouverait possession et tranquillité ». Les noms des vendeurs « seront proclamés dans la capitale et inscrits honorablement dans les registres de l'hôtel de ville de Paris ».

Le curé Carlier répondit le 8 septembre. Sur 2.100 acres, un tiers seulement était chargé en blé, produisant cette année 4 setiers par acre, mesure de Magny, frais de sciage et de semence, prélevés, soit une récolte totale de 1.800 setiers (2.800 hectolitres environ). C'est peu, mais le temps a été favorable aux herbes nuisibles au blé et les brouillards de juillet l'ont niellé. Il faut donc « bien prendre garde de se laisser éblouir par des rapports flatteurs ».

La moitié de la récolte sera utilisée dans le pays et pour Gisors. Nous porterons donc le reste, comme depuis plus de 150 ans, au marché de Magny, à condition qu'on garantisse la tranquillité et que M. Jarry se concerte avec Rouen qui pourrait aussi en réclamer et Gisors qui s'est peut-être engagé à fournir Paris.

En attendant la fin de la moisson qui se terminera vers le 15 septembre, nous réunirons à la fin de chaque semaine ce qu'il sera possible de ramasser et nous l'enverrons à Magny. En terminant, Carlier constatant que depuis deux mois on vivait sur la nouvelle récolte dans toute la France, conseillait de crainte qu'on ne pût atteindre celle de 1790, vu que 1789 ne valait pas mieux sous ce rapport que 1788, « de mêler dès à présent au pain un peu de seigle.

« Voilà, Monsieur, avec loyauté les réflexions tristes et vraies de quelques patriotes qui gémissent sincèrement sur les malheurs de la patrie et ne comptent de jours heureux que ceux que donnent le calme et la paix ». La même lettre fut envoyée à Bailly, maire de Paris.

Naturellement ces offres furent acceptées. De son côté Gisors ne désarmait pas. Le 30 août, la municipalité avait édicté un règlement draconien. Défense aux communes portées sur l'état dressé par elle de vendre du blé ailleurs qu'à Gisors, à peine de 500 l. d'amende et confiscation du corps du délit. Chaque cultivateur était tenu de fournir le lundi jour de marché avant onze heures, une quantité prescrite, sous peine de 30 sols d'amende par sac non apporté.

Chaque commune devait dresser un état des terres cultivées, du nombre de gerbes recueillies et de leur produit en grain. Les fausses déclarations seront punies de 25 l. d'amende par cent de gerbes fraudées, avec contrainte par corps. La moitié des amendes allait aux dénonciateurs. De nouveau les communes récalcitrantes étaient menacées de la milice bourgeoise.

Le 10, ce décret était affiché aux portes de l'église de Vesly. Le 19 chaque cultivateur recevait par exploit d'huissier signification de la quantité qu'il devait apporter tous les lundis. Ainsi Lefebvre de l'Ozeraie était taxé jusqu'à nouvel ordre à deux sacs ou setiers en froment, méteil ou seigle, sur la base d'un sac par charrue ou 60 acres.

Vesly s'en référa aux décrets de l'Assemblée nationale sur la libre circulation des grains. Du reste si l'on obéissait à Gisors en fournissant 30 setiers par semaine jusqu'en juillet 1790, on arriverait à un total de 1350 sacs, beaucoup plus qu'il y en aura à vendre, la consommation sur place déduite. Cependant par fraternité, tout en protestant contre « une tyrannie que rien n'autorise et que tout semble éloigner aujourd'hui », la municipalité offrait de délivrer en tout 400 sacs jusqu'au 1er août 1790, à condition qu'il y eut « sûreté et tranquillité au marché ». Ces 400 sacs étaient répartis entre les principaux fermiers ainsi qu'il suit : de Saint-Hilaire, 1 charrue : 12 sacs ; M. de l'Ozeraie, 2 charrues : 24 sacs ; les frères Blancouyer autant ; Leter, 3 charrues : 36 sacs ; Lefebvre de Nainville, 3 charrues : 36 sacs ; Leter autant ; Fleury, 4 charrues : 48 sacs ; Vinot, 6 charrues : 72 sacs ; Guesnier, 8 charrues : 96 sacs.

Mais Gisors refusa tout accommodement et maintint ses dispositions, non sans en reconnaître le caractère exceptionnel. D'après les officiers municipaux, elles étaient pleinement justifiées par les évènements.

« Nous avons reconnu que la voie de la contrainte était la seule convenable pour assurer les subsistances. La demande que nous formons contre vos propriétés est véritablement impérative et contrarie le droit des gens, mais le besoin et la prévoyance nous en font la loi. Chaque ville décrit son cercle et combine ses moyens. » Et ils alléguaient l'exemple de Paris et de Rouen, les paroles du roi qui avait dit à propos du décret sur la libre circulation des grains : « Dans la fermentation actuelle, il ne serait pas prudent d'user de trop de rigueur. »

« Nous avons vu pendant plus de six mois, ajoutait la municipalité, nos habitants aux prises avec la famine ; nous avons vu ceux des villages les plus éloignés venir dans nos villages solliciter des secours qu'ils ne trouvaient pas, partout éconduits, ne sachant où tendre la main. Le souvenir d'un spectacle si douloureux, si effrayant et si longuement soutenu, nous est encore trop présent pour ne pas chercher à en prévenir le retour. » Et, menace à peine déguisée, ils espéraient que « la cupidité des vendeurs ne donnerait point lieu aux émotions violentes que la vigilance la plus soutenue ne peut enchaîner ».

Vesly se décida tout au moins à envoyer l'état de la récolte exigé pour le 26 septembre : une copie de celui qui avait été adressé à Necker le 31 août. Il n'était pas dans les formes voulues par la municipalité de Gisors. Mais pourquoi était-elle plus exigeante que le premier ministre qui n'en avait pas demandé tant. Au reste « collectivement ou individuellement nous ne vous devons sous aucun rapport le détail de nos fortunes, de nos arrangements de familles et de nos conventions particulières. Qui vous a d'ailleurs donné autorité sur nous ? » Et le conseil s'entêtait à maintenir l'offre de 400 sacs, sans plus.

D'après l'état de 1788, un arpent mesure du roi, avait fourni en moyenne 122 gerbes rendant 820 l. de blé ; en 1789, 143 gerbes fournissaient 112 d., d'où supériorité d'un quart. Gisors, qui venait de se plaindre au gouvernement le 18 octobre de la libre circulation des grains et s'opposait à tout enlèvement de blé par un agent de Paris (1), refusa ces renseignements trop peu précis à son gré : il fallut les lui signifier par huissier le 29 octobre. Le blé baissait cependant et était tombé de 49 l. 10 s. le sac en juillet, à 27 l.

Le 6 novembre une lettre très vive fut adressée à la municipalité de Vesly. Gisors s'y disait ironiquement très honoré d'être comparé à Necker. Et comme l'Assemblée avait voté le don par chaque citoyen du quart de son revenu : « Ah ! vous ne voulez pas donner le détail de vos fortunes ! Que direz-vous lorsqu'il faudra mettre le quart en évidence ? Vos récoltes ont été plus ostensibles que vos fortunes ». Et répondant à l'accusation de gouverner sans mandat : « Notre titre, répliquaient-ils, nous le tenons de la commune, au milieu de l'anarchie, des soulèvements et des révoltes, dans un moment où il fallait assurer les

---

(1) Les subsistances en céréales dans le département de l'Eure de 1788 à l'an V par F. Evrard. Paris, 1910. In-8° p. 21, 23.

subsistances, arrêter le brigandage... Et vous voulez que d'un chaos aussi désastreux, il sorte un titre paré, légal et homologué ! C'est trop exiger. Songez au danger d'être gouvernés par le peuple !

Votre lettre est une déclaration de guerre. Et c'est au milieu des troubles que vous levez le bouclier. Vous nous faites des offres dont vous nous défendez impérieusement l'examen. Votre religion est celle des Quakers (1).

Affectés comme nous devons l'être d'une correspondance peu civile que trop de patriotisme de notre part a pu vous suggérer et dont les suites pourraient amener quelque explosion, nous pensons bien que le parti le plus sage à prendre à l'avenir est celui du silence, et c'est celui que nous adoptons ».

Ces « prédications d'explosion » décidèrent la municipalité de Vesly à porter plainte à l'Assemblée nationale : mesure dont elle menaçait Gisors depuis longtemps. Carlier rédigea la pétition qui lui fut adressée le 6 novembre. Alors que « l'Assemblée prenait toutes les mesures nécessaires pour faire jouir les Français de toute la liberté nécessaire à leur bonheur », était-il admissible que des comités de petites villes voulussent faire plier les villages voisins devant leurs hauteurs. Vesly réclame donc la protection de la Constituante, la supplie de restreindre le pouvoir de ces comités à la sûreté et propreté de la ville et de remettre la police des marchés aux juges ordinaires comme par le passé. Les 400 setiers promis à Gisors lui seront envoyés : c'est le 15e de l'approvisionnement de cette ville. Le surplus, selon l'usage du pays, sera porté au marché de Magny pour approvisionner Paris.

On pria le député Lefebvre de Chailly de pousser activement l'affaire. En attendant le curé mit en jeu toutes ses ressources. Un de ses amis de Paris, son pays, M. Houdart avocat fut chargé d'agir lui aussi auprès de l'Assemblée. Carlier lui démontrait que Gisors en prenant exemple sur Lyons, Étrépagny et Vernon, par la concentration des grains contribuait à la disette qui affligeait Paris. Au contraire Vesly en promettant à M. Jarry de porter son grain à Magny, avait eu pour but principal d'en fournir la capitale. *Inde irae.* « L'acharnement de Gisors à nous poursuivre

---

(1) C'est-à-dire des trembleurs.

vient de là. » Étrépagny et Vernon ont manqué d'égards pour M. Réal envoyé par la ville de Paris à la recherche de subsistances. Laissera-t-on aussi Gisors les imiter et brimer Vesly qui se trouve cependant dans la zone de l'approvisionnement parisien ?

Carlier adressa également une lettre à Bailly, maire de Paris, pour réclamer son secours. Et la crise aiguillonnant son esprit, il dressait des plans économiques qu'il proposait à son ami Houdart. Nouveau Joseph, il allait écarter la famine !

Que le blé soit taxé, par exemple dans notre région à 12 l. le quintal. « Les fermiers, las d'être insultés dans les marchés », s'y prêteront volontiers. Alors Paris émettra un emprunt de 24 millions avec lesquels il achètera du blé à l'étranger. Aussitôt les cours baisseront et l'approvisionnement pourra se faire à meilleur compte. Si la hausse se produit encore, de nouveau on l'enrayera en ouvrant la France aux blés exotiques. Quant aux intérêts de l'emprunt, ils seront hypothéqués sur les maisons de Paris et répartis au marc la livre de la capitation. Tels sont en résumé les projets de notre curé de campagne, Richelieu au petit pied.

La pétition de Vesly transmise avec celle de Gamaches qui réclamait aussi contre des agissements analogues, fut examinée par le Comité des recherches de l'Assemblée dont Houdart faisait partie. Le 27 novembre, tout en louant la sagesse et le patriotisme dont avait fait preuve la municipalité, il jugea inutile de communiquer la plainte à la Constituante par un rapport officiel : une simple lettre au comité de Gisors suffirait à ramener la paix. Le 3 décembre Vesly en avisait la municipalité qui eut l'esprit de prendre bien les choses et se loua d'ailleurs de la lettre « vraiment paternelle » du Comité des recherches, « qui ne respire que paix, harmonie et concorde ». Tout finissait pour le mieux. Le blé baissa du reste en 1790 et se trouva en octobre au cours de 22 à 25 l. le sac. Ces vexations étaient peu de chose en réalité auprès de la tyrannie qu'allait faire peser sur tous la loi du maximum.

Nous sommes peu documentés sur ce qui se passa dans le village les années qui suivirent. A Vesly, comme à Noyers, Dangu et Authevernes le registre des délibérations municipales a disparu. A-t-il été perdu au cours des péregrinations que les archives communales eurent à subir jusqu'à ce que la mairie cessât d'être la maison du maire? A-t-il été jugé compromettant? C'est fort possible. Il y a une autre explication. Le 14 thermidor an VI, comme on réclamait à la femme Cottin, veuve du maire de Chauvincourt, les papiers officiels qu'avait détenus son mari, elle ne présenta que deux registres entiers et quelques feuilles des autres. Pour sa part elle en avait déchiré « pour travailler dessus à faire de la dentelle ». Son mari lui-même « en avait mis à ses croisées et le long des murailles de son cabinet ». Ses enfants les avaient traînés, déchirés et brûlés « parce qu'ils n'en faisaient pas grand cas ». Il ne serait pas surprenant que les papiers de Vesly aient eu le même sort.

Le peu qui en reste, ceux des communes voisines (1) nous permettent cependant de reconstituer cette époque sur des données sérieuses. Nous savons par des témoignages concordants que Vesly ne connut pas de grands troubles durant la période révolutionnaire. Peut-être la présence du juge de paix du canton de Gisors *extra muros* contribuait-elle à y maintenir le calme.

Sa juridiction s'étendait sur Authevernes, Noyers, Chauvin_ court, Dangu, Neaufles, Guerny, Bernouville et le lieu de sa rési- dence. Antoine Lefebvre de Saint-Hilaire rendit ainsi 301 juge- ments en 1791, 219 l'année suivante (2). Firmin Carlier frère du curé et Victor Féret l'intituteur-secrétaire de mairie, lui servaient d'assesseurs.

La perception des contributions directes était adjugée chaque année à tant par livre au rabais à qui le voulait bien. La pertur- bation économique rendait les rentrées fort difficiles et le direc- toire du district fut souvent obligé de mettre les communes en demeure de payer les arriérés. Guerny en février 1793 devait encore les contributions de 1791 ; en novembre de la même année Gamaches n'avait pas acquitté les impôts de 1791 et 1792. Villers n'était pas davantage en règle.

Chaque village ne tarda pas à organiser une garde nationale. A Villers elle fut formée en avril 1791. Les membres avaient pour

---

(1) Villers, Gamaches, Chauvincourt, Guerny ont gardé leur registre municipal qui n'est le plus souvent qu'une table d'enregistrement des décrets et lois.

(2) Charpillon. Gisors et son canton.

but de « défendre leurs propriétés contre les attaques, comme aussi en cas de besoin d'aider de leurs personnes et forces les paroisses circonvoisines, comme ils espèrent en recevoir un secours réciproque et prétendent n'être distraits de leurs travaux que par un péril imminent. » Il fut difficile d'y faire régner la discipline. La garde nationale rendit surtout des services pour la surveillance des grains imposée par la loi du maximum.

On a déjà pu le remarquer à propos de l'affaire des subsistances : les fermiers de Vesly et le curé Carlier fondaient de grandes espérances sur les travaux de l'Assemblée. Le menu peuple avait tout lieu d'être du même avis, car on venait de le libérer des redevances féodales. On sait néanmoins quel lamentable échec subit dans toute la France la contribution patriotique du quart du revenu, payable en 3 années sur simple déclaration, admirablement soutenue par Mirabeau et votée le 7 septembre 1789.

A Guerny qui comptait alors 134 habitants, la contribution ne donna que 113 l. 4 s. payables en avril de 1790 à 1792 : ce qui ferait un revenu total inférieur à 500 l. pour la commune entière. Subitement chacun devenait pauvre.

« Mademoiselle Lempereur de Guerny, domiciliée à Paris et se réservant d'y faire la déclaration du quart de son revenu », donna 24 l. ; le meunier et un des plus notables fermiers 12 l. « Les habitants, quoique pauvres journaliers ou domestiques », offrirent de 2 l. à 12 s. : en tout 29 l. 4 s. Le curé Antoine Franqueville se montra le plus généreux. Il s'engagea pour 36 l., « déclarant que malgré le désir ardent qu'il avait d'accélérer la délivrance de l'Etat, la modicité de son revenu, ses engagements, des charges et des besoins personnels, les aumônes qu'il est obligé de faire tant à ses pauvres qu'aux mendiants étrangers dont la foule s'accroît tous les jours, le mettaient dans l'impossibilité de faire une plus forte offrande à la patrie ». En récompense, la loi du serment civique allait le contraindre à quitter sa cure.

Les élections de décembre 1789 au « Conseil général » de la commune, furent plutôt défavorables aux familles riches du pays. Faites au suffrage universel mais avec inéligibilité pour les domestiques, elles amenèrent au pouvoir la classe moyenne. Clair Legros un regrattier qui ne payait que 17 l. de taille, fut élu maire, Gilles Noblet et Boursier officiers. Fleury de la Ruelle fut cependant nommé procureur et Lefebvre de l'Ozeraie prit place parmi les notables qu'on ne devait consulter, il est vrai, que dans les affaires importantes.

Dès lors les séances ne se tinrent plus au presbytère. Une pièce de la maison du maire servit de « chambre commune » (1), puis on passa au vicariat désaffecté et enfin à l'ancienne école des filles en 1793 et 1794. Durant les trois années les plus troublées de la Révolution (1792-95), le maire fut Gilles Noblet dit Golo, aubergiste, fils d'un chirurgien de Vesly et frère du curé de Chauvincourt. Parmi les officiers municipaux qui se succédèrent, on rencontre de petites gens comme le maréchal Pezet, Fondrille, Béguin, Duval, Pierre le Bas, Laurent Parmentier ; jamais de gros propriétaires ou de riches fermiers. Le même fait est à signaler pour Villers et Gamaches.

Le 30 février 1791, à l'issue de la messe paroissiale, Carlier et son vicaire prêtaient devant « le Conseil général », sans aucune restriction (2), le serment civique imposé au clergé. Nous voudrions savoir comment ils justifiaient leur conduite, alors que l'archevêque de Rouen, leur ancien diocèse, et l'évêque d'Evreux, leur nouveau, refusaient de se soumettre.

De plus, à ne considérer que les paroisses voisines et celles qui forment aujourd'hui le canton de Gisors, la majorité de leurs collègues se montra hostile au serment. Un petit nombre y répondit par un refus pur et simple : les curés de Saint-Eloi, Guerny, tout le clergé de l'église de Gisors, le curé de Saint-Jean de Dangu et un des trois chapelains.

D'autres ne prêtèrent serment qu'avec des restrictions désavouant la constitution civile du clergé, jugées par le pouvoir comme équivalant à un refus. Ainsi firent les curés d'Authevernes, Bernouville, Bézu le Long, Bazincourt, Martagny, Amécourt, Sancourt ; les curés et vicaires de Noyers, Neaufles, Saint-Denys le Ferment, Hébécourt et Mainneville. Ils distinguent soigneusement ce qui est du ressort de l'autorité civile à laquelle ils se soumettent, des objets qui émanent essentiellement de la juridiction spirituelle et de la puissance ecclésiastique (3) ». Sous ce rapport ils ne reconnaissent d'autre autorité que celle du pape

---

(1) Il reçoit en 1791, 20 l. 10 s. pour le loyer de ce local.

(2) A. E. L 735.

(3) Serment de Mignot curé d'Authevernes.

et des évêques, « entendant garder en tout fidélité au commandement du Souverain Seigneur » (1). Tous déclarent qu'ils ne feront rien de contraire « à l'église catholique, apostolique et romaine dans laquelle ils veulent vivre et mourir. » En arrêtant ses registres de catholicité le 2 octobre 1791 pour les remettre à l'intrus son remplaçant à Authevernes, l'abbé Mignot signe fièrement : « prêtre curé catholique, apostolique et romain. » (2).

Parmi les compagnons de Carlier dans la soumission complète à la loi, nous rencontrons avec le curé de Saint-Aubin de Dangu et deux chapelains de Saint-Jean, ceux de Gisancourt, Saint-Paër, Tierceville, Chauvincourt, Gamaches, les Thilliers, Bouchevilliers et Mesnil-sous-Vienne. Seuls ils pouvaient continuer leur ministère paroissial. Les autres devaient céder la place aux assermentés.

Alors certains curés reculèrent devant l'étendue de ce sacrifice. A Villers, Thomas le Rat, âgé d'environ quarante ans, se présenta le 20 mars à l'issue de la grand'messe devant les officiers municipaux, expliqua qu'il allait rectifier son serment du 30 janvier, n'étant pas instruit à ce moment des décrets de la Constituante. « Je jure, dit-il, de veiller avec soin sur les fidèles de la paroisse qui m'est confiée, d'être fidèle à la nation, à la loi et au roi et de maintenir de tout mon pouvoir la constitution décrétée par l'Assemblée nationale et sanctionnée par le roi » (3). Le curé de Noyers, l'abbé Bené, en fit autant, mais il eut le courage quelques jours après de se rétracter nettement.

A Dangu, le curé Hubert, ancien vicaire de Vesly, se vit substituer un prêtre assez peu recommandable, Marin Dubois, qui allait se « séculariser » par la suite et donner ce spectacle à la paroisse 40 années durant (1794-1835). Le pasteur légitime célébrait à l'église, tout en évitant de s'y rencontrer avec l'intrus. Mais les décrets de 1792 l'obligèrent à s'exiler : il mourut en Hollande en 1800.

Un fils, né à Lefebvre de l'Ozeraie quand il était receveur du

---

(1) Serment de Picard curé de Mainneville.

(2) Son frère devenu curé de Gisors, après avoir été curé d'Authevernes, refusa également.

(3) Cela n'empêchera pas la municipalité d'exiger en 1792 que le garde champêtre soit « de religion catholique, apostolique et romaine », selon la formule ancienne.

Boisdenemets sur Authevernes, Nicolas (1), ex-vicaire du Thil et curé de Branville (Calvados) depuis 1771, attendit jusqu'à la dernière extrémité, au risque d'être déporté et ne demanda que le 10 septembre un passeport à la municipalité de Vesly pour gagner l'Angleterre. Il avait alors cinquante-quatre ans.

A Guerny, le curé Antoine Franqueville fut remplacé par un prêtre originaire de Vesly, Louis Christophe Chevalier. Élu par l'assemblée électorale du district des Andelys, le 18 septembre, muni d'un brevet signé par le grand vicaire Fournier en l'absence de l'évêque constitutionnel Lindet, il fut installé par le maire Jacques Leprestre, le 2 octobre à neuf heures du matin. Conduit par lui au maître-autel, il entonna le *Veni Creator*, chanta le verset et l'oraison, prit possession de l'église en ouvrant le tabernacle, baisant l'autel, s'asseyant dans le confessionnal, sonnant les cloches, touchant les fonts et fermant les portes. Rien ne fut omis des cérémonies de l'installation canonique, sous la présidence du maire. La commune avait pris soin de faire réparer le presbytère pour son nouveau pasteur.

Les années 1791 et 1792 virent vendre aux enchères tous les biens des établissements monastiques à Vesly. Les terres de la cure que Carlier avait encore gérées en 1790 subirent le même sort. L'herbage du Clos de la Lampe mesurant un acre fut acheté 800 l. le 15 novembre 1791 par Michel Blancouyer ; le 22 mafs, le boucher Michel Forceville avait acquis les trois acres de terre labourable pour 1.400 l. (2).

Carlier pour le moment n'y perdait pas trop. Le revenu total de la cure pour 1790 fut évalué à 5093 fr. par le directoire du district des Andelys, en y comptant 351 l. pour les redevances en nature que les Chartreux et la Grange à l'Abbé ne payaient plus et les 700 l. de pension que Carlier tenait du roi depuis 1787 sur l'abbaye de Saint-Jean des Prés près Josselin (Morbihan). Lui-même réclamait un traitement annuel de 4478 l. Le directoire établit qu'il serait de 3.146 l. pour 1790 et les années qui suivraient (3).

---

(1) En 1761 il était acolythe en la petite communauté S. Nicolas du Chardonnet et son père lui constitua *titulo patrimonii* 50 l. de rentes gagées sur 10 acres. T. G. p. 177.

(2) Il faut se rappeler pour évaluer les ventes des biens nationaux combien les assignats étaient dépréciés, même à l'origine.

(3) A. E. Enregistrements des traitements ecclésiastiques, p. 51.

Cela devait durer comme le culte constitutionnel jusqu'en mars 1794. Dans la suite, notamment en 1799, il allait avoir bien des difficultés à toucher la maigre pension allouée aux anciens ministres du culte, alors que l'émigration de la famille de Boynes lui faisait perdre des créances. Le 3 juin 1792, il assistait à l'inventaire de son église, prélude, il le pouvait conjecturer par l'inventaire du prieuré l'année précédente, de spoliations autrement douloureuses pour une âme sacerdotale. Le 18 novembre, conformément à la loi, il remettait au maire Noblet les registres de l'état-civil enlevés au clergé.

La fabrique n'avait plus guère de revenus : ses terres étaient sous séquestre et les fondations supprimées sans compensation. Aux Thilliers et à Villers, les municipalités s'entendirent pour arrêter qu'à partir du 16 octobre 1791, les bancs de l'église de Villers, commune aux deux villages, seraient gratuits pour quiconque aurait fait sa première communion.

A la Toussaint, le maire Jean Louis Guesnier (1), receveur de l'ex-seigneurie de Villers se trouvait avec sa femme, selon l'usage dans le banc seigneurial, lorsqu'un loustic s'avisa vers le milieu de la messe d'aller s'asseoir à leurs côtés. Ce fut un joli tapage. La femme cria, tempêta, repoussa l'intrus, aidée par son mari qui avait cependant promulgué l'arrêté ; et comme le curé en habits sacerdotaux accourait de l'autel pour lui imposer silence, elle le reçut de la belle façon. Thomas le Rat outragé ne voulut pas poursuivre l'office et se retira avec les chantres.

Cette scène digne du Lutrin eut son dénouement devant « le Conseil général » qui condamna l'héroïne à 50 l. d'amende au profit des pauvres, payable dans les trois jours, et de plus « à faire amende honorable à Dieu avec un cierge allumé d'une livre pesant à la main, pendant six dimanches consécutifs devant l'autel de la Vierge, à la messe et aux vêpres, à commencer dimanche prochain. Nous lui défendons l'entrée du banc seigneurial où elle a publiquement signalé son irréligion, son mépris et son impiété pour les lois ». On n'y allait pas de main morte à Villers !

La même municipalité ne craignit pas d'aller au château de Boisdenemets exiger des ci-devant seigneurs, Claude et Fernand

---

(1) Il était membre du bureau de la Société d'agriculture de Rouen.

Daniel, la cessation des poursuites engagées contre les habitants de Villers qui pillaient leurs bois (1). Il fallut bien céder le 20 septembre 1792, « l'an 4 de la liberté, 1er de l'égalité ». Fernand Daniel de Boisdenemets, on ignore pourquoi, vint habiter Vesly.

Ce même mois le duc de la Rochefoucauld avait été lâchement massacré à Gisors. Les « aristocrates » n'étaient plus en sûreté. Un nommé Jean-Baptiste Bouffard, ex-régent du collège de Vernon, parcourait la région, détruisant les titres et papiers de familles, enlevant les objets précieux des châteaux et des églises. C'était « un de ces commissaires de la commune de Paris que le ministre Roland dénonça à l'Assemblée (2) » comme fauteur de pillages et de désordres. Bouffard avait arrêté le duc de la Rochefoucauld et il était à ses côtés le 4 septembre jour du meurtre.

Le 13 il était à Guerny, y prescrivait l'inventaire des armes, chevaux et harnais susceptibles d'être utilisés pour l'armée. Le 15, il saisit « au nom de la nation », chez Marie-Louise Drouet, veuve de François-Remy Lempereur, 2 harnais, 2 chevaux pour les transports et « un mauvais cheval ». Chez Gabriel-Remy Lempereur, il s'empara de 2 fusils à deux coups, d'un fusil de munition avec sa baïonnette. On ne lui laissa qu'une espingole, une paire de pistolets et un sabre. Bouffard emmena en outre une jument et un chariot à quatre roues. Le tout fut mis « sous la sauvegarde de la nation », formule très impressionnante alors, qui couvrit bien d'autres attentats. Mais l'assassinat de Gisors était de nature à calmer les protestations.

Pour l'instant le culte catholique seul était proscrit. Mais la Révolution suivant son cours normal, devait fatalement s'en prendre au culte constitutionnel. Une loi de novembre 1793 engageait les communes à y renoncer en leur laissant à cette condition le presbytère et ses dépendances. C'était bien mal connaître les populations rurales. L'offre fut partout refusée, comme aussi le marché proposé aux communes par une loi de 1792 qui leur attribuait les 8/12 du produit des cloches qu'elles livreraient à l'Etat.

Les trois cloches de l'église étaient demeurées dans leur tour.

---

(1) Le 23 mai, le maire d'Authevernes avait fait distribuer aux habitants le blé que charriait un laboureur de Farceaux auquel il donna 200 l. en bons patriotiques. Le maire fut destitué dans la suite.

(2) Patte. Histoire de Gisors, p. 22.

Hélas ! elles devaient à la Toussaint 1793 sonner ensemble pour la dernière fois. La persuasion demeurant sans résultat, la Convention avait décrété en juillet que dans le délai d'un mois, on ne laisserait plus qu'une seule cloche par paroisse. La mesure fut exécutée tardivement et à différentes dates, selon que le directoire du district le jugeait opportun.

A Villers-en-Vexin, l'ordre parvint le 3 octobre. Voici l' « état et devis fait par le maire et les officiers municipaux et le procureur de la commune de Villers-en-Vexin, pour faire descendre les cloches qui sont dans la tour de laditte église, sçavoir la moyenne et la petite. Premièrement, l'adjudicataire sera tenu de descendre les deux cloches sous le portail de la ditte église, sans les casser ni les fracturer, c'est-à-dire en telle essence qu'elles sont à leur place. De plus l'adjudicataire sera tenu de raccommoder tous les débris qu'il fera pour descendre les deux cloches comme elles sont actuellement. De plus l'adjudicataire aura les deux cordages pour descendre les deux cloches et après il les remettra aux officiers municipaux. » Toutefois on ne se décida à porter les cloches aux Andelys que sur nouvelle réquisition le 3 décembre.

A Chauvincourt, l'ordre parvint le 10 novembre. Le Conseil municipal manifesta son mécontentement en refusant de s'occuper de la question. Le maire dut prendre sur lui d'adjuger le travail pour 30 l., y compris la réparation des dégâts que causerait la descente. Afin de s'y opposer, un conseiller réclama qu'on attendit au moins huit jours. Il fallut recourir au directoire qui, dès le surlendemain, exigea l'enlèvement des cloches dans les vingt-quatre heures, et mit à la charge du conseiller récalcitrant la journée perdue par les deux ouvriers.

Il était donc impossible de résister même passivement. Gamaches où le parti jacobin était tout-puissant, ne céda aussi que devant un ordre formel, exécutoire dans les vingt-quatre heures, notifié le 18 décembre.

Il serait étrange que les habitants de Vesly aient pensé autrement que leurs voisins et accepté de bon gré le départ de ces cloches qui depuis tant d'années (1) avaient mêlé leurs voix aux

---

(1) Elles étaient antérieures à 1668 : autrement les registres de l'état-civil porteraient trace de leur bénédiction.

joies et aux deuils de la paroisse. La triste besogne de la descente des cloches dut être confiée à un charpentier du pays, Maurice Aubé, qui « avait opéré » quelques jours avant à Chauvincourt. Voici l' « extrait du registre de la commune » portant mandat du transport des cloches. « L'an deuxième de la répu blique une et indivisible, le 20 novembre ancien stille, il a esté arrêté par le conseil municipal de cette commune que les cloches seraient portées en vertu de la réquisition à nous faite par le citoyen administrateur du district des Andelys. Les dittes deux cloches seront déposées au directoire de ce district par les citoyens Fleury et Mignot cultivateurs en ce lieu. Ce qui a été effectué le 21 novembre ancien stille. Fait et arrêté en municipalité, ce jour, mois et an que dessus. Signé : Noblet maire, Leplat, Fondrille, Béguin officier, Pezet officier » (1).

Comme partout, on garda la plus grosse des trois. Elle datait de 1598 ; et si ses compagnes lui étaient proportionnées, ce que la largeur décroissante des fermes du beffroi tend à faire supposer, elles durent fournir 1600 livres de bronze. La charpente porte encore la trace de l'endroit qu'occupaient les absentes.

Quelle lamentable procession de cloches on dut voir en ces jours s'avancer sur toutes les routes de France vers les fonderies de canons ! Le directoire n'oubliait rien : le 19 avril 1794, il réquisitionnait les deux cordes des cloches de Chauvincourt et celles de Gamaches le 23.

C'est sans doute vers la fin de 1793 que fut brisée la croix qui surmontait le calvaire du cimetière. La Convention avait décrété en septembre l'enlèvement des insignes de la royauté. Les édifices sur lesquels on les laisserait subsister seraient confisqués. Alors durent être mutilés les écussons du Taillis et de l'Ardoise. Néanmoins la porte du presbytère garda le chiffre royal, les L entrelacés qu'on prit peut-être pour le chiffre du curé Lefebvre sous lequel il avait été bâti. Ordre fut donné de retourner les plaques de cheminée qui portaient des armoiries. Des visites domiciliaires furent faites pour s'assurer que les emblèmes séditieux avaient été détruits, notamment à Chauvincourt le 27 octobre.

Aussi le maître-maçon Pierre Bernard Auger qui avait des-

---

(1) A. E.

cendu les cloches à Villers, avait été obligé en plus, pour son salaire de 45 livres, « de retirer les fleurs de lis qui sont à la croix de fer de dessus le clocher et ceux qui sont à la croix de dessus le cimetière et ceux de la croix de cuivre qui est sur le banc de l'œuvre et ceux qui sont à la robe de saint Louis et ceux qui sont à la chaise à prêcher et à tous autres lieux ». Nous verrons la Société populaire de Vesly payer 15 sols au citoyen Lefrançois qui avait effacé les fleurs de lys ornant la sonnette du président.

Il eut donc été scandaleux de ne pas s'attaquer au calvaire. Sur le cylindre de pierre qui porte aujourd'hui une croix en fer forgé, se dressait alors une belle croix prismatique, haute d'un mètre environ, garnie sur ses deux faces latérales de feuilles légèrement recourbées et aux quatre angles, entre deux baguettes, d'un chapelet de fleurs crucifères. Du côté opposé au Christ étendu sur une auréole à rayons, la Vierge est représentée debout sur un piedestal à moulures, revêtue d'une tunique aux plis mouvementés et anguleux, tenant dans ses bras l'Enfant Jésus. Ce beau morceau de sculpture portait à sa base une guirlande de lierre surmontée d'une couronne plus large et très décorative avec fleurons à fleurs de lys (1). C'était là son crime. On l'abattit.

Le bedeau et fossoyeur Maurice Lefrançois (2) emporta chez lui ce bloc de pierre qui encombrait le cimetière. Il planta dans sa cour cette croix aux bras mutilés à l'ombre de laquelle tant de morts avaient dormi leur dernier sommeil. Elle y resta jusqu'en 1912. Ce vénérable débris du XVIᵉ siècle revint alors au lieu de sa jeunesse, non point sur sa tige, car ses blessures sont trop graves, mais dans l'hospitalière église (3).

La Révolution suivait son développement logique. Sous couleur de nécessités patriotiques, elle allait s'attaquer aux églises elles-mêmes. Le 21 février 1794, la grille en fer de l'église de Gamaches est enlevée et portée aux Andelys avec les chandeliers

---

(1) Il suffit qu'une couronne paraisse dans un sujet historique pour que la correction du tableau soit confiée à un barbouilleur, si le tout n'est pas livré aux flammes. Lettre écrite au peintre David, le 6 mars 1794. Cf. Revue des questions historiques, 1ᵉʳ janvier 1913. Article de Jean Guiraud.

(2) Avant lui était bedeau Jean Nicolas Durand († 1800) qui succéda à Philippe Durand († 1728).

(3) Mme Goujon, de Noyers, héritière de la fille de Dominique Babin, bedeau jusqu'en 1867 et gendre de Lefrançois, voulut bien en faire don.

de cuivre servant au culte ; « pour justifier le zèle des habitants
et leur attachement à la patrie. » Ils avaient cependant trop restreint la portée de l'arrêté du district daté du 3 décembre, car ce
même jour de février le citoyen Desfriches, marchand-drapier
aux Andelys, vint le leur expliquer. Ordre était donné d'enlever
« tous les fers, cuivres, plombs, aciers », et autres matériaux
utilisables pour la guerre, tant dans les maisons nationales et
d'émigrés que dans les églises, sauf les objets nécessaires au
culte. Cette dernière restriction n'allait pas être de longue durée.

D'ailleurs comment maintenir le culte alors qu'on travaillait à
la destruction des églises en les livrant à tous les ravages des
intempéries ? En effet l'arrêté signifiait clairement qu'il fallait
arracher les ferrures des vitraux, des abat-son et des gouttières,
les zincs et plombs servant à l'écoulement des eaux, sans parler
de ceux des cercueils là où il s'en trouvait dans des caveaux,
comme à Dangu et à Mainneville. Ainsi fut fait.

Dans les premiers jours de mars, Gamaches envoya au district
3.464 livres de fer, 1.720 de plomb et 32 de cuivre, « le tout provenant de l'église » ; plus 286 l. et une rampe retirée du « ci-devant
château de l'émigré Biencourt ».

Le citoyen Desfriches avait présidé au pillage qui eut lieu sans
doute le jour de son arrivée. Le lendemain 22 février, il faisait
enlever à Villers 1.200 livres de fer, 325 de plomb et 88 de cuivre,
la croix et le coq du clocher, la rampe de l'escalier du presbytère.
A Chauvincourt un autre émissaire, J.-B. Gazin rassembla le
12 mars un butin de 520 livres de plomb, 520 de fer et 77 de cuivre.

A Vesly ce travail de dévastation fut exécuté avant le 7 du
même mois, sous la direction « d'un particulier envoyé des
Andelys », pour le prix de 63 l., par un serrurier originaire
d'Albert en Picardie, établi depuis quelques années (1) dans le
pays et qui portait un nom prédestiné : Jean-Baptiste Arrachard.
Il arracha de l'église 832 livres de fer, 565 de plomb et 170 de
cuivre. On ne pouvait plus se faire illusion sur le plan des
meneurs.

Le 21 mars la Convention abolissait le culte constitutionnel.
A Villers depuis plusieurs jours déjà l'église était devenue le

---

(1) Il s'était marié à Vesly durant le carême de 1792 avec dispense de Lindet, évêque
de l'Eure.

temple de la Raison : les statues avaient été jetées à bas avec une corde au cou. Et il y avait à peine quatre mois que Chauvincourt avait engagé un instituteur chargé de sonner l'Angelus et les offices et de chanter au lutrin ! quatre mois qu'on y avait décidé de faire à défaut du district un traitement de 1.190 l. au nouveau curé ! Les événements se précipitaient.

A Gamaches bien que le décadi se célébrât depuis février, on disait encore la messe à l'église en mars. Mais le 30, comme la cloche l'annonçait, l'agent national Calvel, frère du curé cependant, fit cesser la sonnerie et interdit de célébrer du moins publiquement. Le même jour arrivaient dans la commune, accompagnés de quatre membres de la Société populaire d'Étrépagny, des chargés de pouvoirs du citoyen Siblot, ex-médecin, député de la Haute-Saône, envoyé par la Convention dans la Seine-Inférieure et l'Eure avec des pouvoirs discrétionnaires, pour activer la conversion des masses aux idées jacobines.

Ils jugèrent que Gamaches qui, au dire de l'agent national, avait toujours été « le vrai ami de la liberté, de l'égalité et l'ennemi des rois et de la tyrannie, n'était pas au pas », car il lui manquait une Société populaire. Sur le champ on en forma une de douze membres. « Laquelle formation faite, ils ont demandé à être installés dans la ci-devant église pour en faire un temple de la Raison et y tenir leurs séances, y lire les loix et chanter des hymnes patriotiques tous les jours de décadi.

Ladite installation faite au cry de Vive la République, vive la Convention nationale et vive la Montagne. Et ont aussi demandé que l'argenterie de leurs églises, telle que deux calices et deux patènes, ciboire, chappes, chasubles et autres vêtements servant au ci-devant culte fussent portées au district, pour ladite argenterie être de suite portée à la Monnaie et être par la Convention nationale ordonné ce qu'il appartiendra ». C'est ce que les délégués du district qui ont rédigé ce procès-verbal sujet à caution, appellent « adopter les principes républicains. »

Le peuple n'ayant pas compris ou faisant semblant de ne pas saisir le sens précis de ces exhortations, on lui força la main. Le district prit un arrêté exigeant les dépouilles des églises. A Villers, l'agent national Louis Auger en requit l'exécution dans les vingt-quatre heures, le 5 mai. Linges, vêtements liturgiques, vases sacrés, tout fut livré comme à Gamaches. Les cambrioleurs avaient cependant devancé l'Etat, car ils avaient volé en 1793 « calice, soleil, ciboire et croix ».

Vraisemblablement chaque paroisse chercha à sauver ce qu'elle put. Si l'on en juge par les reçus conservés (1), tandis que Saint-Paër et Bernouville livraient les vases sacrés, Guerny, Chauvincourt, Neaufles et Bazincourt n'auraient envoyé que les ornements sacerdotaux et les livres liturgiques, Vesly et Gisancourt seulement du linge blanc.

Le 14 juin en effet, 64 pièces furent remises au district comme provenant de la fabrique de Vesly : 11 corporaux, 22 purificatoires et lavabos, 5 surplis d'enfants de chœur, 8 amicts et 6 serviettes, 4 nappes d'autel et 8 aubes anciennes. D'après une tradition très autorisée, le greffier de la mairie, Victor Féret, cacha dans la terre les objets les plus précieux. L'église conserve encore deux belles pièces de l'époque Louis XV : une croix de procession tout en argent et le calice de Boettard. Cependant si nous ne constatons pas qu'il ait fallu après le Concordat acheter des vêtements liturgiques puisqu'on se contente de réparer les anciens, la fabrique dut se procurer en 1811 un très modeste calice à coupe d'argent, encore en usage, pour ménager celui du curé Boettard. De plus, en 1816, à l'arrivée du curé Pérelle la commune fit les frais de six chandeliers et d'une croix de cuivre pour le maître-autel qui jusque-là en avait eu de bois. D'où l'on peut inférer que la liste des objets du culte livrés au district n'est pas complète et qu'au moins un calice avait été sacrifié.

Depuis mars 1794, le culte constitutionnel, « catholique sacerdotal » comme écrivait la municipalité de Chauvincourt, était interrompu à Vesly et aux environs. Non contents d'avoir arraché, sous menace de destitution, à tant de prêtres tout dévoués à leurs paroisses, un serment schismatique, les révolutionnaires cherchèrent à supprimer le sacerdoce lui-même. Le 7 avril, le proconsul jacobin Siblot, arrêta que les prêtres qui n'avaient pas encore abdiqué leurs fonctions en déposant leurs lettres de prêtrise, se rendraient dans les 24 heures au chef-lieu du district « dans la maison de sûreté préparée pour les recevoir », faute de quoi ils seraient « déclarés rebelles à la loi et poursuivis

---

(1) A. E.

comme complices des ennemis de la liberté ». Quiconque les
les récélerait serait déclaré suspect.

Dans une lettre écrite le lendemain au Comité de salut public (1),
Siblot expliquait ainsi sa conduite : « Vous connaissez, citoyens
collègues, les maux que les prêtres ont causé à la nation française dans tous les temps et particulièrement tous les obstacles
qu'ils n'ont cessé de mettre à la Révolution. Dans les départements de la Seine-Inférieure et de l'Eure, un grand nombre de
prêtres se sont déprêtrisés et les communes où ils prêchaient
l'erreur et le mensonge ont converti leur église en temple de la
Raison. Ceux qui ne se sont pas déprêtrisés commencent à dire
des messes et des vêpres les jours de fête et dimanches (vieux
style). Les fanatiques y accourent de toutes parts ces jours-là, et
il en résulte des rassemblements effrayants pour la liberté et la
sûreté publique ». Par son arrêté il voulait y mettre fin et le 29
il écrivait au même Comité : « on ne dit plus de messes dans ces
deux départements ».

Parmi ces curés qui s'étaient déprêtrisés il faut citer Thomas
le Rat qui dès le 9 mars avait déposé ses lettres d'ordination. Le
29, une liste dressée par les administrateurs du district (2) ne
contient encore que 21 noms dont ceux de Camel à Saint-Denis-
le-Ferment, de Denouville à Gisancourt, de Belin à Molincourt,
de Lemoine à Mouflaines, de Follope à Forest, de Viglas à
Mesnil-sous-Vienne. A Guerny, Chevalier renonça à ses fonctions la veille du décret.

Carlier avait dû en faire autant, car il ne fut sûrement pas
inquiété et ne fit pas de séjour à la maison de sûreté, ainsi qu'il
arriva au curé de Gamaches et à son frère, ancien prieur de
Tauriac près Toulouse. Comme ils n'avaient pas encore déposé
leurs lettres de prêtrise, le 19 avril leur frère cadet, agent national, leur fit lecture du décret à la mairie et les requit de s'y soumettre. Alors « les deux citoyens, François Calvel cy-devant curé
et Étienne Calvel, prêtre et officier public, ont répondu que
l'obéissance aux autorités constituées a toujours été respectée

---

(1) Aulard. Recueil des actes du Comité de salut public, tome XII.

(2) A. N. F¹⁹ 872. Citons encore : Civières, Fresne, Neuville, Flumesnil, Perruel,
Letteguives, Vézillon, Noyers, Ecouis, Doudeauville, Boscquentin, Fleury-la-Forêt,
Gaillarbois et Lilly.

par eux et qu'ils se rendraient demain 1ᵉʳ floréal vers les six heures du soir au district des Andelys. » Ils y demeurèrent jusqu'à la réaction qui suivit l'exécution de Robespierre et revinrent à Gamaches le 18 thermidor (5 août). On ne sait s'ils livrèrent leurs lettres de prêtrise.

Quel sens fallait-il attacher à cette tradition, on peut en discuter. Pour les uns, la chose est claire, c'était renier le sacrement de l'ordre, les liens qu'il noue avec l'Eglise et les charges qu'il impose. Ainsi devait penser le curé de Dangu qui se maria dans sa propre paroisse, le 1ᵉʳ août à six heures du soir, avec une jeune fille de 18 ans : il en avait 40 ! Pour les autres, c'était abdiquer la juridiction reçue du pouvoir civil sans renoncer au pouvoir d'ordre, sans apostasier leur état. Ainsi jugeait sans doute le frère du maire de Vesly, François Noblet, curé de Chauvincourt depuis 1776, lorsque le jour même où l'on descendait ses cloches, il inscrivait sur les registres communaux et envoyait à la Convention « sa démission ainsi que celle de l'exercice des fonctions sacerdotales. » La formule est ambigue, mais il ne faut pas l'interpréter dans le sens le plus fâcheux. A cette date personne n'exigeait encore sa renonciation : on lui trouva un remplaçant pour le moment, et dès 1795 ses paroissiens le voyaient de nouveau à leur tête.

Carlier trouva-t-il un moyen terme qui lui permit d'échapper à la prison sans devenir traditeur ? Nous l'ignorons, mais c'est probable, car son nom ne figure dans aucune liste pas plus que ses lettres de prêtrise aux archives. D'ailleurs il continua de baptiser, et si dans le registre de reconnaissance des baptêmes célébrés de 1793 à 1803, il se contente de mentionner la date, les noms y compris ceux de deux témoins pour chaque acte, sans jamais dire qu'il a lui-même administré le sacrement, c'est sans doute qu'il ne tient pas à rappeler qu'il a été curé constitutionnel ou qu'il cherche surtout à donner à ces actes un caractère bien net d'authenticité en imitant les formes de la loi civile.

De plus toutes les familles sont représentées dans cette série de reconnaissances. Comment concilier cette publicité avec le recours au ministère d'un prêtre insermenté, se terrant dans quelque cachette, risquant sa vie et celle des autres à chaque instant ! Un prêtre se cacha bien dans la maison de Guillaume Fondrille rue des Haies, mais il n'y demeura que trois jours, s'informant des bruits du dehors, ne cherchant pas à exercer de ministère. C'était sans doute quelque insermenté, peut-être un enfant du pays qui venait dire adieu aux siens avant de s'expatrier : il y en eut un, nous le verrons, qui ne revint en France qu'avec les Bourbons.

A supposer d'ailleurs que tous les habitants se fussent adressés à un prêtre non jureur, il y aurait eu de nombreux retards selon le hasard des circonstances et les stratagèmes nécessaires pour éviter une dénonciation et sans coup férir la guillotine. Or tous les enfants nés durant la Terreur furent comme auparavant baptisés le jour de leur naissance, au plus tard le surlendemain. On voit par là que la persécution religieuse n'atteignait que l'extérieur et n'entamait pas les vieilles traditions. Le maire lui-même fut parrain en septembre. Les nouveau-nés continuèrent à recevoir les bons vieux noms de saints ; pas un seul prénom ne témoigne des idées de l'époque (1). On trouve une «Fédérée » à Neaufles mais pas à Vesly.

Rien ne permet donc de croire que les fidèles aient tenu rigueur à Carlier de son attitude et rejeté son ministère. Il se passait tant de choses étranges et déconcertantes qu'il était bien permis au peuple de ne pas s'y reconnaître. La nécessité excusait ses victimes,

Très populaire, on aurait sans doute pu appliquer à Carlier en grande partie l'éloge que la municipalité de Gamaches faisait de son curé en septembre. « Il n'a cessé de donner l'exemple de sa soumission aux Lois et de son empressement à se rendre utile à la chose publique, à fournir des premiers aux souscriptions, à faire des dons aux volontaires, à entretenir dans son lit le père infirme d'un volontaire, à obéir à toute réquisition et à donner dans toutes les occasions des preuves de son civisme.

Il a été le premier à offrir ses voitures et ses chevaux pour la fabrication du salpêtre et livré pour le même objet ses futailles, ses cuves, ustensiles, outils.

Il n'a jamais perdu l'occasion d'être utile aux habitants de la

---

(1) Depuis la remise des registres de l'état-civil à la mairie jusqu'au Concordat, Carlier ne tint pas de registres de catholicité. Une loi de 1795 en punissait la tenue de 10 ans de prison : ce qui n'empêcha pas Belhoste curé de Beausséré d'inscrire les baptêmes d'enfants de Dangu pour lesquels on venait le trouver.

commune en faisant gratuitement labourer leurs terres, voiturer leur bois, leur cidre, leurs fruits. Il a constamment fourni des secours aux pauvres de la commune, sans distinction d'opinion, en leur fournissant du bled, des vêtements, du travail, du bouillon, des remèdes, du vin lorsqu'ils étaient malades et le vœu de la commune s'est manifesté à son égard de la manière la moins équivoque. » Pour qui connaît le peuple, voilà un brevet d'orthodoxie.

Carlier, nous l'avons déjà vu ne manquait pas de sens politique. Il en donna une nouvelle preuve en prenant part à la fondation d'une Société populaire. Les jacobins propageaient ces clubs et presque chaque village eut bientôt le sien. Il arriva parfois qu'ils servirent les idées contraires, telle la société des sans-culottes à Conches. Ce fut aussi le cas du club de Vesly, avec les réserves qui s'imposaient en de pareilles conjonctures.

En face de la municipalité dont on avait, semble-t-il, écarté systématiquement les gros propriétaires, se dressaient, en vertu de la loi du 21 mars 1793, un comité de surveillance (1) et l'agent national, correspondant du directoire du district, chargé de requérir l'exécution de ses ordres, en forçant au besoin la main du conseil communal. Une société populaire, ouverte à tous, qu'on le voulût ou non, donnait à cette toute puissance le contrepoids de l'opinion publique officiellement manifestée, sans susciter même aucun conflit.

Dès le 11 novembre 1793, une pétition portant une quarantaine de signatures, entre autres celles de Lefebvre de Saint-Hilaire, du curé et de son frère, de Lefebvre Marinville, de Ferdinand Daniel (de Boisdenemets), avait été adressée à la municipalité pour lui annoncer la constitution d'une société ayant pour but « l'étude en commun des lois de la République. »

La lecture de ces lois dans l'église les jours de décadi et « leur affiche ne procurent à la plupart des citoyens qu'une connaissance superficielle de leurs obligations : une nouvelle lecture faite dans le silence et la communication qui se feront ensuite des idées et des réflexions de chacun des auditeurs, donnera à tous les membres de la Société de Vesly une théorie plus approfondie des devoirs relatifs à la grande Société.

Les soussignés se proposent encore un autre but, moins intéressant à la vérité, mais cependant d'une utilité reconnue : c'est la lecture d'un journal.

---

(1) François Mignot, agent national, président. Membres : Rotté, Parmentier, Arrachart, Babin, Pantin, Chevalier. Secrétaire : Blancouyer. En 1794, Louis Le Prestre préside.

Ne craignez point, citoyens municipaux, que la Société soit indifférente sur le choix qu'elle fera à cet égard. Elle sait qu'il est des folliculaires qui, sous le masque du patriotisme, disséminent des nouvelles controuvées ; d'autres prennent plaisir à augmenter nos avantages et à diminuer nos pertes ; la Société les méprisera également. Elle veut la vérité parce que la vérité seule peut dans l'adversité affermir le courage d'un vrai républicain ou lui donner dans la prospérité une attitude imposante et néanmoins pleine de circonspection. Pour cet effet la Société fera choix du *Journal des Débats* de l'Assemblée Nationale.

En effet, elle trouvera dans cette feuille la discussion qui prépare les lois et par l'étude de cette discussion, elle apprendra l'esprit qui les a fait rédiger de telle manière plutôt que de telle autre : elle y découvrira les menées de nos ennemis du dehors et de l'intérieur, elle saura se mettre en garde contre les malveillants. Enfin elle apprendra nos succès et nos revers, tels qu'on les rapporte à la Convention nationale elle-même et par ces détails, son espérance ainsi que son courage seront toujours dans la position convenable.

La municipalité dont plusieurs membres et le maire avaient signé ce document écrit par le curé Carlier, approuva cette idée ; mais faute de local sans doute, la première séance (1) n'eut lieu que le 25 mars 1794. On avait choisi la chapelle de la maladrerie Saint Thomas, alors dans le plus complet délabrement. L'autel encore debout empêchait de placer la tribune au milieu du pignon. Pierre Noël Dupérier eut beau le 24 avril réclamer la démolition de ce « massif de pierre », pas une voix ne s'éleva pour l'appuyer. Six bancs de bois dont quelques uns prêtés par Lefebvre de l'Ozeraie, une chaise de paille, deux chandeliers de fer, une sonnette, formaient tout le mobilier du club. On n'y roulait pas sur l'or : presque personne ne payait la contribution trimestrielle de quinze sols et l'on n'eut pas de quoi réparer le local, bien qu'il y eût urgence.

Néanmoins, par deux fois, la Société refusa de se réunir dans la cy-devant église, comme le proposait Boursier (2). Sur la demande de Pierre Noël Dupérier, elle chercha à emprunter quelques bancs, « observant qu'il en resterait encore à la ci-devant église plus qu'il n'en faut pour l'usage des habitants qui y vont les jours de « décadi entendre la lecture des loix ». La municipalité fit une réponse évasive. Ces détails montrent clairement que les passions antireligieuses n'avaient pas grand écho dans le pays.

---

(1) Le registre de la Société est aux A. M. C'est un in-8º de 49 feuillets cotés et paraphés, dont 44 utilisés. On y lit à la fin : « Paraphé, ne varietur, à Vesly le 5 vendémiaire an IV de la République française. Lefebvre, Maire. »

(2) Pour n'avoir pas à se déranger. Il était voisin de l'église.

Aussitôt installée par la municipalité elle-même, la Société élut pour trésorier Lefebvre de Marinville, pour secrétaire Victor Féret l'instituteur et pour président « Lefebvre Saint-Hilaire » ainsi qu'on disait à présent. Elle notifia sa formation par lettre au ministre de l'Intérieur, aux administrateurs du département et du district ; puis se donna un règlement.

Pas d'enfants au-dessous de seize ans dans la salle de réunion, pas de fumeurs non plus, ni d'ivrognes ni de chiens. Pas d'interruptions, pas de personnalités offensantes : autrement rappel à l'ordre et au troisième, l'expulsion. La radiation pour ceux qui feront entendre des menaces, des « jurements et des expressions contraires aux bonnes mœurs. Celui qui parlera d'une manière peu convenable de la nation et des autorités par elle établies, qui énoncera des opinions contraires à l'unité et à l'indissolubilité de la République, sera sur le champ rayé de la liste des membres de la Société et mis en état d'arrestation ». Toutes les motions visant des intérêts privés seront rejetées.

Un article fort sage stipulait que « les citoyens qui auront une dénonciation à faire, ne pourront la faire verbalement, mais par écrit, signée d'eux et remise au président qui fera son rapport à la séance suivante ». Toute surprise insidieuse était ainsi empêchée. Deux censeurs étaient chargés d'assurer l'ordre dans l'étroit local. Tous les mois on élisait un nouveau président. Telle était la constitution de cette société éphémère.

Durant les six mois de sa durée, il y eut 23 séances dont cinq où l'on se contenta d'écouter la lecture du journal et des décrets de la Convention, lorsqu'il ne fallut pas s'en aller faute d'assistants. On se réunissait ordinairement le soir de 8 à 10 h. Les Carlier n'y manquaient jamais : aussi le curé fut-il élu à l'unanimité vice-président, puis président, et son frère nommé secrétaire adjoint.

Ce ne devait pas être une scène banale que cette assemblée de citoyens tendant l'oreille vers le lecteur, cherchant à comprendre ce qui se passait à Paris et à la frontière. Il fallut parfois chasser de bruyants perturbateurs. Des commères, cela ne pouvait manquer, accouraient narquoises contempler le spectacle. Quelques unes poussèrent l'audace jusqu'à s'asseoir au milieu des initiés : une barre de bois fut posée pour maintenir le beau sexe au rang des profanes.

Plusieurs femmes affectaient de ne pas porter, en dépit de la loi, une cocarde tricolore à leur bonnet. A deux reprises, sur la demande de Louis Chevalier et de Pierre Noël Dupérier, le président enjoignit aux censeurs de les expulser, Les délinquantes ne manquèrent pas de faire remarquer que plusieurs citoyens n'étaient pas plus qu'elles en règle et ne portaient pas les trois couleurs à leur bonnet de coton ou à leur bonnet phrygien. Eux aussi furent priés de sortir. L'affaire n'eut pas de suite. Quelques exaltés, moitié riant moitié sérieux, se contentaient d'arrêter les femmes dans les rues et les forçaient à crier : Vive la nation! (1). Parfois des membres des Sociétés voisines venaient prendre part aux réunions ; parfois aussi des volontaires en congé demandaient à prendre place et « étaient admis aux honneurs de la séance. »

La Société qui avait félicité la municipalité de sa sagesse et de sa vigilance », grâce auxquelles « la paix et la tranquillité n'avaient pas été un instant troublées dans la commune depuis la Révolution », écarta systématiquement les motions qui paraissaient empiéter sur ses droits. Sur un désir du Conseil, « pour ne point interrompre la bonne harmonie », elle lui aurait laissé le monopole du tambour pour ses convocations. A son tour d'ailleurs le maire Gilles Noblet occupa la présidence.

C'est lui qui le 8 mai proposa ce petit jeu de l'épuration (2) qui serait du plus haut comique, s'il n'avait été de nature dans un autre milieu à devenir tragique pour certains. Sur sa demande on commença par lui. « L'assemblée d'une voix unanime déclare qu'elle n'a que des éloges à faire dudit Noblet, sur la pureté de ses mœurs, la régularité de sa conduite et la manière dont il a rempli les fonctions de maire, qu'elle lui reconnaît le cîvisme requis et qu'elle le regarde comme bon patriote et franc républicain ».

Le vice-président fut épuré le même soir. Chacun disait à sa façon son appréciation sur le citoyen examiné. On dut en entendre de drôles dans .cette confession nouveau style. Boursier jugea

---

(1) On rapporte cependant que M. de Saint-Hilaire faillit être pendu par un jacobin exalté; d'autres disent qu'il fut seulement dénoncé.

(2) Siblot écrit le 29 avril qu'il a ainsi épuré « les fonctionnaires des principales communes des 2 départements et un grand nombre de municipalités et de comités de surveillance de campagne. *Ibid*. t. XII.

utile de déclarer publiquement que « s'il lui était échappé quelques expressions qui ont pu choquer le citoyen Leplat, il n'a pas eu l'intention de l'insulter et le reconnaît pour un citoyen honnête et bon républicain. »

Comment distinguait-on « les purs » ? D'une manière tout à fait autre que le jacobinisme ne le laisserait à penser. Ainsi Duchesne (1) membre de la Société populaire de Dangu ayant demandé à être admis et « épuré » dans celle de Vesly, Noblet s'y opposa, parce qu'il avait fait au district une dénonciation dénuée de preuves contre un particulier qui tirait des cailloux sur les friches de Mouflaines ». Par cette « dénonciation indiscrète », il aurait pu facilement faire guillotiner le pauvre ouvrier accusé de propos contre-révolutionnaires. Il n'en fallait pas tant alors. De plus il faisait courir le bruit que la municipalité de Vesly était mal vue aux Andelys, sans doute pour modérantisme.

Au fond ces braves gens cherchaient à prémunir leur vie de la garantie d'un certificat de civisme. Faute de ce petit papier, on pouvait courir de grands risques. Voilà pourquoi ils se montraient si larges à le distribuer sauf aux délateurs. Pierre Noël Dupérier toujours exalté proposait de confier l'épuration à une sorte de comité de salut public composé de 6 membres. Dès lors les choses ne se seraient plus passées au grand jour et quelques hommes auraient tenu en main le sort de leurs concitoyens. Le curé, Saint-Hilaire et François Mignot combattirent cette dangereuse motion et l'assemblée la rejeta. « Connaissant particulièrement ses membres, elle était en état de statuer sur leur civisme ». Le soir même de ce 14 mai on épura huit membres, reconnus « bons patriotes à la majorité de plus des trois quarts des voix ».

Le curé se hâta de réclamer une séance extraordinaire pour en finir avec ce bizarre travail. Il y fut lui-même « épuré » avec quinze autres membres. Le 23 juin sous sa présidence les diplômes furent distribués aux sociétaires reconnus bons citoyens. Auparavant chacun dut prêter serment. Carlier prononça le premier une de ces formules solennelles et vagues dont on abusait tant à cette époque de verbiage déclamatoire. « Je jure, dit-il,

---

(1) Sur un des entraits qui portent le clocher de Bernouville, on lit : A. Guesnier, A. J. Duchesne, charpentier à Vesly, 1786.

d'être fidèle à la nation, d'exécuter les loix de la République et de maintenir la Constitution républicaine décrétée par la Convention nationale, acceptée par le peuple. Je promets en outre de respecter les autorités constituées, de ne point m'écarter des principes de liberté, d'égalité et de fraternité et d'observer le réglement de la société ». Chaque membre reçut alors un certificat de civisme. Voici un exemple du libellé qui occupe la moitié du diplôme de format in-8.

« Nous Membres de cette Société certifions à tous qu'il appartiendra que le citoyen Pierre Le Bas de cette commune de Vesly, âgé de vingt-sept ans, taille de cinq pieds, cheveux et sourcils châtains, yeux bleus, nez aquilin, bouche moyenne, lèvres minces, menton fendu, front bas, visage ovale, teint coloré, après avoir suivi les épreuves accoutumées, a été admis au nombre de nos sociétaires, que nous n'avons aucun doute sur son civisme ; en foi de quoi nous lui avons délivré le présent.

Nous invitons les Sociétés républicaines et montagnardes de le recevoir dans leur sein, de le protéger en toutes circonstances et de l'accueillir fraternellement.

Délivré, séance tenante, le trentième jour de thermidor de l'an deuxième de la République française, une indivisible et impérissable, par nous Président et Secrétaire soussignés, présence dudit Citoyen qui a signé. »

Mais le grand honneur de la Société populaire de Vesly, sa vraie gloire, c'est d'avoir, en délivrant des certificats de civisme moins réglementaires sans doute, contribué à sauver la vie à trois habitants du pays : Lefebvre Marinville, Huvé de Garel, Michel-Nicolas Vinot.

Le 26 mars 1794, le lendemain de la constitution de la Société, un arrêté du citoyen Siblot prescrivait à l'agent national du district de faire conduire à la maison de détention des Andelys : à Villers, Jean-Louis Guesnier, fermier de la ci-devant seigneurie, à Vesly, Marin Lefebvre.

Le premier qui avait été maire de sa commune en 1790 et 1791, ne cachait pas ses opinions contre-révolutionnaires. En mars 1793, il avait dit aux jeunes gens élus « volontaires » malgré eux, « de sortir de la commune pour ne point former le recrutement ». En avril, lui et un nommé Chaumont avaient refusé chacun un cheval pour l'armée. On avait prétendu à tort que leurs chevaux ne servaient pas tous à la culture : « ils n'en avaient point à donner à la Convention et ils n'en donneraient pas ».

Son fils aîné, fermier au prieuré de Vesly, n'avait pas craint de rudoyer les officiers municipaux de Villers un jour qu'ils venaient faire chez son père en vertu de la loi du maximum une

de ces visites domiciliaires si odieuses et si fréquentes alors.
« Avant d'entrer dans une maison, leur dit-il, vous devriez faire
lecture de la loi qui concerne votre visite. — La loi, nous l'avons,
mais vous n'en avez pas demandé lecture. — Quand vous entrez
comme cela dans un appartement, on devrait fermer la porte sur
vous et vous f... une volée de coups de bâtons, répliqua-t-il ».
Alors les commissaires lui tendirent le texte de la loi. Il le prit,
y jeta un coup d'œil : « Votre loi, c'est tout d'un coup rien.
D'ailleurs l'arrêté n'est pas numéroté ! Et puis on n'est pas obligé
d'obéir aux arrêtés du district. Ils n'ont pas de valeur. Qui a
donné à ces gens-là autorité pour les faire ? Mais cela ne durera
pas longtemps ». Et il rejeta le papier dans le nez des commissaires avec mépris. C'était le 12 novembre 1793 et procès-verbal
en fut dressé à la mairie.

Suspects, le père et le fils devaient donc l'être dès les premiers
jours. Le 27 mars cinq gardes nationaux du bataillon des
Andelys vinrent apporter l'ordre de mettre au plus tôt les scellés
sur tous les meubles de Guesnier de Villers. Ce qui fut fait le
soir même à neuf heures à la chandelle. Quant à lui, d'après sa
femme, il était parti au Thil voir des chevaux. Averti à temps
sans doute, il ne revint à Villers que vers octobre, après la chute
de Robespierre. On n'avait trouvé chez lui que des papiers de
famille et de propriété.

Son fils aîné qui avait malmené les gendarmes venus à Vesly
le contraindre à observer les prescriptions de la loi du maximum, fut aussi obligé de prendre la fuite et de se cacher durant
plusieurs mois.

Que reprochait-on à Lefebvre de Marinville, nous l'ignorons.
Fils de Lefebvre de l'Ozeraie, et d'Angélique Vinot, ancien mar-
guillier, cultivateur de la ferme bordant le Clos du Décret, il avait
épousé en 1770, Marie-Louise Legendre (1), fille d'un notaire de
Daubeuf-en-Vexin, et approchait alors de soixante-trois ans.
Comme son cousin Lefebvre-Saint-Hilaire, il faisait partie de la
Société populaire qui l'avait pris pour trésorier. Deux jours
après on venait l'arrêter. Évidemment de faux-rapports avaient

---

(1) Le 6 juin 1773 il s'était fait inscrire dans la confrérie du Saint-Rosaire de Hauville près Routot, lui et sa femme. Ils avaient donné chacun trois livres à cette occasion. Cf. le registre de la confrérie conservé à Hauville.

été faits contre lui par d'hypocrites délateurs et accueillis sans examen.

A tout prix il fallait le sauver. Le 3o, les membres de la Société furent convoqués en séance extraordinaire par le président Lefebvre Saint-Hilaire. Après délibération et constatation du civisme de Marinville, l'assemblée envoya à Siblot la pétition suivante.

« Citoyen représentant,

« Nous réclamons ta justice en faveur du citoyen Lefebvre dit Marinville, cultivateur à Vesly, notre frère et ami (L. M. est à la tête d'une ferme considérable).

« En vertu d'un arrêté ou ordre décerné par toi comme représentant du peuple, le 6 germinal du présent mois, il a été enlevé à sa famille et à ses travaux comme suspect et conduit dans les prisons d'Andely où il est actuellement détenu. (Le père du citoyen Lefebvre Marinville est âgé de 80 ans.)

« Nous ignorons les motifs qui ont pu déterminer son arrestation, mais nous pouvons t'assurer qne son patriotisme et son civisme nous sont connus, que depuis la Révolution, en tout temps et dans toutes les occasions, il n'a cessé d'en donner des preuves non équivoques : ce dont nous avons été témoins ainsi que la commune entière de Vesly ; que par sa conduite et par ses propos, il a toujours manifesté son amour pour l'égalité, la liberté et l'indivisibilité de la République française et donné l'exemple de sa soumission aux lois et le premier à les exécuter ; enfin que c'est un parfait honnête homme, franc et sincère républicain. S'il en était autrement, à coup sûr nous ne t'importunerions pas.

« Nous te demandons sa liberté parce qu'un homme qui nous paraît pur comme lui et que nous regardons comme bon patriote, n'en doit point être privé, et nous espérons l'obtenir, parce que tu es juste. Salut et fraternité. »

Tous les membres signèrent. Ceux qui avaient secrètement dénoncé Marinville que Siblot ne pouvait connaître, se gardèrent bien de protester.

Le Comité de surveillance de la commune avait été prié de renseigner le Comité de sûreté générale et de rédiger une « fiche ». Le président, le citoyen Leprestre, crut devoir en charger la Société populaire. Le tableau à remplir, envoyé des Andelys, comprenait six questions. La Société y répondit le 20 avril dans un sens des plus favorables.

1º *Naissance, situation, famille.* — 2º *Lieu de détention* : « aux Andelys, aux Capucines, maison d'arrêt du district, depuis le 8 germinal ». — 3º *Profession* : « Cultivateur depuis son enfance jusqu'à présent ». 4º *Son revenu avant et depuis la Révolution.* « Il a commencé sa profession avec une monture de ferme. Sa fortune ne s'est pas accrue depuis la Révolution : elle est aujourd'hui ce qu'elle était avant. Ce qui est justifié par la déclaration qu'il a faite lors de l'emprunt forcé, que son revenu, sans y comprendre celui de sa femme, peut être d'environ 980 livres. » — 5º *Relations, liaisons.* « Avec sa famille et des cultivateurs comme lui. » — 6º « *Le caractère et les opinions politiques qu'il a montrées dans les mois de mai, juillet et octobre 1789, au 10 août, à la fuite et à la mort du tyran, au 31 mai et dans les crises de la guerre, s'il a signé des pétitions ou arrêtés liberticides.* « Dans les époques critiques, il s'est toujours montré comme ennemi de la tyrannie et de ses sectateurs, du fédéralisme et de ses partisans et a toujours paru à la Société ami sincère du bon Républicanisme. »

Quand la Société eut répondu à cet interrogatoire de parfait mouchard, de manière à sauver la tête de Marinville, Nicolas Lefrançois lui demanda d'en faire autant pour le « citoyen Huvé Garel détenu en la maison d'arrêt de Mantes » ; par son mariage avec Geneviève-Sophie-Alexandrine Vinot, petit-cousin de Marin Lefebvre et neveu de Lefebvre de Saint-Hilaire. Décidément la Société n'allait travailler que pour cette famille, la plus riche et la plus notable du pays.

Antoine-Jacques Huvé, ancien avocat au Parlement, puis au bailliage de Mantes, avait pris peu après 1789, la succession de son beau-père Michel-Nicolas Vinot, qui occupait la ferme de la Maison-Neuve. En même temps il faisait du négoce à Londres. Toutefois il n'était pas à Vesly quand on l'arrêta. Sa femme « demandait donc à la Société de déclarer ce qu'elle savait relativement au séjour de Jacques Michel et Alexandre Huvé, ses deux enfants, dans la ville de Londres et quelle a été la conduite de son mari pendant le temps qu'il a vécu parmi nous ».

« Sur quoi la Société, en rendant à la citoyenne Huvé Garel le témoignage exact qu'elle est bonne citoyenne, femme vertueuse et tendre mère, déclare qu'il est à sa connaissance que ses deux fils n'ont été conduits à Londres que pour cause de leur éducation et pour s'instruire sur le commerce.

« Déclare pareillement que le citoyen Huvé Garel qui a vécu pendant plusieurs années parmi nous comme cultivateur a toujours été exact dans sa conduite, compatissant envers les indigents et les malheureux, et enfin bon mari, bon père et bon voisin. »

Copie de cette délibération fut envoyée au représentant du peuple en Seine-et-Oise dès le lendemain jointe à une lettre dont la teneur fut fixée le même jour en séance extraordinaire.

« Citoyen représentant,

« La probité a dans tous les temps été la vertu des frères et amis qui composent notre société : ainsi prête une oreille attentive à la sincérité du témoignage qu'ils rendent dans leur délibération d'hier, sur l'éloignement des deux enfants de leur concitoyenne Huvé Garel et prends en considération l'expression motivée de leurs vœux pour la liberté de son mari.

« Ecarte par ton discernement ce que la calomnie répand avec profusion contre cet homme et cependant examine dans ta sagesse s'il a pu par incivisme cesser de mériter notre estime. Nous ne pouvons nous le persuader, l'ayant toujours vu fidèle observateur des lois, exact à toutes les réquisitions et plein d'humanité pour les défenseurs de la patrie qui réclament l'hospitalité chez lui. Ainsi se trouvent véritablement à l'ordre du jour, la justice et la probité.

« Citoyen représentant, salut et fraternité.

« Vesly, ce 2 floréal l'an II de la République une et indivisible. »

La Société obtint gain de cause, mais nous ignorons à quelle date ; gain de cause aussi en faveur de Marinville.

Le 9 thermidor, le jour même de l'arrestation de Robespierre, il était de retour à Vesly. Le soir à la séance extraordinaire, il vint « dans un discours plein d'expressions de sensibilité, marquer sa reconnaissance à l'assemblée de la justice qu'elle a bien voulu rendre à la pureté de son civisme, lors de sa détention dans la maison d'arrêt du directoire des Andelys ». Ce fut certainement un spectacle fort touchant que termina une démonstration quelque peu puérile. « Un membre observe que l'oriflamme aux trois couleurs qui était suspendu au plancher de la salle et qui a été déplacé lors de la fête du 14 juillet (prise de la Bastille), n'a point encore été remis où il était et demande en conséquence que la Société nomme un de ses membres pour aller chercher l'oriflamme et le rapporter. Cette motion appuyée, l'assemblée fait choix du citoyen Marin Lefebvre pour aller chercher l'oriflamme en question et le replacer ainsi qu'il était cy-devant. Ce que le citoyen Marin Lefebvre a accepté et exécuté sur le champ ». Il était sacré vrai républicain !

Il devenait de plus en plus difficile de savoir ce qu'on entendait par cette épithète. Après avoir professé l'athéisme et le culte de la raison, la Convention, poussée par Robespierre, avait reconnu l'existence de l'Être suprême. Le 20 prairial (8 juin), le même jour qu'à Paris, la fête de l'Être suprême fut célébrée dans l'église de Vesly, devenue pour la circonstance, « le temple de l'Éternel ». La Société y envoya une députation de douze membres parmi lesquels le curé et son frère. Pierre-Noël Dupérier et Nicolas Dupérier durent y faire entendre les hymnes à l'Être suprême qu'ils avaient chantés le 4 juin pour clôturer la séance du club.

Maintenant Robespierre était guillotiné à son tour. Sous peine d'incivisme il avait fallu le soutenir, sous peine d'incivisme il fallait l'attaquer même mort. Pitoyable comédie jouée en faveur du plus fort. Depuis le 28 juillet on ne s'était pas réuni à cause des travaux de la moisson. La Société qui n'avait pu « manifester son vœu sur les dangers que la Convention a couru à l'occasion de la conjuration de Robespierre et de ses complices », décida le 15 août d'envoyer une adresse à la Convention. Pierre Dupérier, Pierre Lefrançois, Saint-Hilaire et Gilles Noblet, furent chargés de la rédiger. Sur la motion de Pierre Dupérier, on leur adjoignit le président : le curé Carlier. A la demande de Louis Chevalier, ils devaient féliciter la Convention « sur l'élargissement qu'elle avait accordé aux patriotes détenus ».

Voici l'adresse envoyée aux « citoyens représentants du Peuple ».

« Robespierre et ses complices sont punis. Le sang humain ne coulera donc plus pour le désaltérer et la liberté publique est sauvée. Ces deux bienfaits sont le fruit de l'activité, de votre prévoyance, de la profondeur de votre sagesse et de l'énergie de votre courage. Que d'actions de grâces n'avons-nous donc pas à vous rendre !

« Occupé continuellement des travaux toujours renaissants de l'agriculture, notre esprit ne peut être orné; aussi l'expression nous manque-t-elle pour vous féliciter dignement ; mais nos cœurs savent sentir et ils vous béniront. Le serment en est fait : nous ne savons pas y manquer.

« Hier la voix de nos frères rendus à la liberté par vos derniers décrets s'est fait entendre dans nos retraites. Qu'elle est expressive et pénétrante et combien notre reconnaissance est vive et durable. Acceptez, Citoyens Représentants, cette récompense seule digne d'être enviée et seule digne de vos travaux.

« Salut et fraternité.

« Vive la République! »

Tous les suspects n'étaient pas délivrés cependant ! La citoyenne Huvé Garel, après avoir réclamé l'appui de la Société en faveur de son mari, le demandait maintenant en faveur de son père Michel-Nicolas Vinot, beau-frère de Lefebvre Saint-Hilaire « ancien cultivateur, propriétaire et habitant de Vesly, détenu à Rouen dans la maison dite Yon, ci-devant Saint-Yon, par mandat d'arrêt du 9 germinal dernier, pour cause d'aristocratie et de refus de certificat de civisme. » Décidément la famille déplaisait aux jacobins.

Les rédacteurs de l'adresse à la Convention furent chargés de composer un mémoire « sur la vie privée, la moralité et le civisme du citoyen Vinot », pour « le Comité de surveillance et révolutionnaire de Rouen ». Il fut approuvé, comme l'adresse, le 17 août.

« L'assemblée, écrivaient-ils, ayant mûrement délibéré sur la conduite populaire et vraiment républicaine que le citoyen Vinot a montré dans la commune de Vesly, soulageant les pauvres, procurant aux uns du travail, aux autres des secours gratuits pendant 47 ans et plus qu'il a exercé dans la dite commune l'état de cultivateur ; ce qui lui a valu l'amitié et l'estime de ses concitoyens qui en 1789 le lui prouvèrent en le nommant électeur à la majorité de 616 voix sur 627.

L'assemblée considérant qu'il est autant de son devoir de surveiller et de dénoncer les ennemis de la chose publique que de venir au secours de ses frères opprimés, et d'un patriote reconnu pour tel par la Société populaire et républicaine de Rouen ;

Considérant que la Convention nationale s'empresse de rendre heureuses toutes les familles de la République, en répandant la paix et l'allégresse dans leur sein, il est urgent pour celle particulière du citoyen Vinot, de participer à cette joie universelle que toutes les familles éprouvent, en revoyant les uns leurs maris, leur épouse ; les autres leurs frères, leurs amis et toutes ces victimes que le tyran Robespierre avait accumulées dans ses prisons ;

A arrêté d'une voix unanime de réclamer la justice du Comité du surveillance et révolutionnaire de Rouen en faveur du citoyen Vinot afin que la liberté lui soit rendue. »

Ce fut le dernier acte important de la Société. Il y eut encore quatre séances où l'on s'en tint à la lecture ordinaire. La dernière eut lieu le 21 septembre. On lut la réponse de la Convention à l'adresse de la Société, on se donna rendez-vous pour le 7 vendémiaire à 10 heures du matin, rendez-vous qui ne fut pas tenu.

Ainsi finit ce club de village qui nous offre un tableau si vivant de la bonne harmonie qui régnait entre les habitants, malgré quelques timides délateurs. Certains traits auraient mérité d'être plus accentués, comme par exemple l'opposition faite au régime, surtout par les femmes, probablement pour des motifs religieux et à cause de la misère effroyable qui régnait partout.

La disette était telle que la Société populaire invita les cultivateurs à scier le plus tôt possible les grains qui bordaient les ravins traversant la sole des blés de crainte qu'un orage n'en amenât la perte. Les marchands de pois et de cerises qui passaient dans le village, au lieu d'argent, exigeaient du pain. Pierre Lefrançois s'en plaignit au club. « Vu la rareté des grains il était prudent et même nécessaire d'empêcher pareils abus ». La municipalité s'y employa. Maurice Dubois se plaignit aussi que malgré « la disette de comestibles, plusieurs personnes s'obstinent à garder des chiens inutiles ».

Le salaire des ouvriers, fixé par une loi cependant, n'était pas suffisant et Lefrançois proposa au club que les moissonneurs fussent augmentés. A quoi le président objecta que la loi ayant parlé, il fallait se taire. « D'ailleurs les cultivateurs de Vesly sont trop justes pour que dans les marchés particuliers qu'ils ont faits avec des ouvriers pour la récolte, ils ne fassent pas droit aux réclamations si elles sont fondées ». Lefrançois revint à la charge en demandant l'institution d'un comité chargé de procurer des secours « aux indigents qui n'osent faire paraître l'état d'indigence où ils sont ». La proposition fut jugée peu en harmonie avec les lois sur ce sujet, gênante pour les pauvres et au surplus inutile. « Les personnes qui jouissaient d'une fortune aisée, s'étaient toujours faits, non seulement un devoir, mais même une sorte de plaisir, de venir au secours des infortunés ». On fit appel à l'humanité de l'assemblée, et ce fut tout. On comprend qu'il y eut des voleurs : il fallut demander la fermeture de la ruelle Marion qui favorisait leurs exploits.

Voilà à quoi aboutissait la loi du maximum sans parler des perquisitions continuelles, de l'espionnage odieux qu'elle imposait. Tout cela uni aux réquisitions incessantes, contribuait à créer la plus pesante des tyrannies. Qu'on en juge par ce qui se passait à Gamaches (1).

Le 2 juin 1793, recensement des grains et confiscation de 639 gerbes non déclarées par Lefebvre de Chailly. Le 13 juillet, ordre d'envoyer six hommes camper à Vernon pour huit jours : c'était le moment où les Girondins essayaient de lutter contre la

---

(1) Le registre municipal est plus à jour que ceux de Chauvincourt et de Villers. Le 11 septembre 1793 le blé est tarifé au maximum de 14 l. le quintal ; en l'an III, 16 l. 9 s. 4 d. aux Andelys.

Pierre Dupérier né à Vesly en 1720 († 1795) et devenu avant 1780 receveur de la seigneurie de Voyer d'Argenson à Nouatre près Sainte-Maure (Indre-et-Loire) écrit à son neveu Claude le 18 brumaire an III. « Avec toutes les meilleures intentions que l'Assemblée a pour procurer le bien être au peuple, les malveillants y mettent tant d'entraves que tout est hors de prix. Grâce aux travaux infatigables de la dite assemblée on leur fait furieusement la chasse. Le bled se tient toujours au maximum qui est mesure de Paris 56 sols le boisseau, le seigle 40, l'orge 30. L'avoine est à un prix sans borne, le vin malgré les ordres de la Convention est très cher par un tas de gueux et d'accapareurs : il vaut depuis 160 l. jusqu'à 200. » Les idées du jour ne lui déplaisent pas, car il écrit plus haut : « Ma fille aînée qui avait épousé un ci-devant curé, vient de le perdre. C'était un excellent sujet. »

En terminant, ajoutons ce détail un peu plus à son avantage, il demande selon son habitude des nouvelles de son cher ami d'enfance Brin d'Amour. Malgré ses 74 ans et 44 ans d'absence de Vesly, il lui offre d'aller au devant de lui, de faire la moitié de la route s'il veut venir le voir. « Informe-moy, je te prie, de toute notre paroisse, de ceux qui existent comme de ceux qui n'existent plus, car je sais encore Vesly comme si j'en sortais d'hier. »

Convention. Le 28, le conseil condamne le fermier Amory à 3oo l. d'amende pour vente de blé sans certificat. Le 8 septembre nouveau recensement des grains. « Les cultivateurs seront solidairement responsables s'il y a erreur ». Le 3 oct. réquisition de matelas, de traversins et de draps pour les volontaires. Le 31, réquisition de 110 l. pour l'équipement de la cavalerie. Le 10 nov. on dresse le tableau des blés nécessaires jusqu'à la moisson : l'excédent sera envoyé ailleurs. Ceux qui feront des fausses déclarations « seront responsables des malheurs qui pourraient s'en suivre ». Le 21, défense de nourrir les porcs avec de l'orge et les veaux avec du pain, sous peine de confiscation de tout l'argent qu'on trouvera chez le contrevenant. Le 18 déc. nouveau recensement des blés.

Au début de 1794, réquisition de 87 quintaux de blé pour l'armée, sous peine d'être dénoncé « comme suspect, malveillant et rebelle ». Le 17 janvier, réquisition de 100 quintaux de blé pour les semences du district de Bernay. Le 8 mars « visites domiciliaires » pour réquisitionner les fils, chanvres et toiles. Huit jours après, réquisition de tous les sabres qui ont trente pouces de long. Ordre aux cordonniers de faire pour la troupe deux paires de souliers par décade tant que durera la guerre.

Le citoyen Siblot, représentant du peuple dans la Seine-Inférieure et l'Eure, que nous avons déjà vu à l'œuvre, par arrêté daté du Havre, — Marat ordonnait que tous les grains fussent battus le 15 germinal (6 avril) sous peine de confiscation. Tous les ouvriers furent réquisitionnés dans ce but et même les personnes « dont les occupations ne sont pas assez essentielles pour les dispenser de concourir au bien public. » Les cultivateurs protestèrent qu'il y avait encore trop à faire dans les champs pour s'adonner exclusivement à ce travail. Siblot prorogea le délai jusqu'au 15 floréal, tout en se plaignant « de l'égoïsme et de l'aristocratie qui existaient dans ces départements » si riches. Mais sur de nouvelles réclamations et de peur que la confiscation ne fît mauvais effet, il promit de la réserver à ceux qui n'auraient pas fait leur possible au jugement de la municipalité (1).

Le 2 mai le district d'Evreux vint s'assurer qu'on avait obéi. Les batteurs furent invités à dénoncer leurs maîtres. Chez

---

(1) Aulard. Recueil des actes du Comité de salut public, t. XII.

Lefebvre ils avaient travaillé de 5 heures du matin à 2 heures de l'après-midi pour 18 sols sans être nourris. Que ne leur avait-on donné plus, ils auraient travaillé plus longtemps. Lefebvre se tira d'affaire en établissant qu'il avait manqué de bras : ses ouvriers ayant été réquisitionnés dans les autres communes. Tous les batteurs du pays furent donc envoyés chez lui, le blé porté dans les granges vides et battu sans désemparer.

Le 25 mars, recensement des pois gris à domicile. Le surlendemain, réquisition de quatre hommes pour tirer du caillou au Boisdenemets. Le 3 avril, réquisition de 100 quintaux de blé pour le district ; le 8, 17 hommes sont requis pour tirer du caillou. Trois jours après, perquisition « chez tous les particuliers » pour le recensement des grains. Chez Lefebvre, toujours lui, deux tas de gerbes battues donnèrent encore 4 l. de blé, après nouveau battage exigé par l'agent national. L'ouvrier demanda grâce et promit de ne plus recommencer.

On comprend qu'un citoyen de Villers se soit écrié en parlant des perquisitionneurs : « S'ils ne volaient pas, ils ne pourraient pas perdre leur temps en visites domiciliaires. Il faudrait d'abord fouiller chez eux ». En attendant on cachait ce qu'on pouvait. On trouva du blé dans un coffre sous de l'avoine, sur le haut d'une meule de paille, jusque sous de la litière. Les commissaires dénichèrent même à Chauvincourt 23 quintaux de farine dans une voiture chargée de fumier ; mais ils durent reculer devant la fermière qui menaçait de leur « fourrer sa fourche dans le ventre », et le fermier « deux balles au travers du corps. »

Le 20 avril, réquisition pour Gisors de 8 quintaux de blé et pour Lyons-la-Forêt de 43, sous peine d'être « poursuivis révolutionnairement et mis en état d'arrestation ». Le 24, dix sacs de blé sont demandés pour le service des étapes. Le 9 mai, réquisition par la municipalité d'Étrépagny de 6 paires de traits et de 4 colliers ; le lendemain, 7 quintaux de blé sont requis pour Vascœuil, et afin d'activer la soumission des fermiers, ils logeront les deux gardes nationaux d'Andely qui ont apporté l'ordre jusqu'à complète exécution. Trois jours après, quatre citoyens de Grossœuvre, envoyés par Siblot, perquisitionnent à domicile pour le recensement des grains. Le lendemain, réquisitions de 92 quintaux de blé que l'on conduira au « bourg de l'Égalité ». Deux jours après, réquisition dans les vingt-quatre heures de

5oo quintaux de blé ou de seigle pour les Andelys. Toujours sous menace de poursuites ou de loger des garnisaires !

Le 15 juin, réquisition de toutes les armes à feu qu'on a pu trouver dans les maisons. A Villers, un citoyen ne céda qu'après avoir menacé le maire de son fusil. « Si tout le monde était comme lui, protesta-t-il, personne n'obéirait ». Le surlendemain, recensement des grains dans chaque foyer. A cette époque comme au début du XIXe siècle, chaque ménage faisait son pain, ou fournissait lui-même le grain nécessaire. On ne laissa à chacun que ce qui était indispensable pour passer deux décades. Le reste fut porté à la mairie, veillé par la garde nationale. Les conseillers y couchèrent chacun à leur tour pour voir « si la garde se fait bien ». Les pauvres qui n'avaient pas le contingent minimum venaient aux distributions de pain ou de blé.

Le 10 août, on distribua du savon à la mairie au prix maximum de 20 sols la livre. Cinq livres seulement furent réparties entre 57 citoyens. Les marchandises qu'on devait vendre au prix fixé par l'Etat se raréfiaient ou se dissimulaient : ceux-là seuls en obtenaient qui payaient non pas selon le cours officiel, mais suivant la libre appréciation du vendeur.

Rien, ni dénonciations, ni amendes, ne pouvait empêcher de tourner la loi. Selon l'attitude de l'acheteur, on lui disait qu'on n'avait pas ce qu'il demandait ou qu'on lui en donnerait pour « l'obliger ». Une bonne de chez Lefebvre fut accusée d'avoir vendu des œufs « au défaut du prix du maximum » qui était alors d'un sol la pièce, mais faute de preuves l'affaire en resta là. L'acheteur ne tenait pas à se faire partout refuser des vivres.

La fraude prenait une immense extension. On avait beau arrêter et confisquer les convois qui circulaient sans lettre de voiture : il était impossible de tout voir et de tout empêcher. Il aurait fallu que la surveillance fut partout égale. Or, ne voyait-on pas les gens des environs de Louviers venir acheter du blé « carte par carte » au marché d'Andely, à 6 l. le boisseau au prix du maximum, qu'ils allaient ensuite revendre dans le district à 11 l. Les cultivateurs se refusaient à remplir ce rôle de dupes.

La réglementation des salaires ne favorisait donc qu'en apparence la classe ouvrière. A dater de novembre 1792, le taux en avait été élevé de moitié. Voici le tarif dressé par la municipalité de Gamaches à partir du 13 juin 1794. Le labour de deux acres de terre payé 8 l. en 1793, sera payé 12. Les batteurs en grange qui gagnaient 10 sols et une demi-chopine, auront 15 sols et deux demi-setiers. « Les oûteurs qui jusqu'ici, selon l'usage de la commune, avaient 3 boisseaux par acre, en auront 4 1/2. Les boisseaux seront de même augmentés par moitié. Une voiture de transport coûtant 10 l. en vaudra 15. Rien de changé quant aux ouvriers payés et nourris par leurs maîtres. A Villers, les salpêtriers recevaient 45 sols à partir de 17 ans, 30 sols au-dessous.

Le 20 septembre 1794, la municipalité de Gamaches fixa le salaire des batteurs en grange à 6 liards par gerbe et un pot de cidre ou poiré par vingt gerbes à la journée. Pour trente gerbes, si l'on y arrive, 3 bouteilles ; pour 15 seulement, trois demi-setiers.

A toutes ces causes de difficultés, aux perquisitions et aux réquisitions qu'il serait fastidieux d'énumérer plus longtemps, s'ajoutaient les embarras causés par l'extraction du salpêtre, en vue de la fabrication de la poudre. Chaque commune avait son atelier confié à un citoyen « reconnu pour son civisme et son intelligence », avec une équipe d'ouvriers qui à Vesly semble avoir dépassé une vingtaine. La municipalité Noblet dépensa plus de 60 l. à faire « rafiler » leurs pics. C'était tout un travail de fouiller les terres, de les charrier à l'atelier, de les faire décanter dans quantité de tonneaux. D'après l'inventaire du laboratoire de Chauvincourt, 9 toises de terres fouillées pouvaient produire 18 muids d'eau à 4 ou 5 degrés et donner 60 livres de salpêtre à 6 francs la livre.

On n'était plus maître chez soi. Ordre avait été donné de lessiver les étables, granges, bergeries et tous endroits susceptibles de donner du salpêtre. Puis les ouvriers piquèrent le sol et les murs. Bonne occasion pour les délateurs d'espionner les fermiers. Le salpêtrier de Gamaches fit ainsi contre Lefebvre de Chailly une dénonciation « portant que les plus affreux des vices règnent encore dans la commune et qu'il est temps de punir les crimes audacieux des perfides égoïstes et qu'il faut veiller sur cette race infernale des ennemis de la République ».

Non seulement les fermiers « égoïstes et insouciants » n'avaient pas débarrassé leurs communs pour faciliter le piquage, mais on avait trouvé chez Lefebvre, « perfide ennemi de la liberté », des gerbes non battues dont les chevaux mangeaient le blé. Le conseil alla s'en rendre compte sur place et « pénétré d'indignation », il rapporta « cette horreur » au district. On ne sait ce qu'il en advint.

Réquisition des eaux de lessive, de la cendre ; ordre de brûler les herbes inutiles et d'expédier les cendres au district ; injonction d'envoyer les enfants recueillir des plantes dans le même but ; réquisitions de bois de saule, de futailles : il faut ajouter tout cela aux charges dont nous avons parlé (1). Les cultivateurs devaient en outre charrier des tonnes d'eau salpêtrée au chef-lieu de canton et ne pas attendre qu'un mauvais plaisant s'amusât à tourner la chantepleure, comme il fut fait à Gamaches.

La défense de la patrie qui dictait ces mesures, ne paraît pas en avoir rendu l'exécution plus facile. On cherche en vain dans nos communes cet enthousiasme révolutionnaire qui créa, dit-on, des armées : il y en a parfois dans les phrases, on n'en trouve pas dans les faits.

Le 25 avril 1794, sur douze charretiers, la municipalité de Gamaches en demande un qui aura « l'honneur glorieux de concourir au bien de la République en portant des subsistances aux armées ». Personne ne voulut de cet honneur : il fallut en réquisitionner. A tout propos cette attitude se renouvelle.

Pas plus de zèle chez les prétendus « volontaires ». Le vendredi 28 mars 1793, par ordre et en présence des commissaires étrangers au pays Brisset et Cahon, délégués pour le recrutement du canton, les 48 « jeunes gens et veufs sans enfants disponibles pour former le contingent de la commune », furent assemblés dans une salle de la Grand'Maison, empruntée pour la circonstance, faute de place à la mairie.

Le maire Gille Noblet présidait, entouré des officiers municipaux Michel Béguin, Michel Forceville, Laurent Pezet, Jean-Louis Leplat, Maurice Fondrille, sans oublier le greffier V. Féret et Marcel Duval procureur de la commune.

Après l'appel nominal des 48 « conscrits », ils décidèrent eux-mêmes, à la majorité de 43 voix contre 5, que les 8 « volontaires » à prendre dans leurs rangs seraient désignés par l'élection et non par le sort. Puis ayant nommé pour scrutateurs Laurent

---

(1) L'agent national des poudres et salpêtres à Andelys, inscrit en tête de ses ordres : « Mort aux tirans. Egalité, liberté, simplicité, célérité, sûreté dans les moyens. »

Pezet, Michel Béguin et Louis-Charles Duchêne, tous trois iné-
ligibles, ils procédèrent au vote. « Les bulletins comptés et
dépouillés, les scrutateurs trouvèrent et déclarèrent que les
citoyens Jacques Le Roux, Maurice du Périer, Louis Boutigny,
Louis Loriot, Jean-Baptiste Leroy, Guesnier, Michel d'Hotel,
Maurice Leroux ayant réuni la *pruralité* absolue des suffrages,
ont été proclamés soldats de la nation ».

Les « volontaires » ainsi désignés ne semblèrent pas apprécier
beaucoup cet honneur. Malgré l'insistance du maire, ils témoi-
gnèrent leur mécontentement en s'obstinant à ne pas signer le
procès-verbal (1) de la séance. « Vu leur refus, y lit-on, nous
avons déclaré qu'ils y seraient contraints par la loi ».

Il y eut sans doute quelque transaction, car nous voyons par
la liste des volontaires qui moururent au champ d'honneur et
appartiennent à la première réquisition, des noms étrangers à ce
premier choix. Ceux qui le purent firent sans doute comme
Maurice Dupérier. Le 2 avril « marché » fut conclu devant le
maire entre lui et Romain Bourgeois qui moyennant 250 l. « se
vendit » pour le remplacer à l'armée.

L'élan n'est pas plus vif dans les communes voisines.

A Chauvincourt, le 18 mars 1793, on demande trois volontaires.
Personne ne se présente : on dut choisir au sort parmi les citoyens
de 18 à 40 ans et, chose curieuse, il tomba sur deux étrangers. A
Guerny le même jour on dut désigner trois jeunes gens de 18 et
19 ans dont l'un avait disparu depuis le 22 février. A Villers,
personne ne s'offrant, on recourut au scrutin. Il fallut s'y reprendre à plusieurs fois quatre jours durant, et encore sur l'injonction du maire d'Étrépagny.

Il en était à peu près de même dans tout le département. Dans
le canton de Pont-Saint-Pierre, sur 50 jeunes gens de la première réquisition, écrit-on du directoire d'Evreux au commandant de la gendarmerie de Pont-de-l'Arche, « un seul a été à ses
drapeaux et cependant les autres se montrent ouvertement, et
l'on m'assure que la sécurité qu'ils affectent, provient d'égards
que les gendarmes leur portent (2) ». C'était le 18 août 1796.

---

(1) Une expédition en fut remise à chaque volontaire (Papiers de la famille Dupérier).

(2) A. E. L 356.

Avant et après cette date les registres du directoire sont couverts de mandats d'arrêter les déserteurs et de « les conduire de brigade en brigade à leurs corps respectifs ».

Quand ces singuliers volontaires partaient au régiment, on était contraint par prudence à les accompagner. Gamaches en expédia deux aux Andelys, escortés par quatre citoyens et le capitaine de la garde nationale, sous sa responsabilité. Revenaient-ils en permission, ils ne partaient qu'après de formelles sommations. Leurs parents recevaient pourtant une pension et des « dons patriotiques ». Mais les communes ne se pressaient pas toujours de s'acquitter envers eux. Vesly refusa même de loger des soldats qui passaient à cause des guerres de Vendée, le 21 octobre 1794.

Ce jour-là, par ordre de la Convention, on célébrait « les victoires des armées ». A Gamaches, bien qu'il fut interdit de travailler, « sous peine d'être déclaré ennemi de la République », deux des principaux fermiers firent labourer, dont le capitaine de la garde nationale.

Le patriotisme devait se ressentir, il est vrai, des dommages que causait le régime. L'emprunt forcé qui livrait aux regards de tous le secret des fortunes privées, ne pouvait qu'accentuer le mécontentement, et en pure perte, car on s'ingéniait à tourner la loi. Jean-Louis Guesnier de Villers qui avait été imposé à 738 l., parvint à en obtenir le remboursement. Le directoire du district reconnut qu'on avait à tort compris dans l'estimation sa monture de ferme évaluée 60.000 l. Les terres qui lui appartenaient en propre en dehors de la commune dans neuf villages, donnant un revenu global de 3.118 l., le cinquième déduit ; ses « fonds oisifs » étant estimés à 30.000 l. donnant 5 0/0, le revenu imposable égalait donc 4.618 livres au total. On devait en soustraire 1.500 l. pour l'entretien de la femme, 1.000 pour le mari et chacun des enfants : en tout, dans l'espèce, 5.500 l. Le revenu imposable étant par suite inférieur au revenu toléré, il n'y avait rien à percevoir.

Il semble que le peuple à la vue de tout ce qui se passait, devait avoir une attitude plutôt indécise. Dans un tel mélange de bien et de mal, il lui était malaisé de se reconnaître. Comment oublier la nuit du 4 août que la loi du 17 juillet 1793 était venue confirmer d'une façon si frappante par la destruction publique des titres féodaux !

A Villers, Guesnier avait réussi à les soustraire en soutenant que le seigneur (1) les avait tous emportés. A Guerny, l'ex-seigneur les apporta lui-même à la mairie. Remy Lempereur remit le 17 novembre 1793, 212 pièces concernant les possessions du prieuré de Vesly dans sa commune, 354 aveux de 1529 à 1738 à la seigneurie de Guerny, 48 cahiers de plaids, 7 registres en parchemin contenant des aveux et des terriers, 2 liasses de pièces touchant les droits féodaux, des liasses d'hommages pour les fiefs et de pièces de la sergenterie de Richeville et d'Hennezis, 8 pièces concernant la collation de la cure. Ce tas de paperasses jugées inutiles et même dangereuses, fut brûlé le 24 novembre au pied de l'arbre de la liberté.

A Gamaches le chargé d'affaires de Pierre-Henry Lefebvre de Vatimesnil apporta 289 aveux ; le citoyen de Belloy, des plans terriers, des cueilloirs de rentes, des liasses de titres du fief de Bonnemare ; Antoine Lefebvre ceux de son fief de Chailly. « Le tout délié, brouillé », fut brûlé le 20 novembre au pied de l'arbre de la liberté, au son de la cloche et du tambour, « en présence des habitants qui n'ont cessé de crier : Vive la république, vive la nation, vive la Convention ! » Ainsi finissaient, dit le registre municipal, « les papiers qui ont servi cy-devant à tourmenter l'humanité souffrante ». Il est vrai que toutes les factures en sont là !

Le peuple allait encore profiter du partage des biens communaux. A Vesly, nous l'avons vu, depuis un temps immémorial les marais de Rome et de Hardancourt qui mesurent aujourd'hui (2) un peu plus de 4 h. 58, avaient été fieffés à la communauté des habitants par le seigneur de Dangu. Depuis 1790 il était question de les partager ainsi qu'un long morceau de l'ancienne « voie de Cantiers », mesurant 3 acres 47 perches, rendue inutile par la nouvelle route de Gisors à Vernon. Après plusieurs assemblées des habitants, on avait décidé le 20 mars 1791 de laisser les choses en l'état, lorsqu'en 1793, l'affaire revint sur l'eau. Cette fois il ne s'agissait plus que de la vieille et large

---

(1) La famille Chéron, de Gamaches, les a conservés.

(2) Le cadastre de 1809 donne à celui de Rome 79 a. 73 et à l'autre 3 h. 78 a. 73. Celui de 1843 autant. On voit ce qu'il faut penser du prétendu accaparement du marais par un particulier. Les terriers lui donnent le plus formel démenti.

voie de Cantiers. Il était temps, car malgré les fossés, les riverains empiétaient. Après arpentage qui coûta 500 livres, alors que les habitants en avaient souscrit 190, le partage fut décidé par 63 voix contre 20, à l'issue des vêpres, le deuxième dimanche de brumaire 1793.

D'après la loi, tout habitant, sans distinction d'âge ni de sexe devait avoir sa part. On régla que chaque chef de famille, après avoir tiré son numéro, prendrait de suite ce qui revenait à lui et aux siens. Le 25 octobre 1794, les lignes de partage furent tracées : dans les 48 heures il fallait accepter ou réclamer. Les 2 hectares 24 ares avaient été répartis en 530 parts environ de 42 centiares traversés par un sentier. Tous les habitants de Vesly étaient propriétaires. En 1809, la majorité de ces parcelles avaient été groupées : il n'en restait plus que 114 dont les plus grandes mesuraient 3 ares 37.

L'année qui suivit aggrava encore la misère générale. La gelée avait persisté durant cinquante jours avant-courrière de la famine. Les réquisitions continuèrent à sévir.

Le peuple eut au moins la consolation de retrouver les cérémonies du culte. Le 21 février 1795 une loi en autorisait l'exercice, mais il était interdit aux communes de fournir un local. Le 30 mai, cette défense était levée. On peut présumer de ce qu'on fit à Vesly (1) par ce qui se passa à Chauvincourt. « Ce jourd'hui 3 messidor an III (21 juin 1795) de la République une et indivisible, le général de la commune de Chauvincourt demande permission de s'assembler. La municipalité l'accorde. Il réclame en exécution de la loi du 11 prairial (30 mai) l'usage de la ci-devant église paroissiale. La municipalité l'accorde.

A la municipalité se présente le citoyen François Noblet domicilié en cette commune, né à Vesly le 8 décembre 1732, déclare cejourd'huy qu'en exécution de la loi du 11 prairial concernant le service du culte, en persistant dans les serments par lui précédemment prêtés, se soumettre aux lois de la République. La municipalité, ouï le procureur de la commune, donne acte de cette déclaration. Les citoyens de la commune assemblés ont

---

(1) Le 25 septembre 1795 l'ancien trésorier Pierre Blancouyer, en charge de 1791 à 1793, se reconnaît débiteur envers l'église. Lefebvre de Saint-Hilaire le remplaçait alors dans cet office, jusqu'en 1803.

requis et choisi le citoyen Noblet pour ministre de leur culte » (1).

Or nous savons (2) que Carlier le 24 prairial an III (12 juin 1795) fit l'acte de soumission aux lois de la République, exigé du desservant par la loi du 11 prairial, pour que la municipalité pût lui concéder l'usage de l'église. Donc aussitôt, le culte fut repris dans l'antique édifice. En somme il avait été interrompu un peu plus d'un an.

Demeuraient interdits le port de la soutane, les cérémonies extérieures, l'usage religieux des cloches. Cependant à Villers dès le 22 février on sonnait l'Angelus. Jusque vers 1800, Victor Féret continua à présider le convoi des enterrements (3) au nom de la municipalité. Le cercueil était recouvert d'un drap tricolore. Jusqu'à la fin du siècle, l'église, temple de l'Être suprême, puis temple de la Raison, fut appelée officiellement le temple déca- daire. Le décadi en effet, après avoir fait sonner la cloche, le maire y donnait lecture des lois. Si les auditeurs étaient rares quand le culte était proscrit, on devait en compter moins encore alors que l'église avait repris sa destination.

Le 4 septembre 1795, Lefebvre de Saint-Hilaire était élu maire avec le frère du curé pour procureur et Lefebvre Marinville, Leroux, Périer et Blacet pour officiers et notables. C'était un signe des temps. De juin 1798 à mai 1800, le populaire Michel Blancouyer le remplaça. Quand le choix des municipalités fut réservé au préfet, Saint-Hilaire revint au pouvoir et y resta jusqu'en 1811. Il avait fait choisir pour conseillers, Marin Lefebvre, Jean-Louis Guesnier, Michel Fleury, François Mignot : princi- paux cultivateurs, Toussaint Blancouyer percepteur (4), Feu- gueur, Leroux, Fondrille, Lambert et l'instituteur. Le frère du curé était adjoint.

Les années suivantes virent la vente des derniers biens ecclé-

---

(1) On ne sait d'où vinrent les difficultés, car le 1er novembre l'assemblée des habi- tants réclame encore l'usage de l'église. Le 28 octobre Noblet avait prêté le serment exigé : « Je reconnais que l'universalité des citoyens français est le souverain et je promets soumission et obéissance aux lois de la République.

(2) A. M. Registre des pétitions.

(3) « A la personne publique chargée des inhumations 25 fr. », pour le sonneur et le balayeur du temple décadaire 15 fr. (Budget de l'an VIII.)

(4) Il y eut un percepteur à Vesly jusqu'en 1835 pour Guerny, Authevernes, Les Thilliers, Dangu, Noyers. Dès lors Vesly releva d'Authevernes, puis de Dangu et fina- lement de Gisors.

siastiques. On était alors sous le régime de la séparation de l'Eglise et de l'Etat. La totalité des terres labourables de la fabrique, formant environ 50 acres dont 3 en prairies, fut vendue, le 9 août 1796, 27.512 francs à Jacques Charpentier de Lyons-la-Forêt. Vingt jours avant, on avait vendu le vicariat. Le 29 septembre c'était le tour de l'école des filles.

Le 26 septembre 1797, le presbytère eut le même sort. Cette belle propriété s'étendant sur 1 acre 3 vergées 18 perches, soit plus de 90 ares, fut vendue 5.400 l. à un parisien. Le ministre des finances, on ignore pourquoi, fit annuler la vente. Le 25 juin 1798, Martin Beaudouin, de Pressagny-l'Orgueilleux, achetait le presbytère 5.004 livres. Carlier s'en fut habiter dans une chaumine que sa bonne possédait à Montpinçon.

Un crime atroce, tel que le village n'en avait jamais vu, signala l'année 1799 et le souvenir en est encore demeuré bien vivace. Le Moulin était alors occupé par François Heude qui vivait en outre des quelques marchandises qu'il allait vendre. Il logeait aussi des colporteurs de passage.

Par jalousie professionnelle, le soir du 2 janvier 1799, il attira traîtreusement chez lui un jeune meunier de Parnes (Oise), Hippolyte Trousseville âgé de vingt-neuf ans, marié depuis quinze mois, le larda de coups de couteau. Puis le croyant mort, il descendit dans le village faire « la saint-cochon (1) » en famille. Il manifesta durant le repas une exubérante gaieté, mangea sept bouts de boudins, quatre saucisses ; but une cruchée de cidre et une bouteille de vin.

A son retour, la victime respirait encore et suppliait qu'on l'achevât : ce qu'il fit. Mais la voiture, attelée à deux chevaux et chargée du blé des habitants de Vesly sans doute, était compromettante. Avec une méthode déconcertante, il démonta et scia par bouts la voiture dont il cacha les ferrures dans une trappe secrète : l'essieu fut dissimulé dans le tuyau du poële. Les bois et les sacs furent brûlés : le blé versé dans la trémie. Puis il alla tuer les chevaux qu'il enfouit tout harnachés, l'un au gros hêtre près du Boisdenemets, l'autre au rû de Sénancourt, près Cahaignes. Il revint enterrer dans un bois voisin du moulin le cadavre

(1) On appelle ainsi la petite fête fort simple qui a lieu lorsqu'on tue un porc. Chaque maison en élevait à cette époque.

de Trousseville qu'il avait enveloppé d'un sac. Enfin pour dissimuler ces allées et venues, il cribla de la neige en marchant à reculons autour de sa demeure.

Il ne tarda pas cependant à être découvert. Il fut pris alors d'un tel accès de fureur qu'on dut le ligoter sur une échelle pour l'emporter dans une charrette. Le 12 mai il était guillotiné à Évreux.

Vers le mois d'août 1862, quelques ouvriers extrayant de la pierre auprès du moulin, trouvèrent, à une profondeur d'un mètre, quatre squelettes en parfait état de conservation. On supposa que c'était des victimes inconnues de Heude. Pour nous il s'agit plus sûrement d'étrangers morts en passant dans le pays, sans qu'on connut leur religion, ou plutôt de pauvres gens décédés au cours d'une épidémie qu'on se sera hâté d'ensevelir au loin, de crainte de contamination. Deux inhumations analogues eurent lieu en 1640 au moulin d'Authevernes.

Naturellement de nouveau le forfait de François Heude occupa les esprits et les langues. La complainte traditionnelle fut recueillie (1) à cette date et nous a été conservée avec ses dix couplets de style tout populaire.

On ne sait rien sur « les chauffeurs » qui, d'après Charpillon, établirent leur quartier à Dangu où ils cachaient leur butin en 1795-1796. A Villers on se souvient encore de leurs exploits. A Authevernes une dame Poitevin les mit en fuite, dit-on, en leur

---

(1) *Journal des Andelys*, 21 août 1862 aux A. N. *Le Journal de Rouen* de 1795 n'en parle pas. A Evreux tout le dossier a été brûlé lors de l'incendie récent du Palais de Justice.

I

Ecoutez toute l'histoire
Du meunier de Vesly.
Horrible est sa mémoire,
Son crime est inouï.
Un garçon de moulin
Excite son envie.
Aurait-il le dessein
De lui ravir la vie.

II

En cherchant sa victime
Pour lui percer le cœur,
Il lui cache son crime
Dans un mot de douceur.
Viens, lui dit-il, voisin,
Viens avec assurance
Réparer mon moulin :
Tu auras récompense.

III

Aussitôt il lui porte
Onze coups de poignard.
Et ensuite il le porte
Dans un bois à l'écart.
Le sang de l'innocent
Vient de rougir la terre :
Prépare. Dieu tout puissant,
Prépare ton tonnerre.

. . . .

IX

Jeunesse trop bouillante,
Profitez en tout temps
De la leçon sanglante
Qu'aujourd'hui je vous rends.
Ne livrez pas vos cœurs
Aux atteintes du vice :
Le vice a des fureurs
Qui vous mènent au supplice.

X

Il monta au supplice
Témoignant des regrets
De ses noirs artifices
Et de tous ses forfaits.
Le glaive de la loi
Par devant lui s'apprête.
Etant saisi d'effroi,
Il *voit* tomber sa tête.

Le 4e couplet l'accuse d'avoir assassiné un porte-balle.

Le 10e a pu être arrangé par le journaliste.

faisant croire par d'habiles propos que plusieurs domestiques étaient là prêts à la défendre.

Le coup d'État du 18 brumaire faisait espérer l'apaisement politique. Le 7 juillet 1800, Potin de la Mairie, maire de Gisors, communiquait à Saint-Hilaire, en lui assurant que le gouvernement voulait « mettre un terme aux longues querelles qui ont été le prétexte de tant de divisions », la fameuse lettre de Fouché, ministre de la police générale, en date du 17 juin. On y lisait cette phrase typique : « que les temples de toutes les religions soient donc ouverts, que toutes les consciences soient libres, que tous les cultes soient également respectés ; mais que leurs autels s'élèvent paisiblement à côté de ceux de la patrie. » Il ne devait plus être question d'autre serment que de celui de fidélité à la Constitution (1).

Le premier Consul ordonna que, cette année-là, la fête du 14 juillet fut consacrée « à la mémoire des Défenseurs de la patrie par la célébration d'une fête à la Concorde ». Le préfet envoya aux maires une circulaire, où il opposait aux souvenirs des dissensions civiles, l'image de l'ordre et de la sécurité. « Vous ne négligerez, écrivait-il, aucun des moyens qui sont en votre pouvoir pour imprimer à cette fête le caractère de grandeur qui lui convient ». Et pour stimuler le zèle des municipalités, il leur était prescrit d'envoyer au sous-préfet un compte-rendu de « la solennité ».

Voici comment Saint-Hilaire s'en acquitta, assez joliment d'ailleurs.

« D'après la lettre du Préfet du département de l'Eure du 7 de ce mois, j'ay a vous rendre compte de la manière dont la fête de la Concorde a été célébrée dans cette commune hier 25 Messidor correspondant au 14 juillet.

Faute de fonds à ma disposition, je n'ai rien pu ordonner qui engageât de la dépense.

D'ailleurs dans les campagnes, on a beau désirer et vouloir une chose, tous les moyens manquent pour l'exécution.

Point d'artillerie, point de munitions, point de musique, point d'artistes : tous objets qui concourent puissamment à réunir les citoyens.

J'aurais pu engager les citoyens de ma commune à faire quelques sacrifices, mais j'ai été arrêté en réfléchissant que la disette d'argent est entière et le commerce nul.

---

(1) Le 15 juin pourtant, circulaire du préfet ordonnant l'observation rigoureuse de la loi sur l'interdiction des cérémonies publiques, de l'usage des cloches, etc. Le maire la lut le 1er juillet à l'église.

Enfin j'ay craint plus que toute autre chose, que la dépense ne nuisit à la rentrée des contributions.

J'ai donc été réduit à chercher dans les dispositions de tous les citoyens, s'il était possible de rendre cette fête, simple comme leurs mœurs, sans rien lui ôter de sa grandeur.

Heureusement, j'ai trouvé tous les esprits disposés. On est convenu de cesser tout espèce de travail et cette promesse a eu lieu franchement et sans subterfuge pendant tout le jour.

Comme ceux qui composent la commune professent tous le culte catholique, il s'est fait le matin une réunion dans le temple décadaire pour remercier le Dieu des armées des victoires et des succès constants de nos généreux défenseurs et pour le conjurer de nous donner enfin la paix. La solennité des plus grands jours a été employée.

Depuis et jusqu'à trois heures de l'après-midi, les citoyens se sont rendus sur les places publiques et se sont livrés à différents jeux d'exercices et à la danse.

A trois heures on s'est réuni de nouveau dans le Temple décadaire pour y réitérer les actions de grâces.

Après et jusque bien avant dans la nuit, la gaieté a reprise et s'est contenue par les danses, les jeux et les exercices dans toutes les places publiques.

Des fêtes plus brillantes ont eu lieu sans doute dans différents endroits, mais nulle part la réunion n'a été plus complète, la décence mieux observée et la joye plus vraie. Il était aisé de s'apercevoir que toute idée de contrainte et d'oppression était bannie.

Mille et mille fois le nom du Premier Consul a été répété; les uns vantaient son courage, les autres sa sagesse. Tous enfin disaient qu'il avait sauvé la patrie. La vérité de cet éloge le rend seul digne de Bonaparte.

Aujourd'hui les citoyens se sont portés au Temple pour payer le tribut de reconnaissance justement dû aux mânes de nos héros et guerriers morts au champ d'honneur. Salut et considération. »

On admirera avec quel art le maire use de périphases pour dire le plus laïquement possible qu'on a chanté la messe et les vêpres et que ce fut l'essentiel de la solennité. Malgré tous les précédents de la Révolution, on ne savait pas encore organiser de fête sans le concours de l'Eglise. Et à parler franc, vu le peu de moyens dont disposent les villages, il était impossible autrement de leur donner quelque « grandeur », comme disait si bien Saint-Hilaire. Autour de la religion l'union était encore complète.

On le vit bien lorsqu'il fut parlé de réparer le temple décadaire. Il se trouvait dans une pitoyable situation avec ses vitraux brisés et ses voûtes menaçant ruine. « Les gouttières en plomb qui existaient cy-devant avec leurs supports en fer ayant été enlevées par un particulier des Andelis, se disant à ce autorisé, il était nécessaire d'en établir de nouveau, afin d'empêcher la chute des voûtes que les pluies pénètrent depuis l'enlèvement en question ». Depuis sept ans environ l'église était dans cet état. Il fallait aller au plus pressé. On vota 145 francs notamment pour achat de plomb laminé, fer et bois, et les cultivateurs se chargèrent des charrois.

Le 1ᵉʳ novembre 1800, le maire lut à l'église « au son de la cloche » l'arrêté du préfet suspendant le port d'armes, le 31 mai 1801, la circulaire du sous-préfet des Andelys rappelant l'interdiction des processions et des sonneries. « Nous sommes arrivés, disait-il, aux époques de l'année, où les Prêtres d'un culte, autrefois dominant, se donnaient plus particulièrement en spectacle, au moyen de processions souvent répétées et, si j'en crois les rapports qui me sont faits, quelques-uns d'entre eux, abusant de la tolérance d'un Gouvernement qui protège également les citoyens de toutes les sectes, ont formé le projet de recommencer ces cérémonies publiques, contre le vœu de la Loi. On m'assure même qu'ils veulent faire sonner les cloches ». Le maire de Vesly rassura le craintif fonctionnaire. « Notre commune n'a jamais été dans le cas de s'attirer le plus petit reproche à cet égard, écrivait-il. Elle s'est toujours fait un devoir de se conformer avec la plus scrupuleuse exactitude à toutes les lois rendues en cette matière. Aussi a-t-elle été l'une de celles qui ont été le moins agitée dans tous les temps qui se sont passés ».

« Le péril clérical » ne cessait pas de préoccuper les autorités. Nicolas Lefebvre, ce prêtre insermenté que nous avons vu partir en Angleterre, avait averti Fouché, ministre de la police, qu'il se proposait de rentrer en France et de s'établir à Vesly. Le sous-préfet notifia au maire, le 17 novembre, que l'émigré était tenu de venir aux Andelys prêter devant lui le serment requis : « Je jure d'être fidèle à la Constitution ». Le 30, cet ordre n'était pas encore parvenu à destination. Néanmoins le 1ᵉʳ décembre Nicolas Lefebvre prêtait serment entre les mains du maire son cousin.

« Au surplus, écrivait Saint-Hilaire au sous-préfet, c'est un citoyen de mœurs les plus douces, qui a toujours été étranger à tout esprit de parti. Malheureusement pour lui le terme fixé pour le serment était expiré lorsqu'il voulut le prêter : ce qui le mit dans le cas de la déportation ». L'ombrageux fonctionnaire ne fut qu'à moitié rassuré, car le 23 février 1801, il rappelait au maire que Nicolas Lefebvre ne pouvait sortir du département sans passeport et insistait pour être averti de suite s'il « donnait la plus légère inquiétude ». Le fait qu'il ne s'était pas présenté devant lui pour le serment continuait à le tracasser. De nouveau Saint-Hilaire le rassura. « Vous pouvez être tranquille quant à la conduite politique et morale de ce citoyen. Cet homme qui ne se mêle en rien de ses anciennes fonctions, se contente de jouir d'un patrimoine très honnête que lui a laissé son père, en faisant le meilleur usage : il jouit de l'estime générale de tous ses voisins. » Nicolas Lefebvre allait bientôt se retirer à Écouis où il devait mourir vers 1830.

Le service des postes était alors assez mal fait, on l'a vu. En octobre 1800, le sous-préfet avait établi six piétons, chargés spécialement de porter les ordres administratifs dans l'arrondissement, en passant deux fois par décade dans chaque commune. Ce fut encore pis. Le vieux soldat qui desservait Vesly n'en pouvait mais... Il fallut abandonner l'innovation.

Une corvée très pénible allait être imposée aux habitants à la suite des attentats contre les diligences. Dans la nuit du 13 au 14 septembre 1800, la malle qui faisait le service de Paris à Rouen fut pillée entre Frenelles et Mussegros sur la commune de Boisemont par une vingtaine de brigands qui enlevèrent 15 à 1800 fr. La nuit suivante, la diligence était arrêtée à Authevernes par huit à dix brigands sous la conduite du même chef qui déclara aux voyageurs « qu'il faisait son métier et qu'il le ferait jusqu'à la destruction du gouvernement. »

Le sous-préfet se transporta sur les lieux et après avoir parcouru le trajet de la malle, il écrivit d'Écouis, le 29, à « Daniel Boisdenemets » : « Le hêtre qui borne le chemin de Rouen à Paris et l'ancien chemin de Vernon à Gisors peut servir d'embuscade aux brigands : il serait utile que cet arbre fut coupé. Nous croyons qu'il est de notre devoir de vous inviter à l'ôter ainsi que les buissons et épines qui le longent. Il le priait également de « faire couper toutes les portions de bois qui allaient jusqu'à son mur ».

Quinze hommes de cavalerie avaient mission d'escorter la diligence d'Ecouis à Saint-Clair-sur-Epte. Le commandant se plaignit que cette course épuisât les hommes et les chevaux et obtint que le détachement serait partagé en deux piquets dont l'un séjournerait aux Thilliers, l'autre à Écouis : chacun devant couvrir la moitié de l'étape. Deux jours après, le 1er octobre, les maires des 15 communes limitrophes de la route sur le trajet compris d'Ecouis à Château-sur-Epte, se présentaient aux Andelys, appelés par le sous-préfet. Ils devaient s'entendre pour fournir des gardes nationaux auxquels on assignerait un certain parcours sur lequel ils se joindraient au piquet de cavalerie. Vesly fut requis d'envoyer quatre hommes chaque nuit aux Thilliers.

Malgré ce déploiement de forces, la diligence fut encore arrêtée le 24 décembre à Boisemont au même endroit que deux mois auparavant. Le 5 janvier 1801, les brigands opéraient à Authevernes. Vers onze heures du soir, les deux gardes-nationaux du village, de service cette nuit-là, dont était J.-B. Duvivier, « bas d'estamier chez le citoyen Cantelou », allaient et venaient sur la route, lorsqu'il leur prit idée d'entrer dans la carrière qui se trouve à peu près en haut de la côte qui regarde les Thilliers. Aussitôt dix hommes les entourent, les couchent en joue à bout portant, les obligent à retirer la pierre de leur fusil et à quitter leurs armes. On les fait avancer dans la carrière leur « défendant de branler ».

Le chef de la bande, haut de 5 pieds 2 pouces, au visage marqué de petite vérole, chaussé de bottes anglaises, était vêtu d'une redingote de couleur verte ou violette et « coiffé d'un chapeau à la Souvaroff » avec deux glands garnis d'argent. Il paraissait avoir de vingt-quatre à vingt-cinq ans. Parmi ses compagnons les plus marquants, un grand portait un surtout d'étoffe blanche, un chapeau rond à haute forme, une carnassière, était armé d'un fusil simple, d'un pistolet et d'un sabre et semblait avoir quarante ans ; un autre revêtu d'une veste grise, couvert d'un grand chapeau à cornes rabattu sur la figure, tenait un fusil à deux coups et paraissait âgé de vingt-deux à vingt-trois ans ; un troisième, haut de 3 pieds, avec chapeau rond à coiffe, veste bleue et bottes molles, avait sa chevelure blonde éparse sur son long visage. Les six autres brigands, habillés de différentes couleurs, n'étaient que des paysans, parlant le langage des environs. Deux pouvaient avoir de quarante à quarante-cinq ans, le reste était des jeunes gens de l'âge de la conscription.

Tandis que l'un d'entre eux faisait le guet, ils proposèrent à Duvivier d'entrer dans leurs rangs. Quant au chef qui se tenait le plus souvent près de la route, il déclara que la République lui avait volé 40 acres de terre. Il fallait donc qu'il ruine la

République ou qu'il y perde la vie. « Il volerait les diligences jusqu'à ce que Louis XVIII soit sur le trône ».

Lorsque la diligence parut vers deux heures du matin, ils s'élancèrent à la tête des chevaux des deux chasseurs qui l'escortaient et arrêtèrent la voiture. Un seul était resté dans la carrière à veiller sur les deux gardes-nationaux qui ne montraient pas grand courage. Le chef annonça qu'il ne prendrait rien aux voyageurs : il n'en voulait qu'aux sommes appartenant à l'Etat. Le conducteur assurant qu'il n'y en avait pas, ils exigèrent la liste, firent débâcher la voiture et ouvrir le coffre, puis tous les bagages. Ils enlevèrent ainsi 200 francs du portefeuille d'un voyageur ; 24, 48, 191 fr. 70 à d'autres particuliers et 200 francs au conducteur auquel ils eurent l'amabilité de rendre 12 francs et deux rouleaux de 10 sols en centimes.

Le pillage dura une heure environ. Alors les brigands se firent accompagner des gardes-nationaux, des chasseurs et du conducteur, jusqu'à une portée de fusil tout en haut de la côte, et les congédièrent. On ne put voir ainsi de quel côté les voleurs se dirigeaient. A quatre heures du matin, la diligence était à Saint-Clair où fut dressé le procès-verbal de l'attaque.

La surveillance ne fut donc pas ralentie. En mars 1801, quatre soldats du 11ᵉ régiment de cavalerie (1), puis sept peu après, furent cantonnés à Vesly avec mission d'escorter les diligences chacun à leur tour. Néanmoins quatre gardes-nationaux du village continuaient le service de nuit aux Thilliers. Le maire s'en plaignit le 5 août. A cause du mauvais état des chemins, le passage ne se faisait point à heure fixe surtout l'hiver : les hommes restaient donc dehors toute la nuit sans abri : ni tente ni guérite. Le tour de chaque habitant revenait au moins une fois par mois. De plus ces quatre hommes étaient fatigués par le travail de la journée et mal armés. La voiture va au trot : ils ont beau courir, ils ne peuvent la suivre. « C'est uniquement, concluait-il, pour voir passer la diligence que ces quatre hommes se dérangent de leur foyer et passent la nuit ».

Le maire proposait donc qu'on lui donnât aux frais de la commune un huitième cavalier et qu'on déchargeât les habitants de

---

(1) Ce piquet de cavalerie se signala lors de l'incendie des maisons Herpin et Duchesne au Montpinçon le 21 mars 1802.

cette corvée. Dans un temps où le blé était si cher, tous avaient grand besoin de leur travail. Le général de brigade Laroche, commandant le département, répondit qu'il n'avait pas d'hommes et que le maire savait à quoi il s'exposait s'il ne remplissait pas son devoir.

L'insécurité allait grandissant. Les attentats, meurtres et vols se multipliaient dans la région. Dans la nuit du 29 au 30 mars, Lefebvre de Gamaches, fut volé par cinq brigands qui, tenant en respect les gens de la maison, brisèrent le coffre-fort à coups de hache et enlevèrent 20.000 francs. Le lendemain, les voleurs « travaillaient » à Villers chez le maçon Auger. Dans ces conditions, il n'est pas surprenant que la venue d'un inconnu à Vesly, le 14 septembre, et les questions qu'il posa, aient mis tout le village en émoi.

En 1807, les habitants étaient encore astreints au service de l'escorte des diligences. Ce voyage de nuit « dérisoire », comme l'avait qualifié Saint-Hilaire, ne paraît pas avoir effrayé beaucoup les malandrins. Le 22 décembre 1805, la diligence était arrêtée au bas de la côte d'Authevernes par cinq voleurs qui la délestaient de 809 livres. Le 13 février 1806, même manœuvre par les mêmes hommes sans doute et butin de 4.000 l. appartenant à l'Etat. Le 31 octobre, autre pillage de la malle près du moulin de Mouflaines (1).

Nombre de ces malfaiteurs s'étaient recrutés parmi les déserteurs. Le 29 juin 1795, le général Laroche avait été contraint d'envoyer un détachement dans les arrondissements de Louviers et des Andelys afin d'obliger les conscrits à partir. Villers avait ainsi reçu dix gendarmes et vingt soldats d'infanterie qu'on dut héberger aux frais des habitants jusqu'à ce que les réfractaires se fussent soumis. Dans le canton de Mainneville en juillet, les déserteurs se retiraient dans les bois et le soir allaient dans les villages à la recherche des vivres.

---

(1) Sur ces 3 derniers vols cf. « A la barre de l'Histoire » par Marcel Frager. Paris, Hachette, 1911. On y verra comment « un policier dilettante », en mal de décoration, compromit des innocents dans cette affaire. Je ne sais où l'auteur a vu (p. 8) que de Boisdenemets avait émigré. Le 6 ventôse an II (20 février 1794) il vend à Maurice Dupérier une coupe de bois taillis dans son parc, 250 l. l'arpent. Il n'avait donc pas quitté le pays.

Cf. aussi. « Pièces justificatives de l'innocence de J. P. Aubin et son épouse... devant la Cour criminelle spéciale du département de l'Eure. » Evreux, 1809, in-8°.

Le 16 mars 1802, les gendarmes arrêtèrent à Vesly dans ces mêmes conditions un ouvrier charron nommé J.-B. Blacet. Quant on l'eut découvert caché sous son lit, il protesta parce qu'il y avait dans la commune six ou sept déserteurs auxquels on ne disait rien. Le maire qui vraisemblablement fermait les yeux, fut blâmé de n'avoir pas pris ses mesures plus tôt. Les guerres interminables de l'Empire ne pouvaient qu'augmenter ce contingent de réfractaires que nous avons vu se former dès 1792.

L'arbre de la liberté se dressait encore sur la place du Carouge. C'était au moins le troisième depuis l'ouverture de la Révolution (1), car les autres avaient péri. Celui de Villers, bien qu'il eut été arrosé en août 1793 d'un muid de cidre acheté 24 l. par la municipalité, avait pourri sur place et le 14 juillet 1799, ô dérision, il était vendu 4 fr. 50 à l'instituteur avec un arbre mort du cimetière.

A Vesly, le 8 juin 1801, une voiture chargée de trois arbres, appartenant au sabotier Lefrançois, conduite par deux enfants, renversa le malheureux arbre. Le jour même Lefrançois s'engageait par écrit à le remplacer à ses frais « par un tilleul de belle venue et bien vivace du 25 brumaire au 15 frimaire prochain, au même endroit où était l'ancien », promettant même « de l'armer pour le mettre autant que faire se pourra hors d'insulte ». Un peuplier fut planté au coin de la place et de la rue de l'Ormitel Auger et entouré d'un mur circulaire se rattachant à ceux de l'enclos Saint-Hilaire, l'y enclavant en quelque sorte. On l'appela « le peuple de la tourelle ». Celle-ci fut achetée et démolie par la commune vers 1880 : ses fondations sont encore visibles.

Cette même année 1801, Bonaparte signait la paix entre l'Eglise et l'Etat par le Concordat. En octobre 1800 le gouvernement avait fait procéder à une enquête sur le clergé et voici la note attribuée à Carlier par la préfecture. « Ex-curé, digne de l'estime et de la considération publique, ami des lois, instruit (2) ». Il fut maintenu à Vesly.

Le 15 décembre 1802 (24 frimaire, an XI), tous les curés de

---

(1) Deux arbres avaient été achetés 6 fr. dans ce but depuis 1797.
(2) *Revue catholique de Normandie*, 15 janvier 1912.

l'arrondissement (1) vinrent dans l'église du Grand-Andely prêter serment à la Constitution en présence du sous-préfet qui leur adressa un discours.

« Messieurs les desservants, dit-il. En présence du peuple et des principaux fonctionnaires publics de mon arrondissement, je viens dans le sanctuaire de la Divinité recevoir de vous, au nom du gouvernement, le serment que vous devez prêter.

Vingt-quatre frimaire de l'an XI, que tu vas laisser de délicieux souvenirs dans l'âme des fidèles du département de l'Eure. Ils se rappelleront toujours avec un nouveau plaisir d'avoir été les témoins de l'engagement solennel des ministres d'un culte qui doit les rendre heureux.

Grâces te soient rendues, héros immortel qui après avoir pacifié l'Europe entière, as rétabli en France cette religion qui fait la consolation des familles.

L'instant est arrivé, Messieurs, où vous allez, la main sur les saints Evangiles, promettre à Dieu de garder obéissance et fidélité au gouvernement établi par la Constitution de la République française.

Vous êtes pénétrés de l'engagement que vous prenez et vous connaissez les devoirs que vous vous imposez : ils sont grands sans doute, mais ils sont sacrés. Vous les remplirez, Messieurs, et le gouvernement n'aura jamais à punir un parjure.

Vous la garderez cette obéissance et cette fidélité que vous allez promettre au gouvernement, mais vous ne bornerez pas là votre engagement. Chacun de vous va se rendre à son poste où il est appelé. Vous allez enseigner la morale chrétienne et faire professer dans toute sa pureté cette religion sublime qu'enseigne votre divin législateur.

Vous ramènerez les brebis égarées au bercail, vous prêcherez l'union, la concorde, l'oubli du mal et l'attachement qu'on doit à son prochain. Vous prêcherez l'obéissance au gouvernement et le respect aux propriétés et vous ferez respecter aussi les actes civils, consommés par l'autorité, avoués par le gouvernement.

Pour obtenir, Messieurs, un succès complet et remplir votre tâche avec honneur, vous donnerez l'exemple, et chacun à l'envi imitera son pasteur.

Le Concordat a mis un terme aux divisions de l'Eglise. Vous ne devez plus être tous qu'une assemblée de frères uniquement occupés au salut de vos ouailles. Plus de haine, plus d'esprit de parti, plus d'opinions diverses. En mettant la main sur les saints Evangiles, rappelez-vous que les plaies sont cicatrisées et que vous ne devez plus vous souvenir des maux que vous avez soufferts.

La tolérance, Messieurs, doit être une de vos principales vertus et ce ne sera qu'en la mettant en pratique que la religion que vous professez fera des prosélytes. Vous recevrez avec bonté, vous parlerez avec douceur, vous servant ainsi des armes de la persuasion. Vous obtiendrez facilement cette confiance entière, ce saint respect dont doit être entouré tout ministre des autels.

Vous marcherez sur les pas de votre digne évêque qui sait si bien répondre aux intentions du premier Consul (2).

On ignore pour quel motif il fut question de déplacer le curé Carlier. Le 16 août 1803, le maire Saint-Hilaire fut obligé de

---

(1) 76 étaient présents ; il en manquait 17 à 18 qui prêtèrent serment individuellement à la sous-préfecture, selon leur commodité.

(2) Il termine par un compliment à l'évêque et au curé du Grand Andely.

réclamer son maintien à Mgr Bourlier. Deux jours après, arrivait une nouvelle supplique des habitants (1). Satisfaction leur fut accordée : on leur laissa le pasteur qui, après avoir connu chez eux de bien tristes jours, pouvait y rester pour en connaître de meilleurs.

De nouveau en 1805, la question fut agitée de changer Carlier, mais cette fois, pour priver la paroisse de curé. L'évêque, le 23 mars, conformément à un décret impérial, avait envoyé une circulaire enjoignant au maire de réunir les habitants en présence du conseil municipal, afin de s'engager à garantir au curé une subvention de 500 francs par an, puisque jusqu'alors l'Etat ne payait pas les desservants.

Peu de personnes vinrent à la réunion : c'était, écrit Mignot, « la partie la plus saine des habitants ». Aucun ne voulut s'engager : on continuerait à faire ce qui avait été réglé « après l'établissement des succursales ». Mignot en effet avait alors convoqué quelques paroissiens, « auxquels j'exposai, dit-il, la malheureuse situation de notre desservant. Je les engageai à faire quelque sacrifice pour lui à cette époque. Chacun promit à peu près suivant ses facultés, en formant un traitement même au-dessus de 500 francs. La majeure partie se composait des offrandes des fermiers. Chacun a rempli ses engagements jusqu'à présent et promet de toujours continuer. »

A quoi bon d'ailleurs un engagement officiel ? Un fermier peut-il grever de charges le bien de son propriétaire ? Celui-ci paiera-t-il pour un prêtre dont il n'habite pas la paroisse ? Au reste Carlier n'avait pas à se plaindre : il était bien logé ; l'église était bien entretenue, bien munie. L'Etat seul pouvait résoudre ces difficultés. En attendant Mignot demandait le *statu quo*.

A cette lettre du 16 mai, le vicaire général de la Brunière répondit par une mise en demeure catégorique. Nouvelle assemblée des habitants. « J'ai tâché de leur faire sentir, écrit le maire, combien il serait désagréable et malheureux d'être privé d'un ministre du culte catholique, sans lequel aucun secours ni aucune consolation du côté de la religion. Ils ont répondu que ce serait

---

(1) Registre du secrétariat de l'évêché ; A. E. Le lundi 11 juin 1803 eut lieu à Gisors la première confirmation depuis le Concordat. Les enfants de Vesly y prirent part avec ceux de huit autres paroisses.

avec la plus grande peine qu'ils verraient leur église fermée ». Mais ils s'entêtaient à ne pas garantir les 500 francs par des impositions ou un abonnement obligatoire.

Pourquoi ne pas laisser à Vesly la part d'impôts qu'il paie indirectement pour les titulaires des cures reconnues? Le desservant ne recevant rien de l'Etat, pourquoi se grever de charges qui ne lui serviront pas? « Les habitants ne veulent pas souscrire, mais ils se sont abonnés et paient volontairement 500 francs et plus ». Avec sa pension, cela valait à Carlier plus de 900 francs. « Ils avaient fait pour leur desservant tous les sacrifices que sa position exigeait d'eux ».

Cette plaidoirie semble à vrai dire quelque peu étrange, car, si réellement les paroissiens faisaient pour Carlier ce que Mignot assurait, quelle difficulté y avait-il à changer leurs offrandes volontaires en centimes additionnels qui du moins auraient réparti la charge de ce traitement d'une manière proportionnelle aux impositions de chacun? Absolument aucune. Cette attitude est donc louche et laisse supposer qu'on promettait au curé plus qu'on ne donnait. N'avait-on pas été habitué à recevoir beaucoup de lui, car ce devait être le cas de Carlier. Sans sa générosité pour les pauvres, il ne lui aurait pas fallu demander un traitement. Il aurait eu le temps avant 1793 d'amasser quelque bien.

Au fond on ne croyait pas qu'un si gros village put avoir son église fermée. « La population de Vesly ne permettrait pas qu'on la réunisse à aucune autre église voisine, car si le peuple de Vesly allait ailleurs à l'office comme il y va à Vesly, il n'y a aucune église voisine qui put le contenir » (1). On fréquentait donc beaucoup les offices, mais on n'aimait point à en payer les frais. Cet état d'esprit n'est pas totalement disparu.

L'affaire en resta là. Le décret de 1807 heureusement classa Vesly au nombre des succursales rétribuées. Malgré qu'on fréquentât beaucoup l'église, la paroisse était peu réputée. Les dernières années de Carlier ne devaient pas contribuer à en relever le niveau. En effet en juillet 1814, le doyen de Gisors avertissant l'évêché que trois ecclésiastiques de retour d'exil, s'étaient arrêtés dans sa ville, écrivait : « L'un d'eux est de Vesly, mais

---

(1) A. E. 11 V 3.

on croit qu'il ne voudra pas desservir Vesly. Cet ecclésiastique très vertueux voudra une paroisse plus religieuse » (2). Le doyen de Gisors était bien placé pour connaître le pays !

La loi du 18 germinal, an X (8 avril 1802), conformément à l'article 9 du Concordat, stipulait que les évêques, d'accord avec le gouvernement, régleraient le nombre et l'étendue des paroisses de leurs diocèses. Lorsque l'évêque d'Evreux, Mgr Bourlier, y pourvut par son ordonnance du 11 vendémiaire, an XI, Vesly demeura paroisse, mais Noyers, village voisin distant d'environ deux kilomètres, lui fut annexé, malgré les plaintes des habitants (3). Vainement ils représentèrent à l'évêque qu'ils désiraient avoir un curé bien à eux, qui célébrât dans leur église le culte dont elle était privée « depuis de longues années ». La paroisse demeura supprimée et elle l'est toujours.

On devine l'accueil que Noyers fit à la municipalité de Vesly lorsqu'elle l'invita à payer sa part des charges du culte commun aux deux localités. Il fallut en appeler au préfet, mais sans résultat. Alors on se rabattit sur « les effets mobiliers » de l'église de Noyers. Légalement supprimée, ses dépouilles devaient revenir à la seule église autorisée. Des démarches furent faites en ce sens, mais on avait affaire à forte partie.

Le domaine des seigneurs de Noyers dont l'église est comme une dépendance, jadis propriété d'un ministre et secrétaire d'Etat de Louis XIII, appartenait alors à François Barbé-Marbois, ministre du Trésor. Il prit en main les intérêts des habitants. La clef de l'église fut bien, au début de 1804, remise au maire avec défense de la confier à personne, mais le préfet ordonna que provisoirement, les cloches, l'horloge, l'autel de marbre, les statues, les boiseries de la chaire et autres objets, resteraient en place dans l'église, quoique faisant partie du mobilier transféré à Vesly. Le provisoire dure toujours.

Le 5 décembre 1804, Barbé-Marbois se faisait adjuger à la préfecture de l'Eure pour 24.000 francs, sur une mise à prix de 700,

---

(2) Registre du secrétariat de l'évêché. Lettre de l'abbé de la Brunière à Mgr Bourlier le 19 juillet.

(3) Registre du secrétariat de l'évêché.
D'octobre 1802 à octobre 1807, sur 12 habitants décédés à Noyers, 4 furent inhumés dans le cimetière de Vesly.

l'église de Noyers vendue comme bien national. Il la sauvait ainsi de la destruction qui frappait alors des centaines d'églises, et le 20 janvier 1805, il obtenait de Napoléon Ier un décret qui autorisait l'exercice du culte à Noyers. Le sous-préfet engagea donc le maire de Vesly « à ne rien exiger et à regarder les choses, comme elles étaient avant la réunion des deux paroisses ». Pourtant le culte n'y fut pas repris. Barbé-Marbois, comme paroissien de Vesly, donna quelques belles chasubles à l'église (1). Dès 1807, par un décret établissant 20.000 succursales à la charge du Trésor, Noyers ne fut détaché de Vesly que pour être annexé à Dangu, et il l'est encore.

---

(1) De là sans doute ce bruit que Vesly se serait emparé des plus beaux ornements sacerdotaux de Noyers. La persistance de ces souvenirs atteste l'ardeur de la querelle. La duchesse de Plaisance, fille de Barbé-Marbois, laissa en 1844 à la commune les ornements et vases de l'église au cas où le culte y serait repris.

CHAPITRE VII

VESLY A L'ÉPOQUE CONTEMPORAINE.

L'Empire et l'invasion des Alliés. Enfants du pays morts sous les drapeaux. Dernières années de Carlier. La Restauration. Ministère de l'abbé le Bret. La Charité. Lutte entre les Guesnier et les Mignot. La République et le second Empire. L'abbé Saint et les vocations sacerdotales. Largesses des Saint-Hilaire. La guerre de 1870 et la querelle des réquisitions. La distribution des eaux et la création de divers services. La fin du régime concordataire.

En mai 1810 les habitants de Vesly eurent l'occasion d'aller acclamer Napoléon alors à l'apogée de sa gloire et dont ils avaient dû entendre souvent parler le garde-champêtre Etienne Parmentier, ancien canonnier de la garde des consuls, et les jeunes gens au service comme Pierre Robine, Gilles Duval, Jean-Baptiste Brochard, Louis Mars. L'empereur venait d'épouser Marie-Louise et, voyageant avec elle, allait passer sur la route de Rouen. L'administration réquisitionna donc dans le village des chevaux et des voitures qui devaient être conduits aux Thilliers. On allait bientôt déchanter.

En 1813 « la section » de Dangu, Noyers, Chauvincourt, Guerny et Vesly dut fournir la somme nécessaire à l'achat, l'équipement d'un cheval et l'enrôlement d'un homme (1) pour la remonte de la cavalerie. La dépense fut payée par les possesseurs de chevaux au prorata de la population. Le 16 février 1814, les Alliés approchant de Paris, on réquisitionne 80 sacs d'avoine et 1.200 bottes de paille pour le 23ᵉ régiment de chasseurs à cheval campé à Gisors. D'autres réquisitions furent faites pour huit régiments de cavalerie qui passèrent dans cette ville et aussi pour les

---

(1) Un grenadier des chasseurs de la garde.

blessés soignés à l'hospice des Andelys : on n'oublia pas les bonnets de coton. Le maire invita les citoyens « à faire quelque léger sacrifice pour conserver la vie à ceux qui l'ont tant de fois exposée pour nous ». On ne fut pas très généreux. La misère était grande sans doute, car dès 1812 un comité s'était formé dans le canton de Gisors pour la distribution aux indigents de soupe à la Rumfort, potage économique composé de toutes sortes de légumes. Le maire de Vesly en avait été nommé membre. Des prisonniers espagnols séjournaient alors dans le pays. Dans le canton d'Etrépagny, ils étaient répartis dans la proportion d'un par trente habitants. L'un d'entre eux qui était prêtre, desservit Vesly en 1814.

L'année suivante, la France une deuxième fois envahie, le 5ᵉ régiment de « hussards » anglais campa dans le village. On y vit aussi des prussiens : des détachements de la 26ᵉ brigade, du 3ᵉ et 4ᵉ lanciers comprenant 60 hommes et 60 chevaux, du 3ᵉ régiment d'infanterie dont le colonel fit tenir à sa disposition par les fermiers quinze chevaux prêts à atteler. Les réquisitions, si l'on s'en tient au chiffre du remboursement effectué par l'Etat, s'élevèrent à 2.732 francs, (1)

Donnons ici un souvenir aux enfants de Vesly morts sous les drapeaux durant les guerres de la Révolution et de l'Empire. Leurs noms méritent d'être rappelés aux générations présentes et à venir que la patrie demande pour son service, quel que soit celui qui tienne le drapeau.

Etienne Gasse, fils de Guillaume Gasse et de Marie-Elisabeth Lambert, né à Vesly le 28 février 1772, « volontaire de la première réquisition », mort à Vesly le 19 messidor an II (7 juillet 1794).

Maurice Pierre Leroux, fils de Nicolas Leroux et de Marie Lefebvre, né à Vesly le 22 mai 1765, caporal à la 6ᵉ compagnie du 2ᵉ bataillon de l'Oise, mort à l'hôpital de l'Union à Bruges (Belgique) le 19 nivôse an III (7 janvier 1795).

Jacques Magnan, né à Vesly de Nicolas Magnan et de Geneviève Mabille, le 30 novembre 1767, volontaire, décédé à Vesly le 19 nivôse an III (7 janvier 1795).

Pierre Gasse, né à Vesly le 18 juillet 1766, fille de Jean-François Gasse et de Barbe Bigaut, fusilier au 4ᵉ bataillon des Deux-Sèvres, décédé à l'hôpital militaire de Landau (Bavière), le 2 pluviose an III (21 janvier 1795).

Guillaume Thiberge, né à Vesly le 28 octobre 1768, fils de Maurice Thiberge et de Madeleine Dussaux, fusilier à la 2ᵉ compagnie du 2ᵉ bataillon de la 47ᵉ demi-brigade,

---

(1) Le budget de la commune porte 27 fr. pour les enfants trouvés de 1814 et 60 fr pour ceux de 1815.

mort des fièvres à l'hôpital militaire sédentaire de Strasbourg le 19 brumaire an IV (9 novembre 1795).

Edouard Blancouyer, né à Vesly le 5 avril 1787, de Pierre Blancouyer et de Marie-Anne Fontenay, garde à la compagnie d'élite du quartier général impérial, assassiné à Lamata, province de Valladolid en Espagne, le 27 mars 1809.

Joseph Béguin, fils de Michel Béguin et de Marthe de Lafosse, né à Vesly le 30 vendémiaire an III (9 octobre 1794), du 2ᵉ régiment de voltigeurs de la garde impériale, mort à Reims le 6 février 1814. Il était sans doute de l'armée avec laquelle Napoléon fit la glorieuse campagne de France.

Rémi Gasse, fils de Guillaume Gasse et de Marie Marguerite Périer, né à Vesly le 3 juin 1791, mort à l'hôtel-Dieu de Paris le 30 mars 1814, le jour même où Paris capitulait devant les Alliés. Il avait sans doute été blessé à la défense de cette ville.

Maurice Alexandre Dupérier, soldat au régiment de flanqueurs-grenadiers, 2ᵉ bataillon, 4ᵉ compagnie, fils de Maurice Dupérier et de Françoise Lafosse, né à Vesly le 1ᵉʳ juin 1794. Il faisait partie des recrues appelées pour la campagne de Saxe après la retraite de Russie. Arrivé au corps le 11 avril 1813, il entra à l'hôpital de Leipsick le 13 octobre et ne reparut plus. La célèbre bataille du même lieu commença le 16.

En 1818 et en 1820 la famille Dupérier fit faire des recherches par l'entremise d'une veuve Raimon, ex-cantinière aux armées, retirée à Vesly. Elles s'arrêtèrent au séjour à l'hôpital : on ne put jamais rien savoir d'autre.

Ajoutons à cette liste si suggestive un soldat mort en station à Vesly : Antoine Guigné ou Vinel, volontaire au 74ᵉ régiment d'infanterie, compagnie de Subri, né à Saint-Pellerin, district de Dreux (Eure-et-Loir), décédé, à 25 ans environ, le 30 nivôse an II (17 janvier 1794).

Depuis parmi les enfants du pays morts à l'armée, il faut citer Charles Guesnier, fils de Jean-Louis Guesnier et d'Aimée-Félicité Legendre, né à Vesly le 6 mai 1826, lieutenant au 1ᵉʳ régiment de tirailleurs algériens, décédé à l'hôpital militaire de Blidah le 6 septembre 1866. Il avait pris part à l'expédition de Crimée. Le 9 février 1855, il écrivait à ses frères Louis et Narcisse, négociants à Paris, du bivouac près Sébastopol. « Le siège se continue avec vigueur, les opérations vont se compliquer et il est probable qu'avant peu, on nous annoncera le dénouement de cette attaque prodigieuse. Le temps devenant meilleur, les maladies disparaissent et avec le beau temps reparaîtront l'entrain du soldat français et la vaillance habituels. Nous sommes campés sur le terrain qui servit de théâtre à la bataille d'Inkermann, prêts à recommencer, s'il le faut, ce combat de géants. »

Il espère échapper à la mort sans la craindre et ne songe qu'à consoler sa mère qui venait de perdre son mari. Le dénouement du siège de Sébastopol, commencé en septembre 1854, devait tarder jusqu'au 8 septembre 1855. Ce jour là, il écrit à ses frères : « A midi précis nous attaquons Sébastopol ou plutôt nous attaquons la ville. C'est mon bataillon qui aura l'honneur d'entrer le premier. Ce qu'il y a de plus honorable, c'est que ma compagnie sera la première de toute la colonne d'attaque.

Ainsi la 1ʳᵉ compagnie du 17ᵉ bataillon dont je suis sergent-major franchira le parapet à midi ; elle sera suivie à vingt pas par la 2ᵉ compagnie, et ainsi de suite jusqu'à la gauche du bataillon, puis viendront les colonnes d'infanterie.

Nous avons l'ordre de marcher en avant jusqu'à ce que nous ayons chassé tous les Russes de la ville : le soir, pas un russe ne doit y coucher. L'attaque aura lieu sur toute la ligne : ainsi vous pouvez vous faire une idée du tapage. J'espère et même je suis convaincu que nous allons en finir. Ce n'est pas trop tôt, car les divisions sont fatiguées du siège : aussi marchera-t-on avec ardeur. »

La pensée de la mort ne trouble en rien cet entrain chevaleresque. S'il est tué, qu'on en prenne son parti et surtout qu'on l'apprenne « à sa pauvre mère le plus doucement possible ». De tels sentiments en face de la mort honorent grandement et la mère et le fils. Son corps repose à Vesly dans le tombeau de la famille.

La guerre d'Italie emporta Ernest-Victor-Augustin Mignot, fils du maire François Mignot, sous-lieutenant au 85ᵉ régiment d'infanterie, né le 3 novembre 1836. Il mourut le 27 juillet 1859 à l'hôpital de Crémone des suites de ses blessures.

La guerre de 1870 vit disparaître dans les batailles sous Metz, Germain-Edouard Haranger, né à Vesly le 24 décembre 1843. On n'a jamais su exactement ni où ni comment il avait disparu (1).

Quand s'ouvrit la Restauration, les plus notables témoins de la Révolution étaient disparus : en 1812 Gilles Noblet et Lefebvre Marinville ; en 1814 Lefebvre de Saint-Hilaire et Michel Blancouyer qui fut tué à la Boissière, assis à table en train de souper, d'un coup de fusil tiré dans le clos par son gendre Louis Amette, pressé, dit-on, d'hériter. Découvert, l'assassin se pendit huit jours après dans la prison de Gisors.

Depuis ce crime jusqu'à nos jours on peut encore signaler deux meurtres. Le jeudi 12 juin 1845 vers 10 heures du soir, un marchand ambulant d'Etrépagny, âgé de 50 ans environ, s'était fait expulser de l'auberge où il s'était enivré après 12 heures de « fête ». Fort irrité de s'être vu refuser à boire dans un autre café même sous menace du couteau, il détachait son cheval pour s'en retourner, lorsqu'un charretier appelé Auguste Sédille, âgé de 21 ans, « chéri de tous ceux qui le connaissaient, dit l'acte d'accusation, à cause de la douceur de ses mœurs qui lui avait mérité le surnom de Jésus », passant par là en revenant de confesse, donna pour plaisanter un léger coup sur le chapeau de l'ivrogne et le tirant par son habit, appuya sur un des paniers à marchandises suspendus au cheval pour le faire remuer.

Poursuivi par le porte-balle qui hurlait : « Je vais te faire une boutonnière », et rejoint à l'entrée du Taillis, Sédille fut frappé d'un coup de couteau dans la région du cœur. Il revint, tenant sa poitrine à deux mains, tomber mort près de la grand'route. Personne ne songea à s'emparer du meurtrier qui monta sur son cheval, demanda à un homme qui était sur sa porte du feu pour allumer une pipe et partit au grand trot. Arrêté à Vatimesnil après 12 heures de recherches, il fut jugé à Evreux le 6 décembre

---

(1) Quelques enfants du pays sont morts à la caserne, entre autres Henri Knopt, du 22ᵉ régiment d'artillerie, décédé à Versailles en 1882, à 25 ans ; Clotaire Wingdisch, chasseur à pied au 154ᵉ, mort à Saint-Mihiel en 1909. Aucun n'est mort dans les expéditions coloniales.

au milieu d'une grande affluence et condamné à 10 ans de travaux forcés comme n'ayant pas eu l'intention de donner la mort. (1)

Au début d'août 1900 une rivalité pour une femme de 32 ans, de fort mauvaise vie, amena rue du Montpinçon la mort d'un galant de 72 ans tué d'un coup de fusil. Le farouche amant fut envoyé aux travaux forcés.

Le chapitre des meurtres s'est ainsi fermé, pour toujours, espérons-le. Nous ne pouvons ranger dans cette catégorie la mort d'un boulanger tueur de porcs tué net d'un coup de bouteille au front le 16 janvier 1846 par la femme d'un cabaretier qui voulait repousser des privautés déplacées. L'affaire n'eut d'ailleurs pas de suites. Nous n'insisterons pas davantage sur quelques batailles sanglantes entre gens avinés ou perdus de mœurs. Le chapitre des vols, surtout depuis une quarantaine d'années, tiendrait tout un volume. On ne « travaillait » pas mal non plus antérieurement quoique beaucoup plus rarement. Vers 1850 on vola 1.200 francs chez le curé le Bret tandis qu'il célébrait les vêpres de la Toussaint. A l'ancien vicariat en 1815, on déroba à Etienne Parmentier trois montres en or et une d'argent et en outre 1.500 francs.

Ce dernier exploit nous ramène à la Restauration. C'est à François Mignot qu'il échut en qualité de maire (1811-1816) de prêter serment sur l'évangile durant la grand'messe à S. M. Louis XVIII. Quelques mois après, il jurait fidélité à Napoléon, et après Waterloo, de nouveau il faisait serment au roi. Il y en eut bien d'autres que lui et plus haut placés à chanter la palinodie.

Le 20 janvier 1816 il fit publier à son de caisse la circulaire prescrivant une cérémonie religieuse expiatoire pour l'anniversaire de la mort de Louis XVI. Conformément à sa teneur, l'ancien agent national ordonna que les habitants suspendraient « leurs travaux le 21 courant, pour se livrer aux sentiments de douleur que doit inspirer le souvenir de l'époque cruelle et ineffaçable de la mort de Louis XVI et assister autant que possible au service qui sera célébré dans les paroisses voisines ».

Comme pour stimuler le zèle des municipalités, il fallait rendre compte de la solennité au gouvernement, il expliqua au sous-

(1) *Le Courrier de l'Eure*, juin et décembre 1845.

préfet que la cérémonie n'avait pas eu lieu faute de desservant et que le mauvais temps avait empêché de se rendre dans les communes voisines.

Carlier en effet était mort à 76 ans en novembre 1813. Malade et impotent depuis quelques années, on le transportait à l'église dans un fauteuil. Dans cet état, il devait tomber facilement sous la domination de sa bonne Catherine Aubé qu'on appelait par dérision Catherine curé. Les desservants voisins assistaient à ses funérailles que présidait le doyen de Gisors, Mignot, lequel en d'autres temps avait préféré l'exil au serment civique. On l'inhuma dans la même fosse et sous la même pierre (1) que son prédécesseur Boettard.

Carlier avait racheté le presbytère sans que, au dire du maire, les habitants aient mis d'enchères, « espérant que les héritiers le céderaient à la commune. » Avec ses meubles et 1.200 francs de dettes, c'est tout ce qu'il laissa en mourant à sa servante qu'il fit légataire universelle. Elle consentit à le louer au nouveau curé pour 18 ans, tout en s'y réservant un logement. On accepta. L'Etat poussait pourtant chaque paroisse à l'acquisition d'un presbytère et comptant que la construction ne devait pas en revenir à plus de 2.000 francs, offrait la moitié de la somme. Ni alors ni en 1828, la commune ne voulut s'imposer extraordinairement. Peu de temps avant 1830, elle loua pour le curé une petite maison à l'entrée de la ruelle la Messe qui devait soixante ans plus tard servir de garderie. L'ancien presbytère fut acheté par Jean Nicolas Berteaux et son domaine resta longtemps intact.

L'abbé Charles Pérelle, né à Claville (Eure) en 1787, jusqu'alors vicaire d'Etrépagny, arrivait en 1816 dans une paroisse qui laissait beaucoup à désirer. Dès la première année, il régularisa sept mariages civils qui dataient de dix-neuf à quinze ans. Il dut aussi lutter contre le travail du dimanche, car en 1854, l'abbé le Bret pouvait constater qu'un petit nombre seulement s'y adonnait et que, durant la moisson même, en cas de danger, quelques-uns demandaient la permission de lever leurs récoltes. Une loi de la Restauration punissait d'ailleurs les infractions au repos dominical.

----

(1) C'est la dalle qui sert de marchepied à l'entrée de la chapelle sud, l'ancienne chapelle Saint-Nicolas.

En février 1817, durant onze jours, dix-sept hussards du 5ᵉ régiment stationnèrent à Vesly : on ne sait dans quel but. La population n'avait sans doute pas besoin d'être « encouragée » à donner son adhésion au nouveau régime. Gamaches dont nous avons vu les exploits en 1793, avait envoyé au pouvoir le 2 juin 1816 la protestation suivante :

« Nous, maire, adjoint et membres du Conseil municipal et habitants de la commune de Gamaches, saisis d'horreur contre la Révolution qui a si longtemps tourmenté la France et l'Europe, remplis d'amour et de vénération pour notre légitime souverain et les princes de son sang, protestons, contre le parricide commis au nom du peuple français sur la personne sacrée du Roy Louis XVI de sainte et douloureuse mémoire, contre l'assassinat de la reine Antoinette-Marie son auguste épouse, celui du jeune et infortuné Louis XVII et de Mme Elisabeth, ainsi que contre le jugement inique et atroce frappé sur la personne de Mgr le duc d'Enghien, si illustre et dernier espoir de la branche des Condé.

Nous rejetons sur les auteurs et fauteurs de ce crime toute l'horreur qu'ils inspirent et nous en appelons surtout de ce jugement par lequel ils ont refusé d'en appeler au peuple qu'ils calomniaient et prétendaient représenter.

Nous renouvelons en même temps le serment de vivre fidèles au Roy successeur de saint Louis, d'Henri IV, de Louis XIV et de Louis XVI, de soutenir le principe de la légitimité et de l'ordre de successibilité (1) ».

Pérelle desservait alors Gamaches (1816-1817). L'hiver suivant des ateliers de charité y furent établis pour la réparation des chemins, afin d'atténuer la misère causée par la cherté du blé. En 1820, à l'occasion de la naissance du duc de Bordeaux, 20 francs de pain furent distribués aux pauvres de Vesly avec le concours de M. le Curé ». Une distribution un peu plus large fut faite en 1831 pour l'anniversaire de la révolution de juillet. Les pauvres au moins n'y perdaient rien. On revit alors la garde nationale qui en 1809 avait compté 103 hommes avec Jean Nicolas Berteaux pour capitaine : ce fut son âge d'or.

Trois semaines avant la chute de Charles X, Pérelle était transféré à Gasny. Il mourut à Gommecourt (Seine-et-Oise), village voisin où il s'était retiré et qu'il eut l'occasion de desservir faute de prêtres. On y voit encore son tombeau.

A l'abbé Frémont qui avait en vain essayé de réformer les habitudes du conseil de fabrique et mené grand tapage parce que les jours de foire on emportait les chaises de l'église au cabaret, succéda Pierre-Amand le Bret, né à Saint-Eloi (2) en 1796, ancien curé

---

(1) Suivent 21 signatures dont 7 de notables. Beaucoup ne savaient pas signer.

(2) Commune annexée dans la suite à Bézu-le-Long.

de Bois-Jérôme-Saint-Ouen. Homme régulier, paisible, dont les écritures et les comptes sont tenus avec un soin qu'on peut qualifier d'admirable, il exerça une grande influence. La confrérie de la Vierge lui doit son existence, d'abord sous la forme du Rosaire vivant (1836). Ses efforts n'aboutirent pas à faire de Vesly une paroisse modèle ni même assez pratiquante, si l'on en juge par le devoir pascal qui n'était accompli que par un petit nombre, surtout des femmes.

Il établit différents usages. Il faisait précéder le mariage d'une messe de fiançailles célébrée la veille à laquelle les époux communiaient. A la grand'messe il confiait le chant de l'épitre à un enfant de chœur dressé *ad hoc* par l'instituteur : pratique ancienne et très liturgique (1). Après vêpres il faisait chanter le *Languentibus* à l'autel de la Vierge, en mémoire peut-être de quelque fondation. A partir de 1852, l'influence du nouveau gouvernement y aidant, il obtint que les cabarets seraient fermés durant la grand'messe : mais cela dura peu.

L'usage de porter l'eau bénite dans les maisons chaque dimanche et de les en asperger en récitant la formule habituelle, lui est sans doute bien antérieur. En 1785 à Cahaignes l'instituteur-clerc était chargé de cette fonction. A Vesly, le pays étant trop grand pour qu'un homme seul put y suffire entre les offices, de bonne heure on avait dû en charger deux ou trois « clergeauts ». La coutume de faire annoncer les offices à domicile les derniers jours de la Semaine sainte et de suppléer au silence des cloches à grand renfort de sonnettes, doit aussi remonter très haut. On la retrouve partout dans la région et le zèle des « clergeauts » rémunéré le Samedi-saint par la quête des « œufs de Pâques » en nature ou en espèces, suffit à le maintenir.

Les « pains bénits » collectifs offerts à certaines solennités appropriées par l'ensemble des demoiselles, des dames ou des hommes, sont une création du curé Védrine (2), et comme un rappel annuel au culte du patron fêté par chaque groupement. Ces nouveautés n'ont pas nui à l'usage plus que millénaire du

---

(1) Missel romain. *Ritus celebrandi missam*, VI, 8.

(2) Celui des dames fixé à la Purification, des demoiselles à l'Assomption, des hommes à la Saint-Joseph (19 mars). Ce dernier supprimé en 1907, est remplacé par celui des garçons à la Saint-Maurice depuis 1909.

pain dominical offert à tour de rôle par chaque famille. L'association des Enfants de Marie et des Frères avait aussi le sien sous l'abbé le Bret, mais il ne sortait pas de l'ordinaire.

L'adoration perpétuelle qui se célébrait depuis 1836 le premier dimanche d'avril, a lieu maintenant le mercredi suivant le vingt-et-unième dimanche après la Pentecôte. La messe inaugurale de la moisson est toujours fréquentée. Depuis 1907 elle est chantée et rehaussée par la distribution des « prémices ». Les charretiers chôment encore à la Saint-Jean-Baptiste, mais la dévotion n'y est pour rien.

Les autres pratiques religieuses ne sont point particulières au pays pas plus que la croyance aux « sorts » et aux guérisseurs du « carreau » dont le crédit va déclinant avec rapidité.

Le pèlerinage le plus fréquenté est celui de Notre-Dame du Chêne dont la chapelle rustique située dans le bois près de Nainville est facilement accessible : on y va beaucoup pour les enfants. On court aussi chaque année au feu de Saint-Clair et à la messe de minuit qui complète la fête traditionnelle.

L'abbé le Bret, tout entier à la décoration de son église, ne chercha pas à ériger dans la paroisse quelque monument pieux, comme il en est dans presque tous les villages. On s'en tint au calvaire du Moulin bien antérieur au XVIIe siècle : simple colonne de pierre avec croix en fer forgé, et à celui du cimetière qui a gardé son ancien socle.

Quant à la « confrairie » de Saint-Adrien dont le choléra de 1832 avait remis l'origine en mémoire (1), elle jeta sous lui un dernier éclat. En 1843, Mgr Olivier avait publié sa fameuse ordonnance sur les Charités qui lui réservait l'approbation des statuts. Maire et curé prièrent l'évêque d'accepter l'ancien règlement quelque peu retouché et de conserver l'ancien patron, bien qu'il ne fut pas celui de la paroisse. Ainsi fut fait. Les amendes parfois assez lourdes étaient maintenues, soit pour absence aux offices, retard, bavardage, mauvaise tenue, génuflexion omise, soit même « pour avoir passé sans nécessité devant la croix ou devant le célébrant ».

Le premier but de la Charité était d'assurer le service des inhumations, gratuitement pour les associés, moyennant un

---

(1) Les chaperons conservés portent la date 1832.

salaire de 50 centimes à 1 fr. 50 par homme pour les autres. Personne toutefois n'était exempt de la rétribution de 5 francs pour l'entretien des ornements ni de la taxe pour la serviette, à moins qu'on ne l'abandonnât. Elle servait à voiler la croix au cortège funèbre d'après un usage très ancien et général dans la contrée, aussi bien celle des frères que celle de l'église elle-même. La famille après les avoir fournies, avait la faculté de les racheter à la Charité et à la fabrique.

La Confrérie comptait toujours douze frères en exercice. Tous les premiers dimanches du mois et à vingt-cinq fêtes des plus importantes dont la solennité de saint Adrien qu'ils célébraient le dimanche de la Sexagésime, ils étaient de service à l'église. Le roi tenant la croix, assisté des deux porte-chandeliers, s'avançait à côté du prêtre durant le chant de l'évangile. Il y avait encore un porte-bannière et huit porte-torches, et en outre le bedeau qui balançait les tintenelles aux processions, vêtu d'une large simarre à vastes manches à parements rouges et coiffé d'un mortier aux mêmes couleurs. Les frères portaient une ample soutane noire serrée à la taille par une ceinture d'étoffe, un rabat de toile blanche, un chaperon rouge, brodé d'or ou d'argent, à l'effigie de saint Adrien, et la barrette ordinaire.

Ils ne se contentaient pas de mettre une note pittoresque et archaïque dans les cérémonies religieuses... et il fallait beaucoup de tact et de bonne humeur pour maintenir l'harmonie et faire observer les règlements. Vesly où l'entente générale est plus qu'une rareté, devait offrir de sérieuses difficultés sous ce rapport. Après l'abbé le Bret, la foi continuant à faiblir, la discipline suivit, et vers 1880, il ne restait plus de la Charité qu'un banquet à la Saint-Maurice chez l'abbé Védrine et quelques chaperons arborés jusqu'en 1907 par des croque-morts indifférents.

Les hommes se tournèrent plus volontiers vers les compagnies de pompiers. La première fut établie en 1847 à la suite d'incendies qui avaient désolé la commune en juillet 1846. Une pompe fut alors achetée par souscription. Relevée en 1869, la compagnie tombée en 1881, fit place vers 1900 à une troisième organisation qui s'est signalée par de nombreux succès dans les concours.

A Jean Nicolas Berteaux, fermier de la Maison-Neuve, maire de 1816 à 1823, avait succédé Jean-Louis Guesnier, petit-fils du receveur de la seigneurie de Villers, fils du fermier du prieuré.

Cette famille que des généalogistes retrouvent en Bourgogne au xve siècle, s'était établie dans le Vexin vers 1450, et à Vesly dans la seconde moitié du xviiie siècle.

François Mignot, fils de l'ancien agent national (1) et de Victoire Guesnier, homme très cultivé et incliné vers les idées nouvelles, organisa contre lui une campagne acharnée. Le 28 juillet 1843, une dénonciation parvenait au préfet qui s'apprêtait à nommer Guesnier maire une fois de plus, Mgr Olivier (2) n'y voyant pas d'objection. Une enquête fut faite le mois suivant par le sous-préfet. Les conseillers questionnés sur place, n'avaient rien à reprocher au maire « ni sur sa probité ni sur son administration ». Il fallait attribuer la querelle « à des haines de famille qui existent depuis longtemps », à l'opposition faite par Guesnier à l'élection de Mignot qui avait voulu se faire nommer chef de bataillon de la garde nationale.

Mais Mignot fit si bien qu'une seconde enquête fut ordonnée et menée par Legrand, maire de Mouflaines et conseiller général. Le 8 octobre, il réunit dix conseillers en exercice en 1839, Mignot ayant récusé les autres, et quatre habitants des plus imposés dont Benjamin Mignot, frère de l'accusateur, qui refusa de venir. Les deux principaux griefs furent examinés. Guesnier avait-il essayé en 1839 de faire signer par surprise un crédit de 800 francs pour le traitement du garde-champêtre, alors qu'à la lecture la délibération ne portait que 400 francs : rouerie destinée à passer outre au refus de cette somme pour 1840 ? Seul Mignot l'affirma. Il eut beau apostropher les conseillers : on se traita réciproquement de fourbe et de menteur et ce fut tout.

Guesnier avait-il de sa propre autorité imposé en faveur du garde-champêtre une taxe de 0 fr. 50 pour le glanage ? Sauf Mignot, tous soutinrent qu'il s'agissait là d'offrandes volontaires destinées à parfaire un traitement insuffisant. Ces faits dataient de 1839 et Guesnier avait été renommé maire en 1840 : pourquoi les produisait-on seulement en 1843 ? Legrand rejeta également

---

(1) Il avait épousé Sophie Brunel, nièce du célèbre ingénieur né à Hacqueville en 1769, qui perça sous la Tamise « le tunnel de Londres ». Mignot était clerc minoré.

(2) L'évêque avait signalé au préfet les maires d'Ecouis, de Bourg-Beaudouin et d'Amfreville sous les Monts. Le sous-préfet les défendit en attestant que l'un allait à la messe, que l'autre avait régularisé par un mariage sa situation fâcheuse. A. E.

les accusations qui concernaient le fermier et fit un rapport favorable au préfet.

Guesnier reçut donc sa nouvelle nomination de maire avec Frédéric Dupérier pour adjoint. Profitant de son absence en novembre 1845, Mignot fit prendre par sept voix contre trois une délibération où il ressassait les anciens griefs. La majorité y déclarait « persister dans son refus de concours et ne rendrait sa confiance au maire qu'autant qu'il se serait justifié des reproches qui lui étaient adressés ». Le préfet annula cette délibération qui fut entièrement rayée sur le registre.

Les élections municipales approchaient. Mignot par deux imprimés, l'un du 15 juin, l'autre du 29 août 1846, précisa ses accusations en cinq chefs. Le 1ᵉʳ se référait à la délibération de 1839 : c'était affaire déjà jugée. Le troisième visait l'enquête de 1843 à laquelle Guesnier n'aurait convoqué à dessein que huit intéressés sur vingt. Le quatrième l'accusait d'avoir fait annuler la délibération de 1845 en trompant le préfet : elle avait bien été prise en séance. C'était là des chinoiseries : les second et cinquième chefs articulaient des imputations plus sérieuses.

En 1839, un orage accompagné de grêle avait ravagé les routes et abîmé les récoltes dont les pertes furent évaluées pour Vesly seul à 231.788 francs. L'Etat donna 1.000 francs pour les chemins et une loi d'indemnité mit des fonds à la disposition du département pour être répartis suivant les bases établies par une commission que renseigneraient les autorités locales. Les cultivateurs les plus aisés ne devaient obtenir qu'une remise de la contribution foncière. Mignot reprochait à son adversaire de s'être fait attribuer le maximum d'indemnité, 4.642 francs, soit 7 1/2 p. 100 des pertes subies. Enfin il accusait Guesnier de s'être approprié durant quatorze ans les 50 francs que le marquis de Montagu lui adressait pour son garde-chasse.

Les électeurs nommèrent le même conseil et le préfet le même maire (1). Durant trois ans (1845-1848), Guesnier administra la commune avec son adjoint et deux conseillers : la majorité persistait dans son refus de concours ; mais par ordre supérieur on passait outre.

Guesnier prit sa revanche devant le tribunal des Andelys : il

---

(1) En 1840 il avait été élu conseiller avec 28 voix.

fit condamner Mignot pour diffamation à 500 francs d'amende et aux dépens, le 23 février 1847. Seule l'affaire du marquis de Montagu avait été retenue comme « imputation grave portant évidemment atteinte à l'honneur ». Vainqueur et vaincu en appelèrent. La Cour de Rouen retint comme injurieux tous les chefs d'accusation et condamna Mignot à 4.000 francs de dommages-intérêts. M⁰ Marie qui allait bientôt devenir membre du gouvernement provisoire, avait plaidé pour Mignot et M⁰ Chaix d'Est-Ange pour Guesnier. Les parties ne s'étaient vraiment rien refusé. La révolution de 1848 survint au moment où le tenace Mignot en appelait en cassation (1).

A la suite de l'enquête faite par Legrand, les enfants du maire avaient offert en 1844 une horloge pour le clocher, voulant, disaient-ils, reconnaître ainsi « l'unanime et franche sympathie dont nos compatriotes au milieu de pénibles circonstances, ont bien voulu nous entourer dans la personne de notre père. Nous serions heureux, écrivait Louis Guesnier, de nous rattacher par ce faible lien à un pays que nous avons momentanément quitté, mais que nous n'avons jamais oublié et dont nous n'avons à conserver que les plus doux souvenirs ». Une nouvelle horloge achetée 900 francs la remplaça (2) en 1878. A cette date un des fils de Jean-Louis, Narcisse Guesnier, était revenu habiter la maison paternelle.

La chute de Louis-Philippe allait amener le triomphe de Mignot. Le conseil donna « son adhésion franche, légale, sans arrière-pensée ni réserve à la république, au gouvernement provisoire et à l'ordre de choses établi par la révolution de juillet. » Mais la majorité refusait toujours son concours à Guesnier, estimant que les circonstances justifiaient plus que jamais cette ligne de conduite. En vain les commissaires du gouvernement à Évreux, invitèrent-ils les conseillers à oublier toute dissidence « au moins au moment où ils étaient appelés à établir des listes qui consacraient le droit électoral de leurs concitoyens ». Le maire fut obligé de dresser la liste seul avec son adjoint, l'Ange de Saint-Thomas.

---

(1) Cf. Mémoire ampliatif pour la chambre des requêtes de la Cour de cassation par l'avocat Henry Avisse. Paris, Firmin Didot (Sans date).

(2) L'ancienne fut aquise par Authevernes où elle est encore en service.

Le nouveau gouvernement témoignait beaucoup de respect à l'Église et devait lui demander plusieurs fois des *Te Deum* et autres prières. Un arbre de la liberté fut planté (1) sur la place du Carouge et le curé le bénit solennellement avec la formule prescrite par Mgr Olivier. « Daignez, ô Dieu tout puissant, bénir ce symbole et donnez à vos fidèles la vraie liberté de vos fils, afin que, l'esprit en paix, ils vous servent avec une charité qui dure toujours, dans une fraternité sincère, et que de cette manière ils passent au milieu des biens temporels sans perdre les biens éternels. » Puis l'on chanta *Domine, salvam fac rempublicam.*

Au retour de la procession à l'église, un ouvrier qui avait perdu une enfant quelque temps auparavant, s'avisa, campé devant le grand Christ de l'entrée du chœur, de chanter la *Marseillaise.* « Tais-toi, lui dit le maire, tu vas réveiller ta fille ! » Un cafetier-marchand de porcs, avait pris soin d'arroser l'arbre avec un broc de vin. L'année suivante le ministre de l'Intérieur ordonnait l'enlèvement de ces symboles devenus séditieux.

Sur la route de Gisors, dans une maison aujourd'hui atelier de menuiserie, Mignot et ses partisans tenaient un club où il ne s'agissait guère que de Guesnier. Le 22 août, les 180 électeurs qui avaient succédé aux 65 électeurs censitaires communaux, furent appelés à voter. Alexandre Huvé de Garel obtint 137 voix et Mignot 121. Ce dernier qui avait été proposé très sérieusement par des journaux et un comité comme député à l'Assemblée nationale, fut élu maire à l'unanimité. Guesnier n'était pas même conseiller. Il mourut chrétiennement à Paris en 1854, à 68 ans. On avait songé à le faire assister par le curé de Saint-Thomas d'Aquin, l'abbé de Beauvais († 1868) lequel, originaire de Gisors, avait été précepteur des enfants de M. de Vatimesnil et venait souvent à Vesly où il avait des parents.

L'insurrection de juin avait eu son retentissement dans le village. En effet dans la nuit du 24 au 25 juin, un détachement de 100 hommes environ de Dangu et de Vesly appartenant au 3e bataillon cantonal de la garde nationale, partit (2) de Gisors avec un détachement de cette ville. Conduits par les chefs de bataillon

---

(1) Les jeunes gens voulurent aussi planter le leur. Mignot leur permit d'en prendre un dans son bois.

(2) L'Assemblée avait appelé des renforts de province.

Davillier et de la Grange, ils arrivèrent à Paris le dimanche 25 et se rendirent à l'Assemblée. Les chefs rencontrèrent chez Cavaignac, l'archevêque de Paris, Mgr Affre, qui offrait son intervention. On sait comment il trouva la mort sur les barricades le jour même.

La petite troupe campa quarante-huit heures au palais des Tuileries. L'évasion de 200 insurgés qu'on avait emprisonnés dans les caves, les mains libres, lui donna de l'occupation ainsi qu'aux autres soldats de garde. 24 prisonniers seulement furent ramenés : 57 avaient été tués dans cette chasse à l'homme. L'insurrection mit bas les armes le 26, et le 27 après-midi nos braves gardes nationaux quittaient Paris pour arriver à Gisors à 5 h. 1/2 du matin.

La situation politique paralysait le commerce et l'industrie : « une grande quantité de mendiants étrangers » passait dans le pays, « parfois plus de 200 par semaine ». Vesly qui comptait 40 indigents, demanda en 1849 que l'on empêchât les pauvres de mendier ailleurs que dans leurs communes.

Lors du plébiscite approuvant implicitement le coup d'Etat du 2 décembre 1851, Vesly sur 177 votants donna 124 oui et 52 non. A part Gisors avec 74 non, aucune commune du canton ne manifesta pareille opposition. Dans l'arrondissement, 10 communes seulement avaient donné plusieurs non. En mars 1852, Vesly donnait 112 voix contre 63 au candidat officiel à la députation : M. de Montreüil. Au plébiscite pour le rétablissement de l'Empire il y eut 151 oui et 28 non.

Le 5 décembre, François Mignot, debout devant le portail de l'église, entouré de son Conseil et de la compagnie de pompiers, au son des cloches et du tambour, proclama l'Empire. Puis tous entrèrent chanter un *Te Deum* et « appeler la bénédiction de Dieu sur l'élu du peuple, Napoléon III ». Des pains de 3 kilos furent distribués à 25 indigents. La fête de l'empereur l'année suivante amena une seconde distribution.

A cette occasion le Conseil envoya à Napoléon une adresse qu'il est curieux de relire aujourd'hui. « Que votre digne épouse, y disait-on, soit pour l'avenir ce qu'a été dans le passé votre illustre aïeule. Belle et noble tâche ! digne du dévouement de celle qui joint à toutes les qualités du cœur toutes les vertus de son sexe. Ainsi vous l'avez appréciée, Sire, et la France, pourra se souvenir de celle qui ne peut être oubliée, et louer et bénir celle qui saura si bien remplir cette mission divine. Après Joséphine, Eugénie ! ». La naissance du prince impérial fut l'occasion d'une nouvelle adresse où les conseillers se disaient « fiers d'être du nombre des très humbles, très fidèles serviteurs et sujets de leurs Majestés ».

Lors du plébiscite de 1870, il y eut 144 oui et 39 non, bien qu'en 1863, Louis Passy eût obtenu 95 voix contre 77 au candidat officiel à la députation, d'Albuféra ; et en 1869, 103 contre 30. Sauf après le Seize mai, durant plus de quarante ans, Vesly resta fidèle à cet homme éminent et bon, député depuis 1871 : le pays lui maintint une majorité qui allait toutefois s'affaiblissant. La mort seule a pu briser les liens qu'avaient noués la sympathie, l'habitude et surtout la reconnaissance († 1913).

Quoique simple conseiller municipal depuis 1855, puis conseiller d'arrondissement, François Mignot se crut encore obligé de défendre les intérêts de la commune, cette fois en tracassant le curé le Bret. Faute de presbytère, le maire lui avait d'abord loué une maison contiguë à l'école actuelle des filles, En 1845, il s'en fut habiter une partie de la maison Forceville qu'il venait d'acheter, offrant de la vendre à la commune pour 6.000 francs quand elle voudrait enfin avoir un presbytère. En attendant il y fit de notables améliorations et lorsque vingt ans après le Conseil voulut l'acheter, il demanda 10.000 francs. Mignot le poursuivit pour son compte personnel afin de l'obliger à tenir la promesse de 1845, mais il fut débouté en 1865 et en 1866, même en appel. Il mourut l'année suivante à soixante-douze ans.

Le curé le le Bret était décédé avant que l'affaire passa au tribunal. Il fut enterré tout près du calvaire au côté nord. On lit sur le marbre de son épitaphe encastré dans une stèle de pierre : « Il sut se concilier l'estime et l'affection de tous les gens de bien et sa mort, chrétienne comme sa vie, excita les regrets de tous ceux qui le connurent. » Une inscription sur le socle rappelle que le monument a été élevé par « les habitants de Vesly et Chauvincourt reconnaissants ». L'abbé le Bret desservit en effet cette paroisse aussi longtemps qu'il exerça à Vesly. Ses héritiers laissèrent à l'église son haut calice « Restauration », pour « reconnaître l'affection dont le cher défunt avait été l'objet de la part de ses paroissiens pendant les 33 années qu'il a passées au milieu d'eux. »

Son successeur, Pélage Nicolas Saint, né au Fresne près Conches en 1842, ancien curé d'Hécourt, arrivait en pleine jeunesse et devait s'efforcer sans résultat bien visible de maintenir l'œuvre de l'abbé le Bret, tant était puissante la vague d'anticléricalisme qui allait déferler sur la France. Très homme du monde, il fut l'ami personnel du châtelain du Boisdenemets, Olivier Poullain comte de Saint-Foix, ancien lieutenant d'infanterie aux gardes du corps de Charles X. Il desservit sa chapelle bâtie en 1875 et voyagea avec lui en Hollande, lorsque le comte fut nommé consul général français et commissaire général de la section française à l'exposition d'Amsterdam en 1883.

Passionné pour l'étude de la géologie, il se créa une très remarquable collection paléontologique, trouvée presque tout entière dans le pays. Elle renfermait plusieurs débris d'ossements de mammouth et d'aurochs recueillis sur le territoire de Vesly (1). Il découvrit même deux ou trois petits coquillages fossiles jusqu'alors inconnus, dont l'un reçut son nom, l'autre le prénom de l'évêque Mgr François Grolleau auprès duquel l'abbé Saint était en faveur. Cette précieuse collection revendue aux Pères du Saint-Esprit pour leur collège de Beauvais, ne peut plus être consultée depuis la loi contre les congrégations religieuses.

Le curé Saint compléta avec le marquis de Guerny la collection des fossiles du calcaire grossier des environs de Gisors conservée au musée de cette ville et formée par Foucart de Montjavoult (2). Il s'occupait aussi d'archéologie. En avril 1884, il fut amené à faire des fouilles au triège de la Chapelle à Hacqueville et y découvrit à 150 mètres de la route du Thil, 24 cercueils de l'époque franque (3).

Comme son prédécesseur, il s'employait à peupler le séminaire. Les vocations sacerdotales n'avaient jamais manqué dans le village. Faut-il citer en 1478 Robert Beloce ou Belhoste qui sur le bon témoignage de treize habitants de Vesly, âgés d'environ cinquante ans, fut nommé curé du pays ; (4) Guillaume Tueleu,

---

(1) Cf. L'art préhistorique dans l'Ouest et notamment en Haute-Normandie, par le vicomte de Pulligny. Evreux, Hérissey, 1880, p. 72, 82.

(2) Patte. Hist. de Gisors, p. 418.

(3) L. Coutil. Archéologie gauloise, gallo-romaine et franque. Déjà cité, p. 52.

(4) A. S. I. G 1765. Le doyen de Gamaches qui fit l'enquête était Guillaume Parent,

surnommé Vigneron, qui fut vers 1430 déportuaire de Grumesnil et de Saint-Jean de Dangu (1) ; Gabriel d'Hostel auquel son père, receveur du Taillis, fit, tandis qu'il n'était encore qu'acolythe, en 1646, une pension gagée sur ses terres (2).

Plus près de nous on trouve Nicolas le Roux, diacre en 1710 ; Claude Vinot, mort sous-diacre en 1710 et inhumé dans l'église ; Jacques Boursier, mort sous-diacre en 1790, Noblet curé de Chauvincourt et cet insermenté dont nous ignorons le nom qui resta plus de vingt ans en exil.

Beaucoup d'autres paraissent si souvent dans le pays qu'on peut, avec plus ou moins de certitude, les croire enfants de Vesly. Tels vers 1360, Guillaume Delamare ; vers 1418 Nicole le Drappier ; vers 1430 Etienne Lapostour, Matthieu Pillart et Guillaume Béchart ; de 1483 à 1494, Jean Semynel ; vers 1500, Jean Meignen, Guillaume Légier, Louis Lestart ; vers 1522, Jean Bellier, Pierre Cantelou ; vers 1533 Nicolle Semynel, curé de Beausséré : sans parler des Lester, Leplat, Dupérier, Lambert, Parmentier entre 1560 et 1650, de cinq à six Vinot, des Lefebvre et des Mignot aux xviie et xviiie siècles.

Plus d'une dizaine de jeunes gens furent instruits par l'abbé le Bret pour le séminaire dont deux de Bois-Jérôme (3) et quatre de Vesly arrivèrent au sacerdoce. Ces derniers furent J.-B. Fournier, fils de l'instituteur, mort curé de Mézières ; Dorsini Robine, mort curé de Fortmoville ; Pierre Alphonse Lecointre, mort curé de Saint Ouen des Champs ; François Belhoste, né en 1827, dernier représentant à Vesly d'une des plus anciennes familles, qui résigna la cure de Léry à 80 ans pour se retirer en 1906 dans son pays natal. Jean-Baptiste Hébert, neveu du maire François

---

les habitants interrogés : Outin, Etienne du Pré, Jean Lebègue. Jean Lester, Jean Le Tellier, Jean Boesmegre, Jean Trouart, Nicolas Mollemont, Guillaume Ogier.

(1) G 154.

(2) A. E. E 1041. Il est encore à Vesly en 1652.

(3) Parmi lesquels l'abbé Jeannin qui après avoir été curé de Romilly-sur-Andelle vers 1878, mourut curé de Saint-Pierre-d'Autils. Un des élèves de Bois-Jérôme, exalté par les cabales contre Mgr Olivier, fut assez osé pour afficher à plusieurs reprises au Grand Séminaire : « Evêque à pendre, évêché à vendre », et comploter d'accueillir l'évêque à coups de boules de neige un soir de sabbatine. Expulsé, il alla lui dire : « Nicolas, donne-moi un certificat, sinon... » et il sortit un revolver !. Inutile d'ajouter qu'il n'entra pas dans les ordres.

Mignot, mourut en 1849 à 25 ans, encore sous-diacre, comme jadis Claude Vinot et Jacques Boursier.

Ce malheur se renouvela pour les séminaristes de l'abbé Saint qui persévéraient. Léon Robine mourut à 17 ans, en 1879, et Julien Belhoste, encore acolyte, en 1885 à 24 ans.

La mort a ainsi fermé dans la paroisse la liste des élèves du sanctuaire, car depuis aucune vocation n'a surgi. Lors de la visite décanale de 1887, l'abbé Védrine en attribuait la cause à une vague défiance causée chez les parents par la mort de ces trois séminaristes, enfants du pays. Aujourd'hui que l'oubli a fait son œuvre, il ne faut voir dans cette stérilité que le résultat d'un milieu fort défavorable et un cas trop commun dans l'Eglise de France à notre époque.

En 1887 l'abbé Saint, très affecté par des chagrins de famille, dut se retirer à la maison de retraites du diocèse de Rouen à Bonsecours. Il y mourut très peu de temps après.

Le premier, après avoir habité depuis son arrivée la villa Henriette, il était entré en 1872 dans le presbytère que la commune s'était enfin procuré (1) en transformant l'ancienne école-mairie, et en y joignant des communs. Ce résultat n'avait pas été obtenu sans peine. En 1868 en effet « les exigences de l'administration » pour la construction d'une nouvelle école-mairie, avaient amené la démission de la municipalité qui ne fut d'ailleurs pas acceptée.

Cependant la commune avait des ressources. En 1836, Nicolas Lefebvre de Saint-Hilaire (2), fils de l'ancien maire, lui avait légué sans charge une pièce de terre de 12 h. 35 sise à Fissancourt, sur Provémont, dont sa femme aurait l'usufruit jusqu'à sa mort (1846). Elle était louée 1.000 francs en 1858, plus les impôts.

Il renchérissait ainsi de générosité sur sa sœur la veuve Lebugle de l'Orme. Ne serait-il pas bien juste qu'en signe de gratitude pour la seule famille qui, avec les Guesnier, ait fait preuve de libéralité envers le pays, on donne à la place qui borde leur ancienne gentilhommière, le nom de place Saint-Hilaire que le

---

(1) L'Etat donna 1.000 francs dans ce but en 1870.

(2) Dans le village il portait habituellement un bonnet de coton. Il légua ses biens de Vesly aux enfants d'Alexandre de Garel. Du côté maternel, il eut pour héritier Jacques Marie-Louis Le Cavelier de Saint-Jacques.

peuple lui a parfois attribué (1). Les communes ne sont pas exemptes du devoir de la reconnaissance.

Aussi bien leurs descendants par d'autres dons, moins importants sans doute, ont montré l'intérêt qu'ils portaient au pays. En 1868, un de leurs petits neveux, le vicomte Félix Leclère de Pulligny, châtelain du Chesnay et maire d'Ecos, esprit original et archéologue distingué, fit don à Vesly de 87 volumes comme premier fonds de bibliothèque communale. L'institution ne s'est pas développée. On lisait peu alors et, si on lit davantage de nos jours, les feuilles locales et les grands quotidiens de Paris tendent à suffire aux besoins du peuple dont ils flattent si bien le goût pour l'information romanesque et les nouvelles sensationnelles. C'est un fâcheux progrès.

Nous verrons plus loin ce que fit Alexandre Huvé de Garel pour le bureau de bienfaisance. Sa veuve, Henriette de la Carte, belle-mère du vicomte de Pulligny, marraine de la petite cloche, pour laquelle fut bâtie en 1863 la villa Henriette, laissa à sa mort 6.000 francs aux pauvres de Vesly. C'était en 1870.

De nouveau la France était envahie. Des habitants qui prirent part à la guerre, deux seulement ont survécu assez longtemps pour recevoir la médaille commémorative : Constant Raffy et Victor Fleury (2).

Dans l'attente de l'ennemi les hommes se relayaient la nuit pour monter la garde. De 8 heures du soir à 4 heures du matin, tandis qu'une sentinelle restait au poste « avec mission d'arrêter les voitures et les individus suspects », les autres avaient « pour consigne de se partager en deux ou trois fractions pour faire le tour du pays, sans s'arrêter, en marchant doucement pour bien saisir le moindre bruit et s'y porter rapidement. Ils conduiront au poste les personnes arrêtées. »

Ces braves défenseurs n'avaient point de cartouches. Une loi de 1852 en défendait la distribution aux gardes nationaux, « à

---

(1) Le cadastre de 1843 lui donne son nom ancien de rue de la Fontaine du Carouge. Les recensements jusqu'en 1886 l'appellent rue Saint-Hilaire. Le secrétaire de mairie dut trouver alors à ce nom un relent de cléricalisme ; et la baptisa rue de la Mairie. Le même dénomma rue du Carouge l'ancien Ormitel Auger : en cela il fut plus habile !

(2) Jules Lunel et Alfred Bellargent qui furent aussi médaillés, n'habitaient pas Vesly en 1870.

moins d'ordres précis ou en cas d'attaque de vive force ». Ne se croyant pas en sûreté faute de munitions, plusieurs hommes refusèrent le service.

On n'eut pas longtemps à inscrire sur le journal du poste : « rien de nouveau cette nuit. » Le 8 octobre, les mobiles des Landes et les francs-tireurs pour lesquels Vesly n'avait rien donné lors de la souscription publique, passèrent la nuit dans le pays et à Dangu (1). Le 9, Gisors était envahi par les Prussiens. Le 13, la garde nationale venait, après avoir manœuvré sur la place, de déposer ses armes à la mairie, lorsque quatre ulhans parurent dans le village apportant des ordres de réquisitions. Quelques habitants avaient jugé prudent de s'enfuir.

Le 22 octobre, les Prussiens marchant sur Vernon passèrent à Vesly. Le 30, nouvelle apparition de l'ennemi. Ils réquisitionnèrent tous les fusils qu'ils purent trouver, y compris ceux des pompiers et des gardes nationaux, et les mirent eux-mêmes en morceaux dans la plaine. Quelqu'un, dit-on, avait précipité cette mesure qu'ils prenaient à peu près partout, en tirant un coup de fusil à blanc sur leur passage. Quelques habitants dissimulèrent leurs armes dans les granges, sur les hautes poutres des combles.

On ne fit aucune résistance : nul n'en avait envie et elle eut d'ailleurs été plus dangereuse qu'utile, comme on le vit à Forêt et à Guitry, le 7 novembre. Les Prussiens qui allaient commettre ces actes de sauvagerie venaient de passer par Vesly en sortant de Gisors.

On raconte bien qu'à Dangu sept cavaliers en reconnaissance, entrés au poste de la Briqueterie, à la jonction des grandes routes de Neaufles, Vesly et Bernouville, auraient été massacrés et leurs corps jetés dans une marnière. Si le fait a paru invraisemblable à certains (2), on ne s'explique pas cependant autrement les recherches prolongées que les Allemands firent pour retrouver la trace des disparus, notamment à Dangu et à Vesly, au dire de témoins sérieux. En tous cas, fort heureusement, car

---

(1) L'invasion prussienne dans l'arrondissement des Andelys. Guerre de 1870-1871 par Ch. Dehais. Evreux, 1872. In-12. Dehais était sous-préfet des Andelys durant la guerre.

(2) A. Dehais en particulier. M. Heubert. Résumé des événements de 1870-1871 dans l'arrondissement des Andelys, 1914 — attribue le fait à un détachement de hussards d'Etrépagny. Son récit est très détaillé.

des représailles atroces auraient suivi, l'ennemi ne sut jamais la vérité. Le comte de Lagrange, pour éviter qu'on ne découvrit les cadavres, aurait fait enterrer par-dessus dans la marnière des chevaux qui avaient péri sur ces entrefaites.

Pour surveiller la route de Gisors à Vernon, dès le 30 octobre, les Prussiens avaient installé un poste de 20 hommes dans une maison à l'entrée du village vers Dangu. Le propriétaire étant sorti, sans demander avis à personne, nos gaillards enfoncèrent les portes, s'établirent dans la maison et firent entrer leurs 20 chevaux dans la grange où ils mangèrent le blé à même les gerbes. On devine la stupeur de l'habitant quand il rentra chez lui. Alors le commandant du poste intima au maire l'ordre de loger ses soldats. Ils restèrent là deux jours encore, puis ils établirent leur poste sur les hauteurs du bois des Carrières d'où la surveillance était plus facile. Auparavant, ils avaient cambriolé une maison inhabitée et enlevé du bois pour le brûler sans raison. Le poste fut maintenu jusqu'à la fin de novembre.

Voici quel était le régime de ces cavaliers saxons durant les trente jours qu'ils montèrent la garde à Vesly. A 7 heures, soupe à la mode allemande; à 9 heures, pain, beurre, fromage et cognac; à midi, viande, légume, vin, cognac; à 4 heures, pain, beurre, cognac et souvent des œufs. Le maire dut leur procurer à boire et à manger,

Le 29 novembre, Isidore Noblet revenant de Rouen où il était allé aux provisions pour son épicerie, rencontra vers Boisemont des soldats prussiens qui, prenant possession de sa voiture jusqu'aux Thilliers, lui volèrent une caisse de sucre cassé, un estagnon d'huile, 7 pains de sucre, 3 kilos de café, 5 paquets de chandelle et 27 kilos de savon. Ils lui enlevèrent jusqu'à la bâche qui couvrait la voiture.

Le 15 décembre, le capitaine Schürster du 41e de ligne, commandant la place de Gisors, ordonna d'envoyer dans cette ville par la patrouille de dragons saxons, 20 voitures, dont la moitié au moins chargées en paille et foin, sinon la commune serait punie d'une amende de 5.000 francs ». On promettait de garder les voitures quatre ou cinq jours.

Or des 20 voitures une seule revint à Vesly, avec son cheval et son conducteur, endommagée au moins pour 500 francs, après quarante jours d'absence. Les 19 autres furent perdues. Après

25 et 40 jours d'absence, les hommes étaient rentrés, comme ils avaient pu, « dans un état de délabrement inconcevable. Plusieurs même étaient tombés malades ». On les avait emmenés jusqu'au camp de Brou dans l'Eure-et-Loir. Le maire fit une plainte au sous-préfet des Andelys ; mais qu'y pouvait-il ? Il faut reconnaître néanmoins que les soldats se comportèrent dans le pays d'une manière irréprochable.

Voici quelles furent les troupes qui, en plus des soldats du poste, logèrent à Vesly. Les 8 et 9 décembre, 5 officiers, 1 médecin-major et 179 hommes de la 3e compagnie du 1er bataillon des chasseurs du Roi ; les 9 et 10 février, 135 hommes et 280 chevaux du 1er régiment de pontonniers. Le 14 mars, 6 officiers et 149 hommes du 1er régiment d'artillerie de campagne prussien campèrent dans le village, avec 4 officiers et 253 hommes de la 11e compagnie du 3e grenadier prussien et 3 officiers, 200 hommes de la 10e.

La paix signée, il fallait régler les comptes. Le maire J.-B. Morlet (1), l'ancien fondeur de cloches, qui avait succédé à Louis Gros (1855-1860), avait été réélu le 14 mai 1871. Pour raisons de santé il déclina cet honneur, déclarant que « s'il ne l'avait pas fait plus tôt, c'était pour ne pas se dérober aux charges devant l'ennemi ». Frédéric Dubois (1871-1874), Emile Hébert (1874-1878) ne firent que passer à la mairie et n'arrivèrent pas à résoudre cette grosse question.

Durant leur séjour les Prussiens avaient réquisitionné 1.398 bottes de paille, 2.208 de fourrage, 406 sacs d'avoine, 6 sacs de blé, 2 vaches, 26 moutons, 102 kilos de pain, 100 francs de cuir. En y ajoutant le prix d'un cheval volé, des sacs perdus, de la nourriture des hommes et des chevaux ayant logé chez l'habitant, le montant des dégâts aux voitures, on arrive au chiffre de 33.810 francs de réquisitions en nature. Les Prussiens avaient perçu en outre 1.173 francs d'impôts de capitation, 858 fr. 51 de contributions directes (2). L'Assemblée nationale donna une indemnité de 5.023 fr. 34, et il restait encore à payer en 1878 une somme de 13.916 francs.

---

(1) C'est lui qui établit la fête foraine du dernier dimanche de mai.

(2) Dehais donne pour Vesly un total de 35.044 fr. 55. On ne compte pas les 18.837 francs d'impôts perçus par les Prussiens au lieu de l'Etat français.

La solder par une imposition extraordinaire, les conservateurs s'y opposaient énergiquement. Pour eux c'était un procédé « inéquitable, en ce sens qu'il faisait supporter la charge par ceux qui en avaient été les principales victimes et qui créanciers de la commune », se verraient ainsi reprendre d'une main ce qu'elle donnait de l'autre. Ils proposaient donc la vente des biens communaux.

Le parti adverse avait à sa tête un républicain de la première heure, Thomas Baquet. Entreprenant et énergique, il voulait liquider cette affaire dont la solution ne pouvait plus tarder puisque plusieurs créanciers cherchaient à faire saisir la commune. Trois propositions d'emprunt, si modeste fut-il, avait été successivement rejetées. La crise du 16 mai ne fit qu'échauffer la querelle. Vesly en donnant 103 voix au candidat républicain Milliard et 67 seulement à Louis Passy qui fut cependant réélu député, montrait ses préférences pour les idées de M. Baquet. Aussi l'année suivante (1878) il était maire.

Après cinq séances que les propriétaires les plus imposés firent échouer par leur absence totale ou partielle, il passa outre et fit voter un emprunt de 11.000 francs garanti par une imposition extraordinaire durant 12 ans. Joints au capital des 130 francs de rentes aliénées, ils couvraient entièrement le reliquat des réquisitions. Le conseil de préfecture refusa naturellement d'annuler cette délibération.

Ces discussions avaient amené dans le pays une vive agitation rappelant les vieilles luttes entre Jean-Louis Guesnier et François Mignot. La défaite des conservateurs parut à quelques anticléricaux la défaite de la religion. Certains ne se gênèrent pas pour faire parade de leur incroyance et l'on se souvient encore d'un banquet du vendredi-saint. Sur ces entrefaites le titulaire du bureau de tabac et de la recette des contributions indirectes pour le pays, Noyers et Guerny, étant venu à mourir, des intrigues se nouèrent dans les deux clans pour le choix du nouveau bénéficiaire. L'exaltation fut telle qu'on vit des ouvriers menacés de perdre leur travail pour avoir causé avec des domestiques employés chez des patrons du parti adverse. L'affaire Gervoise dont nous parlons plus loin attisa quelque temps aussi le feu des passions politiques et valut à Éléonor Morel, l'ancien instituteur, l'honneur d'être maire de 1888 à 1892.

Mais le pays qui en 1883 et 1886 avait donné une belle majorité à M. Baquet, candidat au conseil d'arrondissement contre un conservateur qui fut d'ailleurs élu, ne tarda pas à lui rendre son écharpe. Le choix s'imposait. Peu à peu l'exaspération tomba et le calme se fit dans l'indifférence. Les conservateurs eux-mêmes, dans l'intérêt général du pays, se rallièrent au liquidateur des réquisitions. Il n'a plus cessé d'administrer la commune depuis lors.

On lui doit le service actuel de la distribution des eaux. Bien que Vesly fut le pays aux sources, la commune n'avait guère su les utiliser. L'eau se perdait dans les rues (1) ou se décomposait dans des mares dont plusieurs étaient creusées dans des propriétés privées. De 1773 à 1799 on compte cinq enfants qui moururent noyés dans les fosses ou dans les mares.

Voici l'assez curieux acte de décès d'un enfant qui trouva la mort dans le clos voisin du Préfontaine, appartenant à Boursier. Le 25 avril 1773 « environ les six heures du soir, un de ses enfants mâles nommé Claude Sulpice, âgé d'environ 5 ans, avait eu le malheur de se laisser tomber dans la mare, sise dans le jardin enclos de murs du dit Boursier, dans lequel il paraît qu'il a été suffoqué soit par la quantité et crudité de l'eau, soit par la privation de l'air et le saisissement, puisque malgré les secours multipliés qui lui ont été aussitôt administrés par le sieur Vié chirurgien, il n'a pu être rappelé à la vie ». Il fut inhumé avec l'autorisation de Guesnier Desbordeaux bailli de la haute justice de Dangu.

Il n'existait donc de fontaines abordables avant la Révolution qu'en haut du Montpinçon, en haut de la rue de Rome, en face de l'église et à la place du Carouge. Ces deux dernières seulement étaient à caniveau fermé, provenant d'une même source. La fabrique entretenait celle qui était à l'entrée de l'église, la seule qui fut munie d'une pompe. Quant à la fontaine de la Cannel, elle avait été captée par le seigneur de Dangu, Le Tonnelier de Breteuil, en 1786 pour le service du château. La canalisation suit la ruelle la Messe, donne de l'eau au Taillis et à l'ancien presbytère, reçoit la source du Montpinçon vendue par Huvé de Garel et dont une petite dérivation sert au quartier, et s'en va vers Dangu par l'ancienne sente du Moulin (2).

Presque toutes les fermes avaient l'eau en abondance, tandis que les habitants devaient parfois en chercher bien loin. Le prieuré captait une source proche du marais qui formait dans l'enclos un étang comblé par Jean-Louis Guesnier, quand il eut

---

(1) L'eau du Carouge et de la Cannel formaient une seule mare où une vanne élevait l'eau, à l'usage des bestiaux. Noël Dupérier en 1605 fut condamné à laisser couler les deux ruisseaux qu'il avait détournés à son profit. A. N. S 4067.

(2) On trouve A. N. Série N^{III} 88 (Eure) les plans très détaillés de plusieurs projets d'adduction des eaux de Vesly à Dangu. On devait aussi capter des sources à Noyers. Le projet réalisé est le plus simple et le moins coûteux, mais plus pauvre en eau. Il ne suffit plus aux besoins du château. Huvé fieffa pour 1 sol de rente annuelle au baron de Dangu, 1 acre 25 p. où se trouvent les sources du Montpinçon, à condition qu'aucun préjudice ne serait porté à sa source de la Mollière.

acquis le deuxième lot du domaine, le premier seul ayant droit à cette prise d'eau. Par suite d'arrangements privés, cette source fut bien avant 1843 canalisée sur les fermes de la Grand'Maison, du Clos du Décret et le château de Marinville. De la Grand'Maison qu'il avait achetée, Augustin Lefrançois l'amena dans le massif pavillon qu'il s'était fait bâtir en face vers 1865.

La Maison Neuve s'alimentait à une source captée en face de la ruelle Bélière et canalisée depuis 1770 environ le long du clos de la Boissière auquel elle apporte son tribut. Il est possible que le rû qui par la Bélière alimentait la mare de la Chartreuse ait été ainsi détourné. Depuis M. de Galembert, la Chartreuse, privée d'eau près d'un siècle durant, en reçoit de la Maison Neuve. En 1889, Narcisse Guesnier amena chez lui une source captée aux alentours du marais. Il fit alors combler le puits très profond qui existait dans sa cour. On en fit autant à la Chartreuse.

Il était donc grand temps de mettre l'eau à la portée du public. En 1886, Augustin Lefrançois donna à perpétuité à la commune le droit de chercher et capter l'eau dans le Pré-Coq (en 1600 le Pray au Coq) derrière Sainte-Catherine. On en profita pour grossir la source de Rome que l'on put dès lors canaliser jusque sur la rue de la Noue et toute la route nationale. Les habitants peuvent donc sans grand dérangement s'approvisionner à une dizaine de robinets placés sur les trois prises d'eau du Bout d'haut, du Montpinçon, et en très grande majorité, sur celle de Rome. Si l'on considère que Vesly possède encore quatre à cinq mares publiques et trois lavoirs ouverts à tous, on constatera qu'il mérite plus que jamais son nom. Il existe en outre plusieurs sources qui se perdent dont une dans le marais d'Hardancourt appelée source Sainte-Clotilde (1). On pourrait donc aisément en grossissant le débit actuel, moyennant juste rétribution, donner de l'eau à toutes les habitations comme on l'a fait pour les écoles. Cette eau qui provient d'infiltrations à travers le calcaire grossier des grous et chemine sur une couche de glaise imperméable, est naturellement quelque peu calcaire, et légèrement sablonneuse au moment des grandes pluies.

On doit aussi à l'administration de M. Baquet l'établissement d'une cabine téléphonique publique en 1900, d'un bureau de poste (2) recette de facteur-buraliste en 1911 et l'éclairage des

---

(1) Corruption probable de « la source à Clotilde ». Il n'en est question dans aucun texte ancien. La Géographie de l'Eure (Joanne, Paris 1905) signale des sources minérales à Vesly

(2) Il y a 3 abonnés au téléphone. Vesly dépendit de tout temps de la poste des Thilliers. Voici une adresse de 1718. « Route de Paris par la poste du Tillier, pour faire tenir en diligence à François Legrand, à Gisancourt proche Gisors. » A. E. E 225.

rues en 1905. Les réverbères à pétrole qui éblouissaient plus qu'ils n'éclairaient et avaient d'abord paru un très grand progrès, furent remplacés en 1912 par l'électricité amenée de Gasny. La veille de la Saint-Maurice, 30 lampes éclairèrent le pays. Outre l'église, une quinzaine de particuliers ont adopté la nouvelle lumière.

La privation la plus onéreuse aux habitants est celle d'un médecin. Avant la Révolution, il y eut sans discontinuer à Vesly un « chirurgien », comme on disait alors, qui faisait à la fois de la culture et de la médecine. Depuis le XIXe siècle, il faut s'adresser aux environs : ce qui augmente les frais médicaux très notablement, sans parler des déplacements pour la pharmacie. Ces difficultés n'empêchent pas de recourir de plus en plus au docteur (1), surtout depuis les facilités que donne le téléphone.

La prospérité du village se ressent aussi vivement de l'éloignement du chemin de fer, lacune irrémédiable. On ne voit pas en effet quelle ligne pourrait jamais y passer, Vesly étant placé dans un coude assez resserré que forment les lignes de Gisors à Vernon et de Gisors à Pont-de-l'Arche (2). Par Bernouville (7 kilomètres) et Etrépagny (8 kilomètres), nous avons accès sur la deuxième ; par Guerny, route peu accessible aux voitures (3 kilomètres), Dangu ou les Bordeaux-Saint-Clair (4 k. 1/2), nous avons accès sur la première. On pourrait tout au plus espérer un service régulier de voitures. Deux ou trois essais d'omnibus automobiles passant par le pays pour Gisors, Vernon ou les Andelys, n'ont eu aucun succès (3). Peu de communes se sont d'ailleurs souciées de soutenir ces entreprises si utiles pour amoindrir la dépopulation et empêcher la dépréciation des propriétés bâties.

A l'administration de M. Baquet se rattache encore la création du nouveau cimetière qui a le grand défaut d'être trop éloigné : mais les circonstances l'ont ainsi décidé. L'ancien, selon l'usage chrétien entourant l'église, devait depuis longtemps être trop étroit. Trop vite les tombes étaient rouvertes et l'on se demande comment on faisait en temps d'épidémie, quand 50 à 80 personnes

---

(1) Un docteur s'établit à Vesly en 1910 et ne resta que quelques mois.

(2) Ces lignes datent la première de 1867, la deuxième de 1868 ; celle de Gisors à Pontoise de 1866.

(3) Le dernier essai date de la fin de 1913.

mouraient dans l'année, De plus, placé comme l'église, sur le passage des eaux, on y voyait parfois les fosses inondées.

Son insuffisance éclata quand il fut question d'autoriser des concessions. Jadis les notables se faisaient inhumer dans l'église, beaucoup sans qu'aucun signe ne marquât la place de leur sépulture. On était dans le lieu saint, sous le banc de famille très souvent ou près des autels : cela suffisait. Quant aux tombes du cimetière, elles n'étaient pas comme de nos jours l'objet de soins matériels auxquels il serait de mauvais ton de se soustraire. On dormait à l'ombre de l'église, sous les bras du calvaire : avec des prières que fallait-il de plus ?

Ce fut seulement en 1823 que le conseil de fabrique, cédant à plusieurs demandes, autorisa l'apposition de croix funéraires, inscriptions et pierres tombales, « pour le temps périodique de la fouille qui peut être évalué l'espace de 15 années », moyennant une redevance annuelle de 5 francs. Nous ne voyons pas que personne ait usé de cette permission. Seul en 1824, Alexandre Huvé de Garel (1) obtint pour sa mère Sophie Vinot une concession de 6 pieds sur 3, durant dix-huit ans, moyennant une redevance annuelle de 20 francs. Au bout de cette période l'inscription placée sur la tombe devait être reportée à l'intérieur de l'église et fixée sur un des côtés.

En 1836, la fabrique établit un nouveau réglement. On paiera 10 francs par an, soit pour un monument aussi large que la tombe ou aussi long qu'elle, soit pour l'apposition de fleurs ou d'arbustes sur toute sa surface, trois francs pour une simple croix ou pyramide. Les tombes se pressant le long de l'église, et gênant le passage des processions, on n'autorisa dans ces parages que des croix ou des pyramides amovibles chaque fois que ce serait utile (2).

Ainsi se créait lentement l'usage aujourd'hui si impérieux d'orner la tombe de ses morts; de concession pour une période qui dépassât « le temps de la fouille » personne ne parlait, à plus forte raison de concession à perpétuité. A Authevernes François Boullenger conseiller à la cour d'appel d'Orléans, chevalier de

---

(1) Il avait alors pour domestique une de Rochebrune veuve de la Douay, quelque dame noble ruinée par la Révolution.

(2) La commune à qui appartenait le cimetière laissait la fabrique le gérer.

la Légion d'honneur, s'en vit refuser une. Il faisait cependant honneur à son village natal lui qui, né de pauvres ouvriers, était parvenu à une si haute situation. De plus il avait légué 60 francs de rente aux pauvres d'Authevernes, 6.000 francs à l'hospice d'Ecouis, autant à celui de Châteaudun, 38.000 à celui de Gisors pour qu'on y admit les malades pauvres de son pays d'enfance. Il fut réduit néanmoins pour contenter son désir à se faire inhumer au bord de la route de Paris près du chemin de Vesly (1856). Il y repose à l'écart sous une stèle de marbre entre quatre tilleuls.

A Vesly ce fut pour Alexandre de Garel qu'on fit la première brèche à la prohibition. On se rappelle son éclatant succès aux élections de 1848. Il avait fait un legs aux pauvres et à l'église, lequel, après une liquidation compliquée, fut ramené par sa veuve à 100 francs de rente pour le bureau de bienfaisance, dont 9 francs pour 6 messes en mémoire du donateur et de son fils Auguste, auditeur au Conseil d'Etat, qui venait de mourir à Albano à l'âge de 30 ans (1867). Ce dernier ne prit pas place dans la concession. Son original beau-frère Félix de Pulligny éleva sur sa tombe une colonne monumentale, de son dessin et de son travail personnel, car il était habile sculpteur, avec cette inscription toute classique : *Hæc fuit dolor fratris amicitiæ impar.*

Dès lors les concessions se multiplièrent et il fallut chercher un nouveau cimetière. En 1892 un habitant Philippe Buquet († 1903) offrit dans ce but une pièce de 67 ares de terre, moyennant 70 francs de rente viagère et une concession où il serait inhumé avec les restes de sa femme que la commune ferait exhumer de l'ancien cimetière. La proposition fut acceptée. Un vaste enclos fut créé, moitié trop vaste, bien qu'il n'utilise qu'une partie de la pièce. Mais si l'entretien convenable en est pratiquement impossible, du moins il favorise les non-concessionnaires qui pourront facilement dormir en paix un petit siècle. Il fut inauguré en 1893 par la bénédiction d'une modeste croix de fonte. L'ancien ne paraît pas près d'être désaffecté.

L'éloignement qui nécessita depuis lors l'usage d'un corbillard, a aussi fait tomber l'antique usage qui voulait qu'après la grand'messe du dimanche suivant l'inhumation, la famille aspergeât encore une fois d'eau bénite présentée par un « clergeaut », la tombe du défunt. Les parents continuent néanmoins à se faire un devoir d'assister à la messe le dimanche après l'enterrement.

L'œuvre la plus importante exécutée sous l'administration de M. Baquet fut la restauration de l'église dont l'initiative revient tout entière au curé Védrine qui trouva les premiers fonds. Né à Pîtres en 1843, d'une famille de cultivateurs, ancien vicaire de Lieurey et curé d'Ecardenville-la-Campagne de 1872 à 1887, il s'attira la sympathie affectueuse des habitants par sa simplicité quelquefois triviale, sa bonhomie plus fine qu'on ne le pensait à première vue, son indulgente largeur d'esprit, son abord des plus faciles et sa générosité discrète.

La nature l'avait heureusement doué d'un caractère placide et accommodant. Ses silex taillés dont il possédait une bonne collection, la lecture d'un vieux bouquin, un entretien sur les choses agricoles, lui faisaient oublier bien des préoccupations. Il était appelé à voir sous la poussée du matérialisme officiel, une diminution notable de la vie religieuse ou, pour être plus exact, un grand relâchement dans l'exercice de pratiques le plus souvent purement formelles.

Jusqu'à son arrivée les enfants étaient baptisés une moitié environ dans la semaine, l'autre dans le mois. Désormais il n'y eut plus de règle et l'on ne se gêna point pour passer l'année. Les enfants venaient au catéchisme dès 7 à 8 ans : dès lors la majorité s'en tint aux deux années obligatoires. Le travail du dimanche était le fait de quelques cultivateurs, une exception ; il le vit devenir pour tous ou presque tous, la règle générale, même aux plus grandes fêtes de l'année. Comment dès lors former des jeunes gens au lutrin ? Aussi des quatre chantres qu'il avait trouvés au chœur en 1887, il devait bientôt ne lui en rester qu'un seul : Alexandre Delafosse qui mourut en 1908.

Quant à la moralité qui avait reçu un coup sensible à la Révolution, elle continua, comme presque partout, à décliner. Il est inutile de dénombrer les enfants nés hors mariage : les pratiques néo-malthusiennes et d'autres pires encore rendraient peu concluante une statistique de ce genre. Les filles-mères ne sont pas les plus coupables (1). Avec le prolétariat ambulant les concubi-

---

(1) Les tribunaux eurent à s'occuper en 1877 et vers 1900 de deux infanticides notoires. Charpillon a compté à Vesly, de 1856 à 1865, 9 naissances illégitimes, soit 1 sur 14, 55. Encore une fois ces statistiques ne prouvent plus rien.

nages se multiplièrent : on en comptait une douzaine en 1908. Il y eut cinq divorces de 1903 à 1913. Nous n'insisterons pas sur les vols qui firent au pays au dehors une réputation exagérée à plaisir. Les villages voisins n'ont guère à se prévaloir. Peut-être leur était-il permis il y a un demi-siècle de parler de supériorité morale : aujourd'hui la population agricole du Vexin ne présente nulle part de différences bien sensibles. Le déchet croit sans cesse.

Libéré des croyances religieuses par la propagande gouvernementale et la presse anticléricale, le peuple s'émancipe peu à peu du reste et rejette tout ce qui paraît entraver le développement de ses appétits les moins avouables. Il y a certainement d'autres causes au mal, l'alcoolisme par exemple, mais la ruine des croyances chrétiennes est bien la plus évidente et la plus profonde.

Pourtant on aurait tort de croire que le peuple a totalement délaissé les traditions de la foi catholique. Il tient toujours aux pratiques religieuses, au baptême, à la première communion, au mariage à l'église, aux pains bénits, à la sépulture chrétienne, sans en saisir trop souvent la véritable portée. Un dixième environ de la population accomplit tout son devoir de fidèle ; un tiers environ fréquente l'église aux plus grandes fêtes, les deux autres comprenant en majorité des hommes. Presque personne cependant ne meurt sans sacrements. En 1866, le recensement porte que tous les habitants sont catholiques : on pourrait encore en dire autant, si l'on veut entendre par là que tous recourent un jour ou l'autre au ministère du prêtre. Les exceptions sont des plus rares.

Comme le disait l'abbé Védrine à Mgr Hautin, lors de la visite pastorale en 1891, « le cœur du prêtre a un autre idéal » que ce minimum de religion, si fort que le peuple y tienne. Dans ses dernières années, malade et infirme, il ne put empêcher les offices de souffrir quelque peu. Il n'aurait pas retrouvé les cent personnes adultes fidèles à la messe dominicale et les trente habitués des vêpres qu'il avait comptés à son arrivée. La séparation de l'Eglise et de l'Etat l'affecta beaucoup, souffrant comme il était. Le 8 mars 1906 à deux heures du soir eut lieu, sans difficulté et sans bruit, l'inventaire prescrit par la loi, pure formalité accomplie au pas de course avec estimation au petit bonheur (1). Les fabriciens avaient fait les réserves nécessaires, « s'en remettant d'avance aux décisions du Souverain Pontife ».

Le samedi-saint 14 mars, l'abbé Védrine mourait. Il fut inhumé à Pîtres avec les siens. Son successeur, Prosper Nasse, dont le zèle d'abord trop confiant fut odieusement travesti et indignement calomnié, resta assez de temps pour louer le presbytère à la commune et voir la dévolution des biens d'église.

D'avance les marguilliers avaient protesté contre toute mesure de ce genre « faite en violation du droit ». Heureusement en dehors du mobilier liturgique, l'église appartenant déjà à la commune, la fabrique possédait fort peu de chose. On n'eut pas à Vesly, comme en certains villages parfois de peu d'importance, le regret de voir passer en des mains étrangères des pièces de terre ou de grosses rentes détournées de leur affectation légitime.

Des 105 francs de rentes ou environ restituées au Concordat et dont les titres furent renouvelés de 1810 à 1812, grâce à l'énergie du trésorier, Jean-Louis Guesnier, une seule était grevée de services religieux. Cependant de 1821 à 1831, une somme de 20 à 33 francs fut affectée à faire dire vingt messes en souvenir sans doute des anciennes fondations. Ces rentes étaient une source de difficultés perpétuelles. Pour des petites sommes allant de 9 fr. 48 à 0 fr. 80, il fallait sans cesse recourir à l'huissier. En 1820, il était dû 1.095 francs d'arrérages : certains n'avaient pas payé depuis quinze ans. On en était réduit à prendre hypothèque sur leurs biens.

Pour s'en libérer, les débiteurs amortirent les rentes (2) peu à peu, de 1827 à 1862. De tous ces remboursements fut formé un capital qui permit d'acheter 76 francs de rentes 3 p. 100 sans

---

(1) Ainsi les 3 statues du rétable de la Vierge furent estimées 15 francs, soit 5 francs pièce ! Les membres de la fabrique au 10 décembre 1906, jour de sa dissolution, étaient : Pierre Ledanois, Prosper Baudot, Julien Briffard, Adrien Delaporte, Albert Cassotte.

(2) Il y eut des difficultés en 1867 à cause d'une rente de 2 fr. 77 fondée en 1715 par Michel Chevalier, pour une grand'messe de Requiem avec matines et laudes et une messe basse. Le petit-fils du fondateur Félix Chevalier était « parfumeur-chimiste » à Paris. Il vendait notamment du « vinaigre de Vesly ». Ses produits eurent alors quelque vogue. Les seules rentes non remboursées, de 3 fr. 95 et de 7 fr. 40, étaient gagées sur la maison Duburgrard-Porphilet rue des Haies, et dataient de 1716 et 1780. On laissa prescrire le titre en 1870, à cause de la pauvreté des débiteurs.

charges qui furent vendues fort heureusement pour la restauration de l'église en 1903.

Il ne tomba sous séquestre que les 85 francs de rentes léguées par la vicomtesse de Pulligny en 1900 pour recommandation au prône, six messes, l'entretien du caveau de famille. Encore fut-elle restituée en 1909 aux héritiers directs. L'église ne fut frustrée en définitive que des 9 francs de rente pour six messes dont le bureau de bienfaisance avait assumé la charge en acceptant les 100 francs de rente que lui donna vers 1860 la veuve d'Alexandre de Garel. Il faut dire à l'honneur des administrateurs qu'ils furent fidèles à cet engagement jusqu'à l'opposition formelle de la préfecture en 1910.

La loi de Séparation a été de nul effet sur l'état religieux de la paroisse : l'inévitable tassement s'était produit les vingt-cinq années précédentes. La vitalité de l'Eglise qui se maintient et gagne du terrain en certains pays sans l'appui de l'Etat, malgré la campagne incessante des pouvoirs publics, tend plutôt à impressionner favorablement le peuple qui se rend compte de l'inutilité de tant d'attaques. L'œuvre du Denier du culte destinée à refaire le traitement du clergé a été comprise avec plus de largeur dans son principe que dans ses applications.

CHAPITRE VIII

L'ÉGLISE.

Impression d'ensemble. Le sanctuaire du xii⁰ siècle. Les adjonctions du xiii⁰ : le clocher et le premier croisillon du transept. Comment s'explique la double déviation. Le deuxième croisillon du transept au xvi⁰ siècle et fixation définitive du gros œuvre. La statuaire : le couronnement de la Vierge et saint Maurice au donateur. Ressources de la fabrique aux xvii⁰ et xviii⁰ siècles. Le rétable Louis XIV. Le rétable du xviii⁰ siècle. L'inventaire de 1792. Les deux cloches. Aménagements par les curés le Bret et Saint. La restauration générale de 1903. Restauration du rétable Louis XIV et de la Trinité. Les vitraux.

Si l'on jugeait de l'église de Vesly par son aspect extérieur, à part son clocher, elle n'offrirait vraiment qu'un intérêt des plus médiocres. Ces murs en grossier blocage, sans aucun ornement, sont plutôt laids à voir et l'on aurait bien dû laisser le lierre (1) en masquer la misère et le dénuement artistique. Pour être mieux impressionné, il faut voir l'édifice du côté de l'abside, à distance, quand on arrive par la ruelle la Messe près du clos de Bellegarde. Du moins la hauteur des murs et le nombre des pignons donnent une idée de son importance.

Quand on y pénètre, on est d'abord désagréablement surpris. Le regard qui volontiers se porterait sur les lignes harmonieuses du rétable, s'arrête aussitôt sur deux énormes contreforts en arc de cercle, placés tout de travers dans la nef ! Que font là ces masses disgracieuses ? Pourquoi celle de gauche touche-t-elle presque le mur, alors que l'autre laisse un large passage ? Vite on constate que la nef dévie du côté droit d'une façon extraordinaire et choquante.

Mais qu'on avance jusqu'au transept et l'impression fâcheuse

---

(1) L'arrachage en fut fait vers la fin du ministère de l'abbé le Bret.

disparaît. Ces trois doubles travées, couvrant près des deux tiers de l'édifice, forment un ensemble relativement homogène et d'un bel effet que rehausse encore un sanctuaire où la gravité du style roman s'allie à la grâce majestueuse du style Louis XIV.

Sans contredit, avec une nef bien centrée et débarrassée d'arcs-boutants intérieurs, l'église de Vesly tiendrait un des premiers rangs parmi les églises rurales de la région. Telle qu'elle est, malgré les mutilations qu'elle a subies au cours des âges, elle mérite réellement par son transept et son sanctuaire l'attention de l'archéologue et de l'homme de goût, à plus forte raison de ceux qui vivent à son ombre et la regardent comme la maison du Père commun.

Comme plan par terre, l'église figure une croix latine dont le montant serait déjeté à droite, avec deux croisillons égaux, juxtaposés étroitement au point de n'en former qu'un seul. Il n'est pas nécessaire d'être grand clerc pour constater que les quatre membres de cette croix ne sont pas de la même époque. Étudions-les en suivant l'ordre chronologique.

L'unique travée du sanctuaire, le sommet de la croix, constitue la partie indubitablement la plus ancienne de l'édifice : elle est certainement antérieure au milieu du xiiᵉ siècle. Avec la nef dont la date n'offre pas les mêmes garanties, elle constituait sans doute l'église toute entière avant le xiiiᵉ siècle : peut-être celle où le curé Gausfred officia, où Raoul de Boury confirma en 1105 la restitution qu'il avait faite des terres de l'archevêché de Rouen. Par son antiquité le sanctuaire est donc la partie capitale de l'édifice. C'en était aussi avec ses faisceaux de colonnettes la partie la plus soignée et la plus élégante au point de vue architectural.

Contre le mur terminal fermant la travée par un chevet plat, les arcs ogives retombaient dans chaque angle sur une colonnette flanquée de deux plus petites portant les formerets. Même disposition à l'entrée mais avec deux colonnes seulement, la voûte se reliant directement au doubleau du clocher. De ces dix colonnettes, deux petites seulement ont survécu : une de chaque côté du chevet avec son chapiteau. Les quatre chapiteaux de l'entrée du sanctuaire, ont aussi échappé à la destruction. Tous sont ornés de feuilles d'acanthe : ici, le sculpteur n'en fait guère ressortir que la découpure extérieure ; là, elle est moins plaquée et présente un certain relief ; un autre modèle témoigne de plus de souplesse et même exagère les nervures. Un modillon analogue se voit à l'extérieur du mur nord.

Sur cette travée barlongue s'étend une belle voûte romane. Bâtie en blocage fait de menues pierres du pays et recouvert d'un enduit, elle repose sur deux épais arcs en plein cintre, mesurant en moyenne 40 centimètres de diamètre, se croisant en diagonale à la rencontre d'une clef remaniée dans la suite comme les trois formerets plats en tiers-point.

A l'extérieur, après le remaniement du xviiie siècle, le sanctuaire n'offre plus rien de caractéristique, sinon ses larges contreforts d'angle à très faibles ressauts, s'identifiant presque avec les murs. Au chevet se voit une baie en plein cintre, de 35 centimètres sur 1 m. 30. Très étroite, elle devait s'évaser vers l'intérieur et être accompagnée de fenêtres semblables dans les murs latéraux, lesquelles disparurent en même temps qu'on l'aveuglait au xviie siècle.

Tel est le centre autour duquel sont venues se grouper les adjonctions successives qui constituent l'église actuelle, et d'abord au xiiie siècle le premier croisillon du transept et le clocher.

Qu'était l'édifice ancien ? Comportait-il un seul vaisseau avec clocher à l'entrée du sanctuaire, étranglant le passage de la nef à l'abside par ses larges piliers ? C'est vraisemblable.

On y adjoignit d'abord, dans le premier quart du xiiie siècle probablement, le premier bras du futur transept au côté nord. C'est la partie de l'église qui a été la moins mutilée à l'extérieur. Son mur oriental conserve sa corniche primitive, une tablette à tête de clous reposant sur des modillons ornés, l'un d'une croix de Saint-André, les autres de figures humaines grimaçantes, certaines avec des oreilles d'animaux.

Pareille ornementation devait se voir à l'ouest avant le xvie siècle. Un modillon à tête humaine très dégradé a trouvé place dans la muraille qui clôt le transept de ce côté. Un autre assez bien conservé, figurant un diable cornu montrant de larges dents, a été trouvé dans les combles et scellé dans le pignon en 1913.

Quelques années après la construction du bras nord, on édifiait le bras sud et très probablement le clocher actuel. Il y a trop d'analogie entre les deux côtés du transept pour leur assigner des dates très divergentes. D'autre part le bras sud s'adapte trop bien au clocher pour lui être antérieur. Son mur oriental, loin d'être en alignement avec son pendant du côté nord, se dresse près d'un demi-mètre en avant, de manière à emboîter exactement l'escalier d'accès à la tour. Or le clocher a été rebâti de fond en comble : on n'y a utilisé aucune construction antérieure. Il est donc difficile d'assigner des dates différentes à un tel ensemble : on ne pourrait d'ailleurs pas descendre beaucoup audessous de 1250 pour le clocher.

Chaque travée du transept offre deux baies en plein cintre brisé, sauf une au nord dont la brisure n'est plus visible. Hautes et étroites, de 3 mètres sur 80 c., elles ne sont encadrées d'un sourcil qu'au bras le plus ancien. Du reste à part ces deux baies, aucune fenêtre de l'édifice ne porte de décoration extérieure. Quant aux contreforts à double et à triple glacis, ils se détachent nettement à chaque angle. Ceux du nord ont été renforcés postérieurement par un large contrefort intermédiaire.

A l'intérieur mêmes ressemblances. Sans doute la voûte sud a été entièrement refaite au xvi⁰ siècle, mais elle a gardé deux colonnettes et deux formerets primitifs : ces derniers en tout identiques à ceux de la voûte nord, avec un tore pour unique ornementation. La seule colonnette d'angle qui n'ait pas été massacrée, porte un chapiteau à trois crochets évoquant le calice d'une fleur. Le chapiteau correspondant du bras nord, est orné moins séchement de feuilles de chêne. Les tailloirs sont tous rectangulaires, même ceux qui reposent sur des culots figurant du côté nord, le premier un buste de paysan tenant ses poings sur ses tempes, l'autre une tête d'homme étroitement serrée dans une sorte de passe-montagne, entre deux crochets de feuillage.

Construite en pierre de taille, enduite à l'époque moderne, la voûte nord porte sur une croisée d'ogives ornée d'une baguette centrale accostée de deux tores (1) ; à la clef une fleur à quatre pétales à peine ébauchée. Elle ne se raccorde pas bien à la travée du clocher, nous savons pourquoi. Le formeret qui à cet endroit descend au dessous de l'arc doubleau de la tour et n'est engagé qu'à ses deux extrémités, atteste que la voûte n'a pas subi de reprises destinées à l'harmoniser avec celle du clocher.

La travée qui soutient la tour est certainement la partie la plus remarquable et la mieux réussie de tout l'édifice. Bien que les piliers qui la soutiennent, avancent d'un demi-mètre environ sur l'alignement des murs du sanctuaire, l'église, loin de paraître écrasée sous le poids de son clocher, le porte allègrement, sans qu'on s'en doute, pourrait-on dire. L'architecte qu'aucune construction antérieure ne gênait, a bâti le tout d'un seul jet, juxtaposant simplement les piliers des côtés est aux colonnes romanes du sanctuaire, sans chercher à dissimuler le raccord.

Vers la nef, le clocher repose sur deux piliers à peu près cylindriques cantonnés de quatre colonnes engagées. Chacun a une épaisseur maxima de 1 m. 80 que la variété de sa disposition ne laisserait pas supposer. Deux de ces colonnes aussi élevées que le pilier reçoivent de chaque côté la retombée de trois des arcs doubleaux du clocher ; deux autres plus basses portent actuellement ceux des quatre voûtes latérales du transept.

Un tailloir cylindrique garni de feuillage, réunit à la hauteur des chapiteaux chaque série de deux colonnes : un aux deux tiers du pilier et deux au sommet. Leur

---

(1) Même dessin aux voûtes anciennes de l'église de Dangu et à celles du chœur de Gisors.

décoration est empruntée à la feuille de la renoncule et aussi, mais fort peu, à la feuille du chêne. Le sculpteur est loin d'avoir travaillé avec le même soin sur chaque pilier. Ici les feuilles littéralement plaquées, sont à peine ébauchées ; là, au contraire, comme au pilier nord-est, elles font si bien saillie qu'elles paraissent une guirlande découpée à jour. La pierre, il est vrai, en est fort dure, d'un grain inégal, contenant des silex par place et ressemblant à de la pierre meulière : mais la difficulté du travail n'en explique pas suffisamment l'inégalité.

Les huit colonnes ont un chapiteau à tailloir octogonal, uniformément garni de crossettes maigres et peu accentuées. Près des colonnes les plus hautes à l'ouest, se voient face à la nef sous des tailloirs en demi-cercle, deux têtes figurant Adam et Eve. Du côté de l'épitre, celle-ci, le visage étroitement serré dans une guimpe qui emprisonne le menton et fait un angle sur les tempes, coiffée d'une sorte de « bourrelet » (1) plat sur le dessus, au bord rond à godrons concaves, tel un moule à gâteau de Savoie, tient de la main droite le fruit défendu, tandis qu'un diablotin minuscule dont le corps disparaît derrière la moitié d'une feuille, s'approche de son oreille. L'ensemble est naïf et gauche. Les bras d'Eve lui sortent du cou et quels bras ! Sur l'autre pilier Adam regarde son épouse. Il porte une coiffe moulant la tête qui laisse pourtant dépasser les cheveux sur les oreilles et le front où ils sont roulés en un large bandeau. Le visage est assez bien traité.

Les deux autres piliers forment les angles du sanctuaire et du transept et sont par suite réduits des deux tiers, ne présentant chacun que deux hautes colonnes engagées. Pour le reste ils sont identiques. Leur socle mutilé pour la pose de lambris devait être pareil à ceux des piliers d'Adam et d'Eve : une large moulure plate avec biseau épousant tous leurs contours et reposant sur une base octogonale dont les côtés inégaux correspondent soit à une des quatre colonnes, soit à une des quatre sections cylindriques de la masse du pilier.

Sur ces quatre supports dont le centre est en blocage, retombe la croisée des ogives ornées d'un simple tore, et les arcs doubleaux dégrossis par quelques biseaux sur lesquels s'étend une voûte en tiers-point dont la clef est à 8 m. 25 du sol. La voûte en bois atteignant 9 m. 65, celles du second croisillon 8 m. 20, celles du sanctuaire et des deux travées latérales à peu près autant (2) ; parmi les voûtes en pierre elle tient donc le record de la hauteur.

Quatre feuilles de chardon sculptées sur sa clef circulaire, forment une couronne sur le pourtour et en avançant leurs folioles extrêmes, tracent dans le centre une sorte de croix à jour. Ainsi que toutes les sculptures murales de l'église, sauf peut-être les piliers du xvie siècle, elle a été jadis polychromée.

Le clocher élève son comble à 13 mètres environ au-dessus de cette clef, soit du sol jusqu'au faîte une hauteur totale de 21 mètres. C'est une tour carrée d'un peu plus de 6 mètres de côté, bâtie comme l'église tout entière en calcaire grossier du pays, mais par exception revêtue extérieurement, sauf les pignons, d'un parement en pierre de taille. Sur chaque face, une grande baie

---

(1) Wallon dans « Saint Louis et son temps » reproduit un costume féminin du xiiie siècle avec coiffe analogue. Un chapiteau de la cathédrale de Rouen en présente une pareille. Loisel, La cathédrale de Rouen, p. 33.

(2) La voûte du sanctuaire, exactement 7 m. 60 à la clef ; 6 m. 90 jusqu'au pavé actuel ; la voûte de la chapelle Saint-Joseph 7 m. 70.

à jour en tiers-point, de 4 m. 50 de haut sur 2 m. 20 de large, encadrant deux lancettes et un oculus, sans autre décoration que de simples biseaux ; une étroite corniche avec coupe-larmes à la base des baies, une autre identique à la naissance des pignons ; un toit en bâtière, et c'est tout. Aucun ornement, aucune recherche : on ne peut rien imaginer de plus simple ni de plus robuste.

A l'intérieur de la tour quatre baies en tiers point dont une plus large à l'ouest, donnent accès sur les voûtes des quatre travées voisines. A l'est et au sud, c'est à noter, de petites corniches indiquent les lignes que devaient suivre les toitures : mais les toits ont été relevés bien au-dessus.

A l'angle sud-est un étroit passage donne accès à la tourelle de l'escalier aménagée dans le pilier dont le mur, dans la partie qui supporte directement le clocher, n'a guère plus d'un demi-mètre d'épaisseur. Mais il est en quelque sorte étayé par la tourelle qui lui sert de contrefort. Elle en a d'ailleurs tout à fait le dessin dans sa partie supérieure visible du dehors. Les pierres qui forment le glacis extérieur du contrefort, descendent par en-dessous en gradins dont l'extrémité taillée en biseau forme le toit de la tourelle : disposition que l'on rencontre également au château de Gisors à la tour du Prisonnier. Qu'était la tourelle à sa base dans l'église elle-même ? Des remaniements tardifs ne permettent pas de le présumer.

Nous arrivons maintenant à la question capitale qui s'impose à quiconque examine l'édifice : la déviation de la nef. Ce défaut est très commun dans les églises du moyen âge et les plus belles cathédrales n'en sont pas exemptes : on peut même constater dans certaines deux ou trois désaxements. L'opinion mystique qui faisait de ce défaut une chose voulue et symbolisant le Christ mort inclinant la tête sur la croix, est une explication toute moderne démentie par les faits. La déviation est toujours le résultat de reprises, de constructions d'époque différente mal raccordées, en définitive d'un mauvais repérage ou d'un travail inachevé.

Ainsi la reconstruction du clocher au xiiie siècle à raccorder avec le sanctuaire du xiie, amène une première déviation. Sa travée s'incline vers le sud, en sorte qu'une perpendiculaire partant du milieu de l'abside, formant ainsi l'axe primitif, passerait à 2 m. 35 du pilier d'Eve et à 1 m. 85 du pilier d'Adam.

La déviation en est cependant moins forte que celle de la nef.

De fait, la façade extérieure et occidentale du clocher qui semble placée de biais le rend manifeste, la nef est affligée d'un double désaxement. Elle n'est perpendiculaire ni à la travée du xiiie ni à celle du xiie siècle, en sorte que pour un seul édifice il y a trois axes différents.

Dire de quelle époque est la nef serait beaucoup s'avancer. Elle n'a pas d'âge ou n'en a plus. Le pignon est du xviie siècle, nous le verrons ; quant aux murs latéraux, épais (1) de 0 m. 90 à 1 m. 10, ils sont grossièrement construits en pierres du pays et l'on peut même se demander si certaines parties sont l'œuvre de simples ouvriers maçons !

Eclairée par quatre fenêtres dont trois percées à même le blocage, elle a cette malchance que toutes sont de grandeur différente et sans caractère aucun, sauf au sud une baie en lancette construite en pierre de taille qui peut se placer entre les xiiie et xve siècles. Un seul contrefort a dû exister à l'extérieur : voûtée en bois elle n'en avait pas besoin. Large en moyenne de 9 m. 30, elle n'appelait pas de nefs latérales.

C'est donc une nef très modeste, d'une modestie qui touche à la pauvreté. A notre avis, antérieure au sanctuaire au moins dans son ensemble, en tout cas certainement antérieure au clocher, elle constitue la majeure partie de l'église primitive à laquelle sont venues se greffer d'abord la travée du sanctuaire, puis en empiétant sur ses murs celles du transept et du clocher. Ainsi s'expliquerait la double déviation.

Sans doute son gros œuvre est informe, mais il a dû être vingt fois remanié. Nous savons d'ailleurs que dans les églises rurales la nef est souvent une partie sacrifiée. La raison en est facile à comprendre : sa construction et son entretien étaient à la charge de la communauté des fidèles, du « trésor » de l'église, alors que les gros décimateurs, seigneurs religieux ou laïques, avaient à s'occuper du chœur et du transept (2).

Quoi de plus aisé aux riches moines du prieuré et de Sainte-

---

(1) Les murs du xvie siècle n'ont que 0 m. 60 à 0 m. 80 ; ceux du sanctuaire de 65 à 75 c.

(2) L'église couvre au total 5 a. 29 c. Elle est longue de 33 m. 80 hors œuvre. A l'intérieur la partie couverte par la voûte en bois mesure en longueur 11 m. 84 ; le reste voûté en pierres 17 m. 93. Le transept mesure 18 m. 85 du nord au sud, 12 m. 50 de l'est à l'ouest.

Catherine d'édifier un sanctuaire ou un transept remarquable, au baron de Dangu de bâtir un beau clocher. C'était moins facile aux paysans : le trésor, comme dans la suite, n'était pas toujours confié en bonnes mains ; il fallait compter avec d'autres charges et les années mauvaises. Comme presque toujours le provisoire tendait à s'éterniser.

Destinée sans doute à tomber au xiiᵉ siècle pour faire place à une construction plus digne du nouveau sanctuaire, la nef était encore debout au xiiiᵉ. A cette date, et ici nous ne sommes plus dans les hypothèses, nouveau projet de reconstruction. La disposition des piliers du clocher le prouve catégoriquement. Les chapiteaux sont prêts pour les nouvelles travées d'une nef voûtée en pierres : la place de la retombée des arcs est indiquée, aussi bien pour les deux collatéraux, que pour la nef centrale. Vainement : la nef toujours condamnée demeure debout. On se contenta de clore chaque bras du transept sous leur arc doubleau actuel, par un mur qui s'en allait rejoindre à angle droit les vieilles murailles de l'indestructible nef. Toutefois, pas plus que celles-ci, ils ne venaient s'appuyer sur les piliers d'Adam et d'Eve. Un petit passage était ménagé autour d'eux. A la hauteur des chapiteaux qui auraient dû porter les voûtes demeurées en projet, des arcs dont il reste quelques traces, devaient contrebuter les piliers en s'appuyant sur l'angle du transept ainsi fermé.

L'église demeura telle durant trois siècles. Aucun travail important n'y fut fait dans l'intervalle, du moins au gros œuvre. Avec son unique croisillon, le transept n'avait pas l'ampleur actuelle, mais les déviations devaient offrir alors un aspect beaucoup moins disgracieux. Comme aujourd'hui, la nef s'orientait vers le nord-est plus encore que le sanctuaire ; comme aujourd'hui, le mur sud, placé à sa naissance actuelle à 5 m. 63 de l'axe absidial contre 3 m. 62 du côté nord, arrivait à en être distant au portail de 6 m. 53 contre 2 m. 80. Mais alors, notons-le bien, rien ne soulignait ce malencontreux désaxement. C'est le xviᵉ siècle avec ses piliers bien centrés cette fois et leurs arcs-boutants indispensables, qui a fait ressortir le mauvais agencement des trois raccords et défiguré la pauvre vieille nef où le menu peuple de Vesly priait depuis des siècles, se promettant toujours, mais en vain faute de ressources, de la reconstruire en entier.

En effet dans la seconde moitié du XVIe siècle un nouveau projet fut amorcé. On allait bâtir une nef spacieuse, composée de trois vaisseaux voûtés en pierre et d'égale hauteur. On reprenait plus en grand le plan de ceux qui avaient élevé le clocher trois cents ans auparavant. Hélas ! c'était encore un beau rêve. La voûte sud de l'ancien transept fut refaite et, de la nef projetée, trois travées seulement furent construites qui formèrent le second croisillon du transept actuel. Cette fois l'ensemble avait été bâti d'un seul jet avec une symétrie parfaite. La nef devait être abattue au fur et à mesure qu'on avancerait, et l'on retrouve encore, par places presque à fleur du pavé, les murs qui fermaient le premier croisillon et prolongeaient la nef, allant rejoindre ceux qui sont restés debout.

Pourquoi fallut-il s'arrêter ? Craignait-on de trop restreindre le cimetière déjà cerné par des maisons et des propriétés privées ? C'est peu croyable. Cette difficulté avait certainement été envisagée avant qu'on se lançât dans pareille entreprise.

A la manière dont le travail fut laissé inachevé, il faut plutôt, semble-t-il, attribuer son interruption à quelque grande calamité publique. Et volontiers l'on songe aux guerres de la Ligue qui de 1589 à 1593 furent si désastreuses pour Gisors et ses environs. On peut encore le constater : les ouvriers partirent sans avoir complètement ravalé et raccordé les arcs dans la partie qui retombe sur les piliers du XIIIe siècle. Ce travail à l'extrémité nord du doubleau de la chapelle Saint-Joseph ne fut fait qu'en 1872. Les deux fenêtres en plein cintre ne furent pas non plus terminées : elles restèrent dégarnies de meneaux et jusqu'à leur destruction récente, n'en eurent jamais. Elles étaient un peu moins larges que les baies actuelles et à peu près aussi hautes, décorées à l'extérieur de trois étroites moulures fort simples. On peut d'ailleurs les voir au sud où l'on a utilisé les pieds-droits de l'ancienne fenêtre. En revanche le côté nord possède seul ses deux larmiers, l'un sous le pignon, l'autre sous la baie : la restauration de 1903 en a fait disparaître un du côté opposé. Il n'y en a pas d'autre au pourtour de l'église. Les contreforts du XIIIe siècle présentent des coupe-larmes en V renversé.

Les voûtes sur croisée d'ogives sont approximativement en tiers point. Les arcs sont tous du même modèle : un cavet renversé et deux ou trois moulures en retrait aboutissant à un léger tore, leur donnent un aspect triangulaire avec évidement en lame de rasoir. Les doubleaux dégrossis de la même manière, se terminent par un bandeau plat. Quant aux clefs, elles sont réduites à de petites rosaces purement géométriques, sauf celle du sud plus large et destinée sans doute à porter un écusson qui a peut-être été gratté. En tous cas, elle paraît inachevée.

On retrouve ces rosaces adaptées aux culots circulaires qui portent les arcs. De style Renaissance, ils sont gracieux et simples : deux ou trois moulures en gradins, voire même une seule avec une corniche à dents et, pour finir, les oves de la rosace. En deux endroits, les arcs se perdent tout bonnement dans la muraille.

Du côté de la nef, ils retombent sur deux colonnes octogonales, très élancées, de o m. 70 d'épaisseur, qui se renflent près du sol et finissent sur une petite base carrée. Leurs chapitaux ne manquent pas d'élégante originalité. Du tailloir carré, ici très mince et dégrossi d'un simple biseau, là portant un cavet sur une corniche à dents déjà étagée sur trois moulures, il s'agissait pour le sculpteur de nous faire passer sans heurt au fût octogonal.

Huit volutes plates, posées deux à deux, couvrent les quatre faces et forment à la réunion de leurs crosses quatre angles sous lesquels viennent naître les côtés supplémentaires. Entre les pieds des volutes, au pilier nord, sont sculptées quatre figures d'hommes traitées lourdement : l'un porte un vêtement à godrons qui rappelle les hauts de manche à la mode sous Charles IX, un autre est coiffé d'un bonnet carré. Le pilier sud, de beaucoup le plus riche, présente aussi deux têtes dont l'une est mutilée, l'autre paraît figurer une femme. Sur les deux faces intermédiaires du chapiteau se voient de jolies roses très fouillées. A sa base, huit feuilles d'acanthe amortissent les angles, enserrées par une couronne dont chacun des huits fleurons correspond à leur milieu.

Cette fois les colonnes avaient été bien placées. L'architecte, plus habile que son collègue du xiii⁰ siècle, n'avait pas craint de les avancer vers le nord de manière à redresser l'édifice. Toutes proportions gardées, la travée centrale avait la même largeur que celle du clocher, mais l'axe du sanctuaire passait exactement au milieu. Il n'y avait qu'à continuer en détruisant totalement la vieille nef. Autrement plus on avançait plus la déviation s'accentuait. A présent entre son mur et la colonne, on comptait 75 centimètres au nord contre 1 m. 85 au sud !

On allait voir pire encore. La construction de la triple nef étant remise indéfiniment, comme au xiii⁰ siècle on avait fermé les travées latérales du premier croisillon, ainsi il fallut clore celle du second par des murs (1) qui allèrent rejoindre ceux des restes de la nef et fournirent aux voûtes un point d'appui. Seule la travée centrale n'étant pas contrebutée à l'ouest, sous la poussée de la voûte, la colonne sud se mit à pencher, comme arrachée de son socle.

Ce fut alors que pour étayer la travée, furent bâtis deux

____

(1) Des portes n'y furent percées qu'en 1840.

énormes arcs-boutants en quart de cercle qui atteignent environ 7 mètres de hauteur et avancent de 3 mètres dans la nef avec une base large de 75 centimètres sur un mètre. Placés dans l'alignement des colonnes, ils soulignent d'autant plus la déviation de la nef que l'arc-boutant nord touche presque au mur, tandis que celui du sud en est éloigné d'environ 2 mètres. L'effet est déplorable. Il y a d'autres vices de construction dans l'édifice, ne serait-ce que l'inégalité des travées, toutes de dimensions différentes. Mais il faut bien observer pour s'en apercevoir. Ce désaxement au contraire saute aux yeux. Du moment qu'une amorce de la nouvelle nef coexiste avec le reste de l'ancienne, il ne pouvait en être autrement. Reprendre le plan du xvi⁰ siècle serait la seule solution. Il est probable hélas ! que les choses restées en l'état depuis plus de trois cents ans, y resteront longtemps encore.

Examinons maintenant ce que l'église a gardé du mobilier qui l'ornait à cette époque. Des autels rien n'a été conservé, sinon peut-être un chapiteau Renaissance du genre composite dont le curé Védrine qui l'a trouvé sous les combles, a fait le piédestal de son ex-voto pour l'heureuse restauration de l'église : un saint Antoine de Padoue en plâtre.

Pas un seul morceau de boiserie, mais par contre plusieurs statues remarquables. Signalons d'abord une Vierge en pierre qui est certainement postérieure à 1350 et probablement antérieure au xvᵉ siècle. Marie notablement décolletée, portant sur les épais bandeaux ondulés de ses cheveux une couronne au décor trop compliqué (1), tient assis dans ses deux mains aux doigts fuselés son divin enfant, le corps nu, les jambes couvertes d'un linge dont les bouts retombent sur le manteau maternel. Tout en contemplant Marie, il lui maintient sur la poitrine un oiseau, une colombe sans doute, dont sa main droite semble taquiner le bec.

La Vierge, à demi-souriante, incline sa bonne grosse figure toute ronde vers l'enfant, enfant elle-même, pourrait-on dire, par son visage et sa poitrine. Point de hanchement, point d'affectation dans la disposition des plis. Selon un arrangement que

---

(1) Elle ressemble à celle d'Agnès Sorel dans le diptyque de Jean Fouquet au musée d'Anvers (xvᵉ siècle).

l'on pourrait appeler classique et que nous retrouverons dans les statues de saint Thomas de Cantorbéry, de sainte Agathe et de saint Jacques, un pan du manteau s'étale largement sur le devant et va rejoindre l'autre retenu à dessein sous un bras. En somme cette statuette de o m. 80 de hauteur, malgré quelque sécheresse dans la facture et quelques gaucheries au point de vue anatomique, est pleine de charme et de naïveté.

On peut à la rigueur en dire autant d'un saint Nicolas en pierre que rien n'empêche d'assigner au xvᵉ siècle. A ses pieds, du saloir légendaire, baquet ovale très bas avec ses cercles bien visibles, se lèvent les trois petits enfants tués par le cupide boucher. L'un d'eux enjambe la cuvelle et tend ses mains suppliantes vers le saint dont on a fait le patron des écoliers. Jusqu'à la laïcisation ceux de Vesly célébraient sa fête dans les classes par des chants et des réjouissances. Cette tradition est perdue : la statue du moins en rappelle le souvenir.

Saint Nicolas est revêtu de l'ample chasuble antique se resserrant déjà cependant, au-dessus d'une dalmatique dont les bords sont garnis de franges. Le manipule est très étroit, presque droit et une cordelière, avec un nœud en cocarde à l'extérieur, en réunit les deux fanons. Il est semblable à celui d'un saint Thomas de Cantorbéry, statue en noyer, de la même époque, venant de l'ancienne léproserie. Détail à noter comme contraire aux usages liturgiques actuels, saint Thomas porte le manipule sans la chasuble, avec une chape très souple et un long surplis descendant bien au-dessous des genoux et entièrement uni. Ses gants ont un gland au poignet servant sans doute à les fermer. Sa chevelure comme celle de saint Nicolas dépasse la mitre de toutes parts et forme bourrelet sur le front et les oreilles.

Quant aux motifs de pure ornementation, applications de broderie et de pierres précieuses : ils sont de la même famille sur les deux statues, un peu plus en relief sur la mitre de saint Thomas que sur l'espèce de T qui orne le devant de la chasuble de saint Nicolas.

On les retrouve presque identiques sur une statue en pierre du même temps que l'on dit être sainte Agathe. Sa main droite perdue portait sans doute quelque emblème caractéristique qui aurait permis de l'identifier avec plus de certitude. De la main gauche elle tient un livre dont le fermoir ouvragé est pris entre les pages. Sa chevelure abondante tombe sans apprêt sur son dos. Les plis du manteau vraiment royal qui la couvre, aux bords chargés de pierreries, retombent avec une harmonie et une profondeur dignes d'être remarquées. Visiblement le sculpteur a soigné surtout le costume : la figure est quelconque.

Citons pour mémoire une grossière statue en bois de sainte Barbe dont la tour traditionnelle reproduit des arcatures du style flamboyant. Elle atteste qu'à côté de la statuaire artistique du xvᵉ siècle, il y avait comme aujourd'hui la statuaire commerciale.

L'œuvre la plus importante que cette époque érigea dans l'église, dut consister en un groupe de trois statues représentant la sainte Trinité couronnant la Vierge. A voir le soin avec lequel la sculpture est poussée de dos aussi bien que de face, il devait être placé sur un autel, sur un rétable petit et bas comme on les voulait alors, et l'on pouvait en faire le tour. Et la place centrale qu'on lui assigna au xviiᵉ siècle, donne à penser qu'il occupait le maître-autel.

Le Père et le Fils étaient assis sur une banquette dont les pieds de derrière sont réunis par une arcature gothique, tandis que ceux de devants s'effilent en montants tournés, ornés de losanges dessinés par des lignes ondulées ou un simple pointillé. Un tissu très souple, bordé de franges, retombe derrière le banc et de chaque côté à quelques doigts du sol, se mêlant en dessous aux vêtements des personnages assis.

Le Père éternel, l'Ancien des jours, est représenté en vieillard, selon la tradition établie par les représentations des mystères. Il a le dos voûté, les épaules étroites et tombantes tel saint Thomas de Cantorbéry, le visage allongé, les joues creuses, la barbe bifide descendant sur la poitrine. Les cheveux tombent de chaque côté de la tiare presque sur les oreilles, comme dans les deux statues d'évêques que nous avons examinées plus haut.

La plus haute puissance qui soit dans le ciel est vêtue comme la plus haute puissance qui soit sur la terre, le pape. Au cou, tel saint Nicolas et de nos jours encore les enfants de chœur de Notre-Dame de Paris, il porte l'amict en forme de capuchon. L'aube très large bouffe par dessus le cordon qui ceint les reins. La chape avec son chaperon en pointe terminé par un gland, est garni d'un fermail double auquel était attaché une sorte de pendentif rond. Ni le fermail, ni les orfrois tels ceux de la chape de saint Thomas, ne portent d'ornementation : une décoration picturale devait en tenir lieu, car toutes ces statues étaient entièrement polychromées dès l'origine.

Par contre la tiare est finement ciselée. C'est le trirègne inauguré par les papes d'Avignon, avec ses trois couronnes étagées et son sommet en pain de sucre. Résille, cabochons, perles ornent chacune de ces couronnes à fleurs de lys dont plusieurs paraissent avoir été brisées volontairement, sans doute à la Révolution. La main gauche est posée sur le globe du monde orné d'une croix et appuyé sur le montant de la banquette.

Quant au Fils, assis à la droite du Père, comme dit le symbole, il a, toutes proportions gardées, les traits de Celui qui l'engendre. Tête nue, les cheveux longs tombant sur le cou, la barbe bifide et courte, il n'est vêtu que d'un simple manteau agrafé sur la poitrine et disposé de manière à laisser voir le buste, l'abdomen, les bras et les jambes jusqu'aux chevilles. Entre ses genoux montait une croix de pierre reposant sur le sol et s'en allant en biais sur son épaule droite à la hauteur du visage. L'anatomie du sujet laisse beaucoup à désirer.

De leur main libre les deux personnes divines devaient tenir une couronne au-dessus de la tête de la Vierge à genoux entre elles sur un coussin orné de glands, le dos tourné à la banquette (1), les mains jointes. Marie porte les cheveux longs sans apprêt : une partie en descend sur le dos, une autre de chaque côté de la poitrine. Elle est vêtue d'une ample tunique retenue par une ceinture d'étoffe dont les extrémités inégales pendent sur le devant, et couverte d'un manteau à larges manches retroussées aux poignets. (2)

On ignore quel était la place du Saint-Esprit dans ce remarquable groupe appelé à subir tant d'avatars.

Le xve siècle, on le voit, a notablement contribué à peupler l'église des œuvres de ses imagiers. Peut-être faut-il attribuer aussi à la même époque, mais aux alentours du xvie siècle, un saint Jean-Baptiste en pierre, d'un réalisme notable, d'une certaine finesse d'exécution malgré l'empâtement de certaines par-

---

(1) On retrouve cette disposition dans un tableau d'Enguerrand Charonton peint en 1453 et conservé au musée de Villeneuve-lès-Avignon.

(2) Cette statue large au pied de 0 m. 45, a 0 m. 85 de haut.

ties (1). Montrant du doigt un agnelet qu'il tient sur un bras, la bouche entr'ouverte, il semble dire comme jadis aux rives du Jourdain : Voici l'Agneau de Dieu ! Visage d'ascète, attitude grave, souci du réel poussé jusqu'à figurer le réseau des veines : tout cela fait de cette statue une pièce remarquable.

Le siècle suivant nous a laissé trois statues de valeur. Et d'abord une Vierge en bois que l'on comparera utilement avec celle du XIVe siècle. Très élancée avec le hanchement à droite, vêtue d'une tunique assez étroite, elle a la partie inférieure du corps littéralement encerclée dans les plis d'un manteau très resserré, étagés presque horizontalement et très épais. Cette disposition originale comporte quelque lourdeur. Le visage est bien traité et nous sommes loin de la bonhomie de la Vierge à l'enfant. La tête est entourée des nattes de cheveux et coiffée d'une sorte de haut bonnet d'où pend un voile qui laisse bien à découvert le cou et la gorge. Il y a quelque fierté dans l'attitude de Marie : c'est la mère glorieuse du Fils qu'elle tient sur sa poitrine, jouant avec les plis du corsage maternel. Néanmoins le travail paraît inachevé.

On pourrait en dire autant de saint Jacques le Majeur, imposante statue en pierre de 1 m. 60 de hauteur, si l'on ne se rendait compte par la largeur avec laquelle le sujet est traité qu'il était destiné à être vu à distance, peut-être à faire partie d'un ensemble architectural. Le frère de saint Jean dont les reliques portées, dit-on, à Compostelle en Espagne, étaient l'objet d'un des pélerinages les plus fameux de la chrétienté (2), est représenté selon l'usage en pélerin. Tenant son bourdon d'une main, le livre des Ecritures de l'autre, il s'en va pieds nus, sa tunique serrée par une ceinture de cuir à boucle de métal, drapé dans un grand manteau qu'un large nœud retient sur l'épaule. Son visage grave et majestueux, une touffe de cheveux sur le front dépassant son chapeau à larges bords relevés, sa longue barbe calamistrée, font songer aux Saints de Solesmes où à la Mise au tombeau de Ligier Richer conservée à Saint-Mihiel.

La statue du patron de l'église au contraire a été exécutée avec

---

(1) M. Védrine l'a fait peindre en gris ainsi que saint Nicolas en 1904.

(2) Il serait même surprenant qu'aucun habitant de Vesly n'y soit allé, si pauvre on fut. Pour un pèlerin il n'y avait alors ni distance ni dénuement.

une grande minutie dans les détails. Saint Maurice debout, légèrement tourné sur la gauche, couvert de son armure de fer, casque
en tête, lance au poing, bouclier au bras, épée à vaste poignée
au côté, place sa main gauche dans un geste protecteur sur
l'épaule d'un ecclésiastique à genoux devant lui, et redressant la
tête, d'un fier regard, semble menacer quiconque oserait y toucher. Un manteau à courte pélerine, retenu sur les épaules par
une cordelière (1) replié élégamment du côté droit, descend par
derrière jusqu'aux genoux, laissant à découvert toute la cuirasse.

La lance devait être en bois et a disparu. La tête a été séparée
du tronc et mal rejointe ; la jambe droite aussi a été rattachée.
Le bouclier est écorné. Il est chargé d'une croix avec au centre,
sur l'umbo au cercle garni de perles et de pierres précieuses, le
monogramme de Jésus. Sur le pourtour sont gravées une cinquantaine de lettres dont plusieurs fondues ensemble et malai-
sées à déterminer. M. de Caumont dit qu' « il est parfois difficile
de trouver un sens à ces inscriptions (2) ». Nous ne voyons pas
comment l'interpréter.

Quant au donateur de la statue, il est agenouillé aux pieds du
saint. Selon un usage dont les vitraux anciens fournissent plus
d'un exemple, pour mieux montrer la petitesse de l'homme et la
puissance des bienheureux, ses proportions sont réduites de
moitié environ par rapport à son protecteur. Il porte avec la
tonsure cléricale, la coiffure dite « à la fenêtre » encore en usage
chez les ecclésiastiques à la fin du xve siècle et au début du xvie,
c'est-à-dire, les cheveux couvrant le front en ligne droite, tombant droit aussi sur le cou et les oreilles de façon à encadrer
littéralement la figure.

Couvert d'un manteau garni de fourrure sur la poitrine et à
l'intérieur des manches retroussées sur les poignets, assez semblable à la cappa magna des évêques, mais sans queue, l'aumô-
nière au côté, les pans de la ceinture d'étoffe noués sans façon
retombant sur le devant de la tunique (3), le donateur tient sur
ses mains jointes, entre le pouce et l'index, selon le cérémonial,

---

(1) Avec des attaches et des anneaux semblables à ceux du manteau du Fils.

(2) Abécédaire d'archéologie, t. Ier, p. 471.

(3) Comme à la Vierge du Couronnement.

le bonnet carré où se dessine déjà la barrette cléricale. Sur son épaule gauche se voit une sorte d'étroit capuchon allongé à bout rond, trop petit pour être utilisé et figurant plutôt l'épitoge d'un docteur que l'aumusse d'un chanoine. C'est sur cet insigne que saint Maurice pose sa main gantée de fer. Le visage très fouillé, aux sourcils proéminents, aux traits anguleux, dénote un homme assez avancé en âge, quoique encore vert.

De qui est-ce le très vivant portrait ? Nul ne le sait. On peut y voir « noble et scientifique personne Guy de Ferrières, docteur en décret (1) », en droit canon comme on dit de nos jours, curé de Vesly et de Saint-Jean de Dangu en 1516, année où il fut témoin de la fondation faite par son parent Pierre de Ferrières de quatre chapelains dans l'église Saint-Jean. Il fut titulaire de la cure de Vesly de 1495 au moins jusqu'à sa mort qui arriva en 1519. Nous ne connaissons aucun autre personnage, seigneur ou curé du pays, qui ait pu se faire représenter dans ce costume durant la période à laquelle on peut attribuer ce groupe, c'est-à-dire le début du XVIᵉ siècle. Mais que le donateur soit Guy de Ferrières ou un anonyme, son but est atteint : il a glorifié par une belle œuvre le patron de la paroisse.

Les deux siècles qui suivirent n'ajoutèrent rien de notable : une sainte Anne en plâtre ; une sainte Marguerite et deux saint Adrien dont l'un très petit provient de l'ancien bâton de la Charité. Ces trois dernières sont en bois. Ce ne fut pas non plus l'époque de grandes constructions (2) : la fabrique avait peu de fonds et ils étaient mal gérés.

Ainsi quand Étienne le Mérat en 1690, ainsi que l'indique le bandeau de la porte centrale, fit reconstruire le pignon de la nef, il y eut des difficultés pour le règlement des travaux. L'année suivante, lorsque l'archevêque de Rouen, Charles-Nicolas de Colbert fit la visite canonique du doyenné de Gamaches, le curé de Vesly comparut et le curé de Saint-Martin près Étrépagny fut chargé d'arranger le différend avec mandat d'en rendre compte au prochain synode (3). L'archevêque prescrivit qu'on fît les

---

(1) A. E. H 1577.

(2) Un contrefort du sud-ouest porte au sommet la date 1668, qui tendrait à faire croire à certains travaux extérieurs.

(3) A. S. I. G 729, 725.

diligences nécessaires pour le paiement du debet de Dupérier, ancien trésorier de la paroisse. Il ordonna également de faire l'inventaire des titres de la fabrique et un coffre à deux clefs pour les garder dans toutes les églises.

Vesly en possédait déjà un, mais à l'intérieur « aucun compte ni ancien ni nouveau, hormis celui de Michel Vinot qui est au greffe de Gisors. Ainsi on ne peut déclarer ce qui est dû pour le reliquat desdits comptes (1). Lors des visites décanales, généralement on trouve le cimetière et la sacristie en bon état, l'église « bien fournie de vases sacrés, d'ornements et de livres », mais les mêmes plaintes reviennent toujours sur l'état du trésor. En 1713, « il est dû plus de 400 livres par les anciens trésoriers » (2). On autorise le curé, sur sa demande, à en faire le recouvrement par les voies de droit. En 1736 le registre des visites mentionne qu'il y a des « réparations considérables à faire à la couverture des deux grandes chapelles de la croisée. Il faudrait recrépir et blanchir les murs en dedans « pour rendre l'église plus propre » (2). Et le registre ajoute : « Les biens sont très mal administrés et il règne un désordre affreux. Les comptes n'ont pas été rendus depuis 1723 et tous les anciens trésoriers depuis plus de vingt-cinq ans sont demeurés redevables. Les terres de l'église ne sont pas affermées à leur valeur et on n'a pas soin de faire payer les rentes ».

Des 200 livres qui, les charges acquittées, pouvaient rester en moyenne chaque année, il fallait encore déduire les dépenses nécessitées par l'entretien de l'église. C'était peu pour se lancer dans de grandes entreprises. Aussi croyons-nous que la fabrique ne fut pour rien dans la construction du rétable Louis XIV qui fait l'honneur du sanctuaire. Peut-être faut-il l'attribuer à la générosité du curé Étienne le Mérat ou plutôt à celle du seigneur de Dangu, Madeleine de Clermont, veuve du célèbre maréchal de Luxembourg. Il eut été bien naturel que la femme du « tapissier de Notre-Dame », voulut honorer de la sorte le céleste protecteur des armées, saint Maurice.

Qu'on ne s'imagine pas un de ces vastes rétables à colonnes, peuplés d'anges et de saints, comme on en dressa de si nombreux

----

(1) A. S. I. G 1768.
(2) G 1767.

à cette époque. Ici nous n'avons qu'un double encadrement de pierre, à peine plus large que la table d'autel et faisant corps avec le mur lui-même. Le cadre inférieur, le plus étendu, est d'abord entouré d'une sorte de chapelet avec un gros grain à chacune de ses quinze dizaines, puis d'une épaisse guirlande de feuilles de chêne disposées avec symétrie et ornée chacune d'un gland en leur milieu.

A chaque angle une large feuille d'acanthe ; au fronton circulaire un élégant motif dans lequel passe le ruban qui court dans la guirlande se montrant de place en place sans heurter les lignes. De chaque côté du cadre proprement dit descendent deux faisceaux de fruits suspendus à des anneaux décoratifs par des rubans aux nœuds variés. Au pourtour du cintre des faisceaux plus petits, rattachés de la même manière, forment une gracieuse série de festons à l'abri de l'épaisse corniche sur laquelle repose le deuxième encadrement.

A vrai dire celui-ci est une sorte de niche semi-circulaire destinée à recevoir quelque œuvre de statuaire. Sur les pieds-droits portant un entablement rehaussé de pots à feu, deux enfants aux cheveux bouclés servent de cariatides. D'une main ils laissent pendre de leur poitrine le linge qui couvre leur nudité ; de l'autre ils le relèvent jusqu'au sommet de leur tête. Le reste de leur corps s'engaine dans des faisceaux de fruits du genre que nous connaissons.

Sur le haut de la corniche terminale au centre de laquelle se voit une fort belle figure d'ange, le sculpteur a entassé jusqu'à la voûte une quarantaine de fruits divers. Il y en a d'ailleurs près de 150 dans l'ensemble. Ce sont des nèfles, des figues, des poires, des coings, des grenades entr'ouvertes, des grappes de raisin et même des artichauts. On peut se demander pourquoi l'artiste a fait une part assez importante à des fruits étrangers au pays. Peut-être était-il du Midi. En tout cas malgré les restaurations indispensables qu'elle a subies, son œuvre est charmante, pleine d'élégance, de variété et d'harmonie.

A quelle date exacte faut-il assigner ce travail, aucun document ne nous l'indique. Si la sacristie bâtie en 1698 derrière la chapelle actuelle de la Vierge, fut élevée pour remplacer celle du chevet du sanctuaire dont le nouveau rétable condamnait l'entrée, nous aurions-là un renseignement précis. De toutes manières on ne saurait s'éloigner beaucoup de cette date ni dans un sens ni dans l'autre. Le style parle assez clairement (1).

Ce rétable appelait un autel en rapport. On ne sait s'il a jamais existé. Les petites baies romanes ne donnant pas assez de lumière, on les remplaça de chaque côté par d'immenses et affreuses ouvertures en forme de croix aux bras demi-circulaires dont le plus grand mesurait 2 m. 80 et le moindre 2 m. 05. A dessein on les avait reculées vers l'entrée du sanctuaire. Jamais verrière ne put tenir dans ces trous.

Ce fut à cette occasion qu'on refit les corniches extérieures de la travée. La clef de voûte semble aussi avoir été remaniée à cette date. Ses bords furent taillés en godrons comme le rétable en porte à sa base. On y grava une croix chargée de rayons, accostée des instruments de la passion, la lance et le roseau portant l'éponge : le tout se dressant au milieu de rayons et de flammes. Au-dessous se détache une banderole avec cette inscription suggestive : *Lux vera colonis* : Que la lumière de la vérité luise sur les travailleurs de ce pays! N'est-ce pas le rôle de la religion d'apporter un rayon de lumière dans les ténèbres de l'esprit et du cœur, d'élever ainsi au-dessus des choses de la terre ceux qui a force d'être courbés sur elle risqueraient facilement de ne plus rien voir d'autre.

Il n'est pas admissible que saint Maurice le titulaire de l'église n'eut point dans le nouveau rétable la place d'honneur. Devait-on lui consacrer un bas-relief ou une peinture ? L'un ou l'autre a-t-il été exécuté ? Autant de questions insolubles. Ce qui suit tend à montrer que rien ne fut fait.

La niche supérieure et le goût de l'époque demandaient un autre groupe que celui du Couronnement. Néanmoins la Trinité y fut placée non sans en disjoindre la Vierge, car l'ensemble large de 1 m. 50 à la base, ne pouvait s'y loger (2). Sous une colombe planant au milieu de rayons et figurant l'Esprit-Saint, le Père et le Fils furent installés côte à côte, d'une façon tout à

---

(1) Deux médaillons Renaissance, semblables et figurant une tête de Christ, placés à la hauteur du tabernacle de chaque côté, pourraient induire en erreur. Ce sont des moulages pris sur un vieux coffre et placés là par M. Védrine, faute de mieux. En 1680 le fils d'un sculpteur, de Rieux, est en nourrice à Vesly.

(2) La niche mesure 1 m. 7 en largeur, 1 m. 50 en hauteur maxima, 0 m. 55 de profondeur.

fait provisoire semble-t-il. On ne sait même pas si les mains qui tenaient la couronne, furent refaites et adaptées à la nouvelle position des personnages. L'état dans lequel on les a toujours connues fait supposer que non.

Dès avant 1789 (1) seul ce groupe et sa niche étaient visibles. La fureur des lambris sévissant alors, le sanctuaire fut recouvert, sur une hauteur de plus de 3 mètres, de boiseries en chêne sans aucun style, travail élémentaire de menuisier. Les huit colonnes romanes engagées qui portaient la voûte furent coupées pour faciliter ces « embellissements ». A l'entrée du sanctuaire, on garda les chapiteaux que maintinrent des ferrures dissimulées dans du plâtre ; au chevet ils furent détruits avec l'extrémité des arcs. Seules furent épargnées les deux colonnes soutenant le formeret du mur terminal.

Quant au rétable Louis XIV il disparut derrière de grossiers panneaux qui montaient jusqu'au socle de la niche. Bien plus, pour maintenir cette insignifiante cloison, on le mutila en y scellant des crampons de fer. Trois tableaux furent suspendus à la nouvelle contretable. A l'épître, la condamnation de saint Maurice ; à l'évangile, sa décapitation ; au centre dans un cadre droit, son apothéose ou mieux sa glorification.

Tête et jambes nues, chaussé de sandales, le palumendum jeté sur sa cuirasse ornementée, ressemblant assez à un Louis XIV costumé en César, le chef de la légion thébéenne à demi couché, soutenu par deux anges, monte radieux au ciel. On s'imagine voir là un « ravissement » ou une assomption et l'on ne s'explique la composition qu'après coup dans un sens différent. Cet enlèvement en corps et en âme figure l'entrée de saint Maurice dans les cieux (2).

Sur la corniche en bois du nouveau rétable on dressa à droite et à gauche les statues de saint Jean-Baptiste et de saint Maurice au donateur. L'entrée de la sacristie qui donnait accès au sanc-

---

(1) Longtemps avant, car dès 1806 il faut restaurer les lambris.

(2) Ces tableaux ne sont pas signés. En 1698 un « peintre du roi », Delacour, est parrain à Vesly. Mais le tableau central, rectangulaire comme ses pendants conservés tels quels aujourd'hui encore, de même hauteur et large de 1 m. 50, n'a pas été fait pour la contretable en pierre érigée à cette date. Les trois toiles sont de la même époque. En 1809 un peintre d'Etrépagny les « restaure » pour 30 francs. Même travail en 1821 ! Ils étaient fort endommagés dès 1900.

tuaire directement du côté de l'évangile fut condamnée et le pavé considérablement exhaussé tel qu'il est aujourd'hui. On édifia le maître-autel actuel, simple bloc de maçonnerie recouvert de plaques de marbres avec une seule moulure au soubassement.

Sans doute à cause de l'humidité qui désole l'église et qu devait encore s'aggraver dans une sacristie placée au nord et ne voyant jamais le soleil, une nouvelle fut bâtie au sud vers 1750. La pierre de taille n'y fut pas ménagée ni les contreforts : l'architecte y a vu sans doute un moyen de contrebuter ce côté du transept, alors que le mur nord commençait à se déjeter. De fait le mur sud a gardé son contrefort central, tandis que celui du nord, jugé trop faible, fut refait en 1791. Vers 1768 on avait par un contrefort intermédiaire étayé ceux de l'angle nord-est qui avaient fléchi. Les ouvriers eurent soin de graver sur un jambage de la grande baie nord la devise du nouveau régime : la nation, la loi, le roi.

Quant à la nouvelle sacristie, elle ne put échapper aux suites fâcheuses de la position de l'église placée à mi-côte sur le passage des eaux. Sous leur action les piliers du clocher ne se sont-ils pas enfoncés de plusieurs centimètres en moins de cent ans. Deux ou trois fois au xixe siècle, l'humidité de la sacristie fut à l'ordre du jour. Finalement vers 1870 une série d'exhaussements, la pose d'une bouche d'air, ont atténué ce défaut et dispensé d'en bâtir une troisième. L'ancienne devint le local de la Charité. Dans sa vieille entrée en cintre surbaissé fut aménagé un placard dont les portes comme les battants supérieurs du grand portail, sont du xviiie siècle (1).

Les travaux de 1791 témoignent que l'on s'attendait peu à la politique antireligieuse de la Révolution. On ne fut sans doute pas fort inquiet lorsque l'année suivante « an quatre de la liberté », le dimanche 3 juin, en vertu d'un arrêté du directoire du département daté du 11 mai, le conseil municipal assisté du curé et du trésorier de la fabrique, Pierre Blancouyer, procéda sur les 8 heures du matin à l'inventaire de l'église (2).

« Etant arrivé en ladite église, issue de la première des deux messes, relate le procès-verbal, nous avons fait faire à haute et intelligible voix, lecture de l'arrêté sus-daté avec mémoire de l'affiche qui a été faite du placard d'iceluy le dimanche 27 mai dernier.

Après quoi, en présence de ceux des habitants dudit lieu de Vesly qui ont paru désirer être présents à l'opération que nous entendions faire, nous avons à ycelle procédé ainsi qu'il suit.

Arrivés dans la sacristie neuve (3), bâtie en pierres de taille dont les croisées sont garnies de barreaux de fer d'un pouce de carré, nous avons trouvé premièrement dans une encoignure destinée *ad hoc*, faite en bois de chêne et hêtre, fermant à clef, un

---

(1) Les vantaux de la grand'porte actuelle datent de 1840 ; la croix du pignon pesant 16 l., de 1834 ainsi que les grilles du cimetière qui en pèsent 334.

(2) A. E.

(3) La sacristie actuelle, par opposition à celle de 1698.

calice de vermeil, un autre calice en argent, un ostensoir en vermeil, un ciboire en argent, une custode en argent, des vécroles (1) d'argent.

Et de suite nous avons procédé à l'examen des objets renfermés dans une grande armoire en bois de chêne, fermant à deux clefs, trouvée dans ladite sacristie. Ouverture faire d'icelle nous avons inventorié les effets qui suivent :

Trois chapes de damas blanc sur fil orfroy de pareille étoffe à fleurs rouges.

Trois chasubles de différentes couleurs galonnées en oripeaux, le tout fort ancien.

Et enfin une croix d'argent pour faire la procession, en argent.

Puis enfin, nous étant fait ouvrir les tiroirs d'une espèce de grande commode en bois de chêne, nous y avons trouvé le linge dont la désignation suit : huit aubes fort anciennes, douze corporaux, huit amicts, six serviettes et quatre nappes d'autel.

Procédant ensuite à l'examen de la porte de la sacristie, nous l'avons trouvée garnie d'une bonne serrure supportée par des ferrures solides, et construite en bon bois de chêne dont les membrures sont d'un pouce d'épaisseur.

De la sacristie passant ensuite dans l'intérieur de l'église, nous avons trouvé tous lesdits livres nécessaires au chant dans le plus grand délabrement.

Point de lampe : elle est inutile dans le jour et, si elle est allumée la nuit, c'est pour la commodité des voleurs (2).

Sur le maître-autel qui est simple dans sa construction, mais de marbre, s'est trouvé six grands chandeliers de cuivre, deux bras et une croix de même métal.

Dans la contretable, trois tableaux : le premier représentant l'apothéose (3) de saint Maurice, le second son accusation et le troisième son martyre.

Nous transportant à la sortie du chœur dans la chapelle de la Sainte Vierge, nous avons trouvé qu'il y avait à l'autel deux bras de cuivre avec un encensoir de même métal. L'autel est de plâtre et le devant d'iceluy est d'étoffe de Lyon, de couleur verte et à fleurs d'or.

Ayant fait ouvrir de suite le banc de l'œuvre qui est en bois de chêne fermé à deux clefs, nous y avons trouvé les ornements cy-après détaillés ».

En tout, comme ornements blancs : une chasuble, trois chapes et deux tuniques assorties; une autre chasuble et cinq chapes. Comme ornements rouges : une chasuble et trois chapes. Comme ornements noirs, deux chasubles, deux tuniques, et cinq chapes, plus « un poêle de damas noir croisé de damas blanc ». A quoi il faut ajouter « trois chasubles de différentes couleurs ».

Ce détail fait, nous sommes repassés dans la chapelle de saint Sébatien. L'autel est en plâtre et est simplement garni de deux bras de cuivre et d'un devant d'autel, fond blanc fleurs en or. »

Ainsi fut clos cet inventaire qui laisse dans l'oubli ce que nous tiendrions le plus à savoir. Il ne parle pas davantage de l'autel de sainte Anne auquel, par fondation de 1715, une messe se disait tous les ans le 26 juillet jour de sa fête, ni de la chapelle Saint-Nicolas (celle du Sacré-Cœur aujourd'hui).

Dans quel état la Révolution avait laissé l'église, nous le savons amplement. Quand les noues furent rétablies, il fallut réparer les voûtes minées par les eaux. A la hâte, avec quelques subsides de la commune, on fit le plus urgent : on aveugla les lézardes.

---

(1) Ampoules pour les saintes huiles.

(2) A quoi servait alors le revenu du clos de la Lampe ?

(3) Le texte porte « l'approsthole ». Il fourmille d'ailleurs de fautes d'orthographe C'est le maire Legros, originaire de Saint-Clair sur Epte, qui l'a rédigé.

La voûte de la chapelle actuelle de la Vierge, avec son mur nord tout déjeté et une déchirure du mur est, avait beaucoup souffert. Vaille que vaille on ravala les pierres qui descendaient ; celles qui étaient tombées furent remplacées par des pierres de dimensions diverses. Un enduit (1) dissimula cet assemblage hétéroclite et mal nivelé. Du moins l'armature primitive, formerets et croisée d'ogives, fut conservée. Vers 1817 on figura sur cette voûte, comme aussi sur les murs du sanctuaire, un appareil en pierre de taille avec fleurettes et joints couleur ocre. Des peintres en bâtiment décorèrent en même temps les chapiteaux et les statues pour la plupart déjà polychromées : 78 journées furent consacrées à ces travaux !

L'année suivante la fabrique achetait les fonts baptismaux actuels à l'église de Guerny : on ignore ce qu'étaient devenus les anciens. Cette cuve de pierre octogonale, sobrement ornée d'arcatures ogivales, certainement antérieure pour le moins au xvie siècle, fut payée 12 francs.

Il n'y avait plus qu'une seule cloche pesant 1.626 livres et portant, au témoignage du curé Pérelle, cette inscription : « 1598. Haute et puissante dame Anne Dejamaing, veuve de haut et puissant seigneur messire Guillaume de Montmorency, vivant conseiller du roi en son Conseil d'Etat privé, seigneur de Thoré et de Dangu, patron de céans ».

Peut-être l'abbé Pérelle a-t-il écourté l'inscription : elle nous laisse ignorer les noms du donateur et du fondeur. Quant au nom du seigneur collateur de la cure, il était d'usage de le mentionner, comme on fait encore de nos jours pour les curés et les maires. Guillaume, dernier fils du connétable Anne de Montmorency, était mort depuis 1591 et ses cendres reposent encore à Dangu dans la chapelle des Douze Apôtres qu'il avait fait construire. Anne de Lalain sa veuve, originaire d'une puissante famille des Flandres, avait hérité de ses droits : ainsi s'explique l'inscription de la cloche de 1598.

Après plus de deux cents ans d'usage, elle était fêlée et le morceau menaçait de se détacher. Justement un jeune fondeur de cloches venait de s'établir à Vesly (2). Jean-Baptiste Morlet,

---

(1) Il a été refait en 1912 et les arcs mis à vif.

(2) Il se maria à Vesly, âgé de 20 ans, le 22 janvier 1827, avec Zoé Lafosse.

originaire de Champigneulles, canton de Bourmont, dans la Haute-Marne. Il avait embrassé l'état de son père et après avoir été ouvrier de la maison Hildebrand de Paris, il se mit à son compte, sentant que l'époque était favorable. Il y avait comme un besoin général de rendre aux églises spoliées par la Révolution leurs nombreuses voix aériennes d'antan.

Dans son atelier de la ruelle la Messe, à côté de l'église dont le cimetière touchait à son jardin, Morlet ne manquait pas de travail. Des cloches à Dangu, Bezu-Saint-Eloi, Bernouville, Authevernes, Gisors, Ecouis et dans quantité d'autres paroisses, portent sa signature. Habile mais original, il moulait ses cloches coiffé de son haut de forme. Au moment de la coulée, le curé de Vesly venait bénir le métal en fusion.

Sur le déclin de sa vie, il aimait, dit-on, à se rendre sur les hauteurs qui entourent le village pour écouter, à l'heure de l'Angelus, la voix de « ses filles. » Il aurait pu mieux soigner ses deux filles de Vesly qui devaient sonner sa mort en 1895 (1).

L'aînée, fondue avec les 1.626 l. de bronze de l'ancienne cloche, pèse au total 1.935 l. et revint à 1.040 francs couverts par une souscription et le remboursement des rentes d'Hostel et Fournier. Malheureusement le cerveau et les fontaines sont en fonte de fer. Elle mesure 1 m. 25 de diamètre à la base et porte l'inscription suivante en capitales, sur quatre lignes.

An 1826

† Je m'appelle Antoinette-Amélie. J'ai eu pour parrain M. Jacques Antoine Huvé de Garel propriétaire ancien conseiller à la cour des Comptes de Normandie et pour

— marraine Madame Amélie Sophie Tessier, épouse de M. Le Febvre de St-Hilaire, propriétaire. Ma bénédiction a été faite par M. Picard, doyen du canton de Gisors

— en présence de M. Charles Pérelle curé de cette paroisse et de M. J. Louis Guesnier maire de cette commune et de M. Fleury trésorier de cette église.

A l'avant, un crucifix sous lequel on lit : « Jean-Baptiste Morlet

---

(1) Son second fils, Edouard, né en 1844, fit ses études comme boursier au lycée d'Evreux, suivit les cours de la faculté de Caen et se fit recevoir docteur en droit. D'abord secrétaire du célèbre jurisconsulte Demolombe, puis du comte Foucher de Careil, directeur des ambulances de l'Ouest durant la guerre de 1870. Nommé par Gambetta, après le 4 septembre, secrétaire de la préfecture de Saint-Brieuc, officier de la Légion d'Honneur, il fut révoqué par Mac-Mahon le 24 mai 1877, et se présenta sans succès au conseil général pour le canton d'Etrépagny. Il mourut peu après à 33 ans.

fondeur », et en-dessous à gauche : « Je pèse environ 1800 livres ». Sur les deux autres faces les armoiries des Bourbons qui régnaient alors.

Le baptême eut lieu le 28 novembre et la cloche fut hissée par le pignon de la chapelle actuelle de Saint-Adrien dont la moitié fut abattue : la baie correspondante dut être élargie pour son passage. Assez mal montée, chose dont on se souciait peu alors (1), elle fut toujours assez pénible à manœuvrer. Un enfant de chœur, emporté par elle, faillit se briser les os sur le pavé. Le curé Le Bret obtint alors qu'une cloche plus petite serait posée « pour sonner ordinairement l'angelus et les messes quotidiennes ».

Large de 72 centimètres à la base, cette cloche placée en juin 1843, pèse 334 l. dont 30 pour les fontaines en bronze et le battant. On y lit l'inscription suivante en capitales, sur trois lignes.

† L'an 1843 j'ai été bénite par M. Amand Le Bret curé de Vesly et nommée Louise Henriette par M.
— Louis marquis de Belloy et par dame Henriette de la Carte de Garel. M. Jean Louis Guesnier étant maire
— de Vesly.

A la base au-dessous d'un crucifix avec Madeleine à genoux : « Morlet fondeur ». Sur l'autre face, une Vierge debout tenant l'enfant Jésus et de la main libre un sceptre.

Au total elle coûta 487 francs. A ce prix on n'eut qu'une tintenelle en plein désaccord avec sa sœur Antoinette-Amélie. Nul ne songea à doter l'église d'une de ces sonneries magistrales qui sont la joie et l'orgueil d'un pays aux grandes solennités.

Il est à noter d'ailleurs que l'église fut toujours très pauvre et que parmi les paroissiens fortunés, jusqu'à ces derniers temps, aucun ne crut devoir la doter ni lui faire de largesses notables. Les recettes de la fabrique ne dépassaient pas en moyenne 500 francs par an, y compris les petites rentes antérieures à 1789 qu'il fallait souvent faire rentrer à coup de papier timbré. De 1803 à 1820 la commune lui donnait une subvention le plus souvent assez modeste.

En 1843, lors de la pose d'une horloge dans le clocher, il parut nécessaire d'en faciliter l'accès. Pour atteindre l'escalier, il fallait se glisser par un goulot étroit et bas.

---

(1) Elle devait être montée sur crémaillère en 1914 et avoir tout son équipement renouvelé.

Peut-être l'entrée avait-elle été modifiée, lorsqu'un tassement s'était produit dans le bas de la tourelle, brisant et déjetant une vingtaine de marches dont chacune formait l'axe de l'escalier. Vers l'est, à l'angle du sanctuaire, le parement s'était déchiré sur une grande hauteur, peut-être lorsqu'au xviiie siècle on avait coupé les colonnettes romanes. En tous cas l'escalier avait été sûrement remanié, car la partie inférieure avec ses marches en pierre, son rampant en petit appareil très soigné, différait complètement du reste bâti en blocage grossier avec marches de bois.

Pour gagner un peu de largeur, on perça donc une entrée au-dessus de l'ancienne que l'on ferma et une échelle fut placée à demeure pour l'atteindre. En dessous, la tourelle fut presque entièrement comblée de maçonnerie obstruant tout à fait l'escalier inférieur. A l'intérieur de l'église elle fut remaniée et épaulée d'une forte colonne en blocage qu'une corniche dans le même style rattacha au pilier du clocher. La nouvelle colonne devint le piédestal de la Vierge du Couronnement. Le feuillage qui décore l'ensemble est une copie en plâtre faite par l'entrepreneur de Paris qui compléta en même temps les chapiteaux mutilés et badigeonna toutes les voûtes.

De 1840 à 1860 le curé Le Bret à qui l'on doit la modeste chaire et le confessionnal, porta toute son activité sur le chœur et les travées correspondantes. Les autels de la Vierge et de saint Sébastien lequel depuis un demi-siècle, la Charité aidant, avait été suppléé par saint Adrien, furent garnis de marbre à l'instar du maître-autel et munis de tabernacles (1) qui obligèrent à enlever les tableaux de saint Sébastien et de la Sainte Famille, jadis leur unique ornement. Peu après 1830, on les avait déjà rehaussés d'un rétable en plâtre, genre du xviie siècle, d'une composition assez habile quoique d'un style mélangé. Du coup la chapelle sud, comme celle du nord depuis 1698, eut sa baie du chevet aux trois quarts obstruée.

Le sol du transept qui avait déjà été exhaussé au xviiie siècle dans le premier croisillon, fut pavé de carreaux octogones en pierre blanche avec entredeux de carreaux noirs : genre très en faveur alors dans les églises et les châteaux. Tout l'édifice était jadis pavé de petits carreaux de terre cuite. On en a trouvé quelques uns qui étaient vernissés.

L'ensemble des stalles dans les trois travées fut posé de 1844 à 1850. Les piliers du clocher furent à leur tour lambrissés ainsi que les chapelles de la Charité et des Enfants de Marie : ce qui amena la destruction inutile de trois colonnettes d'angle datant du xiiie siècle. Pour tous ces travaux la caisse des deux confréries fut largement mise à contribution. Finalement entre 1850 et 1858

---

(1) On ne sait d'où vient celui de l'autel de la Vierge qui ne manque pas d'intérêt. Les principaux aménagements des 2 chapelles étaient à peu près terminés vers 1855. Le confessionnal est de 1854.

la Vierge prit possession du côté de l'évangile jugé le plus digne
et les Frères passèrent de l'autre qui devint la chapelle saint
Adrien.

L'abbé Saint dès son arrivée jugea urgent de blanchir les statues dont la grossière enluminure le choquait : on les passa à la
chaux, ce qui acheva de les empâter. Cependant on lui doit les
peintures de la chapelle saint Joseph. Il entreprit en effet de faire
une place au « patron de l'Église universelle » aux dépens de
saint Adrien qui subit le sort de saint Sébastien jadis par lui
supplanté.

Avec le montant d'une souscription faite en 1871, le rétable et
ses statues furent peintes et la voûte chargée d'azur avec étoiles
d'or. Sur le mur sud deux fresques représentèrent l'atelier de
saint Joseph et sa mort. Le 17 octobre 1872, Mgr Grolleau évêque
d'Evreux plaçait la chapelle sous son nouveau vocable et bénissait la statue du saint (1). Avec elle les moulages bariolés du
quartier Saint-Sulpice faisaient leur entrée dans l'église.

En 1880 la grande foi du vicomte de Galembert le poussait à
offrir un autel au Sacré-Cœur avec une statue du même genre.
Le vicaire général Hugonin en fit la bénédiction le lundi de Pâques.
Le même jour était inauguré l'harmonium actuel. Le premier
qu'ait possédé l'église, acheté en 1871 à la fabrique de Pacy-sur-
Eure, fut alors vendu à celle de Villers-en-Vexin où il est encore.
Ainsi disparaissaient serpent, ophicléide et cornet à piston.

M. Saint acheta aussi le premier chemin de croix qu'on ait vu
à Vesly. Les chromolithographies en furent très avantageusement remplacées en 1911 grâce à un don généreux et anonyme (2).
Au lustre en bronze datant de M. Le Bret s'en ajoutèrent trois en
cristal.

Mais le grand désir du curé Saint était de remettre en état le
rétable Louis XIV toujours caché. Les évènements ayant rendu
stérile l'appui que le sous-préfet des Andelys lui promettait dans
ce but en 1870, il ne voulut pas supporter plus longtemps la vue
du groupe de la Trinité. Le Père atrocement peinturluré, roulait
des yeux farouches et ressemblait à quelque monarque assyrien;
le Fils avec sa croix brisée, plusieurs fois remplacée par une

---

(1) On lui substitua en 1880 la statue actuelle.
(2) C'est un moulage signé de Carli le célèbre sculpteur de Marseille.

croix de bois, levait tristement ses bras amputés. On les descendit et « le Sauveur du monde », comme on l'appelait, fut enfoui dans le cimetière. C'était en 1874.

La niche fut comblée et l'on dressa devant une croix de chêne : le tout fut peint d'une couleur assortie aux boiseries. Plus tard la corniche du rétable menaçant de s'écrouler, on en ôta les statues. Saint Maurice occupa dès lors sa place actuelle et saint Jacques alla lui faire pendant, non sans avoir été préalablement scié en deux pour faciliter le transport !

Les anciens bancs tombant en pièces furent tous remplacés en 1869. Faits en sapin rouge sur le modèle fort simple de ceux d'Authevernes et de Guerny, ils n'avaient rien à envier à ceux qu'ils remplaçaient qui étaient à jour de tous côtés, en bois blanc et très rudimentaires. En cette occasion les capitaux remboursés des petites fondations sans charges furent encore d'un utile appoint. Le banc d'œuvre et ceux du chœur avaient été refaits bien avant 1850.

Tous ces aménagements n'étaient qu'un jeu auprès des restaurations qui s'imposaient d'urgence. La voûte de la nef en lattes rejointoyées et peintes en blanc, qui dès le début du siècle donnait passage aux chats-huants, tombait maintenant en poussière. La voûte de la chapelle du Sacré-Cœur et une partie de celle d'en face, bien que relativement récente par rapport aux autres voûtes en pierre, menaçaient de s'effondrer. Sans plus tarder des barrages furent dressés pour interdire l'accès des parties correspondantes du transept. Ainsi à plus d'un siècle de distance, les conséquences du vandalisme révolutionnaire se faisaient encore sentir.

Après avoir fait ériger en 1889 par souscription un autel et une statue à N.-D. de Lourdes (1), le curé Védrine, quoique brisé par la maladie et presque impotent, n'eut pas de repos que son église ne fut remise en état. La fabrique possédait un titre de rente de 76 francs acheté avec le remboursement de donations sans charges antérieures au Concordat : il en sollicita l'aliénation. En répétant avec sa placide bonhomie qu'il « aimait mieux une église debout sans rentes qu'une église par terre avec des rentes », il finit par obtenir l'autorisation de l'évêché. C'était 2.500 francs

______

(1) On plaça peu après le bénitier central, vasque de marbre qui vient du château de Dangu de la vente Lagrange.

mis à sa disposition. Il ouvrit alors une souscription qui grâce à sa popularité fournit près de 4.500 francs. Non seulement les habitants donnèrent mais aussi les familles notables dont les ancêtres avaient vécu dans le pays. Ne citons personne : ils se connaissent et Dieu les connaît. La commune qui prit l'affaire en main, fit un emprunt de 4.000 francs pour lequel elle s'imposa extraordinairement. L'Etat ayant donné autant et le département 1.000 francs, les travaux commencèrent en 1903.

La réfection totale des couvertures, les réparations aux contre-forts ne demandaient pas d'ouvriers d'art. Il n'en était pas de même pour les deux voûtes du xvi siècle : elles furent gauchement restaurées, surtout celle du sud qui a gardé cependant son ancienne croisée d'ogives et sa clef. Malheureusement à la baie en plein cintre de la même époque fut substituée une fenêtre plus large en tiers point que l'on essaya d'aménager dans le style flamboyant, mieux en rapport, s'imaginait-on, avec le genre de ce croisillon. Par besoin de symétrie quelques années après, la fenêtre d'en face fut refaite entièrement sur ce modèle.

La voûte de la nef fut totalement garnie de douves en pitchpin dont la couleur contraste un peu trop avec la blancheur environnante. Sa forme en segment de cercle, trop aplati pour produire bel effet, ne fut en rien modifiée. La base en est à 1 m. 79 du sommet : ce qui est peu pour la largeur de la nef. Les poinçons qui jadis descendaient sur les entraits furent coupés et ceux-ci lambrissés de pitchpin. Des consoles du même bois furent ajoutées. Aucun corbeau n'existait auparavant qu'une pierre brute au sud près du pignon. Ce rhabillage n'a pas réussi à faire une œuvre intéressante de la misérable voûte d'antan.

Les baies du clocher furent débarrassées des murs qui les obstruaient depuis plus d'un siècle jusqu'à la naissance de l'ogive et garnis d'abat-son en zinc aux trois quarts trop étroits et qu'il fallut surélever de trois lames en 1911 ; ce qui ne remédie pas au défaut primordial et défend mal l'intérieur des fortes pluies. On ne toucha point à la charpente du beffroi bien antérieure à la Révolution. Il ne fut redressé qu'en 1913 et garni d'un nouveau plancher.

L'allée centrale était couverte, du chœur jusqu'au seuil, de dalles mortuaires dont quelques-unes fort vastes. On les relégua à l'entrée extérieure. Usée par les pas des générations, elles montraient encore quelques lettres qui permettaient d'attribuer certaines au xve et au xvie siècle, peut-être plus haut encore. Mais totalement indéchiffrables, elles n'offraient plus d'intérêt. Il n'en était pas de même de celles qu'on avait coupées certainement avant le xixe siècle pour servir de marches à la chaire. On y voit encore une cotte de mailles ou une fourrure : le dessin est semblable, et des lettres qu'une couche de ciment empêche de déchiffrer.

Pour son compte le curé Védrine dépensa plus de 500 francs à faire restaurer le rétable Louis XIV. Chacun se demandant, les boiseries tombées, pour quel motif on avait caché un si remarquable travail, on en vint à prétendre que c'était pour le dérober aux coups des révolutionnaires. Or nous savons que s'ils avaient sur la conscience d'autres méfaits, celui-là leur était bien antérieur. Singulière protection d'ailleurs qui n'avait pas respecté l'œuvre à protéger ! Les parties mutilées furent donc refaites en simili-pierre et le tableau représentant l'apothéose de saint Maurice détaché de son cadre de bois et adapté à l'encadrement de feuilles de chêne (1). Les quatre colonnes du mur terminal et leurs chapiteaux furent rétablies en simili, avec plus de bonne volonté que de succès. La statue de saint Nicolas qui se trouvait jusque là face à la nef sur le pilier d'Adam avec saint Thomas pour pendant, passa au côté du rétable où elle compléta la décoration en appareil simulé, avec saint Jean Baptiste à l'évangile. Par un singulier scrupule M. Védrine les avait placés très bas sur des piédestaux de sa création avec médaillon (2) en moulage de la Renaissance. On les releva en 1907.

Mais la niche déblayée restait vide. Y replacer la Trinité, tel était depuis longtemps son désir. Dès son arrivée il avait fait exhumer la statue du « Sauveur du Monde » enfouie par le bedeau Dailly. Sous les coups de pioche, elle laissa ses pieds dans la fosse et reçut de nouvelles blessures. En attendant la réalisation de son plan, il fit disparaître la « poutre de gloire », barre de bois cintrée au milieu placée à l'entrée du chœur, et en fixa le Christ au-dessus du confessionnal. La Trinité ne reprit sa place qu'en 1911 après une minutieuse et laborieuse restauration (3).

La fête du patron saint Maurice en 1904 fut aussi la fête de son église rajeunie et consolidée. L'année suivante, après avoir donné la confirmation à Vesly, Mgr Meunier envoya au curé Védrine une lettre de félicitations pour son zèle à entretenir la maison de Dieu. Certes il restait encore du travail pour ses successeurs, mais l'essentiel était fait et fait à temps, car la Séparation était imminente et comment aurait-on réuni dans la suite les 20.000 francs qui au total furent dépensés à cette grande œuvre ?

---

(1) Il mesure 1 m. 60 de haut jusqu'à la naissance du cintre et 0 m. 48 de cette base au sommet : elle mesure elle-même 1 m. 20. La plus grande largeur est de 1 m 50. L'ancienne toile fut rognée dans le haut.

(2) Pris sur le même coffre que ceux du retable. Un moulage du panneau tout entier se voit sur une cheminée dans une maison du village.

(3) Les mains, le socle et les pieds du Fils furent refaits ainsi que le bas du manteau. Les deux croix sont en bois ; celle du Christ ne suit pas l'axe de l'ancienne croix de pierre : la niche étant trop étroite. Seuls la main et le pied droit du Père furent refaits. Une draperie réunit par devant les deux statues bénissantes. C'est le travail du sculpteur Félix Richard.

Les événements amenés par la rupture du Concordat attirèrent l'attention sur les objets d'art conservés dans les églises. La liste en fut rédigée en 1906 pour le département par l'éminent archéologue M. Louis Régnier. Saint Maurice et le rétable y furent inscrits. La même année le 24 novembre un décret « classait à titre définitif parmi les monuments historiques saint Maurice et un donateur, groupe pierre, commencement du XVIe siècle ». Le 10 juin 1907 on classait également la « contre table du maître-autel, pierre, XVIIe siècle. »

Il s'agissait maintenant de remplacer les vitrages en losanges de verre blanc avec encadrement de losanges en couleurs posés par un vitrier du pays de 1850 à 1860, qui tombaient presque tous en pièces. On ne sait si l'église avait possédé jadis des vitraux historiés. Le premier fut offert en 1904 à l'occasion de la restauration, en souvenir de Narcisse Guesnier dont on y voit le portrait, dernier descendant à Vesly d'une famille toute dévouée à la cause religieuse. Le médaillon central reproduit un épisode de la vie de son patron (1).

Sa veuve en 1909 donna encore le vitrail correspondant en mémoire de ses beaux-parents ainsi que l'indique l'inscription. On y voit trois scènes de la vie de Jeanne d'Arc et il fut inauguré trois semaines après sa béatification, au cours d'une remarquable fête en l'honneur de l'héroïne. Une rosace avec tête de Christ mourant (2) fut placée en même temps dans l'*oculus* du portail. Ces trois œuvres sont de Muraire d'Evreux, de même la verrière placée en 1911 dans la chapelle Saint-Joseph, destinée à rappeler l'ancienne Charité Saint-Adrien. On y voit les Frères avec le curé Carlier faisant une procession en 1777 dans la rue de l'église, pour demander la cessation de « la peste », et en bas le portrait de Mme Guesnier la donatrice, à qui l'on doit aussi en totalité ou en partie ceux dont nous allons parler, œuvres de Houille père, de Beauvais.

En 1909 les énormes baies du sanctuaire jusqu'alors à moitié garnies de planches, furent ramenées à des proportions plus convenables (2 m. 50 sur 1 m.) autant que le permettait l'appentis nord. On y plaça des verrières dont l'une montre saint Louis rendant la justice sous le chêne de Vincennes avec inscription tirée du passage de Joinville qui relate cet épisode ; l'autre rappelle le souvenir de Marie-Madeleine titulaire de l'ancienne chapelle du prieuré en nous la représentant aux pieds du Sauveur lors du festin chez Simon. On lit en bas : « les moines du prieuré de Vesly ont bâti ce sanctuaire ». On refit alors les quatre colonnes romanes adjacentes aux piliers du clocher. Elles sont en pierre et dans les proportions anciennes qu'indiquaient les chapiteaux primitifs épargnés au XVIIIe siècle.

La nef recevait en 1910 deux vitraux retraçant le martyre de la légion thébéenne et la présentation de la Sainte Vierge au temple. Un troisième posé l'année suivante reproduit le baptême de Clovis d'après la fresque bien connue du Panthéon. Le reliquat des pains bénits des dames, des demoiselles et des garçons a fourni à chacun

---

(1) S. Narcisse évêque de Jérusalem, l'huile étant venue à manquer pour rallumer les lampes la veille de Pâques, bénit de l'eau et les en fit garnir. Elles brûlèrent rapporte Eusèbe (Hist. eccl. l. VI, 9) comme si de rien n'était.

(2) L'original, débris d'un Christ en bois, appartient à M. Pierre Billaud professeur à l'Ecole Saint-François de Sales à Evreux.

une petite contribution : d'où les trois inscriptions se référant à chacune de ces catégories de paroissiens. L'ancienne entrée du clocher fut rétablie la même année.

Aucune adjonction notable n'a été faite au mobilier. Deux statues vinrent s'ajouter, l'une sous l'abbé Védrine, l'autre sous le curé Nasse aux trois moulages du quartier Saint-Sulpice : une sainte Clotilde et une Immaculée Conception du type de la Médaille miraculeuse. Au ciboire en argent acheté en 1845, à l'ostensoir en cuivre acquis par souscription en 1836, le curé Védrine a joint un ostensoir tout en argent.

Comme la plupart des paroisses Vesly possède une fibre de la vraie croix obtenue à Rome le 16 janvier 1843. Le curé Nasse reçut le 6 octobre 1906 du chanoine Th. Urseau custode de la cathédrale d'Angers une minuscule relique de saint Maurice. Elle fut réunie dans un modeste reliquaire de bronze à un fragment d'os tiré de la châsse du saint vénéré à Saint-Clair sur Epte qu'il avait reçu en 1907 du curé de cette paroisse.

On ne sait si l'église a été consacrée. Il n'y a pas de raison de conclure par la négative sous prétexte qu'il s'agit d'une église de village. Des paroisses très minimes ont obtenu cet honneur. Saint Jean de Dangu, lors de sa consécration en 1325, n'était pas une église plus remarquable que Saint-Maurice de Vesly. Une fondation (1) du 16 mai 1649 demande une messe le jour de saint François le 4 octobre avec une recommandation à l'offertoire de la messe le jour de la dédicace. Mais il s'agit sans doute de celle de la cathédrale de Rouen qui eut lieu le 1er octobre et que toutes les églises du diocèse célébrèrent d'abord au jour anniversaire, puis le 1er dimanche d'octobre. Nous en sommes donc réduits aux conjectures sur cette question qu'il serait utile d'élucider depuis la réforme liturgique de Pie X.

______

(1) A. E. E 1044.

CHAPITRE IX

L'école des garçons. Un document de 1516. Le prêtre magister. Son remplacement
par un laïque. Victor Féret (1784-1824). Jean-Baptiste Fournier (1828-1852). Les
diverses écoles. La laïcisation. Fondation de l'école des filles. Les sœurs d'Ernemont (1709-1791). Les sœurs de la Providence 1814-1832, 1853-1861, 1863-1892. Le
legs Thomassin. Fondation d'une garderie. Diminution des illettrés.

S'il est une prescription souvent réitérée par l'Eglise dans ses
conciles et ses règlements, c'est l'obligation pour le clergé de
tenir des écoles, non seulement dans les villes, mais dans les
plus minimes paroisses. « La tradition qui veut que le peuple des
campagnes soit resté enseveli pendant tout le moyen âge dans
une ignorance grossière est fortement exagérée et il n'est que
juste de reconnaître que l'église ne négligeait rien pour donner
au peuple les premiers éléments d'instruction qui lui étaient
indispensables » (1). De solides travaux l'ont démontré d'une
manière irréfutable.

L'attestation tardive des documents ne permet pas de conclure
à la fondation tardive des écoles. Sans les démêlés entre présen-
tateurs pour la nomination des maîtres, sans quelques titres de
donation échappés au naufrage, nous ne saurions même pas
qu'elles existaient à ces dates récentes. Les peuples heureux n'ont
pas d'histoire : les écoles non plus.

Ce fut sans doute le cas de l'école de Vesly. Encore faudrait-il
attendre un siècle pour y trouver une allusion sans la curieuse
fondation du seigneur de Dangu à qui appartenait le droit de
présenter le maître, clerc ou magister, comme on disait alors.
En 1516, assisté de « noble, scientifique personne, maître Guy de
Ferrières, prêtre, docteur en décret, curé de Saint-Jean de
Dangu, de Vesly et chapelain de la chapelle fondée audit château

---

(1) P. Duchemin, L. c. t. Ier, p. 179.

de Dangu, et de noble homme Pierre Turmel, escuyer, seigneur de la Ruelle », Pierre de Ferrières, seigneur et baron de Thury, Dangu et autres lieux (1), établit dans l'église Saint-Jean, quatre chapelains à charge d'y célébrer sept messes par semaine ; le dimanche, de l'office du jour ; le lundi, de la Trinité ; le mardi, « de monseigneur saint Jean-Baptiste » ; le mercredi, de sainte Barbe ; le jeudi, du Saint-Esprit ; le vendredi, de la sainte Croix et la passion selon saint Jean « à la fin de la messe, en tintant les cloches tout au long de ladite passion » ; le samedi, de Notre-Dame. Le premier vendredi du mois on dira l'office des fidèles trépassés.

« Quatre pauvres écoliers natifs ou demeurant audit Dangu seront tenus et sujets, chacun à leur tour, à aider à dire lesdites messes, en servant chacun sa semaine, tous ensemble assister et aider à chanter ladite messe de N.-D. et obiit ». S'il n'y a pas d'écoliers pauvres à Dangu, on en prendra ou à Vély, ou à Gisancourt ou à Bezu. Ils recevront pour leur service chacun un setier de blé par an, mesure de Gisors, avec réduction d'une demi-carte par messe en cas de manquement (2).

Ainsi donc dès 1516 on constate une école à Vesly. On ne voit pas pourquoi notre village aurait été plus en retard que Bezu (Saint-Eloi) qui avait des écoles en 1408 et dont la seigneurie appartenait aux Ferrières barons de Dangu, avec le droit de nommer les maîtres « toutes les fois que le cas s'offrirait (3) », d'autant plus qu'ils avaient le même droit à Vesly « de temps immémorial », dit un terrier (4) de 1643.

Le soin de « faire les petites écoles », était souvent dans les villages confié au vicaire. Dès le début du xive siècle Vesly avait le sien et durant les xvie et xviie siècles la paroisse en compte au minimum deux dont l'un chargé de l'instruction. Une fondation de 1649 attribue au « prestre magister » 25 sols pour prières, vigiles et deux messes hautes. Balthazar Rousselin qui faisait alors la classe fut remplacé vers 1650 par Isambart d'Hôtel.

---

(1) C'est à lui que Pierre Gringoire, né probablement à Thury, dédia ses « Folles Entreprises ». Cf. Pierre Gringoire, par Charles Oulmont. Paris, Champion 1911.

(2) G 557. A. S. I. G 5583.

(3) Gisors avait une école au xiie siècle. Cf. Delisle l. c. Duchemin. *Id*.

(4) T. G.

L'école se faisait au vicariat : une petite maison toute en rez-de-chaussée et contenant « trois chambres, grenier, cellier, cour et jardin » et bâtie sur 20 perches environ. Un état des biens de la fabrique dressé en 1692 déclare « qu'on n'a pas de document sur la donation de cette maison ». Mais le terrier de 1643 affirme qu'elle a été « destinée par les anciens seigneurs de Dangu pour loger le maître d'école pour enseigner les enfants de la paroisse ». Avec le presbytère elle était considérée comme non fieffée et la propriété du seigneur, bien qu'elle lui payât 4 deniers parisis de rente. Peu après, elle passait comme le presbytère pour bien de fabrique.

Rien ne la distingue des habitations ouvrières du pays. Elle était assez sombre et triste avec son horizon de murs trop rapprochés. On se demande comment les enfants si nombreux alors et qui devaient fourmiller, comme aujourd'hui encore en certains coins de Bretagne, pouvaient s'entasser dans son étroite cour, surtout avant 1710 si on y admettait des filles.

Mais dans les préoccupations de l'époque l'hygiène et le confort ne se plaçaient pas au premier rang. Ainsi à Authevernes le bâtiment du vicariat où se trouvait l'école était étroit, bas de plafond, mal éclairé, humide et enfoncé dans le sol. A Villers il n'avait qu'une fenêtre qui obligeait les enfants à se rendre tour à tour près d'elle afin de pouvoir lire et écrire.

Le clerc était payé par la fabrique et il en fut ainsi jusqu'en 1793. Le service du chœur à l'église contribuait à augmenter ses émoluments. A Authevernes, outre le logement, le prêtre-magister recevait 200 livres tant pour son ministère sacerdotal que pour son enseignement. Quand un laïque eut remplacé le vicaire à l'école, il toucha, casuel de l'église et logement non compris, 150 livres par an de 1783 à 1785, 300 livres en 1792.

Des laïques en effet, c'est-à-dire des hommes qui n'étaient ni congréganistes, ni prêtres, mais catholiques pratiquants, — il faut expliquer ce mot aujourd'hui qu'on voudrait en faire le synonyme de neutre ou d'antireligieux, — avaient été peu à peu substitués par les curés aux vicaires-magister. Ce changement dû aux contre-temps occasionnés par le ministère paroissial et beaucoup plus encore à la pénurie de prêtres, s'opéra presque partout dans la seconde moitié du xviiie siècle. Ainsi en fut-il à Authevernes après maintes réclamations contre le vicaire qui ne faisait pas régulièrement la classe, à Villers, Gamaches et Chauvincourt ; à Vesly après 1772 probablement.

En 1777 mourait à 30 ans le premier instituteur laïque de Vesly François Robine. De 1781 à 1784, Louis Foin s'appelle « clerc de l'école » de Vesly. Il fut aussi maître à Villers de 1795 au second quart du XIXᵉ siècle.

En 1702 l'école se faisait à Sainte-Marie (de Vatimesnil) de 9 h. à 11 h. et de 2 à 4. L'archevêque somma le chapelain de suivre cet horaire à peine de destitution (1). A Cahaignes la fabrique règle en 1785 que la classe se fera tous les jours de semaine, sauf les fêtes et jeudis après-midi, de 8 h. à 11 h. 1/2 le matin, le soir de 1 h. 1/2 à 4 h. 1/2 en hiver et de 2 h. à 4 h. en été. Le maître fera le catéchisme à l'école les mercredi et vendredi, à l'église le dimanche. Il chantera tous les offices, sonnera l'angelus trois fois le jour, balayera l'église le samedi et la veille des fêtes. Là comme partout il faisait la classe sous la direction du curé.

Tel était sans doute le service que faisait à Vesly vers 1783 environ, Victor Féret, jeune homme d'une vieille famille du pays, qui devait enseigner durant une quarantaine d'années à la satisfaction de tous, malgré les temps troublés qu'on allait traverser.

Sous la Révolution en effet la situation devenait difficile. Depuis 1792 l'école était redevenue mixte, et la loi de décembre 1793 bouleversant totalement l'enseignement traditionnel, suscitait le découragement chez les maîtres et la défiance des familles. Les esprits n'étaient pas mûrs pour la laïcisation.

A Chauvincourt le 24 novembre 1793 les habitants avaient élu un nouvel instituteur. Pour 350 l. et le logement payables par la fabrique, il ferait l'école de 9 h. à 11 h. 1/2 et de 2 h. à 4 h., chanterait à l'église, sonnerait l'angelus et les offices. Cinq mois après, il fallut en choisir un autre. Jean-Baptiste Mallard qui avait enseigné à Ménesqueville, fut donc remplacé par Pierre Foubert ancien maître à Bernouville. Vingt jours après, la municipalité en agréait un troisième, Pierre Delavoipière ancien instituteur à Château-sur-Epte. Six mois après il cédait la place à un quatrième.

A Villers, le maître d'école Jean-Louis Henry que la municipalité avait déjà révoqué le 1ᵉʳ janvier 1793 parce qu'il ne faisait

---

(1) G 9729.

pas son service, s'engagea en février 1794 à « enseigner les droits de l'homme, la Constitution, le tableau des actions héroïques et vertueuses et toutes les maximes des loys ». Un an après, il était remplacé par Louis Foin dont nous avons parlé plus haut.

Ni les parents ni les maîtres n'étaient satisfaits. « A dater de 1793, a écrit M. Gazier, les écoles que la Convention avait prétendu substituer aux anciennes écoles paroissiales, subventionnées par les fidèles et surveillées par le clergé, s'étaient vidées d'elle-même. Au lieu de dire : Au nom du Père..., il fallait dire tout en se signant dévotement : au nom de Pelletier, Rousseau et Marat. Les parents indignés gardaient leurs enfants chez eux et les empêchaient d'aller à l'école. Les parents, dit Barbé-Marbois, se hâtaient de retirer leurs enfants de ces écoles devenues celles de la licence et la plus profonde ignorance leur paraissait préférable à une science payée par le sacrifice de tout ce qui donne du prix et du lustre à la jeunesse » (1).

Victor Féret, au début de 1794, n'ayant sans doute pas jugé à propos « d'enseigner la morale républicaine », comme faisait l'instituteur de Gamaches, Etienne Ricard, se confina dans ses fonctions de greffier de la municipalité, fort absorbantes depuis 1789.

Un nommé Georges Lafosse, originaire du pays, essaya d'ouvrir une école, mais les parents se gardèrent bien d'y envoyer leurs enfants. Il ne put donc pas faire la classe. Le citoyen Duchesne s'en plaignit à la Société populaire en juillet. A quoi le maire répliqua que c'était de la faute des parents, à commencer par celui qui faisait la réclamation. Georges Lafosse finit en novembre par porter sa science à Chauvincourt.

Nous ne savons pas si Victor Féret reprit son service avant 1803. En tous cas cette année-là, le 11 février, il se présenta devant le Conseil municipal et « dit que depuis vingt ans et plus, il a été chargé à Vesly de l'instruction de la jeunesse par les personnes à qui de droit appartenait le choix d'un maître d'école ; « que désirant être nommé instituteur de la commune de Vesly, il s'est retiré, conformément à ce qui a été prescrit, devant le

---

(1) *Revue des Deux-Mondes*, 1ᵉʳ juin 1910. L'école primaire et les évêques constitutionnels sous le Directoire. Le rapport de Barbé-Marbois, le futur châtelain de Noyers, est de 1796.

jury d'instruction de l'arrondissement des Andelys et qu'il en a obtenu un certificat d'examen le 20 nivôse an XI ».

Le conseil considérant qu'en effet Féret exerçait depuis long-temps à la satisfaction générale des habitants, « que la pureté de ses mœurs, la régularité de sa conduite intéressent en sa faveur ; que de tout temps et singulièrement depuis la Révolution, il a rendu avec désintéressement à la commune de Vesly de nombreux services, soit comme secrétaire des différentes autorités qui se sont succédé, soit comme conciliateur dans les affaires particulières », voulut bien agréer sa demande.

Féret reprit ses fonctions à l'église « comme par le passé » (1) et fit la classe jusqu'à ce que la maladie l'obligeât à la retraite fin décembre 1824, bien qu'à partir de 1814 il n'eût plus à s'occuper que des garçons. L'école se tenait dans sa maison, au coin nord de la route de Gisors et de la rue du Taillis. La commune lui donnait une indemnité de 50 francs pour son logement qui, avec l'écolage de 6, 5, 4 et 3 francs par an selon les quatre classes, composait son minime traitement. Son service à l'église le complétait fort heureusement.

Les conditions n'étaient pas beaucoup plus lucratives à Gamaches. D'après le tarif établi en 1806, il y avait trois classes. « La première est ceux qui sont à la croix (2) : 6 sous par mois ; le second est ceux qui liront dans le français et dans le latin : 10 sous ; la troisième et dernière ceux qui écrivent : 15 sous ». L'instituteur jouissait en outre des herbes et des fruits du cimetière (3), d'une portion de terrain communal planté de saules, qu'il cultivait. En plus de la classe, il devait sonner l'Angelus trois fois par jour, tenir l'église propre et la balayer tous les samedis et « servir M. le curé à l'église et lui sera soumis et obéissant ». A Guerny, le maître devait apprendre aux enfants le plain-chant et le service de la messe.

Victor Féret, mourut en 1829 presque septuagénaire. Grâce à lui le nombre des illettrés, si l'on désigne par là ceux qui ne savent pas même signer leur nom, diminua dans de fortes pro-

---

(1) Engagement d'un instituteur à Villers en 1801.

(2) La Croix de Dieu, sorte de syllabaire.

(3) C'était une coutume générale d'y planter des pommiers ou des poiriers. Elle n'est pas disparue partout.

portions. Alors que vers la fin du xviie siècle, on compte 4/7 d'illettrés dont les 3/7 sont du sexe féminin ; dès 1791 il n'y en a plus que 17 p. 100 dont les trois quarts sont des femmes ; et entre 1824 et 1829, nous n'en trouvons guère que 6 p. 100. C'est un résultat très appréciable et tout à l'honneur de Victor Féret et de la religieuse qui enseignait les filles depuis 1814.

Pour le remplacer on choisit avec l'agrément du Conseil de fabrique et sur la présentation du curé Pérelle, Pierre Sénateur le Sueur, natif de Vaudancourt, ancien instituteur de Hadancourt le Haut-Clocher (Oise), « connu tant pour ses bonnes mœurs que pour ses opinions politiques ». Il dut avoir des difficultés, car des enfants allèrent à l'école à Authevernes.

En 1828, Jean-Baptiste Fournier lui succédait. L'école, suivant le domicile du maître, monta sur les hauteurs du chemin de Guerny. La classe se faisait dans une salle étroite et obscure ; pour tout pavé, la terre battue : triste local que le maître ne relevait guère. En 1846, l'inspecteur l'avait trouvé « peu zélé et ses élèves dans une ignorance presque complète de l'enseignement primaire ». Six ans plus tard il écrivait encore : « Tout est déplorable dans l'école publique dirigée par le sieur Fournier. Cet instituteur doit donner sa démission et la commune être mise en demeure de loger convenablement son successeur. Une commune aussi importante que Vesly ne peut rester plus longtemps inaccessible au triste état dans lequel se trouve l'enseignement primaire ». Et il se plaignait vivement du local, plus défectueux encore depuis que l'école était redevenue mixte.

Fournier était cependant un très brave homme, mais il avait vieilli et manquait d'énergie. Très pieux, il avait soin la veille des fêtes d'en expliquer l'idée et les cérémonies aux enfants. Gravement, il leur apprenait à répondre la messe, imitant le prêtre et faisant relever les pans de sa longue redingote en guise de chasuble à l'instant de l'élévation.

La rétribution scolaire, qui était montée peu à peu à 15 francs, 12 fr. 50, 10 francs, 7 fr. 50 et 5 francs selon les classes, fournissait annuellement environ 360 francs. Une douzaine d'enfants indigents ne payaient pas. On était donc loin du minimum légal de 600 francs qu'on devait assurer à l'instituteur. La commune eut beau objecter que Fournier n'avait à s'en prendre qu'à lui-même, puisqu'il ne rendait pas ses élèves capables de passer dans les classes supérieures mieux rétribuées : la préfecture l'obligea à combler le déficit. On y consacrait le legs fait en 1834 par la fille de Saint-Hilaire veuve Lebugle de l'Orme qui avait laissé 100 francs de rente pour les pauvres et autant par moitié pour l'instituteur et l'institutrice.

Fournier parti en 1852, l'administration offrit au choix un religieux ou un laïque. La municipalité pensa « qu'un instituteur laïque serait plus dans les goûts et les usages des habitants ». Ainsi il n'y avait pas encore un siècle que la classe n'était plus confiée à un vicaire et déjà on ne voyait pas plus haut que Victor Féret, tant il avait laissé un bon souvenir. Le nouveau maître Eléonor Morel, originaire de Fours, arrivait âgé de 28 ans et devait exercer près d'une trentaine d'années sans difficultés. Il enseigna d'abord dans une masure en face la fontaine du Carouge.

Enfin on en vint à l'acquisition d'une école. La maison en pierre de taille bâtie par Jean-Louis Guesnier sur le clos Sainte-Catherine, fut achetée à sa veuve 10.000 francs avec le clos auquel on enleva trois ares environ pour agrandir le jardin. Au rez-de-chaussée on établit l'école, en haut la mairie qui pareillement depuis un demi-siècle avait son siège successif dans la demeure des maires.

Vingt ans après en 1872, toutes deux faisaient place au presbytère, ambulant lui aussi jusqu'alors. Dès 1836 la municipalité avait jugé que le meilleur emplacement pour une école était le voisinage de la place publique. Un terrain y avait été acheté dès 1870 à Mme de Pulligny dans l'ancien domaine de Lefebvre de Saint-Hilaire et une école-mairie édifiée avec le concours de l'Etat, pour 23.000 francs environ.

Au moment où la gratuité de l'enseignement primaire fut votée, la rétribution scolaire qui était de 1 fr. 50 au-dessous de sept ans et de 2 francs au-dessus, donnait pour les deux écoles de garçons et de filles un total de 885 francs.

A M. Legrand, mort en fonctions (1878-1883), succéda un nommé Gervoise qui, après avoir quelque temps chanté au lutrin selon la tradition séculaire, ne tarda point à se faire le champion des idées politiques dont la laïcisation des écoles était le triomphe. L'opinion publique surrexcitée lui reprocha de manquer de tact dans l'application de la nouvelle loi. On l'accusa même sans preuves d'avoir brisé une statuette de la Vierge qui ornait l'école (1). Comme au temps de Fournier, on vit les enfants aller en classe dans les villages voisins (2). Enfin le maire qui soutenait « l'instituteur républicain » laissa son Conseil par 7 voix sur 8 en réclamer l'éloignement. « Il n'est pas assez doux, dit la délibération municipale qui se ressent de l'exaltation du moment. La morale et la politesse laissent à désirer ». A dire vrai il fut victime des discordes politiques et paya pour d'autres.

Avec M. Noblet (1887-1895) qui fut nommé ensuite à Pacy-sur-Eure, et M. Henri Prévost, l'école laïque connut des années plus paisibles.

Depuis 1860 Vesly a vu trois de ses enfants entrer dans l'enseignement primaire officiel : Théodule Duchesne qui mourut instituteur à Douville-sur-Andelle, approchant de la cinquantaine ; Firmin Brochard actuellement instituteur à Hacqueville et Marius Michault qui enseigne à Gamaches. Les vingt dernières années n'ont amené aucune recrue à cette honorable profession.

Comme beaucoup de paroisses rurales, Vesly eut très tard une école de filles. Si le prêtre-clerc donnait aussi l'enseignement aux filles, peu en profitaient puisque les 2/3 étaient illettrées. L'Eglise d'ailleurs a toujours été défavorable aux écoles mixtes et l'archevêque de Rouen les menaçait d'interdit. Aussi poussait-il fortement à la fondation d'écoles spéciales pour filles. Conformément aux ordres du roi, Mgr d'Aubigné voulut qu'on imposât les habitants jusqu'à 100 l. pour le paiement des maîtresses là où les ressources ordinaires faisaient défaut.

Des congrégations religieuses se fondèrent selon le désir de l'Eglise pour l'instruction du peuple, entre autres à la fin du XVIIIᵉ siècle à Rouen, les religieuses d'Ernemont, « sœurs des écoles chrétiennes gratuites », qui devaient aussi « avoir soin des pauvres malades dans les campagnes où elles seront envoyées ». En 1715 le curé de Gamaches, Louis de Bonnechose, en appelait une à l'école qu'il allait fonder. Elle était agréée par lui et les principaux habitants et serait remplacée dans les deux mois au cas ou elle ne donnerait pas satisfaction.

---

(1) C'était, paraît-il, un enfant qui l'avait jetée à terre en jouant avec sa casquette.
(2) Un enfant fut même écrasé en s'y rendant.

Vesly avait devancé Gamaches, harcelé qu'il était chaque année lors de la visite du doyen rural, lequel sans se lasser faisait entendre ses réclamations en faveur des petites filles qui manquaient d'instruction, doléances qu'il communiquait à l'archevêché. En 1708, Pierre Néhou docteur de théologie en Sorbonne, curé de Hacqueville et doyen de Gamaches écrit dans son rapport. « Vély. Nous avons trouvé l'église assez bien tenue et bien fournie de vases sacrés, d'ornements et de livres, mais point d'instruction pour les filles, quoique la paroisse soit grande. Sur quoi ayant représenté au sieur curé la nécessité de faire un petit fonds pour une maîtresse d'école, il a répondu que la fabrique ne pouvait rien contribuer, mais que pour lui il voulait bien donner une pistole par an (1).

En 1709, même refrain. « Nous avons trouvé l'église, la sacristie et le cimetière en assez bon état. Il serait nécessaire d'établir une maîtresse d'école ». Cette année même le doyen obtint gain de cause, « Vély, écrivait-il en 1710. Nous avons trouvé l'église et les ornements en bon état. Il y a une maîtresse d'école depuis un an ; mais il est difficile qu'elle y subsiste, parce qu'elle n'a pour gages que vingt livres qui lui sont données par le sieur curé. Cependant elle y est fort nécessaire et il serait à propos que Monseigneur ordonnât qu'il lui fut donné encore 20 l. des deniers du trésor ».

Le curé de Vesly, Etienne le Mérat, avait donc tenu sa promesse. Mais la sœur d'Ernemont qu'il avait fait venir, malgré les dons en nature et autres rémunérations gracieuses qu'on pouvait lui offrir, ne devait pas se trouver fort à l'aise avec 20 l. Son successeur Guillaume Lefebvre du Mont devait faire mieux. Il appartenait à cette riche et vieille famille du pays que nous voyons à la tête des entreprises les plus importantes et les plus lucratives au xviie et au xviiie siècles. L'un d'entre eux François Lefebvre, prêtre, trésorier et chanoine d'Ecouis, bien que résidant à Vesly, se fit remarquer par ses largesses pieuses et charitables.

Il fit des fondations chez les Mathurins de Gisors (2), offrit 10 300 l., à l'hôpital d'Ecouis pour l'entretien de trois sœurs qui

---

(1) G 1766.
(2) A. E. G 1188.

iraient instruire en forme de mission les femmes du Vexin là où il en serait besoin (1); laissa 4 000 l. aux Carmes du couvent de la Garde-Châtel près Louviers pour l'entretien d'un religieux, 25 l. aux Carmes de Dieppe pour l'entretien de la lampe de la chapelle (2). Enfin il légua 12 500 l. aux sœurs d'Ernemont et fut inhumé en 1720 dans leur chapelle, ainsi qu'il l'avait demandé (3).

Marchant sur ses traces, Guillaume Lefebvre, par acte du 17 mars 1756 (4), donna à la même communauté 3 000 l. « pour le revenu d'icelles être employé à perpétuité à la nourriture et vestiaire d'une femme maîtresse d'école pour l'instruction des jeunes filles de Vesly, laquelle sœur doit être logée dans une maison fournie, meublée et entretenue de toutes réparations par la fabrique ». Cette somme placée sur les biens de la congrégation, rapportait environ 120 l. Il était entendu que « la sœur serait changée et rappelée suivant les règles de sa communauté. »

La nouvelle école devait répondre aux désirs des parents puisque en 1756, elle comptait 60 enfants. Il est probable cependant, si l'on considère le nombre de femmes qui ne savent pas signer leur nom vers 1789, que l'usage d'envoyer les filles en classe s'établit assez lentement et que l'assiduité laissait beaucoup à désirer. Un bon tiers au moins dut négliger l'instruction.

La Révolution interdit l'enseignement aux congréganistes. L'école fut fermée et la municipalité en quête d'une mairie y tint ses séances. C'est sur son pignon qu'on affichait les bulletins de la Convention nationale (5). Nous aimerions à savoir les commentaires qu'entendirent ses murs. Le 8 vendémiaire an V (28 septembre 1796), on vendit au profit de la nation « la maison de l'école de filles avec une grange édifiée sur une masure plantée d'arbres fruitiers, appartenant jadis à la fabrique de Vesly et abbaye de Marmoutier. Gilles Noblet et le boucher Michel Forceville qui habitait la très longue maison à étage située en face, l'achetèrent pour 6 210 l.

---

(1) G 241.

(2) H 1072.

(3) A. S. I. D 459.

(4) Enregistré au Parlement le 25 novembre 1760. D. 459 et T. G., 1760, p. 127, acceptation par la fabrique. En août et septembre, la sœur retournait à la communauté.

(5) Registre de la Société populaire, 28 thermidor an II et A. M.

Celui-ci logea du blé dans le bâtiment qui était resté jusqu'en août 1775 « la chambre commune » ou « maison nationale ». Un voleur qu'on ne put retrouver lui en enleva deux setiers (1). C'était une maison sans étage, assez mal éclairée et solidement bâtie en pierres du pays. Achetée 400 fr. en 1912, l'acquéreur la fit abattre pour agrandir sa cour.

Le vicariat au contraire, ancienne école des garçons avant que la classe fut confiée à un laïque, existe encore. Après le départ du dernier vicaire Jean-Pierre La Mare en 1792, le jardin fut d'abord loué par adjudication 10 l. Puis la municipalité, faute de mairie, occupa le vicariat vers la fin de l'année et le jardin fut laissé en gratification au greffier. Le conseil ne tarda pas à se transporter ailleurs et le 2 fructidor an IV (2 août 1796), le tout fut vendu au profit de l'Etat 810 l. La maison analogue à l'ancienne école des filles, ne se distingue pas des habitations d'ouvriers. Une cheminée porte à l'extérieur la date 1767.

On ne sait ce que devint l'institutrice. Le 6 prairial an III (1795) une religieuse, Julie Lefebvre, âgée de 56 ans fut inhumée à Vesly. On ignore de quelle congrégation elle avait fait partie. Le 14 mai 1806, eut lieu l'enterrement de « Marie-Anne Parmentier, ex-religieuse d'Ernemont » (2), née à Vesly en 1729. Sécularisée à la Révolution, était-elle revenue alors au pays natal ou bien y tenait-elle l'école auparavant? Nul ne peut le dire. En tous cas elle dut sa vocation à la sœur d'Ernemont qui enseignait alors les petites filles.

Privées d'école spéciale depuis 1792, les fillettes en retrouvèrent une de 1814 à la fin de 1831 avec sœur Madeleine Gilot. Elle appartenait à la congrégation des sœurs de Caër ou sœurs des écoles chrétiennes d'Evreux, fondée en 1704 et désignée plus communément sous le nom de la Providence d'Evreux. A dater de 1817, la commune lui donna de 70 à 150 fr. pour son loyer. Sœur Madeleine qu'on dit avoir été très habile à « faire la saignée », quitta Vesly pour tenir l'école de Conches (3).

De nouveau l'instituteur reçut filles et garçons. La fréquenta-

---

(1) Enquête faite par l'adjoint Carlier, *ibidem*.

(2) En cette qualité elle était pensionnée de l'Etat, comme Carlier à titre d'ancien ministre du culte.

(3) Elle enseignait dans la maison qui fait exactement face au presbytère actuel.

tion scolaire en souffrit. Quelques enfants allaient à Noyers, d'autres à Dangu à l'école fondée par la comtesse de Lagrange et tenue par des religieuses. Enfin vers 1853 l'abbé le Bret acquit l'ancien vicariat et y appela pour enseigner les filles une sœur de la même congrégation.

Successivement les sœurs Clarisse Néhou, Virginie Foubert, Aimée Alais dirigèrent cette école. Le 17 mai 1861, l'abbé le Bret se présentait au conseil municipal.

« Vous savez, Messieurs, dit-il, que j'ai acheté une maison dans laquelle j'ai établi une école pour les filles, école aujourd'hui en pleine prospérité et qui montre suffisamment par ses résultats, l'avantage de voir l'instruction et l'éducation donnée à des femmes par des femmes. Je crois avoir atteint le but que je m'étais proposé, mais ainsi que vous devez le comprendre, c'est au prix de lourds sacrifices, bien que j'aie été aidé dans mon entreprise par des âmes charitables.

Afin d'alléger les charges qui m'incombent actuellement, je viens vous faire la proposition suivante. Je suis disposé à faire don gratuit à la commune de ladite maison, mais à condition de la conserver à perpétuité comme école communale de filles sous la direction d'une institutrice religieuse. La commune bénéficierait évidemment des sacrifices que je me suis imposés, sacrifices que néanmoins je ne regretterais pas, puisque je suis assuré que l'œuvre que j'ai entreprise, serait dans vos mains garantie contre les éventualités de l'avenir. »

Le conseil accepta l'offre et promit de faire donner l'instruction par des religieuses à moins qu'on ne put en obtenir. Pourtant l'accord ne se fit pas. Le vicariat qui avait servi d'école durant des siècles, n'était plus en rapport avec les besoins du confort moderne : l'abbé le Bret le revendit à des particuliers. Bref de 1861 à 1863 l'école des filles cessa d'exister.

En 1863 la commune acquit pour 8.500 francs la maison actuelle plusieurs fois remaniée. Elle y fut aidée par une pieuse demoiselle, Césarine Elisabeth Thomassin, nièce de François Mignot. Très attachée à Vesly où elle avait été élevée chez sa grand'mère Victoire Guesnier († 1855) et où elle venait souvent chez ses autres parents, enfant de Marie de la paroisse, elle s'intéressait à l'œuvre de l'instruction des filles. A sa mort survenue à Paris le 4 mars 1863, elle légua 800 francs à la commune, comme prix d'un bout de la ruelle à Patte qui longeait la nouvelle école de filles : ainsi on pouvait l'agrandir ; 200 francs pour compléter le mobilier scolaire laissé par l'abbé le Bret. Enfin elle donnait à la commune 150 francs de rente « pour servir à l'entretien d'une sœur et perpétuer l'œuvre commencée pour l'éducation des petites filles et la visite des pauvres malades, si elle le peut » (1). Cette rente était payable par semestre, sans que la bénéficiaire eut à en rendre compte et sans préjudice de l'écolage pour les enfants pouvant payer.

Cette fondation, inspirée sans doute par l'abbé le Bret, facilita la réouverture de l'école des filles qui devenait en même temps communale. Le 15 août de la même année, la municipalité « considérant que les sœurs de la Providence d'Evreux qui sont venues dans cette commune, ont donné un enseignement conforme à l'esprit des habitants, qu'elles ont rempli leur devoir avec zèle, fut d'avis qu'une religieuse de cet ordre dirigeât l'école communale. » Le préfet acquiesça et en septembre nomma sœur Adèle Gilard.

La commune percevait pour elle la rétribution scolaire et lui faisait un traitement de 400 francs, non compris la rente Thomassin. En 1864, sœur Augustine Lebas la remplaça. La municipalité réclama sœur Gilard, en déclarant que l'institutrice actuelle ne répondait ni aux vœux ni aux besoins du pays ». Nombre d'enfants en effet restaient chez eux. Le conseil réclama l'intervention du préfet (2). La supérieure générale de la Providence reconnut que « le changement de sœur Gillard avait été le résultat d'une intrigue », et cette fois eut la main plus heureuse en envoyant dès la fin de l'année sœur Éléonore Malais.

Durant près de trente ans environ, elle devait à la satisfaction générale, répandre les bienfaits de l'instruction et de l'éducation chrétienne et, selon le mot de M. Védrine à Mgr Hautin en 1891, « exercer une influence incontestée ». Le 24 décembre 1892, l'école était laïcisée. L'instrument légal était forgé, coûte que coûte on s'en servait, sans se soucier des désirs des parents.

Heureusement une petite clause du testament de Césarine Thomassin allait sinon sauver la situation, du moins conserver au pays le ministère bienfaisant d'une religieuse. Elle avait stipulé que si la commune cessait d'avoir une religieuse pour l'éducation des petites filles, la rente serait payée aussitôt à la communauté de la Providence d'Evreux.

---

(1) Une inscription placée dans l'église en 1913 rappelle ce legs.

(2) Nous ne voyons pas où Charpillon a pris que Vesly était en 1866 la seule commune du canton où l'école des filles fut dirigée par une institutrice laïque. La même école, d'après lui, était louée par la commune. Ce sont là deux erreurs.

Pour ne pas laisser perdre ce legs et amoindrir ainsi le patrimoine de la paroisse, Narcisse Guesnier, fils de Jean-Louis, eut la bonne idée d'établir une garderie. Il se chargea de loger et d'entretenir une religieuse qui recevrait chez elle les enfants trop jeunes pour être admis à l'école, aiderait à l'église et donnerait ses soins aux malades. Ainsi les intentions de Césarine Thomassin étaient respectées et le pays conservait une religieuse.

Sœur Malais était trop apte à l'enseignement pour qu'on ne l'y utilisât pas. Dès le 1er janvier elle était remplacée par sœur Chevallier à laquelle succéda en 1908, sœur Jeanne Gicquel. Ni le temps ni l'éloignement n'ont fait oublier la dernière religieuse qui ait fait la classe à Vesly. Elle a pris sa retraite en 1914, après avoir été durant quelques années supérieure de l'hospice de Bourg-Achard. Une de ses élèves de Vesly, Désirée Lebel, était entrée sous ses auspices à la Providence et depuis 1893 dirige l'école libre d'Hébécourt (1).

Quant à la garderie qui recueillit le mobilier de l'école de M. le Bret, elle est très appréciée des habitants. Successivement elle occupa le presbytère de l'abbé Frémont, le premier logement de son successeur, et en 1907, la maison actuelle, proche l'école fondée par Etienne le Mérat. Une modeste salle pour les catéchismes y a été annexée en 1909.

Dès la laïcisation, garçons et filles ont pris l'habitude de venir chaque soir après la classe y faire leur prière en commun. Dieu, chassé de l'enseignement officiel, a trouvé asile dans la pauvre garderie : elle est à la fois le précédent et l'annexe de l'école.

En 1902, la municipalité, sollicitée conformément à la loi, de donner son avis sur cette garderie, n'hésita pas à lui donner ce beau témoignage. « Considérant que depuis le 5 janvier 1893, époque de la transformation dudit établissement en garderie et visite aux malades, il a réellement rendu de grands services surtout à la classe ouvrière de la commune ; qu'en confiant à la sœur, pendant quelques heures de la journée, leurs jeunes enfants, beaucoup de mères de famille peuvent s'occuper de certains travaux domestiques ou agricoles propres à augmenter les ressources du ménage : à l'unanimité des membres présents donne un avis favorable au maintien dans la commune de l'éta-

---

(1) Le pays n'a pas donné d'institutrice depuis lors.

blissement de la congrégation des sœurs de la Providence d'Evreux, tel qu'il est organisé actuellement. »

Malheureusement son avenir est incertain. Narcisse Guesnier, en mourant le 24 février 1901, laissait à l'église à dater du décès de sa femme, 3.000 francs à placer en rentes sur l'Etat français, pour l'entretien de sa sépulture et une messe par mois à perpétuité. A la commune, il léguait 1.500 francs pour le bureau de bienfaisance et 300 francs de rentes pour la garderie. Ces deux legs furent résiliés. Le premier devint caduc par la suppression des fabriques en 1906. Le second, bien qu'accepté « sans réserve aucune » par la commune, comme ayant pour but de perpétuer une œuvre consistant en la visite des pauvres malades et la garde des enfants en bas-âge », ne fut pas approuvé par le préfet. La clause qui exigeait « une religieuse de la Providence ou de tout autre congrégation », avait paru inacceptable à un moment où l'on pouvait se demander s'il resterait bientôt une religieuse sur le sol de France, tant l'acharnement était grand contre les congrégations de toute sorte. L'intérêt des ouvriers de Vesly ne put l'emporter sur la folie anticléricale. Rien de définitif n'a donc été réglé, mais jusqu'ici Mme Guesnier a maintenu l'œuvre de son mari.

L'école des filles fut dirigée de 1893 à 1895 par Mlle Marie Marquet et jusqu'en 1897 par Mlle Marguerite Leblond. Depuis lors Mlle Marie Kleis y enseigne avec le plus grand zèle.

Quant à l'instruction, il est permis de se demander si le peuple en comprend mieux la nécessité qu'autrefois. En 1836, on comptait en classe 38 garçons et 28 filles ; en 1866, 49 d'une part et 52 de l'autre. Or de nos jours le chiffre des élèves présents tend à diminuer, autant par suite de la dépopulation qu'à cause de l'insouciance ou de la faiblesse des parents. Le moindre bobo entraîne l'absence ; on conduira les enfants au travail des champs malgré leur âge, quand ils ne traînent pas dans la rue. Que serait-ce s'il fallait payer l'écolage comme jadis ? Aujourd'hui tout est gratuit, même les fournitures depuis 1912 : on utilise, pour en couvrir les frais, une partie des fonds de l'ancien budget des cultes réparti annuellement aux communes « au prorata du contingent de la contribution foncière » (1.500 francs environ pour Vesly). Cela ne suffit point à rappeler certains parents au sentiment de leurs devoirs.

Heureusement que ce n'est là encore que le petit nombre. En 1866, sur 664 habitants, 598 savaient lire et écrire dont 295 du sexe féminin, 18 ne savaient que lire, 49 dont 26 filles ne savaient ni l'un ni l'autre. En 1872, sur le même chiffre d'habitants, le recensement accuse 161 illettrés, 22 capables de lire et 432 « lettrés ». Il faut se rappeler que ces statistiques englobent mal à propos les enfants en bas-âge. Aujourd'hui déduction faite des enfants au-dessous de sept ans et des habitants de nationalité étrangère, on compterait difficilement 5 p. 100 d'illettrés.

En somme si l'instruction s'est généralisée, son niveau moyen est resté le même. Les classes aisées pour le moment ne paraissent pas se soucier assez d'une culture plus soignée. Patrons et ouvriers s'en tiennent ordinairement à l'enseignement primaire élémentaire. Par là aussi l'égalité s'établit, mais au détriment commun.

CHAPITRE X

Disposition et plan des habitations, leur nombre. Disposition et nom des rues. Le
tracé des anciens chemins et l'enchevêtrement des fiefs. Nom des trièges. Nombre
des parcelles.

Etendue des exploitations rurales. Utilisation du sol. La vigne autrefois. Le matériel
de culture. Le bétail. La laiterie. Classification, prix et location des terres. Difficultés
de la main d'œuvre.

La classe ouvrière, le travail autrefois et aujourd'hui. Le travail des femmes. Situation
matérielle des ouvriers. L'alcoolisme. L'assistance autrefois et aujourd'hui. Les dernières lois sociales.

Quand on examine les vieux cadastres, du premier coup on se
rend compte que toutes les maisons d'ouvriers sont orientées de
la même manière. Leur façade regarde l'est-sud-est, de sorte que
leur plan est parallèle aux chemins qui vont vers Gisors, perpen-
diculaires à ceux qui montent vers l'église. Les exceptions que
l'on rencontre sont toutes dues à des remaniements ou à des
constructions plus récentes. Mais perpendiculaire ou parallèle
au chemin, la maison a généralement son entrée sur une petite
cour munie quelquefois d'une porte cochère : beaucoup d'habitants faisant jadis un peu de culture et ayant quelque bétail.

Toutes les maisons anciennes, sauf les seigneuries et la Maison
Neuve, étaient dépourvues d'étage. Dans leur rectangle, deux
pièces, trois au plus avec fenêtres étroites et peu nombreuses,
suffisent encore aux familles. Une cheminée haute et large occupait la pièce principale : on y faisait toute la cuisine, car le poêle
n'apparut que vers 1860 et très lentement. Il existe même des
vieilles gens qui ne s'en accommodent pas. Le bois forme encore
le principal combustible, surtout chez le peuple. La terre battue
qu'on trouvait dans les pièces a fait place au pavé. Les murs de

bauge ne se rencontrent plus guère dans les habitations : on emploie partout depuis longtemps la pierre du pays, et depuis 1850 assez souvent la brique. Le chaume ne se voit maintenant que sur des bâtiments de service, alors qu'en 1856 il couvrait encore 74 maisons sur 183 ; 49 en 1861 sur 189. Une série d'incendies, parfois bien intelligents, ont amené le triomphe de la tuile. L'ardoise se voit sur les maisons de construction récente.

Autour de la cour se trouvent généralement les bâtiments jadis indispensables : cellier, bûcher, porcherie, poulailler, cages à lapins et parfois étable. Quelques maisons d'ouvriers ont aussi une cave souterraine ou en demi-profondeur sous une pièce exhaussée à dessein. Le plus souvent la cour est séparée du jardin par un mur.

Les maisons sont souvent très resserrées surtout dans les quartiers les plus anciens, telles la rue de Rome et la rue des Haies. Avec leur terrain, les masures occupent une superficie qui peut aller de 3 vergées à 10 perches. Sur 145 maisons, au cadastre de 1750, 27 occupent moins d'une vergée ; 20 en couvrent 2 ; 16 à peu près 3 ; et plus de la moitié (76) une vergée entière. Cette régularité ne peut provenir que des partages faits aux colons par les seigneurs.

Au XIIIe siècle, la place de l'asile des lépreux l'atteste, le pays ne s'étendait pas encore jusqu'à la rue Saint-Thomas. En revanche il y avait quelques maisons dans la ruelle Mollière, quelques-unes aussi le long de la sente du Bout des jardins vers Noyers et sur le bord de la sente du Moulin de Dangu. On en signale une sur le Chemin Vert, appelée maison Pellerin ou Damerée (1). Elles étaient disparues avant le XVIIe siècle. D'autres masures furent abattues pour constituer les domaines des Chartreux, de la Maison Neuve, du presbytère et de Saint-Hilaire.

En 1778, le rôle des vingtièmes compte 116 maisons. Il y en avait 175 en 1823, 166 en 1846, 173 en 1851, 182 en 1856 et 1861, 191 en 1866, 195 en 1872 et 1876, 205 en 1881, 206 en 1891. Dès lors leur nombre commence à diminuer et tombe à 189 en 1901. Il ne se passe guère d'année où l'on ne jette à terre quelque masure plutôt que de la réparer pour un locataire ou un loyer problématique. De 1856 à 1861, on trouve une maison inhabitée.

---

(1) A. E. E 426.

Malgré ces destructions, depuis quelques années il y en a généralement une dizaine à louer. Vesly, jadis pays de maçons (une vingtaine en 1856), n'a pas vu bâtir de maison depuis plus d'un quart de siècle.

On compte actuellement une quarantaine de maisons à étage, la plupart édifiées dans la seconde moitié du xixe siècle, sauf celles des seigneuries, nous l'avons vu, et de quelques grandes fermes. Il n'y en avait que 12 en 1854.

Ce qui a moins changé, c'est la disposition des rues du village dont les principales sont d'une largeur très suffisante.

La plupart doivent leur nom à un endroit en bordure, à quelque détail qui s'y rencontre, à une famille qui longtemps y eut sa demeure. On a ainsi la rue du Prieuré, la rue de la Maladrerie ou saint-Thomas, la rue du Taillis ou Nicolas Dubois ou de la Borne Colesson : tous noms antérieurs au xve siècle. La ruelle du Presbytère est souvent appelée par le peuple ruelle la Messe; la rue des Haies était ainsi dénommée dès le xive siècle : on la désigne plus couramment aujourd'hui sous le nom de Bout d'en haut ou Bout d'haut que sa position justifie.

Plusieurs rues doivent leur appellation à ce fait que les eaux du pays y trouvent leur déversoir : la rue de la Noue ou la Noe qui borde des herbages humides; la rue de la Marette ou Chemin herbu ou de la Planchette, laquelle était très utile pour passer au-dessus du ruisseau; la rue de l'Etanchon, appelée aussi sente Saint-Thomas, où une partie des ruisseaux venaient se perdre. Ces noms, comme ceux qui vont suivre, sont antérieurs au xve siècle.

La route actuelle de Gisors portait le nom de Grande Rue, de rue de la Ville, de chemin du Roy : il en relevait en effet. La partie située entre les chemins du Prieuré et du Taillis, du nom d'un habitant, s'appelait rue Dupuis Vincent. La place publique doit son nom très ancien de Carouge, au latin, campus ruber, champ rouge. Plusieurs villages, beaucoup de trièges dont deux à Vesly, portent ce nom.

Entre la fontaine du Carouge et la rue Dupuis Vincent passe la rue de l'Ormitel Auger ou Ogier. On se souvient du célèbre ormeteau ferré de Gisors sous lequel eurent lieu plusieurs entrevues historiques. Il existait aussi à Vesly à la rencontre de ces deux chemins un orme plus que séculaire que la commune fit abattre en 1792. Quant à la famille Ogier, on la trouve trois siècles durant dans le pays.

La rue du Montpinçon doit sans doute son nom à sa direction ascendante et à un habitant portant le nom de l'oiseau, fait très fréquent. De nombreux trièges et quelques pays s'appellent de même. La rue du Clos du Décret, dénommée auparavant rue de la Planchette pour la même raison que la rue parallèle son homonyme, emprunte son nom moderne au terme de droit par lequel un jugement attribuait une propriété contestée. Le clos qu'elle borde fut donc l'objet de quelque litige vers le xviiie siècle. Inutile d'expliquer les noms de Courbe Rue, sente du Bout des jardins, celle-ci véritable route qui desservait jadis des habitations, nous l'avons vu.

La ruelle du Moulin, très importante autrefois, conduisait à travers le domaine seigneurial, (1) au moulin de Dangu qu'occupe aujourd'hui l'usine de la Vieille Montagne. La rue du Cageot, appelée au xve siècle Cageot Pousset ou route de Villers, indique

---

(1) Il n'était pas si étendu avant le xviie siècle. La ruelle passait alors le long des murs de l'enclos.

un chemin en coin de cage, qui se replie en formant un coude. On comprend que ce nom ait été donné aussi au quartier de la Boissière. Là se réunissaient trois chemins dont l'un partant de la ruelle du presbytère, se rendait en ligne droite à la grande rue. Un ruisseau y coulait, amenant l'eau à la chartreuse : d'où son nom ancien de ruelle de l'Auget. Plus tard on lui donna le nom d'une famille qui y résida près de deux cents ans, les Bélier : d'où ruelle de la Bélière. La partie voisine de la route de Gisors fut vendue par la commune en 1840, comme « inutile et préjudiciable à la sécurité des attenants ». Deux autres ruelles furent vendues en 1845. Il ne fallut pas tant de formalités que pour l'aliénation d'un bout de la Noe aux Chartreux.

La Sente aux Moines, dans la partie qui séparait le Clos du Décret de la ferme, fut vendue en 1891. Quant à la ruelle de la Ruelle qui allait de la seigneurie de ce nom au Raffouel, elle fut supprimée lors de la construction de l'école des filles. On l'appelait alors ruelle à Patte d'une famille qu'on trouve là dès le xviie siècle. Une autre famille qui remonte au moins au xive siècle, a donné son nom à la ruelle Marion.

La sente de la Collézière, qui va de la route nationale au Chemin Vert, prend son nom des Collessier qu'on trouve encore à Vesly au xviie siècle. La rue de la Cannel, désignation qui remonte au moins au xve siècle, peut venir soit du ruissseau qui coulait tout du long, par corruption de canal ; soit des roseaux ou cannes qui devaient pousser en ce lieu où se trouvait une fontaine, captée dans la suite par le seigneur de Dangu. Olivier de Serres fait grand cas des roseaux qu'on employait à différents usages et il explique comment s'entretiennent les cannelières (1) ou cannaies. Dès 1588 on trouve quelquefois « Canée » et plus tard Canaye : ces deux noms ont persisté.

La rue de Rome peut tenir sa désignation d'un nommé Jean de Rome qui devait vivre vers 1400, appelé ainsi parce qu'il serait allé en pèlerinage à la Ville éternelle : chose qui n'était pas rare à cette époque de foi, malgré les difficultés de la route. La mère de Jeanne d'Arc portait ainsi le nom de Romée. Lui-même par contre pouvait tenir son nom de la rue, dont l'orthographe est d'ailleurs douteuse (2).

Le Chemin Vert conduisait aux frondaisons du Bois-Prieur qu'il contournait tout au long. La ruelle Mollière borde le triège de ce nom qui signifie terre grasse et humide ; la ruelle Châtelaine menait au château de Noyers. Le chemin actuel de Guerny s'appelait sente des Genèvres ou des Genèvriers, dernier souvenir des landes qu'on y trouvait. L'ancienne route qui a été supprimée prolongeait en ligne droite la rue des Haies. Le sentier des Noelles, diminutif de noe, très justifié dans le cas, relie le marais de Rome à celui d'Hardancourt (3), nom composé comme Amécourt, Hébécourt, et signifiant domaine d'Harduin. C'est le nom d'un village du département.

C'est également un habitant qui a donné son nom au sentier Desportes, ou de la Porte, comme on disait au xive siècle. Un triège à la limite de Gamaches s'appelle de même : toutefois il désigne ici la sortie, la fin du territoire. Nom de famille aussi que celui de la sente du Crocq qui, de la rue du Mauvinay, allait côtoyer la voie de Cantiers. La rue du Mauvinay qui joignait la rue du Prieuré à la route d'Authevernes, a été absorbée dans la route de Gisors à Vernon.

Cette route nationale n° 181, dite jadis d'Amiens à Alençon, de nos jours d'Evreux à Breteuil (Oise), fut construite dans cette partie, nous l'avons vu, de 1783 à 1786. Néanmoins antérieurement la voie qui traversait le pays allant vers Dangu était une route royale. On ne devait guère emprunter le haut ou le bas chemin de Vernon, aujourd'hui abandonnés, qui encadrent le pays : l'un suivant la crête du plateau,

---

(1) Théâtre d'agriculture, 6e livre, chap. xxix.

(2) Un triège de Bourg-Achard s'appelle Rome ; un autre à Bosquentin Rommerie.

(3) On trouve aussi souvent Hardencourt.

côtoyant le bois des Carrières et se confondant finalement avec la route d'Authevernes ; l'autre traversant la plaine derrière la Chartreuse, l'Ardoise, la maladrerie, et s'en allant vers l'ouest longer le parc du Boisdenemets. Dès le xvɪɪᵉ on l'appelait Vieux cheminel.

Il y avait aussi les hauts et les bas chemins de Gamaches et de Villers. Le premier pour Villers, est resté praticable et part du Cageot. Nous l'avons trouvé dès le xɪɪɪᵉ siècle. Le second qu'on appelait dès 1300 Basse voie de Rouen, sortait d'un carrefour appelé avec raison Fourchevoie, car à l'endroit où la rue de la Marette rencontrait le bas chemin de Vernon qui la coupait à angles droits, trois chemins partaient en divergeant comme d'une branche fourchue à trois rameaux : à droite la route de Chauvincourt, à gauche le bas chemin de Gamaches qui est la route actuelle. Le haut chemin, ou chemin de l'Orme, de l'arbre qui sert de borne aux deux communes longeait le parc d'Armenouville et aboutissait en face de la léproserie Sainte-Marguerite de Gamaches que l'église a remplacée : d'où son nom ancien de sente Sainte-Marguerite.

Bon nombre de ces chemins ne sont plus entretenus et ont été restreints par des empiètements. L'étendue du territoire fait d'ailleurs de l'entretien des routes une lourde charge pour la commune : plus de 3.000 francs en 1902, plus des 2/5 des dépenses y compris le salaire des deux cantonniers. Jadis on était moins soigneux. En 1808, la municipalité se montra défavorable à l'établissement des agents voyers : elle soutenait qu' « il n'y avait dans le pays aucun chemin impraticable même dans les saisons les plus mauvaises ». En fait quand il n'y avait plus moyen de circuler, pour éviter les impôts, les cultivateurs se chargeaient au moins du transport des pierres. En 1853, un atelier de charité fut établi pour aider les ouvriers durant l'hiver ; on leur fit réparer le chemin du Montpinçon. Depuis l'amour du confortable nous a rendu plus exigeants. Toutefois malgré l'argent dépensé, avec le calcaire grossier ou « calle » tiré sur les grous, qui se délite trop vite et donne une boue blanche, gluante et glissante, dès la moindre pluie, il ne peut y avoir de bonnes routes.

Il est à noter que certains chemins ne traversent pas les pièces de terre et semblent au contraire avoir été pris comme ligne de répartition, tels le haut chemin de Vernon et le bas en partie, le Chemin Vert, la sente du Montpinçon au Bois-Prieur, les sentiers des Portes, de dessous et de dessus les Fosses, la voie de Cantiers sur une bonne étendue. Il est à croire qu'ils existaient avant la mise en culture, autrement ils ne respecteraient pas les limites des pièces et couperaient à travers comme les autres. Par ces anciens chemins, Vesly était d'ailleurs en relations avec la route de Paris à Rouen ; avec le Tillier, Noyers, Dangu, Authevernes ; avec Gamaches par le Chemin Vert.

La route de Villers et celles qui à son exemple enjambent les pièces seraient donc plus récentes, et supposent préalablement la mise en culture de tout le territoire qu'elles traversent, c'est-à-dire de la majeure partie du pays. Or le chemin de Villers est constaté au XIIIᵉ siècle et devait être bien antérieur. Il est donc probable que de bonne heure, peut-être avant la venue des moines, hors les bois qui ont été conservés jusqu'à la Révolution, il restait fort peu de terres à défricher.

Un fait probant est aussi l'enchevêtrement des fiefs. On sait qu'il en restait six en 1789 : « la baronnie de Dangu, la Ruelle, le Taillis dit Rafayaux relevant dudit Dangu, le prieuré, l'abbaye de Marmoutier qui a le plus de mouvance et à laquelle il est dû dîme et champart sur la plus grande partie des terres qui en relèvent (1) et les Chartreux de Paris. » Or, écrivait en 1777, le sieur Chevalier, feudiste à Rouen, « tous ces fiefs ne sont nullement cantonnés. Ils sont au contraire mêlés les uns dans les autres de manière qu'il est rare de voir 6 pièces de suite du même fief, du moins avant 1750. En 1750 et 1751, les sieurs Vinot et Lefebvre, principaux propriétaires de la paroisse et alors fermiers de toutes les principales fermes et seigneuries du lieu, s'avisèrent de faire faire un bornage général de cette paroisse et de se faire de grandes pièces d'un nombre considérable de petites qu'ils avaient épars çà et là, prenant indistinctement le fond des seigneurs propriétaires dont ils étaient les fermiers et en faisaient des échanges verbales avec différents particuliers, de manière qu'ils ont totalement changé la forme et la figure de tout le territoire et qu'il n'est plus possible d'appliquer les aveux.

Ainsi les Chartreux qui possédaient 188 acres 3 vergées en 177 pièces distinctes, n'en ont plus que 55 et 187 acres et demie. Ils ont fait de même pour le prieuré, la Grange à l'Abbé, etc. Il n'y a plus moyen de se servir des titres antérieurs à 1750 (2) ».

---

(1) Une note d'un terrier de 1779 indique que c'est le haut chemin de Gamaches qui a toujours séparé les terres payant la dîme de celles payant le champart au prieuré.

(2) A. E. E 1050. Jean Fleury, fermier de la Grange à l'Abbé, accusa les novateurs d'avoir fraudé pour agrandir leurs pièces. Il n'avait plus que 23 acres au lieu de 30. Les seigneurs devaient faire procéder à un arpentage rectificatif : on ne sait s'il eut lieu.

Par là, nous voyons que le morcellement du sol et l'enchevêtrement des fiefs étaient encore plus grands avant l'utile opération de groupement faite par les Vinot et les Lefebvre, codifiée dans les terriers du xviiie siècle et conservée dans nos cadastres qui reproduisent presque ligne pour ligne, les anciennes divisions : tant la conformation des pièces ne changent guère (1). Cependant, après ce remaniement, bien peu atteignaient trente acres, aucune ne les dépassait : les plus grandes appartenaient aux Vinot et aux Lefebvre, au prieuré et aux Chartreux.

De cette confusion qui ne permet pas de dire que tel triège est la propriété de tel fief, il faudrait conclure que cet état de choses devait être antérieur à la constitution de ces fiefs et par suite faire remonter le défrichement du pays avant le xe siècle.

Les textes les plus anciens qu'on ait citent des trièges comme ceux des Champs Serans, du sentier de la Porte, vers Authevernes ; du Val Adam, des terres de Pierre Gaupery, des Longues Raies, vers Gamaches ; du bout Louvet et de la voie de Rouen vers Villers ; de la Hache vers Chauvincourt, sans parler de Fontaine-Guérard et de ses attenances. Leur place nous montre le terroir mis en culture de tous côtés. Et il s'agit dans ces documents au plus d'une cinquantaine d'acres sur 2.400 que comptait le pays. On le voit tout confirme notre thèse.

Jetons un regard en passant sur ces noms de trièges, défigurés si souvent et déplacés comme les noms de rues, par les cadastres, surtout les plus récents. La plupart sont très anciens et nous venons d'en indiquer quelques uns cités au xive siècle. C'est une nécessité absolue de désigner les groupements de pièces afin de savoir de quoi l'on parle. Le peuple y suffit amplement. Bien avant le xiie siècle, les trièges eurent leur nom et même plusieurs. Les Haies signifie une portion de bois : le Hazotin est une corruption de Haies Outin (2), famille très ancienne du pays. Beaucoup de trièges prennent leur nom d'une particularité du terrain ou du nom d'un ancien détenteur, souvent des deux à la fois.

Nous avons ainsi les Clos Auberge, Tueleu ; le Carreau (ou pièce) à Gaupery, appelé aussi val Poupreine ou Poupeline probablement d'un Jean de Propincourt qui vivait en 1483 ; le Guidon, terre à Guy ; les Champs Serans ; le Champ Fichet ; le Poisson ou le Cheval Blanc, de l'enseigne du possesseur ; la Couture aux Nonnains, aux religieuses de Fontaine Guérard ; les Carmélites.

La position a donné les Fosses Vigny, Henriot, Rimbourg, jadis Raymboust, Guillaume Petit, les Fosses Saint-Maurice jadis en partie à l'église. Le terme *fosses*

---

(1) Nul ne songe par exemple à grouper les petits lopins de terre que certaines routes ont séparés du gros de la pièce. Et il y a des siècles qu'ils en est ainsi !

(2) On a dit Haies Outin, Haies à Outin, finalement Aoutin et Azotin, ainsi que les textes en font foi.

indique aussi de vieilles marnières. Ajoutons la Fosse rouge, appelée aussi Carouget dont elle confirme le sens étymologique ; la Fosse flue, très marécageuse ; la côte Saint-Thomas en partie à la maladrerie, le Mont Tibout, le Haut-Durand, le Val Adam ; la vallée au Barbier, triège que l'on retrouve dans presque tous les villages. Parfois c'est le champ du Raseur. Au xv⁰ siècle nous trouvons à Vesly Martin le Barbier. Nous avons encore les Fondis. Le Bout Louvet s'écrivait plus souvent jadis le Buc Louvet, souvenir d'un bois disparu : le bois au seigneur du Raffouel se nommait aussi le Buc Auger. La déformation pourrait venir de l'idée d'éloignement ou de fin du territoire qu'on trouve aussi dans le Champ au diable, les Bouttières, les Devises de Gamaches, pièces qui sont à la division des deux communes. La Borne des trois curés se trouvait à la jonction des trois dîmages de Villers, Authevernes et Vesly.

Des plantes ou arbres qui ont occupé le sol, il nous reste les Orties ; le triège des Lavalines ou Hièbles, espèce de sureau, fort apprécié comme remède par Olivier de Serres (1) ; le Raveron, la Rabette, sorte de rave (2) ; les Vignes, la Vigne Binet ; l'Epinette, la Haute-Epine, l'Epine Copin, l'Epine Vasselin ; le Pommier Houssé ; le Poirier de Vernon ; le Noyer d'Hardancourt ; l'Ormitel des Hayes ; le Chesnay, ou bois de la Roquette, ou Capendu : variété de pommier ; les Acacias ; le Buisson de la Vierge, nom presque contemporain dû à la piété d'un cantonnier qui y plaça une statuette (route des Thilliers).

La fécondité du sol nous a valu la Crassemie ; sa composition, les Grouts, la Grouette (ou Bocage du Boullot) terre chargée de pierres calcaires ; le Caillou Blier, la Caillotte ; le Grais Jean de Rome ou Briochère (Clos Pousset), terrain graveleux ; les Sablons ; les Terres fortes ; le Motté ou Motteux.

De la forme des pièces viennent les noms de l'Onglet ou Hache ou Hachon Potelet, taillées en biseau ; des Cornets d'Hardancourt, pièces triangulaires arrondies par un bout ; les Longues raies ou longs sillons ; le Tort Champ. De leur voisinage, on a dit le Murger, tas de pierres formé en épierrant un terrain ; la Grille, proche la grille du parc d'Armenouville.

Un petit détail nous a valu le Tonnerre, les Tuilleaux, de vieilles tuiles, romaines peut-être, qu'on y aura trouvées ; les Folies au Prieur, la feuillie ou feuillée, d'un bois disparu ; les Essarts, bois qu'on défriche ; la Cave, d'une maison démolie au chemin de Paris sur laquelle on laboure ; la Sente au renard, sur la route de Saint-Clair, au xvii⁰ siècle. On comprend moins le Val Hanneton, corruption probable de Jeanneton ; la Borne au chien ; la borne du Cercel, du petit cerf ou mieux de la sarcelle ; le Val Massacre, au xv⁰ siècle Four du Val de la Massacre ; la Truie.

Quant à la Rienne, vers Noyers et Chauvincourt, le sens nous en échappe (3). Dans une charte de 1090 pour le prieuré, nous avons trouvé un Geoffroy de Rienne, de Riana. Thomas Corneille, le frère du grand tragique, y possédait quelques pièces avec un sieur Guédier (4). Dans l'arpentage général de 1750, la

---

(1) Théâtre d'Agriculture, 6ᵉ lieu, chap. xv.

(2) A la suite de la disette de fourrage de 1785-86, l'intendant avait fait distribuer des graines de navets et de turneps.

(3) Nous cherchons aussi le sens de la Damourde. Le Val Hanneton est cité en 1610.

(4) A. E. H 1051. Ils possèdent les nᵒˢ 109, 153, 325. Cf. aussi Louis Passy. Discours prononcé lors de l'excursion aux Andelys de la Société historique du Vexin. *Journal des Andelys*, 15 août 1901.

Rienne est le nom d'une des trois solles qui groupent les terres du pays. Nous avons la solle de derrière les murs, la solle du chemin de Paris. On comptait alors 1669 parcelles. Le cadastre de 1809 en énumère 2452. A part le morcelage de la voie de Cantiers, il ne faut pas attribuer cette augmentation à la Révolution, mais bien à la division par héritage et à la singulière manie de découper à chacun sa petite tranche dans chacune des pièces, « pour ne pas faire de jaloux ». Le cadastre de 1843 compte 2495 parcelles. En 1882, on aurait pu les réduire à 1200 : les propriétaires ayant agrandi bien des pièces par l'acquisition de terres contiguës. On comptait alors sur 1161 hectares de terres appartenant à des particuliers, le reste des 1185 hectares 11 étant du domaine communal, 819 parcelles au-dessous de l'hectare, 200 de 1 à 2, 80 de 1 à 3, 40 de 3 à 4, 20 de 5 à 7, 6 de 7 à 10, 5 de 10 à 20.

Le territoire est donc resté très morcelé, mais ce mouvement vers la constitution de vastes pièces ne peut que grandir. Il favorise la culture intensive et l'usage des machines. Cependant les propriétaires terriens n'ont pas un ensemble de biens plus étendu que ceux que nous trouvons au début du XIXe siècle. Lefebvre de Saint-Hilaire possède alors 166 hectares environ ; le prêtre Nicolas Lefebvre 125 ; les Aubry et Lagrange qui tiennent le prieuré 114 ; Antoine Huvé de Garel 118 ; Aglaé de Maupeou 93 ; Marinville 98 ; Fleury, acquéreur des terres des d'Armenouville, 78 ; les héritiers Vinot 38. En 1823 Huvé de Garel possédait 227 hectares.

Déjà nombre de propriétaires n'habitaient pas le pays : ce qui nuit évidemment à sa prospérité. Il en est de même aujourd'hui pour les fermes, à part une ou deux exceptions. Les plus riches d'entre eux possèdent au plus 150, 110, 98, 70 hectares. Si les petites pièces ont diminué, la grande propriété n'a donc pas augmenté en proportion.

Vesly a toujours été un pays de grande culture, comme le voulait l'importance des seigneuries et des fiefs religieux. Au XVIIe et XVIIIe siècles, les Lefebvre et les Vinot s'étaient aussi constitué des exploitations notables. En 1789 nous trouvons des cultures de 60, 120, 180, 240, 360 et 480 acres environ. Un quart du pays était aux mains de nombreux petits cultivateurs. En 1812, les principaux fermiers faisaient valoir : François Mignot au Taillis, 8 charrues ; Guesnier père 5 ; ses fils 7 ; Louis Fleury 2 ; François Fleury 4 ; Blancouyer 4 ; Berteaux, à la Maison Neuve 4 ; Forceville et Lefrançois chacun 1. Or on sait qu'une charrue vaut 60 acres.

Voici comment se répartissait l'exploitation à une époque plus récente.

			1882	1892
De 5 à 10 hectares			10 cultivat.	5 cultivat.
20 à 30	—	. . . . .	5 —	3 —
30 à 40	—	. . . . .	3 —	2 —
40 à 50	—	. . . .	2 —	8 —
50 à 100	—	. . . .	4 —	8 —
100 à 200	—	. . . .	5 —	2 —

Nous n'avons pas compté 7 ouvriers, aux mêmes dates, faisant valoir moins d'un hectare et 8 tenanciers en cultivant de 1 à 5. Dans ces conditions la culture n'est plus qu'une source auxiliaire de revenus.

En 1856 on comptait 1 propriétaire-cultivateur et 26 fermiers contre 28 en 1861. En 1876 il y avait 7 propriétaires-cultivateurs et 20 fermiers. Des 30 cultivateurs de 1892, il n'en reste plus aujourd'hui que 14, dont 2 font valoir de 6 à 8 hectares, 2 de 30 à 50, 8 de 60 à 90, 2 de 120 à 150 hectares. Nous ne parlons pas de trois « haricotiers » qui exploitent 3 hectares environ. Les petites exploitations ont donc notablement diminué. Il n'y a pas de propriétaire n'exploitant que son bien. Tous les cultivateurs louent des terres; les fermiers la plus grande partie naturellement.

L'assolement adopté, malgré la culture intensive de ces dernières années, est toujours triennal et les cultures artificielles se trouvent intercalées périodiquement selon les besoins des terres. Après une période de grains et de racines, la terre n'est plus laissée en jachères, mais ensemencée en luzerne, sainfoin, trèfles etc., pour la reposer durant plusieurs années.

Vesly est demeuré un pays à blé. En 1789, 319 hectares étaient chargés en froment. La statistique indique pour ces dernières années une moyenne de 260 à 275 hectares. Le rendement est en général de 23 à 24 quintaux à l'hectare. Le seigle dont 85 hectares étaient chargés en 1892, se récolte de moins en moins. Une partie coupée en vert est donnée aux bestiaux ou sert à faire des liens. On ne le récolte en grains que sur 15 hectares environ avec rendement moyen de 16 quintaux.

Depuis une vingtaine d'années, l'orge occupe au maximum 20 hectares, donnant en moyenne 20 quintaux. L'avoine garde aussi ses positions : 250 hectares environ, avec rendement très variable. Les avoines noires très cultivées jadis sont peu à peu délaissées pour les avoines blanches que l'on utilise depuis quelques années. Les premières, en 1912 et 1913, ont donné 15 quintaux environ et les autres de 20 à 30. D'ailleurs si le prix de l'avoine blanche est moins élevé de 2 francs au quintal, elle pèse plus lourd : d'où compensation.

Les prairies artificielles qui comprenaient en 1892, 378 h. dont 105 en luzerne, 95 en sainfoin, 40 en vesces, 31 en trèfle et 2 en maïs, ont diminué d'extension. On peut en compter à présent en moyenne 250 hectares dont 120 de luzerne, 80 de sainfoin, 30 de vesces, 20 de trèfle incarnat. Le trèfle violet est à peu près abandonné. La betterave a pris sa place sur les jachères et gagne chaque année du terrain. Les sucrières qui occupaient en 1892 une moyenne de 32 hectares, en couvrent de nos jours une centaine. Elles sont vendues à la sucrerie d'Etrépagny qui les prend sur place. Le rendement varie beaucoup selon les conditions atmosphériques, comme aussi le prix d'après leur richesse en sucre. Ainsi un hectare peut donner de 18 à 32 tonnes selon les années. En 1912 la tonne était achetée de 30 à 36 francs, l'année suivante elle ne dépassa pas 25 francs au maximum. Il est probable que les cultivateurs n'entrevirent pas l'avenir extraordinaire de la betterave, quand Napoléon, par suite du blocus continental, ayant prohibé le sucre de canne, ordonna d'en cultiver 32.000 hectares. Authevernes en 1811 fut requis d'en charger 100 perches, 1 h. 49 en 1812.

On a commencé récemment à cultiver des betteraves pour la distillerie de Villers. L'exploitation des fourragères est passée de 32 hectares à 70, de 1892 à 1913 : toutes sont consommées dans le pays. Le rendement va, selon la saison, de 25 à 50 tonnes. L'étendue des prairies naturelles n'a guère varié : elles occupent environ 70 hectares dont la plus grande partie pâturée par le bétail.

Ajoutons que les bois couvrent 24 hectares, les jardins et bâtiments 19 ; les pâtis 4 ; les terrains incultes et marécageux 3, et nous aurons décrit en entier l'occupation du sol. Les poiriers à faire de la boisson ne cessent pas de décroître. Les pommiers à cidre diminueraient plutôt. On comptait vers 1880, 1380 arbres à cidre ; il n'y en avait plus en 1892 que 500 occupant 20 hectares. Il est vrai qu'en général le cru du pays n'est pas des plus estimés. On pourrait peut être l'améliorer en faisant des plantations sur la bande de terre siliceuse qu'on trouve vers les Fosses Saint-Maurice, le parc Marinville et le Caillou Blier.

Le vin de Vesly ne devait pas être non plus fort appréciable. Jadis en effet la vigne y était cultivée. On en trouve en 1367 au triège des Ormeteaux des Haies, près du Bois-Prieur sur la route de Chauvincourt (1); au xve siècle, entre les marais de Rome et le chemin de Saint-Clair, le long de la route d'Authevernes de chaque côté. Le prêtre Guillaume Tueleu était vers 1430 sur-nommé Vigneron. En 1643 un triège sur les grous vers Noyers s'appelait les Vignettes.

Elle était cultivée presque partout dans la région, mais princi-palement dans les vallées de la Seine et de l'Epte. En 1679, il y en avait encore à Guerny ; en 1713 à Beausséré, en 1740 à Neaufles (2). A Authevernes elles étaient situées de préférence sur les coteaux qui regardent Saint-Clair. En 1620, au triège des Castillons 20 perches sont payées 114 l. ; en 1621, 10 perches sont vendues 18 l.

Dès le début du xviie siècle des contrats de vente concernant Authevernes parlent souvent de terres « ci-devant plantées en vignes » : certaines pièces n'en ont perdu que la moitié. Une fieffe de 1613 permet de planter des vignes dans un champ « si l'on voit que bon soit dessus ». Il y eut donc alors une période d'in-décision qui finit par l'abandon total des vignobles. Le dernier vigneron d'Authevernes fut inhumé quelques années avant 1700.

Il est certain qu'à Vesly la vigne avait disparu longtemps auparavant. En 1740 on parle de l'Ormitel des Hayes « ci-devant en vignes » : ce qui tendrait à faire supposer que peu de temps s'était écoulé depuis leur destruction. Mais dès 1495 au sujet d'une pièce « qui soullait estre en vigne » (3), on nous donne à entendre que déjà le vignoble perd du terrain. Quoi d'étonnant puisqu'en 1455, celui qui occupait les trièges limitrophes du

---

(1) A. E. E 426.

(2) E 220, 216.

(3) Pièces concernant la Chartreuse. A. N. Déjà citées.

chemin d'Authevernes jusqu'aux marais, et du sentier Desportes, s'appelle déjà le Maulvigne, Mauvigne, Mauvyne ou Mauvinay, à cause certainement de son rendement médiocre ou de mauvaise qualité. Avait-on arraché « la mauvaise vigne » ou fit-on comme au pays de Jeanne d'Arc où l'on pouvait voir il y a quatre à cinq ans les vignes pousser vaille que vaille : les habitants, mal payés de leur travail, ne s'en occupant pas et ne pouvant toutefois se décider à les extirper ?

Au XVI⁰ siècle en tous cas aucun document ne mentionne l'existence contemporaine de vignes à Vesly. Dès cette époque d'autres cultures les avaient remplacées. Le cidre était alors devenu la boisson commune.

Le matériel de culture qui n'avait guère changé depuis le moyen âge jusque vers 1850, s'est considérablement transformé depuis quelque trente ans. En 1882, on comptait 60 charrues simples, 5 bisocs, 2 défonceuses, 80 voitures, 10 râteaux à cheval, 8 faneuses et 10 houes à cheval. Comme machines, il n'existait que 5 moissonneuses, 6 semoirs et 7 faucheuses.

Aujourd'hui les charrues simples ont cédé la place aux brabants. Les versoirs mobiles par un simple déclic, rendent des plus aisés le changement de direction dans le labour et par l'uniformité du travail et la suppression des raies intérieures, facilitent l'emploi des machines lors de la récolte. La culture intensive exige trois au moins de ces charrues pour cent hectares. Il existe quelques bisocs et défonceuses, mais on trouve plutôt les houes à cheval, les piocheuses Bajac, les herses articulées. Tout cet outillage est occupé au moment des semailles à l'aération, l'ameublissement et le nettoyage des terres et, après la moisson, au déchaumage.

Toutes les récoltes aujourd'hui se coupent mécaniquement, les ouvriers faisant défaut. On ne se sert guère des faucheurs que pour dégarnir le tour des pièces ou des endroits peu accessibles aux machines. Toutes les fermes ont selon leur importance une ou deux faucheuses, faneuses, moissonneuses lieuses ou non. Les semailles se font généralement à l'aide de semoirs mécaniques, au nombre d'un ou deux par ferme, sans parler des semoirs à engrais chimique. Il n'y a plus que les glaneurs à battre au fléau. Vers 1860 une entreprise de battage à la vapeur s'établit dans le pays. Elle comptait 8 machines en 1892. M. Ledanois qui a succédé à François Lafosse a joint au battage, le compressage de la paille qui réduite à un petit volume, en paquets de 50 kilos, peut ainsi être facilement expédiée au loin, notamment en Bretagne et à l'étranger.

Pour les travaux intérieurs de la ferme, quelques uns utilisent des manèges ; un ou deux, des moteurs à pétrole ; cinq, depuis l'établissement de l'éclairage électrique, ont fait monter une dynamo. Le prix du courant est réduit de moitié pour ceux qui l'utilisent comme force motrice. C'est un sérieux avantage qui joint au fonctionnement régulier, amènera forcément le triomphe de l'électricité.

L'emploi des engrais chimiques tend à se généraliser. En 1892 on employait en moyenne 10 quintaux de guano, 12 de tourteaux, 20 de sels ammoniacaux, 70 de phosphates et superphosphates. Ce chiffre est bien dépassé aujourd'hui et pourrait valoir une dépense annuelle de 10 000 francs environ. Nous ne parlons pas de la marne ou de la chaux ni des fumiers ordinaires. Pour obtenir un résultat assuré, une bonne analyse des terres serait à désirer. Ces procédés scientifiques, comme tant d'autres, finiront par s'imposer.

La seconde source de richesse dans une ferme c'est l'élevage du bétail. Nous n'avons pas de données anciennes sur ce sujet. En 1813, il y avait à Vesly 119 chevaux dont 18 à François Mignot et 14 à Louis-André Guesnier. Le tableau suivant nous donnera des renseignements récents et complets.

	1866	1872	1892	1913
Chevaux.	128	109	161	130
Taureaux.	3	»	10	10
Vaches laitières.	148	»	246	300
Bedons (6 à 30 mois).	26	205 Pop. bov.	154	200
Veaux.	15	»	21	30
Moutons.	2457	1180	470	»
Porcs	92	91	155	150
Chèvres et boucs.	6	»	12	10

Les ânes sont plutôt rares, 4 ou 5. Quant aux animaux de moindre importance destinés à l'alimentation, leur nombre est des plus variables. On compte largement 2.000 poules, 500 pigeons et 200 autres volailles. Le nombre des lapins est incalculable : il y en a partout.

On a pu voir dans ce tableau la diminution progressive des moutons et finalement leur disparition en 1910 (1). C'est un mal commun à toute la France où l'élevage du mouton a baissé de moitié depuis cinquante ans. A Vesly, les vaches les ont remplacés. On a remarqué dans le tableau la progression de leur nombre ainsi que de celui des porcs. L'établissement d'une laiterie en 1879 par M. Baquet y a notablement contribué. Dès que les particuliers ont prélevé leur consommation, tout le lait est transporté à l'usine, transformé en beurre, et les sous-produits utilisés pour la porcherie.

La laiterie de Vesly, à son origine, marqua un grand progrès dans l'industrie beurrière. En 1878 M. Baquet remarqua dans une exposition agricole de Londres, l'écrémeuse centrifuge du docteur Laval, ingénieur à Stockholm.

Pressentant les grands services que devait rendre ce nouveau système d'écrémage du lait, il engagea Ch. Pilter, le fondateur de la grande et célèbre maison d'importation de machines agricoles en France, à s'occuper de la vente de cette machine : ce qui fut fait aussitôt. Dès la fin de l'année M. Baquet devenu le collaborateur de la maison Pilter pour tout ce qui concernait les questions laitières, installa dans la ferme du Taillis qu'il occupait alors, la première écrémeuse centrifuge qui ait fonctionné en France.

Ce nouveau procédé qui d'emblée réduisait des trois quarts la main-d'œuvre de la fabrication du beurre tout en augmentant le rendement de ce produit de 20 p. 100, eut un succès prodigieux.

---

(1) Un marchand de moutons s'est établi depuis peu ; mais ce n'est plus là de l'élevage proprement dit.

Le bien modeste établissement de Vesly eut aussitôt la visite du Directeur de l'agriculture et de plusieurs inspecteurs et professeurs départementaux. La Société royale d'agriculture d'Angleterre envoya deux jeunes stagiaires pour quelques semaines à Vesly. Enfin un grand nombre d'agriculteurs et d'industriels de tous les points de la France et de plusieurs nations voisines, vinrent également assister aux débuts de cette transformation totale de l'industrie laitière en France.

En 1882 MM. Pilter et Baquet firent un second voyage en Suède et en Danemark pour y étudier le matériel de la fabrication beurrière et l'introduisirent alors en France. Ces importations donnèrent à l'industrie laitière un essor considérable. Un grand nombre d'établissements analogues à celui de Vesly se fondèrent de toutes parts, notamment dans les Charentes et le Poitou où cette industrie était à peine connue, en sorte que l'application immédiate des nouveaux procédés permit à ces pays de rivaliser aussitôt, et souvent d'une manière très heureuse, avec notre vieille Normandie qui au début se montrait un peu réfractaire.

La laiterie a donc contribué à augmenter la population bovine. Une autre cause toute actuelle, c'est la cherté des prix de remplacement : les cultivateurs préfèrent élever eux-mêmes le bétail nécessaire à l'entretien de la vacherie. Seuls les taureaux sont achetés en Normandie, afin de maintenir la sélection. Quelques vaches au moment du vêlage sont vendues pour Paris aux nourrisseurs. Quelques bêtes sont destinées à la boucherie. Celle du pays abattait en 1892 une moyenne annuelle de 60 bœufs, 20 veaux, 160 moutons et 140 porcs. Le peuple consommant de plus en plus de viande, ce chiffre a dû augmenter. Quant à l'apiculture, elle décline depuis une vingtaine d'années : des 135 ruches de 1852, il n'en reste pas le tiers : il est vrai que la plupart sont maintenant à cadres.

Le prix des terres semble se maintenir alors que celui des propriétés bâties tend à devenir dérisoire. Il est assez difficile d'établir une moyenne : on paiera volontiers plus cher une pièce à portée du pays ou permettant d'agrandir celle qu'on possède déjà. Voici le tableau dressé par les statistiques officielles, pour les prix à l'hectare.

Terres.	Proportion.	Prix en 1882.	Prix en 1892.	Proportion.
1re classe	30 %	3.500 fr.	2.500 fr.	47 %
2e classe	20 —	2.700 —	1.800 —	32 —
3e classe	20 —	2.000 —	1.200 —	12 —
4e classe	15 —	500 —	400 —	9 —
5e classe	5 —	500 —	»	»

Dans ces dernières années, les terres de première classe, à portée, peuvent s'être vendues de 2.500 à 3.500 francs l'hectare ; les terres inférieures de 1.800 à 500. Les prés ne se vendent guère plus cher que la terre de labour.

On a remarqué l'amélioration progressive des terres. En 1778 le rôle des vingtièmes qualifie 73 acres 140 perches de masure : médiocres; terres, 3.302 acres : médiocres; prairies, 3 acres : médiocres; bois, 52 acres, 10 perches : médiocres. Cette classification officielle n'a pas grande valeur, car le contrôleur écrit dans le même rôle que « les terres sont généralement bonnes ». Elle a sans doute pour but de motiver une réduction d'impôts.

La même idée guida la municipalité lorsque, le 1er thermidor an IX, la commune de Mézières se plaignit au conseil de préfecture comme ayant une contribution foncière trop forte, disproportionnée à celle de Vesly. Pour 798 acres Mézières payant 16.559 francs, soit 28 francs l'acre, Vesly aurait dû payer 32 francs l'acre, soit 49.380 francs. Le maire de Vesly répliqua : « Il ne faut pas connaître, même imparfaitement, le territoire de la commune de Vesly pour savoir qu'il est impossible de ranger toutes les terres qui le composent dans la classe des terres de première qualité, puisque au contraire, il y en a une grande partie de médiocres et d'autres très mauvaises. Les cultivateurs sont obligés de mettre cinq cartes de blé ou même un boisseau et demi par acre de plus que ceux de Mézières dans pareille terre de leur commune. Aussi l'on doit être plus qu'étonné de voir les répartiteurs de Mézières évaluer leurs terres à 28 francs et porter celles de Vesly *in globo* à 32 francs. »

En 1823, 526 hectares environ étaient classés en première, 241 en deuxième, 154 en troisième et 107 en quatrième, sur 1029 hectares de terre labourable. Le revenu total imposable de la propriété foncière était alors de 62.915 fr. 69; en 1840, il passait à 94.817 francs; il est en 1913, de 84.213 francs, après le dégrèvement des petites cotes. On aurait tort d'oublier le proverbe, « tant vaut l'homme, tant vaut la terre », lorsqu'on examine ces questions de classement.

Le fermage des terres est plutôt en augmentation. Nous juxtaposons dans ce tableau la statistique officielle de 1892 et le barême établi en 1911 par le directeur des contributions directes, inférieur, peut-être, à la réalité.

	1892				1911		
Terres.		Prés.		Terres.		Prés.	
1re classe.	90 fr.	1re classe.	100 fr.	1re classe.	100 fr.	1re classe.	130 fr.
2e classe.	75 fr.	2e classe.	80 fr.	2e classe.	85 fr.	2e classe.	100 fr.
3e classe.	60 fr.	3e classe.	60 fr.	3e classe.	65 fr.	3e classe.	70 fr.
4e classe.	40 fr.	4e classe.	40 fr.	4e classe.	45 fr.	4e classe.	30 fr.

Il faut ajouter l'impôt payé généralement par le locataire.

En somme, bien qu'il soit habituel de se plaindre ou de la saison ou des affaires, les cultivateurs doivent reconnaître que leur situation est plutôt prospère. La plupart d'ailleurs sont d'anciens ouvriers qui arrivent sans trop de peine, pourvu qu'ils aient de l'énergie et de l'ordre, non seulement à se libérer des emprunts, mais encore à se retirer des affaires en fort bonne posture, après vingt à trente années d'exercice.

La difficulté sans cesse renaissante dont ils ont le plus à souffrir vient de leur personnel. Les ouvriers font défaut et nombre de ceux que l'on occupe peuvent nous manquer à tout propos, surtout les dimanches, fêtes et lundis. Certains, pour montrer qu'ils sont libres, ne font que rouler d'une ferme à l'autre. L'individualisme anarchique qui est la quintessence de la doctrine révolutionnaire, porte ses fruits. Grisés de liberté et d'égalité, les pauvres gens croient que c'est arrivé, tout en ne faisant que changer de chaînes (1). Trop souvent hélas! les patrons se désintéressent de leurs ouvriers en dehors du travail. Ils n'exercent sur eux aucune influence morale. De bonnes excuses, ils n'en manquent pas certes ; mais ne faut-il pas faire crédit au peuple, ce grand enfant! et montrer à l'ouvrier qu'il n'est pas une machine qu'on loue, mais un être humain auquel on s'intéresse pour le conseiller, le secourir, l'aider dans le besoin lui et les siens, en dépit des semeurs de discorde. Dans un village surtout patrons et ouvriers ne devraient former qu'une famille.

En attendant la question de main-d'œuvre devient chaque jour plus urgente. Les machines ne peuvent pas tout faire. Les essais de trayeuses mécaniques n'ont pas été des plus satisfaisants. On songe déjà à faire appel aux tracteurs automobiles pour le labourage. De toutes manières il faudra des ouvriers cependant. La science, si puissante dans son domaine, ne peut remédier que pour une minime partie à ce problème social si étroitement connexe à la question religieuse et morale. A quelque point de vue qu'on se place, il faut toujours en venir là, qu'on le veuille ou non.

En dehors de la culture, il n'y avait jadis comme aujourd'hui, à peu près aucun travail. On lit dans le rôle des vingtièmes de 1779. « Il n'y a ni foire ni marché et aucun commerce. Le marché le plus voisin est Gisors qui est éloigné à deux lieues et demie. Les habitants n'ont d'autre occupation que celui de la culture. Les principales productions consistent en bled, seigle, avoine, orge et autres menus grains. Le sol y est généralement bon ». On se demande alors à quoi servaient les modestes halles situées en face de la fontaine du Carouge, qui avançaient de 3 mètres sur la rue. Elles furent vendues 500 francs à la commune en 1856 et abattues dans la suite.

Quelques ouvriers extrayaient de la pierre, soit pour les routes, soit pour la bâtisse, sur les hauteurs des grous. Quelques car-

---

(1) Il n'existe pourtant aucun syndicat ni d'ouvriers ni de patrons.

rières étaient souterraines et on peut encore en visiter une de ce genre dans le bois (1). Plusieurs ouvriers y furent tués par la chute subite de quartiers de roche en 1693 et 1791. Deux jeunes gens de 18 ans périrent ainsi en 1786 ; en 1781, un ouvrier fut écrasé et son camarade mourut de la peur qu'il avait eue un mois après l'éboulement. Depuis 1816 pareil accident ne semble pas être arrivé : un adolescent de 15 ans périt alors dans une « argilière ».

Certains habitants exerçaient alors des métiers aujourd'hui disparus parmi nous, tel celui de cordier. On trouve encore en 1841, un tonnelier, un sabotier, deux couvreurs en chaume, un tisserand. A cette date on comptait deux tailleurs, trois teinturiers, un chiffonnier, un chaudronnier, quatre tourneurs en bois, trois scieurs de long, deux serruriers, deux horlogers, un savetier, un basestamier (fabricant de vêtements en tricot), un fondeur de cloches, sans parler des maçons. De tous ces métiers, il ne reste que l'indispensable : menuisiers, maréchal, charron et quelques maçons. Un boucher, deux boulangers, cinq épiciers, cinq cafetiers et un bourrelier complètent cette liste des gens établis.

Autrefois en hiver, bon nombre d'ouvriers devaient chômer et vivre sur le produit des travaux de la moisson auxquels tous prenaient part. La gêne se faisait sentir les années de disette.

L'Etat organisait alors des ateliers de charité spécialement pour la construction et l'entretien des routes. En 1786, le contrôleur général des finances consacra 20.000 livres « aux travaux de la route de Gisors à Vernon depuis les Tilliers jusqu'à Dangu », la moitié sur un fonds extraordinaire du trésor royal, l'autre sur les fonds des travaux de charité de la généralité de Rouen. Pareille somme fut attribuée durant cinq ans (2). La route était en construction depuis 1765. Les travaux publics se faisaient ainsi assez bon marché.

Aujourd'hui la pénurie des ouvriers, l'abandon du système des jachères, la culture intensive, permettent généralement d'employer les ouvriers toute l'année, parfois avec un salaire réduit durant l'hiver. Outre la moisson, rapidement faite et moins lucra-

---

(1) Le propriétaire y cacha du blé et ses objets précieux en 1870.
(2) A. S. I. G 886.

tive depuis l'emploi des machines, il y a encore l'échardonnage, le binage et l'arrachage des betteraves, les travaux de la batteuse qu'on suit dans les villages voisins. Pour les ouvriers qui ne font point partie du personnel d'une ferme, il y a donc du travail intermittent. Ils passent d'ailleurs facilement d'une situation à l'autre. Le manque de bras rend les fermiers indulgents.

Si jadis les hommes ne trouvaient pas tous à s'occuper régulièrement toute l'année, les femmes ne se procuraient pas facilement un travail supplémentaire qui leur permit d'apporter leur appoint au budget familial. Les cahiers de 1789 se plaignent, nous l'avons vu, qu'on ne réserve pas aux femmes « les travaux qui sont l'apanage de son sexe ».

Beaucoup élevaient des nourrissons qu'elles trouvaient dans les villes voisines et surtout à Paris. On allait jusqu'à la grand'route aux Thilliers recevoir les enfants au passage du coche. Souvent aussi on se rendait à Paris et on les emportait presque aussitôt leur naissance. C'était bien imprudent de soumettre un nouveauné aux fatigues d'un voyage en diligence et il arriva que de pauvres petits moururent en chemin dans les bras de la nourrice, deux notamment le même jour en 1749.

Il semble qu'on se séparât alors plus facilement de ses enfants qu'aujourd'hui, si l'on considère le grand nombre des nourrissons répandus à Vesly et aux environs ; et aucune raison ne poussait à choisir ces villages de préférence à d'autres. Ajoutons qu'on ne prenait guère de précautions. Il arriva que les enfants venant à mourir, fait trop fréquent, hélas! les nourrices ne se souvenaient plus ni de l'âge ni des noms et prénoms de leurs nourrissons (1).

En général ils étaient recrutés dans la classe moyenne. On peut citer les enfants d'un maître d'école, d'un vinaigrier, d'un maître-cordonnier, d'un maître-vannier, d'un « marchand chandelier », d'un commis du bureau des Indes-Orientales, d'un chirurgien. Nous trouvons aussi ceux d'un vigneron de Garennes près Paris, d'un suisse du roi, d'un valet de chambre de Mme de Maintenon (2).

---

(1) Ce fait se présente deux fois en 1691 ; en 1690 et 1694 et aussi à Authevernes à plusieurs reprises.

(2) Voir années 1676, 89, 90, 92, 93. « Le vendredi quatrième jour de novembre 1689,

Les femmes s'occupaient en outre à faire de la dentelle dont la duchesse d'Orléans-Longueville avait introduit la fabrication à Gisors et aux environs quand Colbert voulait lutter avec Venise (1). Le rôle des vingtièmes pour 1778 constate qu'elles travaillent la dentelle de soie. Au xixe siècle on y faisait encore de la dentelle noire dite de Chantilly. Mais vers 1850 la tapisserie pour pantoufles et ameublement avait pris sa place. Des maisons de Paris envoyaient les canevas et des laines que des entrepreneurs remettaient sur place aux ouvrières. En 1866 Vesly comptait 23 ouvrières en tapisserie, vu la population, le plus grand nombre avec Authevernes, Chauvincourt, Bazincourt et Martagny (2). Onze femmes travaillaient dans la ganterie de peau, assemblant les pièces qu'on leur donnait toutes taillées.

Le salaire des tapissières et des gantières oscillait autour d'un franc pour 10 heures de travail. Nous ne parlons pas des ouvrières exceptionnellement actives. Malheureusement après 1870, ces deux industries ont complètement disparu. On ne peut dire que le paillage et le cannage des chaises pour les manufactures de Bezu-Saint-Eloi et de Berthenonville les avaient avantageusement remplacées. Le travail n'est pas beaucoup mieux rémunéré : aussi n'est-il pas des plus recherchés.

Les femmes n'ont plus aujourd'hui la ressource de filer et de tisser comme jusqu'au début du xixe siècle. On cultivait alors le lin et le chanvre et dès le matin on était éveillé par les coups répétés de la broie à détacher la filasse. On arrêtait les eaux pour installer des routoirs. En 1827 le juge de paix ordonna la suppression du routoir de Marie-Anne Parmentier dont les exhalaisons fétides gênaient les voisins et « empoisonnaient les eaux de la rue de Rome. » Il n'y avait guère de femme alors qui ne maniât la quenouille et n'eut filé son trousseau. On ne trouverait pourtant pas aujourd'hui un rouet dans tout le pays. Ce n'était pas

---

Nicolas Dupuis, âgé de 3 mois ou environ, baptisé en la paroisse Saint-Gervais de Paris, fils de Nicolas Dupuis, valet de chambre de Mme de Maintenon, demeurant à Paris, rue Martellerie, au pied de la biche, en la seconde chambre sur le derrière, est décédé en la maison de Louis Périer tisserand demeurant audit Vesly. » etc. Ce dernier était alors bedeau.

(1) Patte. Hist. de Gisors, p. 578.

(2) L'industrie dans le canton de Gisors, septembre 1908, par Louis Passy. Recueil des travaux de la *Société libre de l'Eure*, Evreux 1909.

pour filer que des « veillées » avaient encore lieu, mais en petit nombre, en 1853. Quelques anciens ont encore gardé de « la toile de ménage ».

L'invasion des « confections » porte préjudice à la couture qui comptait 14 ouvrières en 1856. En dehors des travaux domestiques, il ne reste guère que la ressource des travaux complémentaires de la culture dont nous avons déjà dit un mot. On y voit souvent de jeunes enfants, trop jeunes parfois, aider leurs parents.

On comptait en 1851, 346 ouvriers vivant de l'agriculture dont 168 femmes. Dix ans après, le recensement en accuse 439, y compris les maîtres, dont 123 femmes. Une statistique plus détaillée en 1892, indique 30 charretiers-laboureurs, 10 vachers, 2 bergers, 35 autres domestiques et 6 servantes : il s'agit ici du personnel attaché aux fermes d'une façon stable. Ce nombre n'a guère varié.

Les salaires tendent à augmenter depuis une dizaine d'années, sans suivre cependant l'accroissement du coût de la vie. De 1882 à 1892, les domestiques qui sont généralement nourris, gagnent 40 francs par mois : en moyenne 28 sous par jour et 22 en hiver. Les journaliers sont payés 3 francs ; les femmes 1 fr. 25 en été et 1 franc en hiver ; les servantes nourries 30 francs, les domestiques de moins de 16 ans 20 francs. Les vachers et les bergers qui n'ont presque jamais de repos, recevaient 50 francs environ.

Aujourd'hui il est plus difficile d'établir un tarif uniforme. La rareté des ouvriers toujours prêts à partir à la moindre difficulté, obligent les patrons à faire, selon les circonstances, selon le besoin qu'ils ont de l'ouvrier et ses aptitudes, des conditions particulières.

Les domestiques nourris touchent de 50 à 60 francs par mois et le mois double durant la moisson. Les journaliers reçoivent de 3 à 4 francs par jour, 5 francs durant la moisson, et tous les jours quelques litres de cidre. Les femmes gagnent 2 francs à 2 fr. 50 mais sans leur nourriture. Les gages des servantes sont des plus variables. Quant aux vachers, ils ont des mois de 60 à 70 francs. Les domestiques nourris sont généralement bien soignés : ils ont aussi le café et « la goutte ».

Les ouvriers recherchent les travaux à l'entreprise, notamment le binage des betteraves qui dure environ deux mois, et l'arrachage six semaines, selon le temps. Le binage qui exige généralement trois « façons », assez espacées, est payé 65 à 62 francs l'hectare, 50 seulement si la première façon est donnée à la machine. L'arrachage est payé de 40 à 50 francs. Un ouvrier peut en moyenne faire 2 à 4 hectares soit pour le binage soit pour l'arrachage. Pour la moisson, les conducteurs de machines touchent 22 francs à l'hectare en moyenne ; ceux qui fauchent de 35 à 45 francs. Les avoines rapportent moins : de 16 à 22 à la machine, de 25 à 35 à la faux. Quant au battage mécanique, il vaut en bloc aux ouvriers 1 fr. 40 à 1 fr. 75 par quintal et l'on peut arriver à une moyenne de 75 quintaux en 10 heures.

En définitive il semble que les ressources moyennes d'un ménage ne puissent guère dépasser 1500 francs, la femme travaillant aux champs, et même au battage, ce qui ne plaît pas à tous et avec raison, étant donné qu'on n'y rencontre pas souvent l'élite, trop s'en faut ! Nous ne parlons pas des ressources ordinaires du jardin et de la basse-cour. Jadis, bon nombre d'ouvriers élevaient un porc ; quelques-uns avaient une vache qu'on faisait paître le long des routes et dans le marais communal. En 1856, on payait pour le marais 5 francs par tête de bétail ; il était interdit aux moutons et fermé durant quelque temps chaque année. La disparition complète des petits possesseurs de bétail, amena la commune à le louer comme herbage privé. Elle tire parti aussi des plantations d'arbres qu'elle y fait faire de temps en temps.

Aujourd'hui les ouvriers en arrivent de plus en plus à ne posséder absolument rien que leurs bras. En 1789 sur 116 feux, 110 maisons étaient la propriété de l'habitant. Elles étaient fieffées et soumises à quelques redevances seigneuriales souvent minimes : du moins on n'était pas en location, et ces redevances furent supprimées par la Révolution sans compensation. Aujourd'hui sur 180 feux, on compte à peu près 80 propriétaires de leur maison dont la moitié à peine sont de simples ouvriers. Les deux tiers des ménages ouvriers sont donc en location : c'est une centaine de francs à déduire des recettes.

Ce qui était jadis, après celui du pain quotidien, le premier souci de tous ceux qui fondaient une famille, à savoir acquérir une maison, quelque lopin de terre, passe près de beaucoup aujourd'hui pour un très mauvais calcul. Avec les impôts, l'assurance, les réparations, on est, disent-ils, un propriétaire en loyer et de plus enchaîné ainsi au pays. Pourquoi donc acquérir un bien qui rendra plus malaisé l'obtention des secours officiels et les diminuera d'autant ? Le voisin qui aura tout gaspillé, recevra davantage que « le naïf » ayant placé ses économies sur une maison. Aussi sont-ils rares ceux qui se prêtent à ce jeu de dupe, si dupe il y a : cela devient un phénomène curieux de voir un ouvrier acquérir son chez soi, malgré le prix dérisoire des maisons (1).

Du reste qui ne compte pas aujourd'hui sur l'Etat-providence ? « Quand il n'y en aura plus, la commune nous en donnera ». Et il en est qui ajoutent : « On nous le doit ! ». En fait le grand bénéficiaire des lois dites « sociales » qui ont développé cet état d'esprit, c'est le cabaret. La situation matérielle des familles n'en est pas améliorée et l'insouciance des buveurs s'en accroît d'autant, ainsi que le nombre des petits verres.

---

(1) Le fait s'est présenté, à ma connaissance, 4 fois depuis 1908.

Voici le relevé de l'alcool à 45° environ *détaillé* à Vesly depuis 12 ans.

	Litres.			Litres.
1903.	10.863	1909.		9.207
1904.	11.025	1910.		13.044
1905.	11.764	1911.		11.394
1906.	13.055	1912.		10.652
1907.	10.092	1913.		13.656
1908.	11.522			

Pour apprécier ces chiffres effrayants il faut savoir que n'y sont pas compris l'alcool vendu par des marchands étrangers au pays ni la production d'une vingtaine de bouilleurs de cru. Or plus d'un tiers des familles se fournit à l'extérieur par tonneaux ou bonbonnes, et notamment celles qui occupent des ouvriers et les nourrissent. En joignant aux chiffres donnés plus haut 3.000 litres par an afin d'obtenir la consommation totale, on doit rester encore au-dessous de la réalité.

Durant la période de 1903 à 1913 la consommation moyenne d'alcool a donc été par an de 14.500 litres environ pour 577 habitants, soit 25 litres par tête et 80 litres environ par ménage. En estimant le litre d'eau-de-vie à 2 francs en moyenne, c'est 24.000 francs qui ont été dépensés en alcool au comptoir des débitants en 1913, *au minimum*,

Quant on songe à ce que pareille somme représenterait de bien-être et de sécurité pour l'avenir, on se demande si le peuple comprendra enfin que l'alcoolisme est son pire fléau. La limitation du nombre des cabarets serait sûrement sans effet : il n'y en a pas plus à Vesly qu'autrefois, mais on les fréquente davantage. Surtout on y prend plus souvent des consommations dangereuses à petites doses : amers, absinthes et apéritifs.

Ces habitudes se sont tellement généralisées et il faut tant d'énergie pour ne pas « faire comme les autres » et résister à la contagion, qu'elles gagnent même les tout jeunes gens. Que dire des parents qui donnent de l'eau de vie à leurs enfants en bas âge afin de les fortifier. Le désastre est au comble quand la femme se met de la partie, et ce n'est pas rare. N'insistons pas sur un mal commun à toute la Normandie et dont la classe-ouvrière n'a pas le monopole.

La misère, justifiable ou non, est donc établie à demeure dans la majeure partie des familles ouvrières. A l'alcoolisme, il faut joindre pour certains le manque d'ordre et d'économie, le dédain des petites vertus ménagères, et pour tous le besoin croissant et naturel d'un peu plus de confortable dans la nourriture et de luxe dans le vêtement. Il serait injuste de le nier, avec la cherté croissante de la vie, dès que la famille s'accroît d'un second enfant, il devient malaisé de boucler son budget. L'ouvrier dans la gêne arrive facilement au découragement.

Ce serait une grande faute de sacrifier aux gaspilleurs les ménages dignes d'intérêt et, dans le doute, il est évident que les lois sociales ne peuvent s'abstenir : c'est une question de justice et de charité. La générosité de certaines personnes aisées ne peut suppléer à tout. Jadis les enfants des familles pauvres allaient de ferme en ferme quêter du pain et recevoir à l'occasion quelque aubaine. C'était un usage reçu et qui n'était pas considéré ni d'une part ni de l'autre comme de la mendicité (1).

Il n'y a plus à Vesly de mendiant professionnel. En 1841 on en comptait quatre dont un seul était du pays : deux veuves de 60 et 58 ans, un ménage de 70 et 58 ans. La vieillesse et les infirmités légitimaient leur situation. Leur conduite était bonne. Ils recevaient 5 francs du curé, 3 fr. 70 du bureau de bienfaisance et 30 francs de dons en nature : soit 38 fr. 70 chacun par an. Le maire estimait qu'il leur aurait fallu 150 francs en nature et 50 francs d'argent. Mais rien ne fut fait. En 1846 on comptait sept indigents.

Le bureau de bienfaisance établi en 1837 ne suffisait donc point à la tâche. Doté des 100 francs de rente légués par la veuve Lebugle de l'Orme, d'une même somme donnée par la veuve Huvé de Garel en 1856 selon les dispositions de son mari, il jouit depuis de la majeure partie du produit des concessions mortuaires. De 1860 à 1898 le curé fit partie du bureau. Les dépenses annuelles étaient alors de 600 francs environ. Une gestion habile lui a constitué 595 francs de rentes 3 p. 100. En 1913 les secours ordinaires sont accordés à douze familles qui reçoivent 225 francs en pain et 120 francs en bois de chauffage ; vingt-cinq enfants

---

(1) Le droit de glanage fut longtemps réservé aux indigents : le maire dressait la liste des glaneurs chaque année.

nécessiteux reçoivent en hiver des bas et des galoches pour 110 francs environ. Le bureau fournit aussi sa quote-part à l'application de quelques lois sociales, par exemple à l'assistance médicale.

Etablie par une loi du 15 juillet 1893, elle est facilitée à Vesly par les quatre lits auxquels la commune a droit à l'hospice de Gisors : nous savons pourquoi. Une trentaine de personnes ont reçu des soins médicaux à domicile en 1913. La dépense moyenne par an est de 300 francs.

L'assistance aux vieillards âgés de plus de 70 ans, aux incurables et aux infirmes, établie par la loi du 14 juillet 1905 et payée par la commune jusqu'à concurrence de 70 p. 100, est accordée en 1913 à huit personnes et coûte au pays 395 francs. L'assistance-retraite (loi du 5 avril 1910) pour les indigents de 65 à 70 ans, entièrement à la charge de l'Etat, est accordée à quatre personnes.

L'assistance aux familles nombreuses (loi du 14 juillet 1913) obligatoire à dater du 1ᵉʳ janvier 1914, paraît devoir être accordée à huit enfants, dont deux d'une famille de cinq enfants au-dessous de treize ans, un d'une famille de trois enfants à la charge du père seul, deux d'une famille dans le même cas à la charge de la mère, trois de deux familles ayant encore durant un an leur domicile légal à Vesly. Le taux mensuel par enfant a été fixé à 6 francs : la dépense totale s'élèverait donc à 576 francs dont 54 p. 100, soit 300 francs, à la charge de la commune.

La loi des retraites ouvrières est nulle et non avenue pour les 9/10 des assujettis. Les ouvriers, attendant tout de l'Etat, ne veulent pas payer leur part : ils comptent sur le trésor public ou sur la bourse des patrons La loi ne serait plus alors que de l'assistance déguisée. Il n'y a guère eu à profiter de la loi que ceux dont l'âge avancé n'exigeait qu'un ou deux versements pour l'obtention d'une retraite tout à fait disproportionnée au capital. La même attitude a d'ailleurs été constatée dans toute la France (1). La prévoyance et la solidarité ne se décrètent pas.

---

(1) Vesly fut une des vingt communes de France où l'on appliqua pour la première fois la loi sur le secret et la sincérité du vote au moyen de l'isoloir, le 2 novembre 1913. Ce détail sans importance valut au village les honneurs de la grande presse parisienne. (Le *Matin*, du 3 novembre, en première page avec quatre illustrations).

CHAPITRE XI

LE MOUVEMENT DE LA POPULATION.

Du xiiie siècle à 1669. Balance des naissances et des décès. L'époque contemporaine :
élévation persistante de la moyenne de la vie. Diminution constante de la natalité.
Les anciennes familles et les « immigrants ».

En parcourant le pouillé dit d'Eudes Rigaud (1), ce précieux
document rédigé de 1236 à 1244 et complété par des annotations
jusqu'en 1306, on est étrangement surpris de lire : « Ecclesia S.
Martini de Velli... Habet IX parrochianos ». Outre que l'église n'a
jamais été dédiée à saint Martin, il semble difficile d'admettre que
Vesly comptait alors tout au plus neuf chefs de familles, soit, si
l'on convient à cette époque d'une moyenne de cinq âmes par
foyer, environ cinquante habitants.

Ce chiffre paraît d'autant plus anormal que la majorité des
communes rurales du Vexin normand et en particulier les communes voisines étaient au xiiie siècle presque aussi peuplées que
de nos jours, parfois beaucoup plus. Ainsi, sur la même base,
Noyers comptait 125 habitants, Dangu 550, Chauvincourt 225,
Gamaches 600, Villers 375, Authevernes 300. On se demande
pour quel motif Vesly dont le territoire est si étendu et si fertile
serait demeuré presque désert.

Bien plus, s'il en était ainsi, l'église paroissiale qui, sauf une
travée à chaque bras du transept, couvrait la superficie actuelle,
devait être dix fois trop vaste pour une si minime population.
Et cependant à cette époque on l'agrandissait en bâtissant le
premier croisillon du transept actuel : travail bien inutile pour

(1) Publié par Léopold Delisle. Recueil des historiens des Gaules et de la France,
t. XXIII La copie du manuscrit : B. N. Nouvelles acquisitions, latin 1028.

les quatre douzaines d'habitants qui devaient tenir à l'aise dans la nef ! Dans quel but ces agrandissements, cette disproportion manifeste, alors que les églises rurales du moyen-âge sont si bien en rapport avec le nombre des fidèles à l'époque de leur construction, constatation que nous pouvons encore faire nous-mêmes ?

Certainement ce chiffre serait insuffisant. Il fallait des bras pour cultiver les terres de l'abbaye de Marmoutier qui, fieffées ou non, comprendront jusqu'à 1.200 acres au xviie siècle. Il en fallait pour faire valoir les possessions du seigneur de Dangu et de ses vassaux, presque aussi vastes. Si peu avancé qu'on suppose le défrichement et nous avons donné des présomptions du contraire, la terre mise en culture, ne fut-ce que le tiers du pays, exigeait plus d'une douzaine d'ouvriers. Et nous ne comptons pas la ferme de l'abbaye Sainte-Catherine de Rouen, les huit acres de Fontaine-Guérard, les quarante-deux acres de terre labourable que possédait le seigneur de Noyers.

L'acte de vente de ces quarante-deux acres en 1367, loin d'y contredire, nous donne les noms d'une dizaine d'habitants qui occupaient des pièces attenantes et nous autorise à conclure qu'une transaction plus considérable en eut fait citer bien d'autres. Or à cette date, la population eut-elle doublé (1) en cent ans, son chiffre ne serait pas encore en rapport avec le nombre des tenanciers.

Elle l'est encore moins avec les chiffres que nous donne un pouillé de 1337 (2). On sait en effet que chaque paroisse devait payer une redevance annuelle au trésor épiscopal, appelée débite, d'un denier par feu. Si le chiffre était dépassé, le curé remettait l'excédent aux paroissiens ; s'il y avait déficit, il était tenu de suppléer. Tous les ans, au synode d'été, les curés devaient régler ce compte de la débite. Or Vesly, en 1337, avait à payer à l'archevêché de Rouen 13 sols 9 deniers, soit 165 deniers. Ce qui suppose à cette date 165 feux dans la paroisse, soit 825 habitants environ (3).

Il est impossible d'admettre qu'en cent ans la population ait

---

(1) En faisant abstraction de la terrible peste noire de 1348 qui fit de si terribles ravages en Normandie, car les données nous manquent pour Vesly.

(2) Longnon, l. c.

(3) De toutes les paroisses du doyenné, sauf Noyon-sur-Andelle (Charleval), c'est Vesly qui paie le plus et a donc la plus forte population.

atteint un chiffre dix-huit fois plus fort que dans la première moitié du xiiie siècle. Pour ne pas aboutir à des résultats absurdes il faut lire non pas IX paroissiens, mais IX^{xx}, selon une façon de compter demeurée en usage jusqu'au xviiie siècle. Le copiste du pouillé qui s'est déjà trompé sur le nom du patron de l'église, a abrégé la formule. Neuf vingts feux donnent environ 900 habitants, chiffre qui se rapporte aux 825 âmes constatées en 1337.

Le revenu de la cure qui était passé à cette date de 40 livres (1) à 60, baissa durant la guerre de Cent Ans. En 1476, alors que la paix était rendue au pays depuis une trentaine d'années, il reste encore inférieur d'un tiers et ne dépasse pas 45 livres. On ne sera pas surpris que la population soit réduite des trois quarts et tombée à 250 habitants environ (2). Ce recul effroyable était général. Quantité de communes étaient diminuées de plus de moitié, tel Berville en Roumois qui, de 80 feux au xiiie siècle, est tombé à 24 en 1453. Beaucoup se trouvaient complètement dépeuplées. Partout des terres en friche, des maisons abandonnées.

Les guerres de religion, un siècle plus tard, durent aboutir au même résultat. Gisors et ses environs, nous l'avons vu, eurent beaucoup à souffrir des deux partis.

Une première liste de chefs de famille nous est fournie en 1629, dans le contrat par lequel le seigneur de Dangu fieffait les marais de Rome et d'Hardancourt à ses vassaux de Vesly. En faisant la part de ceux qui ne furent pas présents à l'acte et celle des propriétaires assez riches pour ne pas recourir au droit de pacage commun, la liste qui contient 62 noms pourrait sans doute être complétée jusqu'à la centaine environ : ce qui donne à peu près 500 habitants.

Une baisse notable dut se produire durant la peste de 1634-1638. Mais à partir de 1668, les registres de l'état civil (3) nous permettent d'obtenir des chiffres plus sûrs.

En effet Vesly comptant en 1801, d'après le premier recense-

---

(1) D'après Petit de Julleville (Jeanne d'Arc. Lecoffre. p. 182), une livre de 1431 vaudrait 51 francs d'aujourd'hui. On achetait alors un cheval pour 12 à 16 l.

(2) A. S. I. G 1765. Cinquante feux. Léopold Delisle croit cependant que, dès cette époque, le dénombrement par feux n'a plus sa valeur primitive. Il servirait surtout à comparer, dans un but fiscal, les ressources de paroisses.

(3) Un registre de 1644 à 1666, incomplet, signalé par l'inventaire de 1823, a malheureusement été perdu.

ment officiel, 635 habitants, il n'est pas malaisé de calculer approximativement la population antérieure, en faisant la balance des naissances et des décès.

De 1750 à 1800 inclus, on compte un excédent de 211 naissances. Donc avant cet accroissement extraordinaire, c'est-à-dire au milieu du XVIIIe siècle, la population ne devait pas être de beaucoup supérieure à 450 habitants. Elle approchait de 540 en 1794 (1).

Rien d'étonnant dans ces chiffres vraiment minimes, car de 1750 à 1699, il y a un excédent de 166 décès. En 1700, avant cette période néfaste, il faudrait compter plus de 600 âmes. De 1699 à 1668, excédent de 80 naissances : ce qui nous donne à la date où s'ouvrent nos registres d'état-civil, 540 habitants environ. Nous rejoignons ainsi les 100 feux de 1629.

Les rôles des impositions, loin de contredire nos calculs, indiquent 111 feux en 1778, 127 en 1789. Le registre des tailles pour 1783 indique 134 taillables, soit 134 roturiers âgés au moins de vingt ans. Le registre des visites décanales (2) compte, en 1736, 300 communiants, soit 300 habitants de plus de douze ans. Tous ces chiffres d'ailleurs ne visent pas à la précision d'un recensement.

Ainsi la population avait diminué depuis le XIIIe siècle. Cependant le taux de la natalité était énorme comparativement à notre époque. Qu'on en juge par ce tableau.

	1668-1699	1700-1749	1750-1799	1800-1849	1850-1899	1900-1913
Naissances....	634	900	908	841	672	151
Décès	554	1.066	704	738	719	170
Excédent	80 n.	166 d.	204 n.	103 n.	47 d.	19 d.
Moyenne des habitants.	570	525	542	613	625	588
Moyenne annuelle des naissances.	34,7 p. 1000	34,3	33,5	27,5	20	19,18

Hélas ! si la natalité était forte, la mortalité l'était aussi et par-

---

(1) Cf. le partage par tête de la voie de Cantiers.

(2) G 1767.

ticulièrement la mortalité infantile. La lecture des registres de catholicité est à cet égard passablement triste : on croirait assister au massacre des Innocents. Et il ne s'agit pas seulement d'enfants en bas âge, proie trop facile ! On meurt beaucoup de 4 à 20 ans, trop souvent de 20 à 40 ans : fait très rare aujourd'hui dans nos campagnes, fort heureusement. Voici d'ailleurs un résumé des plus suggestifs qui permettra les comparaisons.

	Jusqu'à 3 ans	De 4 à 20	Moyenne de la vie
De 1668 à 1699	179 morts.	93 morts.	17 ans 1/2
De 1700 à 1724	315 —	61 —	13 ans
De 1725 à 1749	372 —	104 —	17 ans
De 1750 à 1774	121 —	26 —	20 ans
De 1775 à 1799	186 —	52 —	20 ans 1/2
De 1800 à 1824	136 —	26 —	29 ans 1/2
De 1825 à 1849	106 —	30 —	37 ans
De 1850 à 1874	87 ...	17 --	40 ans
De 1875 à 1899	85 —	17 —	44 ans
De 1900 à 1913	32 —	4 —	5o ans

Ainsi au XVIIᵉ siècle les 2/7 des enfants meurent avant trois ans ; près des 7/9 de 1700 à 1750 ; 1/3 seulement de 1750 à 1800.

Malheureusement de 1800 à 1850, la mortalité infantile au-dessous de quatre ans remonte à la proportion du XVIIᵉ siècle : les 2/7 ; et elle s'y maintient jusque vers 1900. Alors seulement elle tombe aux 2/9. Il est vrai que le taux de la natalité n'a cesssé de baisser et qu'ainsi l'on perd d'un côté ce qu'on gagne de l'autre.

Jusqu'à ces dernières années nous n'avions donc pas à jeter la pierre à nos ancêtres : nous n'étions pas plus habiles qu'eux à soustraire les petits enfants à la mort. Sans doute la première moitié du XVIIIᵉ siècle fait exception avec une moyenne de mortalité infantile trois fois supérieure à celle des 150 années qui suivent. Mais il est manifeste que ce fut là une période d'épidémies successives qu'on prendrait bien à tort pour base d'un état normal. La même remarque peut s'appliquer aux décès entre 3 et 20 ans : durant cette néfaste cinquantaine d'années leur moyenne est trois fois supérieure à celle du siècle suivant.

Règle générale, le chiffre annuel des morts était loin de s'élever à 30 en tout. De 1668 à 1700 et de 1750 à nos jours on ne trouve que trois exceptions : 1694 avec 81 décès, 1777 avec 35, 1795 avec 31. Or ce qu'on ne vit pas plus de trois fois en deux cents ans, se présenta dix fois de 1700 à 1750. Qu'on jette un coup d'œil sur le graphique des naissances et des décès à cette époque : il est plus éloquent que tout commentaire.

Par bonheur nous nous éloignons de plus en plus de ces années de deuil, car la moyenne de la durée de la vie n'a pas cessé d'augmenter depuis 1750 ; de trois années et demie jusqu'en 1800, puis jusqu'en 1850 d'un bond gigantesque de 17 ans ; elle s'est accrue encore de 12 ans jusqu'en 1914. Mais elle ne peut plus monter beaucoup à présent, car le confortable, l'hygiène et la médecine n'arriveront pas à supprimer les maladies mortelles et à reculer la limite extrême de la vie humaine (1).

Malgré cette remarquable amélioration des conditions et de la durée de la vie, depuis 1850 les décès l'emportent régulièrement sur les naissances. Jusqu'à la fin du XIXe siècle, nous l'avons vu, la mort a vidé les berceaux dans la même proportion qu'au temps de Louis XIV ; mais des calculs coupables ont rivalisé avec elle depuis cent ans d'une façon plus désastreuse encore. La limitation volontaire de la natalité plus sûrement que les épidémies réussit à dépeupler systématiquement le pays. Il avait fallu les calamités de 1700 à 1750 pour arriver à ce résultat passager, bien vite détruit d'ailleurs. Aujourd'hui malgré la prolongation de l'existence, surtout des adultes, la mort ne cesse de l'emporter.

Dès 1668 cependant la moyenne des naissances n'était pas normale : elle était de 34 naissances pour 1.000 habitants, alors qu'en Prusse vers 1870 elle se maintenait encore à 40. Déjà donc on limitait la vie, mais du moins cette moyenne se maintint jusqu'à la Révolution. Depuis elle a continué de baisser et elle est réduite actuellement des 3/7. Et à quel chiffre ne tomberait-elle pas sans l'apport de quelques familles d'ouvriers, généralement ceux qui prennent le temps comme il vient, sans s'inquiéter trop du lendemain. Les classes bourgeoises au contraire et les ouvriers qui aspirent à l'aisance et à un certain luxe, mettent de plus en plus en pratique le vieux proverbe normand : le couple vaut mieux que la douzaine. D'aucuns ajoutent : et l'unité mieux que le couple.

Aussi le nombre des enfants ne s'est-il pas accru en proportion du nombre des ménages qui passant de 190 à 215 en 1846, se

---

(1) En 1851, il y a 36 habitants au-dessus de 70 ans ; 18 en 1856 ; 28 en 1866 ; 33 en 1876 ; 43 en 1881 ; en 1906, 104 de 60 ans et plus ; 91 en 1911.

maintient aux environs de 190 depuis une vingtaine d'années (183 en 1911).

En 1856, sur 202 ménages il y en a 60 de 4 personnes et au-dessus. En 1886, sur 176 familles 56 sont de 3 personnes, 23 de 4, 19 de 5, 20 de 6 et au-dessus : ce qui nous donne 20 familles de 4 enfants et plus. En revanche 56 n'en ont qu'un et 23 deux seulement : soit la moitié des familles. En 1891, sur 181 familles, 51 n'ont pas d'enfant, 58 en ont un et 46 deux : donc près des trois quarts. Le reste comprend 26 familles de 3 enfants, 5 de 9, 6 de 6, 7 de 7. Même proportion en 1896 : 49 n'ont pas d'enfant, 49 un, 43 deux ; l'autre quart compte des familles de 3 à 6 enfants.

La proportion est sensiblement la même aujourd'hui avec cette différence que les familles au-dessus de cinq enfants se sont encore raréfiées : on en compte 3 ou 4 tout au plus, toutes familles d'ouvriers. Et il est sûr que la loi récente sur l'assistance aux familles nombreuses n'améliorera pas la situation, à moins que l'Etat n'en vienne à prendre les enfants entièrement à sa charge, et encore! Il y a des choses qui ne se paient pas et des idées d'abnégation et de sacrifice auxquelles rien ne saurait suppléer.

Malgré la baisse de la natalité, durant la période 1800-1850, la population aurait dû s'accroître au moins d'une centaine d'habitants. Or depuis 1801 elle n'a cessé de diminuer. Le minimum est atteint en 1856 avec 564 habitants et un recul de 70. Plus de 150 personnes ont donc quitté leur village en un demi-siècle pour aller gagner leur pain ailleurs.

Par contre de 1866 à 1872 la population remonte à un maximum qu'elle n'avait pas atteint probablement depuis le xve siècle : 665 âmes. Toutefois cet accroissement est plutôt dû à la venue d'éléments étrangers, car dès 1850 les décès balancent les naissances et finissent par l'emporter sur elles sans discontinuer. La plus grande facilité des communications amène des « terres rapportées », comme disent les paysans. Il y en a toujours eu, mais en si petite quantité, qu'elles se fondaient dans la masse et laissaient son caractère à la physionomie du pays.

Parmi les familles qui se trouvaient à Vesly vers 1789, beaucoup y étaient établies depuis deux siècles et plus. Voici quelques noms : Belhoste cité en 1450, Chevalier, Leroux, Parmentier Béguin, Lefrançois, Fournier, Fleury, Babin, Driancourt, de

Lafosse, Dubois, Fondrille, Leplat, d'Hôtel, Blier, Mollemont, de Saint-Thomas.

Au xviie siècle apparaissent les familles Mignot, Duval, Dailly, Blancouyer, Gasse, Périer, Blacet, Sibi, Lecercle, Féret, Thiberge, Aubé, Leroux, Audinel ; au xviiie siècle les familles Hébert, Robine, Saint-Ouen, Pezet, Noblet, Le Bas, Langlois, Bourgeois, Amette, Haranger, Le Bret, Mabille, Boursier ou Rotté, Marguerin, Vincent, Grenier ; et tout à fait vers la fin du siècle les familles Duchesne, Rive, Mars, Soleil, Mignart, Dalger, et venu d'Auvergne un appelé Géraud Gros.

Avant 1815 apparaissent les familles Fouyer, Coville, Brochard, Molle, Prarière, Pinel, Briffard, Knopt ; avant 1830, Paris, Cassotte, Mercier, Buquet, Posier, Beauquesne.

Les prénoms étaient généralement empruntés aux saints les plus célèbres. De 1400 à 1650 nous trouvons : Tassin, Colin, Guyot ou Guyon, Yvon, Jeanneton, Gillet, Isabeau, Phlipotte, Guillemette, Perrette, Nicolle, Toinette, Marion, Pâques et Pâquette (1). Aux xviie et xviiie siècles on recherche assez Guillaume et Barbe (2). Les trois quarts des filles joignent alors à leur prénom celui de Marie : pieuse marque de dévotion envers la Vierge. L'Empire nous vaut quelques Napoléon et on ne sait pourquoi deux Warwick : il est vrai que Bonaparte fut un faiseur de rois. La légende révolutionnaire, la presse, les romans, l'actualité fournissent aujourd'hui des prénoms qui ne sont pas du meilleur goût et n'attestent pas grande religion. Mais l'immense majorité s'approvisionne aux vieilles sources chrétiennes.

Jusqu'en 1850 les nouveaux noms de famille sont dus le plus souvent à des mariages. Désormais il faut faire une grande part aux « immigrants ». Qu'on en juge. En 1861, sur 664 habitants, 615 sont nés dans l'Eure, 47 dans d'autres départements et 2 à l'étranger. Vingt ans après sur 647 habitants, 501 sont nés dans l'Eure dont 284 à Vesly et 127 dans le reste de la France ; 19 sont étrangers. Le nombre des originaires du département a donc baissé d'une centaine, au profit des « terres rapportées ».

En 1891 sur 624 âmes, on comptait seulement 445 habitants

---

(1) En 1533 on rencontre Zorobabel Beschart.

(2) A Noyers, à cause de la chapelle de Nainville, il y a beaucoup de Léger et quelques Légère.

nés dans l'Eure dont 230 à Vesly ; en 1911, il n'en reste plus que 399 dont 237 du village même. Sur les 146 autres français étrangers au département, il y en a 31 de la Seine-Inférieure, 23 de l'Oise, 22 de la Seine-et-Oise et 24 de la Seine : chiffres s'expliquant aisément puisque ces trois circonscriptions sont limitrophes ou à peu près et que Paris est le second pays de tout français. Le contingent des Côtes du Nord, réduit de moitié depuis 1891, est tombé à 15 en 1911. Le Pas-de-Calais, la Somme, la Seine-et-Marne, le Loiret et la Charente-Inférieure fournissent en tout 18 habitants à la même date ; la Manche, le Morbihan, le Nord, les Vosges, l'Ille-et-Vilaine, l'Indre, le Loir-et-Cher, le Tarn, le Rhône, la Loire-Inférieure, le Doubs et le Tonkin chacun un.

On comptait 29 étrangers en 1886, y compris les enfants nés en France, dont 14 Suisses, la plupart vachers, et 8 Belges; il y en avait 45 en 1906, suisses en grande majorité ; il n'en reste plus que 32 en 1911.

On voit que sans l'apport extérieur la population qui baisse continuellement depuis 1872, serait des plus réduites. Or cet apport lui-même diminue : on l'a constaté pour les bretons. L'émigration à l'intérieur se porte sur les villes ou les centres purement industriels. Les Belges qui viennent travailler aux betteraves ou faire la moisson, ne restent pas dans le pays. Des colonies de polonais sont venues s'établir dans certains villages des environs, mais sans songer à s'y fixer : d'ailleurs elles sont souvent hélas ! fort « indésirables ».

A l'heure actuelle la population de Vesly n'est pas loin de descendre au-dessous de 500 habitants. Cette régression est commune à tout le Vexin normand et au département lui-même qui a perdu 17.000 habitants en 15 ans (1896-1911). Ne nous plaignons pas cependant : il y a des villages qui ont été plus éprouvés au point de perdre entièrement leur personnalité, car il en est de la petite patrie comme de la grande : elle a son esprit, ses usages, ses souvenirs, ses traditions. De combien hélas ! ne peut-on pas dire : *Hæc olim fuere...*

APPENDICE

———

GRAPHIQUE DU MOUVEMENT DE LA POPULATION A VESLY, DE **1801** A **1911**

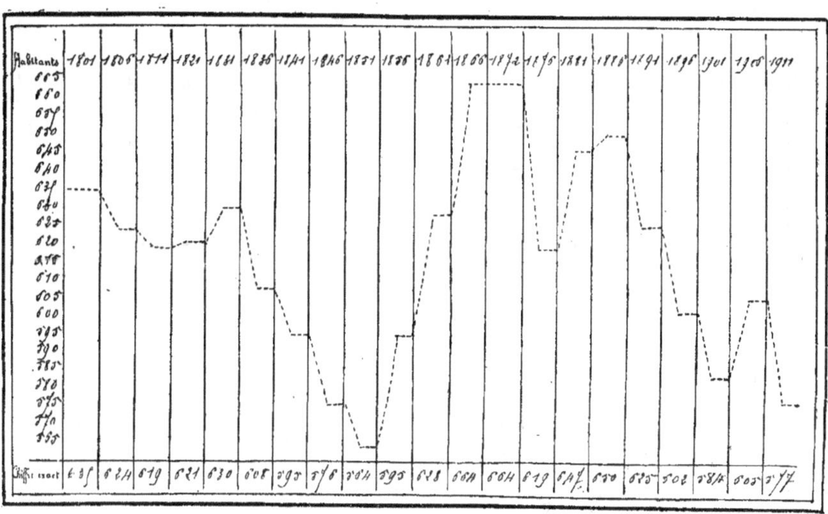

NAISSANCES ET DÉCÈS : **1668-1696**

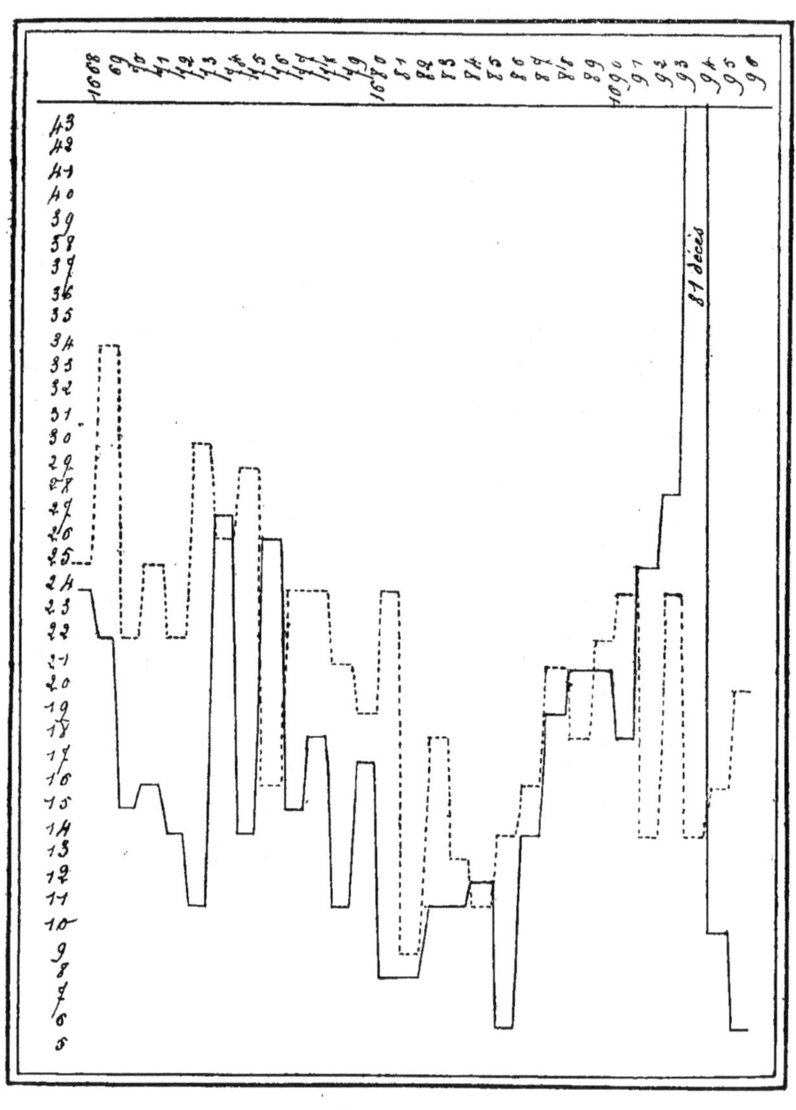

1697-1725

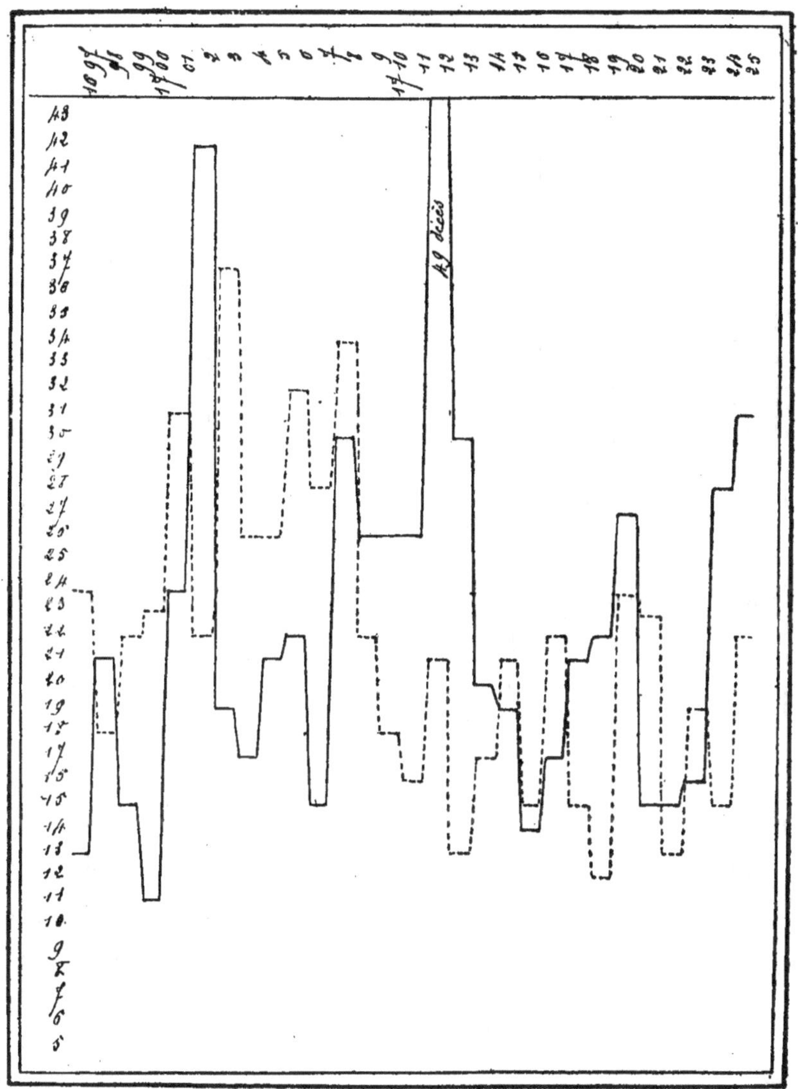

1726-1754

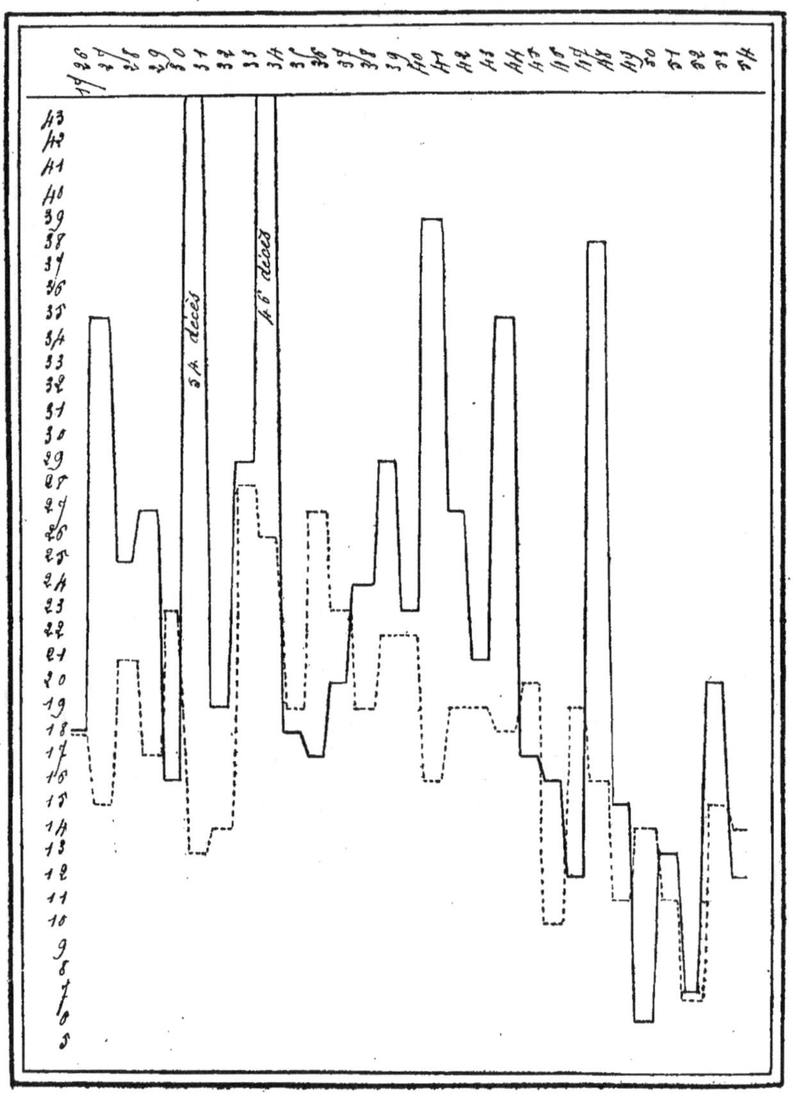

1755-1783

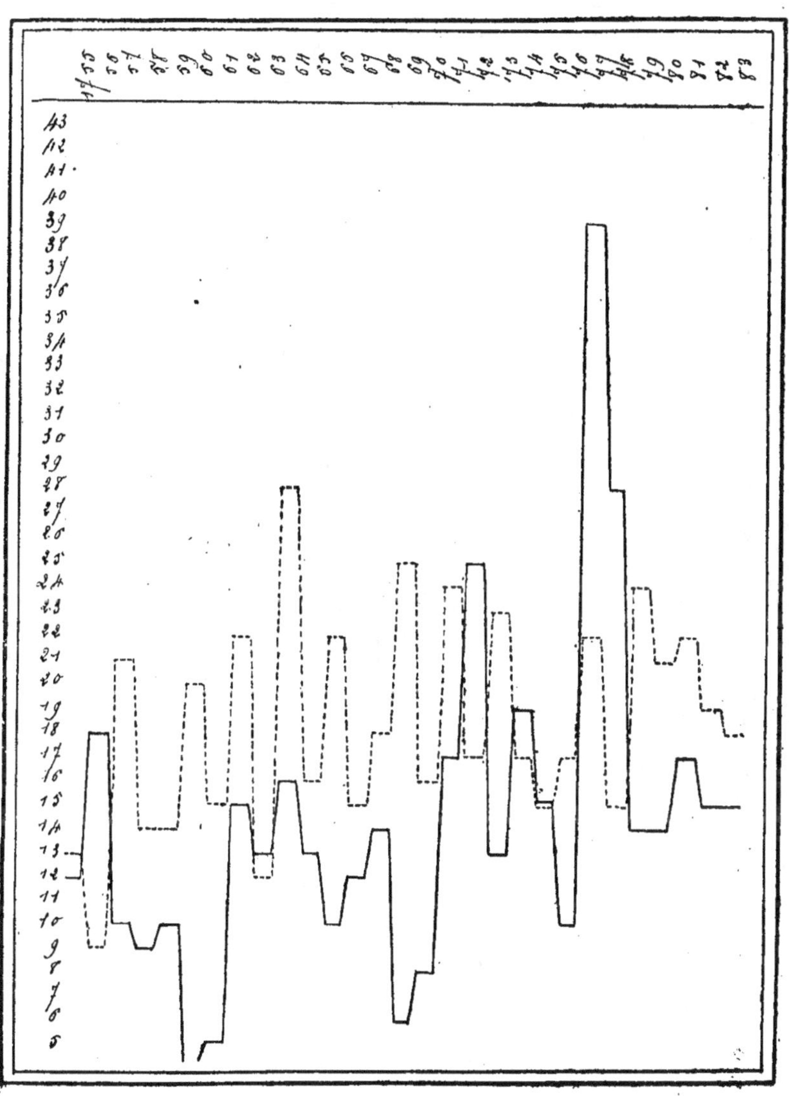

2 décès en 1760.

1784-1811

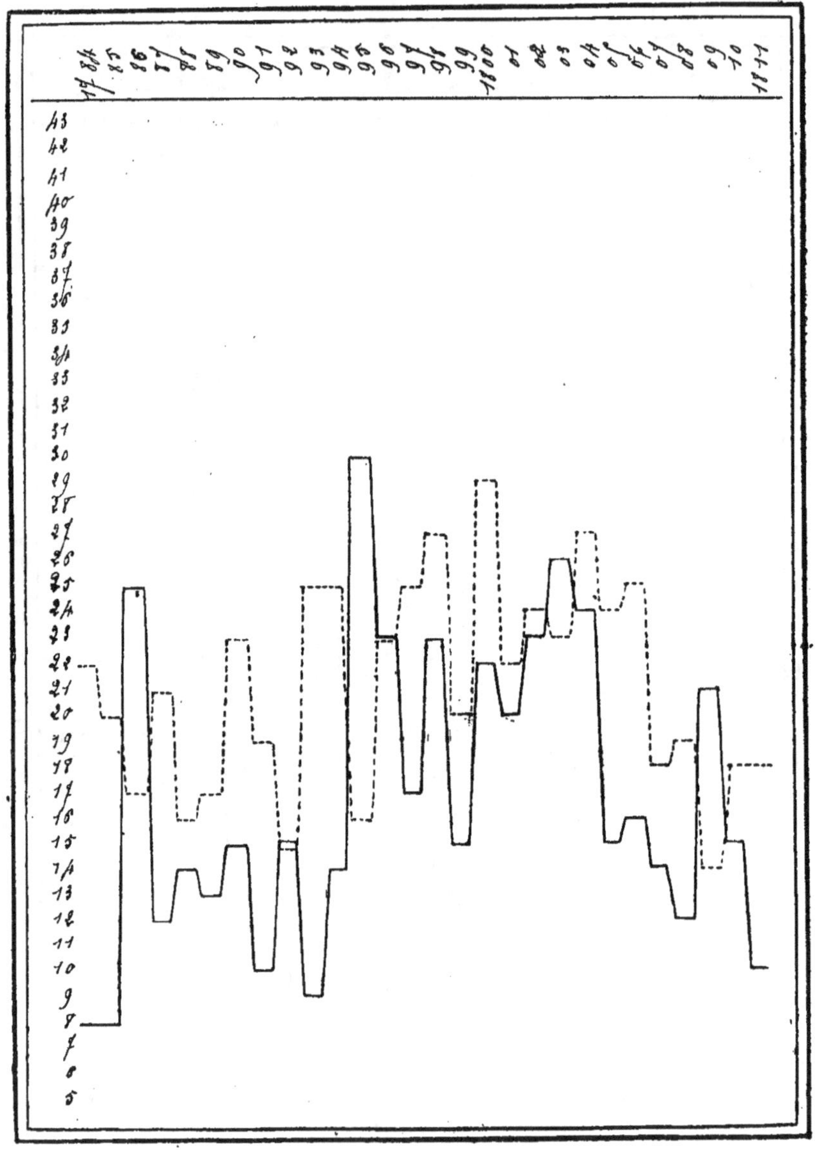

1812-1839

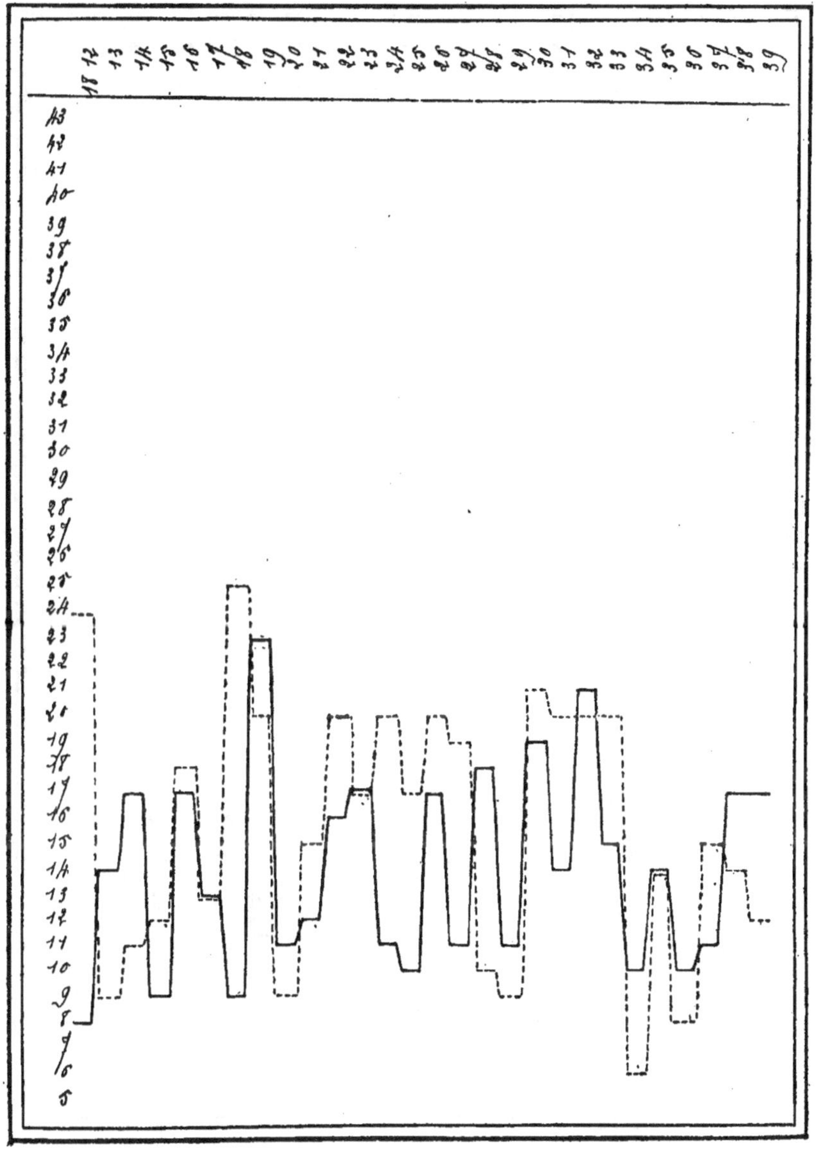

1840-1867

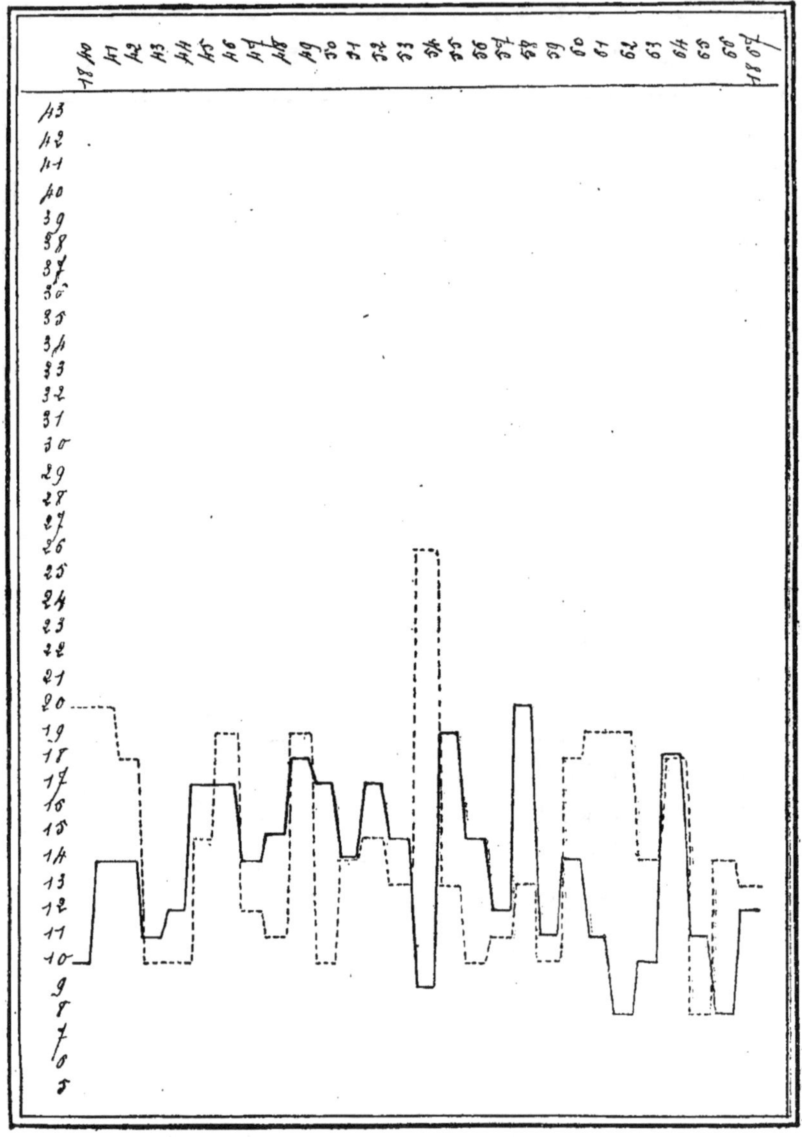

1868-1896

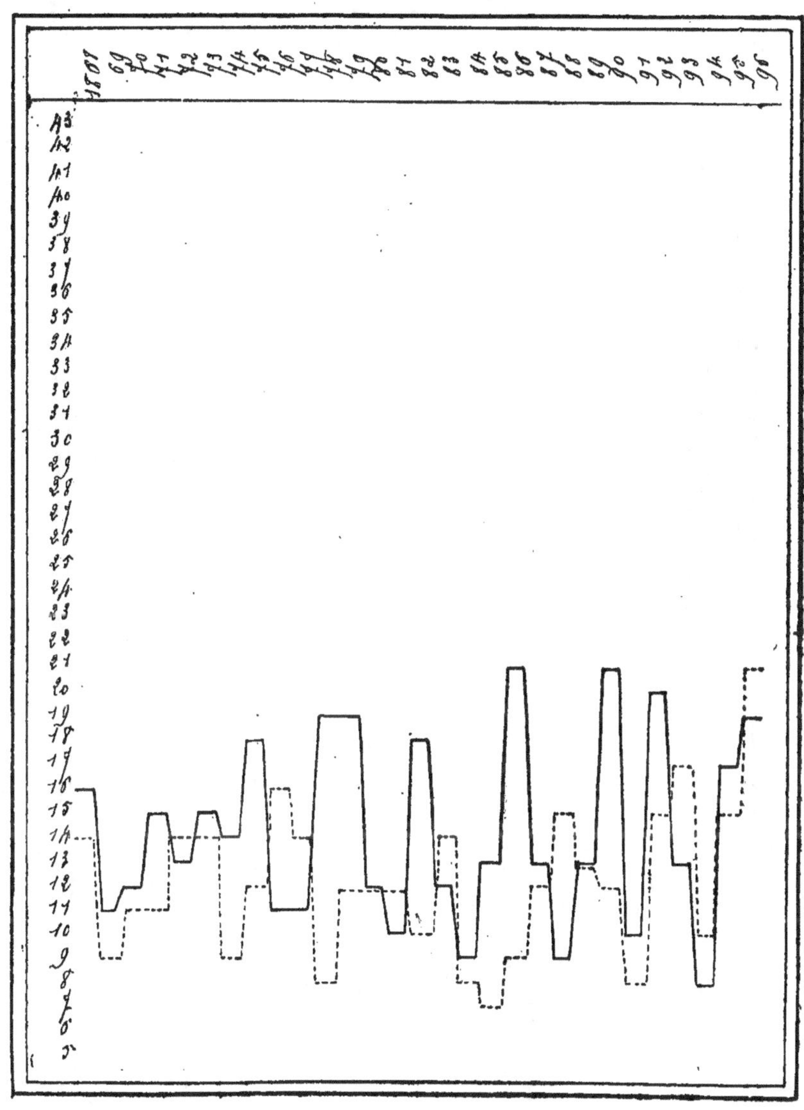

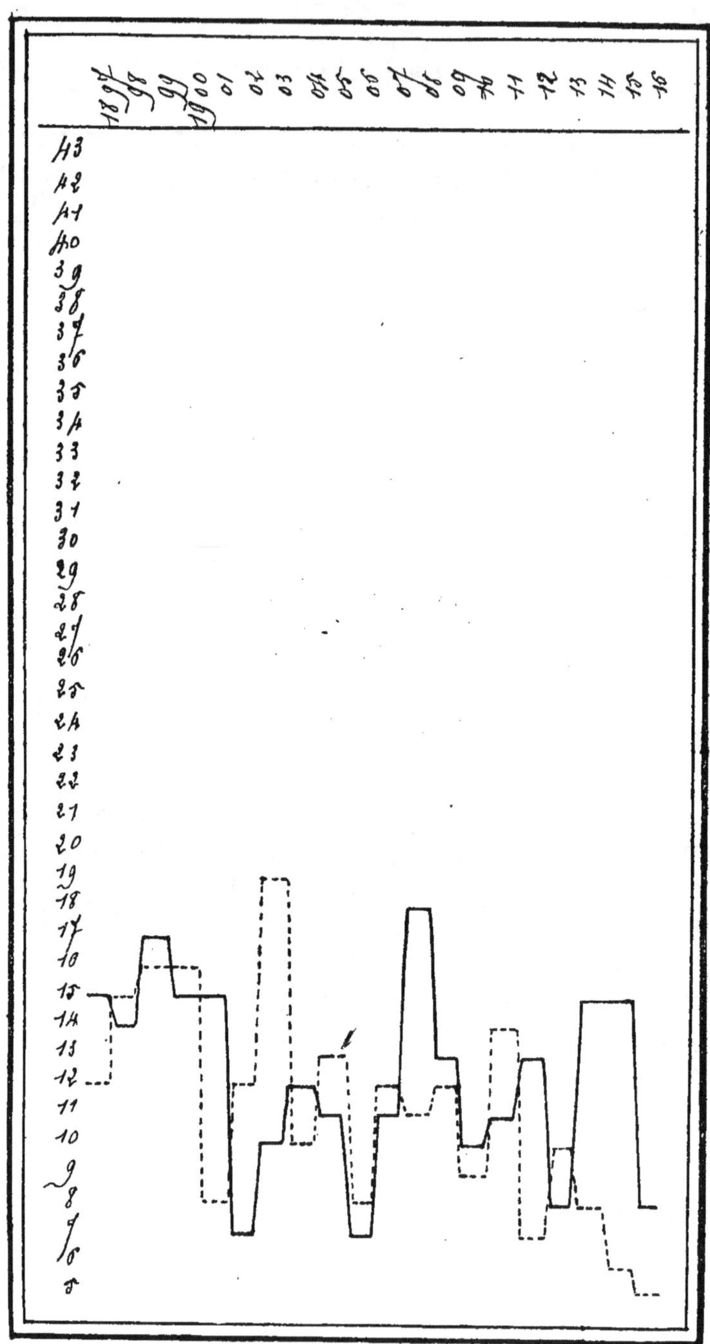

Y compris les victimes de la guerre pour 1914-1916.

LES IMPOTS

Nous avons vu qu'en 1606 les tailles perçues dans la paroisse s'élevaient à 1139 l. 8 s. En 1778, ponr 111 feux, le principal de la taille est fixé à 2390 l., donnant avec les accessoires et la capitation un total de près du double. Même chiffre en 1779.

Le rôle des tailles pour 1783 est conservé à la mairie (registre de 25 p. in-8º) « Assiette faite par nous Claude Dupérier, Thomas Fondrille, Maurice Delafosse, Maurice Vienne et Louis Dupérier, collecteurs des tailles et autres impositions de la paroisse de Vesly pour l'année 1783, savoir de la somme de 2670 livres pour le principal de la taille, de 66 l. 15 s. pour les droits particuliers à nous attribués, de celle de 47 s. 3 d. pour le droit de quittance et 1/2 du timbre ; lesquelles sommes reviennent à celles de 2739 l. 2 s. 3 d. Puis nous avons assis et réparti au marc la livre de la dite somme, celle de 1600 l. pour le montant des accessoires et celle de 1715 l. pour celui de la capitation. Toutes lesquelles sommes forment ensemble un total de 6057 l. 2 s. 3 d. que nous avons réparti sur les biens des habitants de ladite paroisse suivant le mandement de Mgr l'Intendant, ainsi qu'il suit :

	Taille		Accessoires		Capitation		Total	
Michel Lefebvre, laboureur. . . .	216 l.	» s.	129 l.	12 s.	138 l.	12 s.	484 l.	4 s.
Le sr Vinot, procureur du roi . . .	604	»	362	8	387	11	1.353	19
Le sr Fleury	238	»	137	10	148	»	523	»
Le sr Lefebvre de Marainville. . .	12	»	7	4	7	14	26	18
Le sr Dupérier.	234	10	135	10	60	»	516	5
Nicolas Féret, laboureur	97	»	56	5	60	»	213	5
Jean Louis André Guesnier, laboureur.	414	10	240	12	257	10	912	12
Nicolas Maurice Féret	83	»	48	»	51	10	182	10
Le sr Pezet et frère.	85	10	49	12	53	»	188	2
Maurice Vienne, marchand	40	8	23	8	25	2	88	18
Pierre Blancouyer, laboureur . . .	67	12	39	5	42	2	148	19
Michel Blancouyer, sindic.	69	12	40	»	42	15	152	7
Robert Fournier, laboureur	52	1	30	5	32	8	114	14
Robert Leplat et son fils	21	7	12	8	13	5	47	»
Claude Dupérier, tonnelier	16	6	9	8	10	»	35	4
Jacques Duval et Gilles, son fils. .	11	18	6	18	7	8	26	»
Vve Pierre Duval	5	17	3	9	3	13	12	19
Vve Pierre Chevalier	1	4	»	14	»	15	2	13

Ces quelques citations font voir le rapport qu'il y avait entre la taille, la capitation et les accessoires. Nous donnerons seulement le total payé par chacun des 134 imposés demeurant à Vesly.

Paient :

20 l. 7 s. Jean Baptiste Blacet, charron.
19 l. 13 s. Jean Baptiste Lebas.
18 l. 7 s. Pierre Aubé.
17 l. 9 s. Nicolas Périer, journalier.
16 l. 8 s. Vve et héritiers de Jean Lefrançois.

Paient :

16 l. 7 s. Nicolas Le Roux.
15 l. 18 s. Gille Noblet.
15 l. 17 s. Louis Grenier, cordonnier.
Nicolas Parmentier, charron.
14 l. 12 s. Jacques Le Roux, journalier.

Paient :

13 l. 19 s. Pierre Duval, père, tisserand.
12 l. 16 s. François Fillastre.
12 l. 10 s. Georges Delafosse, charpentier.
         Pierre Parmentier, couvreur.
11 l. 12 s. Pierre Delafosse, tisserand.
11 l. 11 s. Charles Chevalier, journalier.
11 l. 2 s. Nicolas Durand.
10 l. 12 s. Vve Claude Pichart.
         Pierre Lambert, père.
10 l. 11 s. Jacques Duval, journalier.
 9 l. 17 s. Guillaume Belhoste.
         Michel Forceville (nouveau).
 9 l. 6 s. Maurice Delafosse, charretier.
 9 l. 2 s. Clément Jérôme, journalier.
 8 l. 14 s. Antoine Vivant, jardinier.
 8 l. 10 s. Maurice Vienne.
         Vve Jean François Fleury.
         Marcel Duval, fils de Pierre.
 8 l. 6 s. Etienne Lambert.
 8 l. 5 s. Louis Duru et son gendre.
 7 l. 8 s. Jean Duru et Pierre Nicolas, son
         fils.
         Michel Béguin.
 7 l. 4 s. Jeanne Belhoste.
 7 l. » s. Pierre Dupérier, le jeune.
 6 l. 18 s. Pierre Duval.
 6 l. 10 s. Gervais Duval.
 6 l. 8 s. François Grindel, Louis Dhostel,
         Thomas Fondrille, Pierre Laville.
 5 l. 19 s. Claude Dubois père, charretier.
         Nicolas Vienne, domestique.
 5 l. 17 s. Antoine Lefrançois.
 5 l. 14 s. Louis Delafosse.
 5 l. 10 s. Pierre Michel Le Roux.
         Jean Baptiste Leroy.
         Jean Marguerin, charretier.
 5 l. 8 s. Louis-Nicolas Delafosse dit la
         Joye.
         Laurent Parmentier.
         Nicolas Lefrançois, fils.
 5 l. 7 s. Le nommé Gallant.
 5 l. 6 s. Jean Franç. Alex. Le Normand,
         charretier.
 5 l. 5 s. Nicolas Magnan, journalier.
 5 l. 3 s. Christophe Bérenger.
 4 l. 13 s. Claude Dubois, fils, charretier.
 4 l. 12 s. Jean Baptiste Vincent, domes-
         tique.
 4 l. 8 s. François Robine, père.
 4 l. 7 s. Michel Drouet.
 4 l. 6 s. Pierre Le Tellier.

Paient :

4 l. 6 s. Vve Jean Baptiste Fleury,
         Georges Bougault, fils.
4 l. 5 s. Jean Parmentier et son fils, tour-
         neur.
3 l. 19 s. Jean Mabille, fils.
3 l. 17 s. Guillaume Gasse.
3 l. 16 s. Louis Coeffé.
3 l. 14 s. Pierre Lambert, fils.
         Pierre Belhoste, journalier.
3 l. 13 s. Maurice Thiberge.
3 l. 8 s. Louis Dupérier, journalier.
3 l. 5 s. Gabriel Lefebvre, charretier.
         Vve Nicolas Dupérier.
         Nicolas Parmentier, journalier.
         Pierre Thomas Aubé.
         Louis Amette, domestique.
3 l. 2 s. Le nommé Moulot, domestique.
         Etienne Dubois, Clair Legros.
         Louis Duval, Vve Claude Duval,
         berger.
         Le nommé Rother boursier.
3 l. 1 s. François Duval, charretier.
2 l. 18 s. Jean François Gasse.
2 l. 14 s. Vincent Babin, charretier.
         Romain Bourgeois.
2 l. 13 s. Pierre Dhostel, charretier.
         Jean La Clayc. Jean Mabille, fils.
2 l. 9 s. Pierre Le Febvre, maréchal.
2 l. 5 s. Louis Duchesne, charpentier.
         Vve Gabriel Le Bas.
         Vve Gilles Mollemont.
2 l. 4 s. Pierre Dupérier, l'aîné.
         Le nommé Matthieu tailleur.
         Michel David.
1 l. 13 s. Georges Bougaut, père.
         Bernard Touzet, journalier.
1 l. 5 s. Jean Baptiste Lefrançois (nou-
         veau).
1 l. 4 s. Gabriel Aubé.
1 l. 2 s. Le nommé Cardonnelle.
         Romain Mabille.
         Jean Baptiste Chevallier (nou-
         veau).
0 l. 1 s. Jean Baptiste Bourgeois.
         François Robine.
         Laurent Parmentier.
         Jean Baptiste Degisors.
         J. Louis Dhostel, fils, (nouveaux
         tous les quatre).
0 l. 1 s. Vve Michel Dupérier, horloger.
         Le sr Carré, chirurgien.

Il faut ajouter à cette liste 16 « occupants » : étrangers au pays ou habitants faisant valoir depuis peu des biens jadis sous le nom d'un autre. Le locataire des terres de l'hôtel Dieu de Gisors paie 69 l. et celui des Carmélites 25 l. 12 s. Le fermier des 30 acres de terres des Chartreux sur Villers est taxé à 118 l. 19 s. ; celui du trait de dîme de Nainville à 33 l. Pour la récolte de 3 vergées 14 perches la taille est de 3 l. 5, soit 9 francs environ par hectare.

On ne comptait que 4 personnes exemptes de la taille, le curé, la religieuse maîtresse d'école, Lefebvre de Saint-Hilaire en qualité d'auditeur à la Cour des comptes et Lefebvre de l'Ozeraie comme maître des postes.

A Vesly la taille était proportionnelle et s'établissait à raison de 2 sols par livre du revenu cadastral. Celui-ci était donc évalué fiscalement à 26 700 l.

En 1787, la taille, la capitation et les accessoires s'élevèrent à 5988 l. Il faut y ajouter l'impôt des vingtièmes (1) qui donna en 1778, 1716 l. 19 s. et en 1779, 2292 l. 16 s. 11 d. Fixé alors aux deux vingtièmes du revenu, il avait pour base le prix de location réel ou présumé. Ainsi le domaine de Nainville loué 1900 livres en paiera 190 : le dixième du revenu locatif. De même le Prieuré sera taxé à 600 l. ; la Grange à l'Abbé à 202 ; la Chartreuse (2) à 330 ; les terres de la fabrique à 78 l. 6. Le curé pour le domaine presbytéral, 3 acres de terre qu'il fait valoir, est imposé à 245 l. En 1790, il paiera le dixième de son traitement : 314 fr. 10.

Le rôle des vingtièmes établi en 1778 par le syndic Marc Hébert en présence de l'assemblée des habitants et d'accord avec les principaux : Michel Lefebvre conseiller du roi, Nicolas Vinot procureur du roi en l'élection de Gisors, Lefebvre de l'Ozeraie, Jean Michel Fleury, servit de base au contrôleur jusqu'aux réformes fiscales de la Révolution. Il comptait 116 feux et 150 cotes.

Supprimés par l'Assemblée constituante la taille et les vingtièmes furent remplacés par les contributions foncière et mobilière, ou comme dit le rôle pour 1791 établi en mars de l'année précédente, la cote personnelle de propriété et la cote d'exploitation personnelle. Les répartiteurs de ces nouveaux impôts furent Saint-Hilaire, de l'Ozeraie, Fleury (de la Ruelle), le syndic Blancouyer, Nicolas Vinot procureur du roi, le curé Carlier. Guesnier était collecteur pour l'année (3). En voici le tableau résumé :

Impôt principal.	2.950 l.	» s. » d.		
6 deniers par livre	73	15 »		
Droit de quittance au receveur	2	7 5		
Total.	3.026 l.	2 s. 5 d.	3.026 l. 2 s. 5 d.	
Impôt accessoire	1.742 l.	» s. » d.		
4 deniers par livre.	29	» 8		
Total	1.771 l.	» s. 8 d.	1.771 » 8	
Capitation	1.993 l.	» s. » d.		
4 deniers par livre.	33	4 4		
Total	2.026 l.	4 s. 4 d.	2.026 4 4	
Total général des trois impôts			6.823 l. 7 s. 5 d.	

Prestation de chemins à raison de 2 s. 3 d. 1/4 pour livre des impositions, y compris les 6 deniers pour livre : 775 l.

Total de toutes les impositions 7598 l. 7 s. 5 d.

Ce chiffre est inférieur de 6 à 700 l. à l'imposition totale des tailles et des vingtièmes.

---

(1) A. E. C 230.

(2) Avant 1790, pour le Prieuré et la Chartreuse, l'impôt est basé sur le prix de location diminué d'un douzième.

(3) C 231. Vinot refusa de signer le rôle.

De plus la dîme était supprimée et nous savons que le fisc en évaluait le tiers de 1955 à 2000 livres. Le dégrèvement total était donc de près de 7000 l. Nous avons vu que la rentrée des impôts n'en fut pas plus rapide.

Lefebvre de Saint-Hilaire dont Guesnier faisait valoir les terres avec celles de Michel Lefebvre, paie en tout 143 l. 11 s.; Lefebvre Marinville qui fait valoir les terres de son père, 599 l. 25; Guesnier, fermier du prieuré, 855 l.; Vinot fermier de la Chartreuse 647 l. 11. Le curé Carlier est taxé à 5 l. 16 s. pour la cote de propriété, à 116 l. 6 s. pour la cote d'exploitation personnelle : en tout 257 l. 3. Le vicaire paie 1 l. ; la sœur d'école 1 sol.; le seigneur de Dangu pour le friche des Carrières 1 l. 3.; Boursier laboureur, 31 l. 1 s. 8 d.; le tisserand Duval, 9 l. 8.; Delafosse charpentier 9 l.; Blacet charron 6 l. 6 s.; Grenier cordonnier 3. l. 7 ; Duru cordier 2 l. 11.

Dès 1793 les impositions remontent à 14.297 l. en principal dont 13.263 l. pour la contribution foncière, 1304 pour la contribution mobilière. On est donc revenu au chiffre de 1789, au temps de la taille, des vingtièmes et de la dîme. Il faut y joindre les centimes additionnels destinés à couvrir le budget de la commune qui fait alors son apparition, encore bien modeste à côté de ceux de notre époque.

Voici les dépenses pour l'année 1792 dont le compte fut apuré le 26 mai 1793.

1. Entretien et réparation du presbytère	*Néant.*
2. Loyer du lieu ordinaire de nos séances	20 l. » s.
3. Appointements du secrétaire-greffier	50 »
4. Fourniture de papier, bois, lumière	60 14
5. Traitement du maître d'école. (Payé par la fabrique.)	» »
6. Traitement du receveur de la Communauté pour la perception de la contribution foncière suivant le procès-verbal d'adjudication	179 »
De plus une table pour servir à la commune, faite par Pantin.	15 »
De plus deux douzaines de chaises pour servir à ladite commune	16 8
Plus la somme de 20 l. au citoyen Pierre Grenier porte-tambour comme ayant fait le service durant ladite année 1792.	20 »
Total	361 l. 2 s.

Sous la municipalité Noblet, du 28 octobre 1792 au 4 septembre 1794, les recettes du budget communal sont de 1187 l. 50 et les dépenses de 1189 l. 10 dont 129 l. pour frais d'écharpes tricolores, 8 l. pour 2 oriflammes également aux couleurs nationales et 7 l. 12 pour encre, papier, chandelles, mouchettes fournies au comité de surveillance antérieurement à juin 1794.

Le compte du maire Blancouyer du 21 mars 1797 au 21 mai 1800, porte 222 fr. 48 de dépenses contre 428 fr. 18 de recettes provenant exclusivement de l'arriéré de l'an V, VI et VII. En l'an VIII, recettes 855 francs, dépenses 503 fr. 68; en l'an IX, 1084 francs de recettes et 581 fr. 80 de dépenses dont 41 francs pour le salaire du tambour, le sonneur décadaire, et le Bulletin des lois.

En l'an X le budget porte un boni de 420 fr. 68 sur 1084 fr. 37, mais on l'utilise en réparations à l'église et aux murs du cimetière; en allocations de 150 francs pour l'entretien du culte et de 150 francs pour le logement du curé.

Sous l'Empire (1) la moyenne de recettes est de 989 francs et celle de la dépense de 686 francs. Sous la Restauration, les recettes sont de 705 francs et les dépenses de 535 francs. Sous Louis-Philippe, le budget va presque tripler et donner 2718 francs en avoir et 1807 francs en débit : c'est qu'aux charges ordinaires s'ajoutent maintenant

---

(1) En 1807, on paie 10 fr. 75 pour le cachet impérial; en 1818, 2 fr. 50 pour l'achat du buste de Sa Majesté; en 1830, 9 fr, 10 pour un drapeau tricolore et 6 francs pour le buste de Louis-Philippe; en 1847-8, 800 francs pour réparer l'église.

l'allocation due à l'instituteur pour parfaire le minimum légal de son traitement, des dépenses pour la garde nationale et des impositions extraordinaires pour les chemins trop négligés jusqu'alors. Aux recettes dont les 4/5 viennent des centimes communaux s'ajoutent les 200 francs du legs de l'Orme pour l'instruction.

De 1849 à 1858, le budget monte à 2594 francs en actif et à 2578 francs pour le passif (1). Sans doute il faut y comprendre le revenu de la donation Saint-Hilaire et peu après de la location des marais communaux et du clos Sainte-Catherine, mais les dépenses suivent la même progression : les charges scolaires en sont une des principales causes, comme dans la période qui va suivre. Il faut y compter le legs Thomassin.

De 1871 à 1880, 8572 francs de recettes, 8537 francs de dépenses; de 1881 à 1890, 9405 francs contre 9242, y compris l'amortissement de l'emprunt pour les réquisitions. De 1891 à 1900, nous tombons à 7184 francs des deux côtés parce que désormais le traitement des maîtres d'école rentre dans le budget de l'Etat. De 1901 à 1910 le budget passe à 7919 : il a fallu pourvoir au traitement du gérant du téléphone, à l'emprunt pour la restauration de l'église et à l'éclairage public. De 1911 à 1914, la moyenne du budget est de 10335 francs. Mais depuis 1908, une part de 1500 francs environ revient à la commune sur l'ancien budget des cultes : il faut y joindre la location du presbytère. Les lois sociales ont vite fait d'utiliser ces nouvelles ressources.

En 1914 les revenus communaux, en dehors des centimes additionnels, patentes, taxes diverses, consistent en 240 francs de rentes sur l'Etat, 1385 francs de location de biens, 300 francs rapportés par 30 permis de chasse et les 1505 francs du budget des cultes. Sur les 4 contributions et les patentes, leur part est de 4502 fr. 93. Aux 6 cent. ordinaires pour insuffisance de revenu, se joignent 2 c. pour chemins ruraux; 3 pour l'amortissement de l'emprunt pour la restauration de l'église en 1903; 2 c. 2 pour les préaux construits aux écoles vers 1910; 3 c. pour l'assistance aux vieillards, 1/2 pour l'assistance médicale, 7 c. pour le traitement d'un garde champêtre qui fait défaut depuis près de 10 ans. Les routes absorbent couramment le tiers des ressources (2) : 3673 francs en 1914 dont 1300 francs pour deux cantonniers. En 1913 le centime valait 121 fr. 30.

Au moment où il est tant question de supprimer « les quatres vieilles », en 1914, Vesly a payé 2278 fr. 56 pour la contribution foncière des propriétés bâties, 13 555 fr. 51 pour les non-bâties, 2766 fr. 38 pour la personnelle-mobilière et 1004 fr. 91 pour les patentes : en tout 21.376 fr. 78 d'impôts directs. En l'an VIII l'impôt foncier en principal s'élevait à 10.597 fr. 51 et la contribution mobilière à 807 l. 17. Même chiffre en l'an IX avec 596 l. 12 d'impôt mobilier.

En résumé pour conclure cet aride exposé, il n'est pas exagéré de dire, qu'en tenant compte de la dépréciation de l'argent, le pays paie moins d'impôts *directs* qu'avant la Révolution, malgré la complication des services officiels et leurs progrès indéniables. Il est vrai que l'Etat se rattrape largement de cent autres manières. Donner de la droite ou de la gauche : c'est toujours donner!

---

(1) En 1857, 400 francs sont dépensés pour un atelier de charité.

(2) Dont 400 francs pour le raccourci qui part de la route nationale près de Dangu et mène à Gisors par Neaufles.

Voici les propriétaires fonciers les plus imposés en 1843.

Héritiers Huvé de Garel	3.061 f. 94	Charles-François Pinçon	684 f. 43
Delagué de Salis	1.280 47	Jean-Marie Duchesne	594 85
Vve de Saint-Hilaire	956 64	Augustin Dévé	543 45
Vinot-Préfontaine	934 55	François Henri Fleury	458 47
De Montagu d'O.	734 97	Benjamin Miguot oncle	408 71
Vve Huvé de Garel	707 68	Lebec, médecin	384 97

LISTE DES CURÉS (1)

Gausfred, le premier qui soit connu	entre 1079 et 1100.
. . . .	
Gilbert, acquiert un presbytère	constaté en 1219-1220.
Guillaume, fait un accord pour Nainville.	— 1236.
Etienne, nommé par E. Rigaud et démissionnaire. . . .	— 1248-1260.
Jean de Heudincourt, nommé par E. Rigaud.	— 1260- ?
. . . .	
Robert de Préaux	— 1361.
Jehan Pousschart	— 1396-1400.

Il y a un vicaire au moins dès le XIVᵉ siècle.

Jehan le Candellier.	constaté en 1400 et 1403..
Jehan-Etienne Nohrauton ou Nohorton, anglais, chape-	
lain du château de Dangu	— 1423 † 1438.

Jacques le Candellier, vicaire-fermier.

Jean Bourgeois. Ne réside pas en 1455-56	— 1455 † 1475
Robert Beloce (2).	— 1475- ?
Guy de Thury ou de Ferrières, curé de Saint-Jean de	
Dangu, chapelain de la chapelle fondée au château	
dudit. Il signe Guy de Thury	— 1495 † 1519.
Robert Nagerel, chapelain de N.-D. de la Motte à Dangu.	1519-1524.
Louis Nagerel, sous-diacre, du diocèse de Rouen, chapelain de la	
Motte.	1524 † 1534.
Robert Nagerel, chapelain de la Motte, curé pour la 2ᵉ fois	1535 † 1553.
Nicolas Faure, du diocèse de Poitiers	1553-1554.
De Chauvicourt. Ne réside pas en 1564	1554-1588.

Vicaires en 1564 : Quentin Dupérier, Yves Dumont. En 1584, Remy Leplat.

Jean Le Laboureur, chapelain de la Motte	1588-1597.
Philippe Laisney, ...	1597-1634.
Nicolas Le Roux, —	1634-1668.

Remy Lambert prêtre-fermier.

Vicaires : Robert Crestien, 1637 ; Matthieu Heudier, 1645-1659 ; Philippe Parmentier 1645 ; Balthazar Rousselin, prêtre magister 1645-59 ; Isambart d'Hôtel, clerc 1645-50.

Maurice Leproult, présenté en 1666.	1668-1671.

Vicaire : Romain d'Hostel.

---

(1) D'après les documents cités au cours de l'ouvrage : A. N. S 4067 — A. S. I. Série G. — A. E. Série E. — G 557 — H 1054.

(2) A. S. I. G 4. indique comme dates de présentation : Velly. Dominus de Danguto — 18 avril 1475 — 21 sept. 1519 — 4 avril 1524 — 13 juil. 1535-1553 — 23 sept. 1554 — 1588 — 1597 — 2 déc. 1634.

Robert Doré, inhumé dans l'église à 60 ans environ . . . . 1671 † 1685.
    Vicaire : Michel Lefebvre, de Vesly.
      Prêtre habitué : Robert Pagnière (1632 † 1683), inhumé dans
      l'église.
Etienne le Mérat, † à 76 ans . . . . 1686 † 1710.
    Vicaires : Louis Lefebvre (1), de Nojeon-le-Sec, 1694-1713. Jean
      Alleaume.
Le Beuf . . . . 1712.
Guillaume Lefebvre du Mont, † à 88 ans . . . . 1712 † 1758.
    Vicaires : Jacques Simon, 1710-1719. Augustin Varnier, 1714-1715
      et Jacques Tibout; C. Lechevallier, 1720; G. Mory, 1725;
      Nicolas Duval, 1728; Dagneaux, 1729; Jean Escoullant, 1731;
      Le Sauvage, 1732; M. Daussy, 1732-59, puis chapelain de
      Dangu; R. Gollain, 1750-60, puis chapelain de Dangu.
Jacques-Dominique Boettard † à 75 ans . . . . 1760 † 1771.
    Vicaires : Jean-Jacques Calle, du diocèse de Lisieux, 1761-65;
      Charles Hubert, 1765-76; Jacques Questier, 1770-72.
François-Alexandre Carlier . . . . 1771 † 1813
    Vicaires : Claude-Jacques Cousin, 1776; Jean-Pierre La Mare,
      1782-1792, habite à Vesly en 1794, à Fleury en 1809.
Charles Pérelle . . . . 1815-1830.
Bisson, curé de Romilly-sur-Andelle de 1843 à 1846. . . . . 1830-1831.
Frémont, curé d'Arnières en 1833, puis entre dans le diocèse de
    Rouen . . . . 1831-1833.
Pierre Amand Le Bret . . . . 1833 † 1865.
Pélage Nicolas Saint. . . . . 1867-1886.
Hector Henri Dolfus Védrine . . . . : . . 1887 † 1906.
Prosper Victorien Nasse, curé de Berville en Roumois (1903-1906),
    de Saint-Cyr de Salerne (1909-1911), puis retraité. . . . . 1906-1908.
Joseph-Charles Louis Otter. . . . . 1908.

LISTE DES PRIEURS DE VESLY

Dom Cadilon. . . . . constaté en 1076-1094.
Guillaume . . . . — 1150.
Ursin . . . . — 1152.
Godefroy . . . . — 1180.
Gislebert de Portmort. . . . . -- 1216.
. . . .
Pierre, ex-prieur de Saint-Ouen de Gisors . . . . — 1257.
. . . .
Raynaud de Marcilly. . . . . — 1316-1322.
Guillaume des Mezins . . . . — 1324.
. . . .

---

(1) Il était propriétaire du Traité de la pénitence du Père Hyacinthe Lefebvre,
récollet, publié en 1691.

Robert Gourmier . . . . constaté en 1396-1399.

. . . .

Etienne Turmel . . . . —   1467.
Guillaume Turmel . . . . —   1495.

PRIEURS COMMENDATAIRES

Michel Jubert (1484 † 1551) . . . . constaté en 1500.
Guillaume de Paris . . . . —   1528-1540.
Jean Jubert . . . . —   1560.
Alexandre du Cros † 1598 . . . . —   1597.

. . . .

Claude de Lagrange . . . . —   1626.
Charles de Lagrange . . . . —   1643-1665.
Louis-Armand de Lagrange, clerc du diocèse de Paris . . . —   1665-1667.
Charles de Lagrange, de nouveau . . . . —   1667-1670.
Charles de Lagrange, neveu du précédent, clerc de Paris . —   1670-1677.
Jules-César de Lagrange . . . . —   1677.
Charles de Lagrange-Trianon . . . . —   1719.
François-Honoré de Choiseul-Meuze . . . . —   1728-1743.
Nicolas-Théodore de Fussey-Mennessaire . . . . —   1743-1778.
Thomas Le Rat . . . . —   1778-1790.

LISTE DES MAIRES DEPUIS 1789

1789. Michel Blancouyer, syndic.
1790. Clair Le Gros.
1792. Michel Noblet.
1795. Antoine Lefebvre de Saint-Hilaire.
1798. Michel Blancouyer.
1800. Antoine Lefebvre de Saint-Hilaire.
1811. François Mignot.
1816. Jean-Nicolas Berteaux.
1823. Jean-Louis Guesnier.
1848. François-Augustin Mignot.
1855. Louis Gros.
1860. Jean-Baptiste Morlet.
1871. Frédéric Dubois.
1874. Emile Hébert.
1878. Thomas Baquet.
1888. Eléonor Morel.
1892. Thomas Baquet.

DESCENDANCE DE LA FAMILLE LEFEBVRE

Pierre LEFEBVRE, dit de la RUELLE (1618-1668).

Pierre LEFEBVRE, receveur du prieuré, † 1696, épouse Marie VINOT (1628-1713).

Pierre LEFEBVRE (de la Grand-Maison), maître de postes de Saint-Clair, receveur de Marmoutier (1676-1763), épouse Marie CHÉRON (1678-1765).

Michel LEFEBVRE, receveur du prieuré et du Taillis (1702-91), épouse Catherine FEUGUEUR, † 1778.

Nicolas LEFEBVRE, receveur de la seigneurie de Dangu, épouse, en 1699, Anne CHÉRON.

Jean-Baptiste LEFEBVRE de L'OZERAIE, receveur du Boisdenemets et du prieuré, maître de postes des Thilliers, seigneur du Taillis (1713-1801), épouse, en 1734, Angélique VINOT (1714-1744), fille de Nicolas VINOT et de Thérèse DELANNEY.

Geneviève LEFEBVRE, épouse, en 1722, Nicolas VINOT.

Marin LEFEBVRE dit MARINVILLE (1741-1812), épouse, en 1770, Marie-Louise LEGENDRE, fille d'un notaire de Daubeuf, remariée à Philippe-Antoine LEGENDRE de la FERRIÈRE.

Nicolas LEFEBVRE, curé de Branville (1738-1810).

Marie-Marguerite LEFEBVRE, épouse, en 1755, Nicolas VINOT, fils de Nicolas, † 1753, receveur de la Chartreuse, et de Geneviève LEFEBVRE.

Antoine LEFEBVRE, sieur de Saint-Hilaire, écuyer, conseiller à la Cour des Comptes de Rouen († 1814), épouse Gabrielle BONTÉ.

Alexandrine-Sophie VINOT (1757-1821), épouse, en 1776, à la Madeleine, à Paris, Jacques-Antoine HUVÉ, † 1841, avocat du roi au bailliage de Mantes.

Marie-Nicolas (1765-1836), épouse Amélie-Sophie TESSIER, † 1846.

Catherine-Adélaïde (1775-1832), épouse, en 1799, Simon LE BUGLE de L'ORME.

Jacques-Michel HUVÉ de GAREL, épouse, en 1813, Victoire LEFEBVRE de CHAILLY.

Alexandre HUVÉ de GAREL († 1850), épouse Caroline-Henriette THIBAULT de la CARTE, † 1870.

Eugène HUVÉ de GAREL.

Maria HUVÉ de GAREL, épouse Charles-Samson GOMEL, maître des requêtes au Conseil d'État.

Sophie HUVÉ de GAREL (1828-1900), épouse Félix LECLÈRE de PULLIGNY.

Auguste-Jacques, auditeur au Conseil d'État (1827-1857).

Jeanne, dame Saint-Ange-Dardes.

Jean.

Henriette, dame de Gessler.

Marie-Renée, épouse, en 1910, Paul d'HUMILLY de CHEVILLY.

L'ABBÉ SAINT ET LA SCIENCE GÉOLOGIQUE

Il faut rectifier et compléter ce qui a été dit (p. 209) des travaux géologiques du curé Saint, par ces lignes extraites d'un discours de son ancien condisciple (1) et ami l'abbé Acard (p. 8).

C'est là (dans le Vexin) qu'un prêtre de cette contrée, qui a bien voulu partager avec son ancien condisciple sa science de géologue, a collectionné plus de 4.000 espèces de fossiles notamment la *pleurotomia concava*, sujet très rare recueilli à Chaumont-en-Vexin ; un *Cerithium giganteum*, mesurant 62 centimètres, trouvé à Parnes ; un superbe échantillon de *Fusus maximus* ; la *trigonocœlia Ferrandi* ; la *Saintia munieri* et la *nérita Sainti*, deux espèces jusque-là inconnues, baptisées du nom de l'infatigable chercheur qui les a mises à jour pour la première fois et les a décrites en 1877 à la Société géologique de France. Que sa modestie me pardonne si en nommant ses œuvres, je dévoile son nom, car il est un de mes auditeurs en ce moment. Mais après tout, cela prouvera qu'en fait de science un curé de campagne peut en remontrer à Voltaire et à ses séides.

Là encore on a rencontré la *lucina Conili* dédiée à M. l'abbé Conil, recteur de l'Université catholique de Paris ; la *triforis Herouvallensis*, trouvée comme son nom l'indique dans les terrains d'Hérouval, hameau de quelques maisons, où abondent les plus belles merveilles fossiles du sol parisien ; la *pleurotoma Lapparenti*, ainsi nommée en l'honneur de l'illustre ingénieur... à qui la géologie française doit d'admirables travaux ; enfin la *pleurotoma Francisci*, qui porte un nom plus cher encore à nos cœurs, le nom de notre évêque......... Sur l'emplacement même de la gare de Gisors on a trouvé une dent d'*elephas primigenius* pesant plus de 2 kilos. M. l'abbé Saint, qui la possède dans sa riche collection, peut la montrer à tous ceux qui contesteraient l'existence sur notre sol de ces monstrueux pachydermes.

------

(1) Etude géologique sur le Vexin. Discours prononcé à la distribution solennelle des prix du collège diocésain d'Ecouis, le 29 juillet 1882, par l'abbé Acard, chanoine honoraire, supérieur. Les Andelys, Lelièvre, 1882.

L'ADDUCTION DES· EAUX

Il ne sera pas inutile de mettre au point cette question traitée p. 217. Voici l'état actuel du service des eaux public et privé.

1. Source communale du Carouge, canalisée à une époque immémoriale : 2 fontaines, 1 lavoir, 1 mare.

2. Source communale du marais de Rome, canalisée en 1886, 1888 et 1913 : 8 fontaines, 1 lavoir.

3. Source du Montpinson, propriété du château de Dangu, avec dérivation concédée à la commune lors de la captation en 1786 : 1 fontaine, 1 lavoir, 1 mare.

4. Source de la Mollière, canalisée en 1759, dessert la Maison Neuve, propriétaire, la Boissière et la Chartreuse.

5. Source de la Canel, canalisée en 1786 avec la source du Montpinson sur le château de Dangu, propriétaire, dessert le Taillis et l'ancien presbytère.

6. Source des « Dix-sept acres du Prieuré », canalisée avant 1809 pour l'usage exclusif de ladite ferme. Le trop plein forme un ruisseau qui alimente trois mares et se perd dans la Noë.

7. Source de Rome, canalisée avant 1809 sur les domaines de la Grand-Maison et de Marinville, avec borne-fontaine communale contre l'ancien manoir de Potart. Quatre propriétés s'en partagent les eaux : la ferme et le château de Marinville, depuis leur séparation après 1822 ; la Grand-Maison et le pavillon Lefrançois. Celui-ci qui recevait par un caniveau à ciel ouvert l'eau perdue de la borne-fontaine, acquit en 1886 de la commune pour 400 fr., le droit qu'elle avait sur cette prise d'eau et l'autorisation d'en recevoir tout le débit par une canalisation souterraine : 6 litres par minute à la fin de l'hiver, quantité que le maire avait vainement revendiqué d'accroître par des travaux appropriés. Faute de titres, il perdit son procès.

8. Ruisseau du marais de Rome qui arrosait diverses propriétés dont celle de M. Guesnier, capté par lui en 1889, moyennant diverses concessions de prises d'eau à certains riverains pour ne pas leur porter préjudice.

NOTES ET CORRECTIONS

CHAPITRE PREMIER

Page 4, avant-dernière ligne, lire : flamand.

Ibidem, note 4, lire : ce ruisseau *naît* dans l'Orne.

Page 10, note 2, lire : *Roger* de Gaignières.

CHAPITRE II

Page 23, note 2. Au lieu de Flumesnil, lire : Douxmesnil.

Page 25, 4ᵉ alinéa, lire : le 15 novembre 1254, et non 1253.

Page 34, note 2. Le 2ᵉ document est de 1729 et non de 1763.

Page 35, note 2, lire : Jean *Monnere*.

Page 37, 5ᵉ alinéa. Hurel n'acheta que le quart du Bois-Prieur, le « quart en réserve ». Le reste acquis par Maupeou, on ne sait quand, fut revendu par la suite, comme le prieuré, à Aubry, Lagrange et Compagnie, de Paris. Deux lots à peu près égaux en furent faits en 1823, dont l'un fut acheté par Antoine Huvé de Garel, l'autre par le baron de Chambrun propriétaire de la ferme du prieuré.

CHAPITRE III

Page 57, 2ᵉ alinéa. Le droit au tiers des oblations, d'après le bail de 1675, ne sera abandonné que si l'église renonce à exiger les anciennes charges du fief Sainte Catherine pour le cierge, le buis et le vin.

Les Vinot administrèrent la Chartreuse de 1658 à 1791, parfois avec l'aide de « receveurs ».

Page 61, 6ᵉ alinéa, lire 1673 et non 1763.

Page 64, 2ᵉ alinéa. Le Décret de Dangu en 1641 attribue au seigneur le patronage alternatif de la chapelle Saint-Thomas. Mais en 1677, la Chambre des Comptes de Rouen rejette sur ce point l'aveu du duc de Luxembourg, jusqu'à plus ample informé.

CHAPITRE IV

Page 68. Le fief du Moustier doit sans doute être identifié avec le fief Caillot situé « proche l'église, consistant en une maison, granges et étables et dépendances », qui fut acquis en 1655 par Louis Potart de Jean du Fay seigneur du Taillis.

C'était une ferme bâtie sur 2 acres 32 perches, bornée par la rue de la Canel, la rue de l'Église, la ruelle la Messe, le vicariat, le cimetière et le clos Préfontaine. Devenue en 1779 la propriété de Jacques Boursier, elle fut partagée avant 1809 en 5 lots entre ses enfants. Les bâtiments du pressoir (cf. p. 120) échurent ainsi à un de ses gendres Robert Debeauvais, huissier à Gisors, père de l'abbé Debeauvais qui fut nommé en 1849 curé de Saint-Jacques-du-Haut-Pas à Paris, puis curé de Saint-Thomas d'Aquin. C'était un ami intime de Mgr Dupanloup.

Ce fief voisin de l'église, appelée jadis le moustier, et aussi de l'emplacement primitif du prieuré, avait sans doute confondu ses droits féodaux avec ceux du Taillis, car il n'en est jamais question.

Il n'est pas question davantage des droits du fief de Clere qui se confondaient avec ceux du fief de Dangu. Dom Toussaints Duplessis. (Description de la Haute Normandie, tome II. Paris 1740, p. 812) écrit : Suivant un aveu du 14 août 1673, il y a sur la paroisse de Veli un 8e de fief nommé le fief de Claire, c'est-à-dire la moitié de l'aînée de l'ancienne baronnie de Claire, et auquel est attaché le patronage de la cure de Veli ».

Nous avons enfin trouvé des documents permettant de contrôler ces assertions. Le premier est un accord entre Pierre de Bernouville « seigneur de Maleville, Raffetot, Ficencourt et Prouvemont; et Pierre de Ferières syres et baron de Thury et Dangu, seigneur de Gisors et Préaulx, Bezu, Crévecœur, Mello, etc. ». Celui-ci consent à tenir le fief de Clere « assis à Velly et ès environs » du seigneur de Ficencourt et Prouvemont, mais à condition que « les hommes dudit huitième de fief et arrière de fief noble » lui demeurent sujets et à la banalité des « moullins dudit Dangu ainsy qu'ils ont faict et font à présent et à tous autres droits et redevances accoutumées ».

Cet accord antérieur à 1550 persista. Nous avons un aveu signé par Guillaume de Montmorency, scellé au château de Chantilly le 16 décembre 1584, qui fut présenté aux pieds de la seigneurie de Prouvemont et Fixencourt, tenus par le sénéchal Jullian Le Bret, le 27 juin 1585. Il y déclare tenir de Philippe de Fumechon, à cause de ses seigneuries de Provémont et de Fissencourt, « par une seulle foy et hommage ung huicticsme de fief de haubert assis à la paroisse et dismage de Velly, nommé et appelé le fief de Clere, a cause duouel nous avons court, usage, justice et juridition audict lieu de Velly avecques ventes, reliefz, treiziesmes, droict d'estoublage, tor et ver, droict de polier à pied et tous aultres droictz que a bas justicier appartient selon la coustume du pays, hommes subgectz et resseans, domayne fieffé, service de host, rentes en denyers, œufz, oyseaulx, portant amande de dix huict solz denyer, a faulte de payement d'icelle rente, piye ou portion. Lesquelles nous avons droict de prendre par chacun an, au jour Sainct Remy et aux termes, et jusques à la somme de trente-cing solz, troyz chappons, œufz sur plusieurs terres et héritages, tenus et possédez par plusieurs ines desquelz nous n'avons certaynes declaraöns, promectant, sitost que nous auront servi et baillé adveus et que nous serons certains de la on desdicts redebvables, de bailler par le menu audict sgr. Sy sont les tenans de modict fief baonniers a nostre molin de Dangu, comme tous autres habitans dudict Velly et Dangu, et ce relieffve modict fief le cas echeant selon la coustume du duché de Normandye, bailliage de Gisors. Avec deu toutes droictures seigneurealles et coustumieres, reliefs, xiii^{es}, aydes, a coustume du pays. Lequel fief feust acquis par feu Monsieur le Connestable mô père et a nous venu et escheu par son deceps et trespas. »

Paul Sublet, lors du décret de la terre de Dangu, se soumit de bailler enveu au sieur de Belloy, pour ce fief de Clere, à cause de sa seigneurie de Prouvemont.

D'après ces textes, ce fief était donc bien moins important que celui de

Dangu et l'on finit par ne plus les distinguer. Mais ils sont muets sur e patronage de l'église. Le seul texte qui l'attribue au fief de Clere est l'aveu de 1673
tiré des archives de la Chambre des Comptes de Rouen par dom T. Duplessis,
mais ces sortes de déclarations ne sont pas toujours exactes.

On ne peut d'ailleurs récuser le procès-verbal fait en 1742 des biens de feu de
Jubert de Bouville, marquis de Clere-Panilleuse et seigneur de Dangu. « Ladite
terre et seigneurie de Clere et Panilleuse est un marquisat qui s'étend aux
baillages de Rouen, Caux et Gisors, ès paroisses de Mézières... Vesly, Cantiers, etc. (24 paroisses sont citées). Auquel fief il y a droit... de patronage et
présentation aux cures d'Ecos et du Bus cinq fois de suite et la sixième fois
appartient à l'abbaye du Trésor, droit de présentation à la chapelle de Pres-
sagny-le-Val, le patronage honoraire de Mézières, Panilleuse et Travailles ».

Pas un mot du patronage de la cure de Vesly, qu'il n'était pas opportun de
céler puisque Jubert de Bouville était marquis de Clere.

Page 71. La Ruelle, « demy fief de haubert sis à Dangu, Velly, Auteverne et
ès environs » fut acheté 2325 l. en 1577 par le roturier Hiérosme Potart, « commissaire ordinaire de l'artillerie du roi », de Pierre de Turmel, de son frère
Charles sieur de Vigny et de ses sœurs.

Les Potart acquirent aussi de Jean et Claude Jubert l'ensemble des bâtiments
où devait s'élever le manoir des Pastey de Saint-Hilaire, « au Verderel devant
la grande Fontaine de Vesly ». Mais ce n'était pas là que se trouvait le chef-
mois primitif de la Ruelle, pas plus qu'à la Grand-Maison, malgré que le nom
du fief se soit attaché aux demeures successives des seigneurs.

· Il consistait encore le 4 août 1715, lors de la vente de la seigneurie 2.500 l. à
François le Cousturier sieur d'Armenouville par la veuve Nicolas Potart, en
« un clos planté d'arbres, fermé de murs, contenant 3 vergées ou environ, borné
la rue qui monte de l'Ormeteau Auger à l'église et d'autre bout la rue Nicolas
Dubois, d'un côté la ruelle Jean de Saint-Paul, d'autres plusieurs, et où se
tiennent les plaids. »

Le chef-mois primitif occupait donc l'emplacement de l'école actuelle
filles et de la maison contiguë, premier presbytère du curé Le Bret
manoir avec « jardin, droit de colombier, tor et ver », qui existait enc
1641, avait totalement disparu.

Page 73, dernier alinéa. Robert le Cousturier fut anobli en 1592.

Page 74. Le sieur du Chalaisgnier Jean Pierre Pasté ou Pastey avait é
Jacqueline de Gaillarbois, parente de la femme de Pierre Potart. Dès 16
parle de sa maison « sise à Velly ». Il avait plusieurs fils dont Charles
de Courgis et le sieur de Saint-Hilaire « demeurant le plus ordinairem
Vesly », au moins dès 1672. Quant à Louis-Philippe de Pastey, écuyer «
d'Hédouville et de la Gadellière et autres lieux », il fut parrain à Vesly e
et c'est par erreur qu'on l'a dit avoir été inhumé dans l'église.

Pastey, 1er du nom, dut mourir peu après la fondation qu'il fit le Jaillot
cembre 1655. La ruine ne tarda pas à suivre. Pierre en 1663 vend des épen-
venant de sa mère pour 225 livres, à 120 l. l'acre. En 1665 Charles en vend r du
270 l., à environ 108 l. l'acre, « lesquelles seront employées à la pou
d'un procès qu'ils poursuivent au Conseil touchant du fait de la char anel,
Sr du Chastenier leur père. »   ... ...réfon-

Quel était ce procès? On sait que Colbert gérait alors les finances et faisée
rendre gorge aux concussionnaires (110 millions en quatre ans). Les comptes
de l'ancien trésorier de la généralité de Caen furent-ils incriminés? En tous

cas la ruine s'accélère. En 1682, Pierre vend à Michel Vinot 3 acres pour 360 l., en 1685 il lui emprunte 120 l., mais ne pensant pas les rendre, il lui cède d'avance 1 acre ; en 1686, il lui vend encore 2 acres 215 l.

Le 1er décembre 1719 il vend à Mathurin Brière, receveur des tailles de l'élection de Gisors, malgré opposition de Jean Pastey du Coudray, tout ce qu'il possède à Vesly, « maison, bâtiments, jardin, etc. », pour 13.500 l. payables à ses créanciers. Le tout passe alors à Gabriel Germer Bonté, lieutenant de police à Gisors, puis à Michel Lefebvre, fils de Pierre receveur du prieuré, dit aussi Pierre de la Grand-Maison, parce qu'il l'avait fait valoir, puis acquise.

Depuis dix-huit ans, Pierre Pastey ne payait plus les 120 l. de rente de la fondation de son père. En 1720 la fabrique réclame aux acquéreurs 2.160 l. d'arrérages. Michel Lefebvre dans la suite s'acquitta de la charge des 120 l. jusqu'à la Révolution.

Pierre Pastey mourut le 25 janvier 1721 à quatre-vingt-huit ans et fut inhumé dans l'église. Aucune notabilité n'était présente.

Page 76, 3e alinéa. Ce n'est qu'en 1811 que le domaine d'Armenouville fut divisé en 2 lots entre les enfants Fleury : la ferme d'une part, le manoir et le parc de l'autre.

Page 82. Le château de Marinville fut vendu en 1889 par la petite fille de François Mignot, Anna-Geneviève Mignot aujourd'hui veuve Lecœuvre, à Alexandre Dubois loueur de chevaux à Paris. Celui-ci le revendit en 1894 à Joseph-Arthur Garro, employé à la Société Générale. M. Jules Pauthonier, directeur du Crédit Lyonnais à Paris, officier de la Légion d'honneur, décoré de l'ordre de Sainte-Anne de Russie, le loua en 1900 et l'acquit en 1901. Il le revendit en 1919 à la famille de Ségogne.

Page 83, dernier alinéa. La grille porte la date 1761 et non 1738.

Page 84, note 1. Ledru-Rollin (1807+1874) était le neveu par alliance de Marguerite Carlier (1720+1813) femme de Jacques-Philippe Ledru qui fut maire de Fontenay-aux-Roses. Sœur du curé Carlier, elle a pu l'amener à Vesly en venant voir son frère. Mais elle était bien vieille alors et lui bien jeune encore. De là est née la légende de la parenté avec les Berteaux qui habitaient le presbytère quand Ledru-Rollin devint célèbre.

Page 84. C'est par erreur que Louis-Séraphin marquis de Belloy, parrain de la petite cloche, châtelain de Gamaches, est dit gendre d'Eugène Huvé de Garel.

Après en avoir acheté la Maison-Neuve, il la loua de 1843 à 1847 au capitaine d'artillerie Lestang-Delpit, chevalier de la Légion d'honneur. Les de Galembert n'y vinrent habiter qu'en 1852.

Page 89. Charpillon, pour attribuer la Boissière au comte d'Auvergne, a sans doute été guidé par une mention du registre de catholicité de 1692 plaçant à la Boissière le décès d'un breton « palfrenier du seigneur comte d'Auvergne ». C'est trop peu.

Michel Blancouyer acheta la Boissière des enfants Delafosse avant 1787. Ces Delafosse n'avaient que le nom de commun avec les nombreux Delafosse du village.

Page 92. Alexis David, « prêtre chapelain de Noyers et de Nainville », mourut en 1661 et non en 1645. Son épitaphe se lit encore dans l'église de Noyers à l'angle sud du transept.

CHAPITRE V

Page 95. Il nous a été impossible de trouver dans la série G aux A. S. I., une preuve de ce qu'avance Charpillon. Il s'agit de Velly, decanatus de Augo ; et du Til, decanatus de Brachio. C'est à tort qu'il place dans l'Eure ces paroisses des doyennés d'Eu et de Bray. A cette date toutefois l'église de Cuverville fut réconciliée. Les faits sont exacts en 1437 pour Authevernes et Sainte-Marie-des-Champs et en outre pour le Thil, Hennezis et Notre-Dame-de-l'Isle. Remise fut faite de la moitié des droits. De Sainte-Marie on n'exigea même que 4 l. (G 154, 121,)

Page 96. Le déport de Vesly en 1524 est de « VIII** X l. dont appartient à mondit seigneur (XIII l. VI s. VIII d. »

Page 99. C'est le 15 septembre 1635 que Famin accompagné de Pierre Seigneuret, capitaine au château de Dangu, vint aux abords de Vesly se rendre compte « du mal contagieux ». Vu « l'urgente nécessité qu'il était ès la plupart desdits habitants de mouldre du bled pour avoir farine pour faire du pain pour leur substanter et nourir, qu'estant baonals dud. Dangu, ils ne pouvaient aller ailleurs moudre que aud. lieu, et qu'à présent quand ils désireraient le faire, ils ne pourraient pas être receus ailleurs à cause dud. mauvais air », Famin leur offre, pour *un* mois et plus, de la farine qu'il fera apporter « proche le village, à tel jour et heure qu'ils désireraient ». Toutefois il exige de Dhotel et de cinq ou six des plus solvables, par « acte et obligation solidaire et autentique », une promesse de restitution.

Mais les habitants n'en veulent pas démordre : ou « mouldre aud. moullin ou demeurer deschargés de lad. servitude et banallité à toujours pour l'advenir ».

Il n'y avait certainement pas de moulin à Vesly et il n'y en eut pas avant l'abolition des privilèges féodaux. Aucun document, aucun terrier ni plan-terrier n'en mentionne avant 1792 et d'ailleurs les textes du procès entre Cauchoix et Famin seraient inexplicables autrement. Le moulin de Gisancourt avait été supprimé avant 1566 et ses droits reportés sur celui de Dangu, il y avait un moulin à vent aux Thilliers, à Authevernes et à Gamaches.

En tous cas l'interdit jeté sur Vesly, maintenu malgré les habitants par le bailli de Gisors le 14 septembre, réitéré le 15 par le sénéchal de Dangu, signifié le 19 par de la Grange sergent royal à Gisors, était préjudiciable à Cauchoix qui réclama au receveur Famin une diminution de 400 boisseaux de blé *et de* 600 livres sur son bail du moulin. Celui-ci se rejetait à bon droit sur la dame de Dangu, Marie Liesse de Luxembourg, épouse d'Henri de Lévis, pour laquelle répondit son intendant Pierre Metaire. Il accepta un arbitrage auquel les parties s'engagèrent à se soumettre sous peine de 300 l. de dédit. Les arbitres se prononcèrent le lendemain 3 janvier, après avoir examiné « les mémoires contenant les noms des habitants et quantité des feus desdictes paroisses de Dangu, Vely, Nainville et Gisencourt ». Il est à noter que « lesdits habitants de Vesly, d'après Cauchoix, sont les deulx parts des bannis dud. moullin ». D'où l'on peut supposer que Vesly avait deux fois plus d'habitants que les trois autres paroisses du même ban et que l'immunité des tenanciers de la Chartreuse, maintenue en 1496, était fort réduite alors ou supprimée, car le Décret de 1641 dit nettement : « Le moulin baonal auquel sont tenus tous les vassaux et habitans des paroisses de Dangu, Velly, Gisencourt et Nainville, tant nobles, ecclésiastiques que roturières qui ne peuvent aller moudre ailleurs à peine de confiscation et d'amende ».

De 1612 à 1615 le moulin avait été affermé 7 muids de blé, mesure de Gisors, et 520 l., plus l'entretien et 60 s. par pouce de l'usure des meules. Plus tard le meunier doit payer la redevance de 15 mines de blé ou 60 boisseaux au prieur de Vesly.

Metaire n'avait pas fait de difficulté pour accorder l'arbitrage et mettre l'indemnité à la charge de la dame de Dangu, instruit qu'il était par un procès antérieur terminé par sentence du parlement de Paris le 17 février 1635. A la suite d'une épidémie analogue, les fermiers du moulin et du four banal, Cauchoix et Louis Bucquel, avaient intenté un procès en décharge à Famin. Le parlement leur accorde le 29 février 1634 remise d'une demi-année de leur bail pour 1633, la dame de Dangu est condamnée aux dépens et à dédommager Famin. Mais la trentaine de créanciers de Liesse de Luxembourg font opposition et Famin est obligé d'en appeler contre eux au parlement qui maintint sa première sentence. Les frais du procès avaient été très élevés : d'où le recours à un arbitrage lors du deuxième conflit, « afin d'obvier aux grands frais et deppenses qui se faisoient par justice, suppliant de se ressouvenir de ce qu'il avait cousté cy devant sur pareille chose, dont le dit Cauchoix disait estre ruyné et pauvre ».

Page 104. Il y a dans cette affaire des marais un épisode intéressant des intrigues de la petite noblesse pour se pousser et de la lutte entre le roi, les seigneurs et le peuple pour la possession des biens communaux. Des procès analogues eurent lieu à la même époque pour les friches et marais de Dangu et de Gisencourt et en maints autres villages.

L'acquisition des marais de Vesly par Louis Potart, « garde-roole de la chancellerie de son altesse royale Mgr le duc d'Orléans », est indubitable. Le roi, par un édit de 1619, « pour subvenir à l'urgente nécessité de ses affaires », avait ordonné de vendre des terres de son domaine. En conséquence, les habitants n'ayant pas présenté leurs titres et le seigneur de Dangu pas davantage, les marais de Vesly furent réunis au domaine de la couronne le 22 mars 1628 et, après trois enchères faites au Louvre, la première mise par Nicolas Lambert, sieur de la Chesnaye, adjugés le 13 juin à Louis Potart « bourgeois de Paris » et y demeurant, pour 80 l. et une rente annuelle de 12 d. parisis par acre. Le 15 juillet il est envoyé en possession et signification en est faite à Vesly le dimanche 24 septembre.

Néanmoins le 21 janvier 1629, le seigneur de Dangu fieffe les marais aux habitants comme lui appartenant en propre de son « domaine non-fieffé ». Même déclaration dans le décret de 1641 : « *Item* les Maraist de Romme et Hardencourt content sept acres ou environ où led. sieur permet de faire pasturer les besteaux des vassaux auveq les siens. Pourquoy lui font lesd. habitants rentes et corvez ». Même dénombrement fait par le duc de Luxembourg en 1672 et ratifié en 1677 par la Chambre des Comptes de Rouen.

Bien plus, comme les habitants devaient douze années d'arrérages de rentes, soit 80 l. pour 72 chapons, le receveur du seigneur de Dangu, Louis Sublet, fit saisir en mars 1658, les biens de l'un d'entre eux, Louis Parmentier qui se rejette sur la communauté. Celle-ci refuse de comparaître et de nouvelles saisies ont lieu. Bref pour éviter « de grands frais, la ruine et dommage de lad. communauté », avec le consentement du curé Le Roux chanoine de Rouen et de Michel Heudier vicaire et trésorier », 4 acres du marais furent cédés à l'église, comme il est dit page 105. A l'impersonnelle communauté était substituée la fabrique

qui de fait rendit aveu en 1666 par Hiérosme Thiberge, homme vivant et mourant, pour les 4 acres et les 6 chapons, ainsi que pour « la masure nommée
l'escolle, proche le cimetière », et les 4 a. 26 perches des terres de l'église relevant du fief de Dangu, dont 2 v. « aumosnées », l'une par feu Nicolle Trouard
prêtre, l'autre par le curé Jean Le Laboureur.

On ne tenait donc aucun compte de l'acquisition de Louis Potart. Il nous reste
pourtant un projet d'accord, proposé après 1643, entre lui et Sublet seigneur de
Dangu. Ayant offert en vain aux habitants de leur revendre les marais au prix
coûtant, il reconnaissait que le seigneur en avait été dépouillé par « la négli-
gence des officiers de la baronnie » qui avaient oublié d'en produire les titres.
Il les cédait donc à Sublet, lequel, reconnaissant sa bonne foi et ne voulant
pas lui porter préjudice, lui abandonnait en retour les 3 ou 4 acres du petit
Hardencourt qu'il tiendrait de Dangu à charge de 15 d. tournois de rente féodale. Cette pièce, ni signée, ni datée, montre que, s'il y eut projet, il n'aboutit
pas. En tous cas, il est curieux qu'elle ne soit jamais citée par les parties dans
le procès qui va suivre.

En 1679 survint pour Nicolas Potart l'occasion de faire valoir ses droits. L'intendant de la généralité de Rouen faisait dresser le papier-terrier du domaine
du roi dans la vicomté de Gisors : il se déclara possesseur des marais de Vesly
et affirma « les tenir du Roi notre Sire à cause de ladite vicomté ».

C'était le 11 août et aussitôt la vieille comtesse de Bouteville qui ne quittait
pas le château de Dangu, en arrondissant le domaine, suivant de très près ses
affaires, engagea un procès au nom de son fils le duc de Luxembourg. Elle
protesta contre « cette surprise étudiée du vassal envers son seigneur, pendant
le service qu'il rend à Sa Majesté », accusant Potart d'avoir profité du décès
du procureur de la seigneurie.

Celui-ci s'obstinait poliment, malgré qu'on lui communiquât tous les documents dont elle avait fait prendre des copies par lesquelles seules, sauf la fieffe
de 1629 conservée en original, nous connaissons cette affaire. Alors un homme
de loi fut chargé de rabattre ses prétentions. Qu'importe le titre d'écuyer dont
il se pare ! C'est là un titre honoraire attaché au gentilhomme de la fauconnerie
qui « ne rend pas la personne noble ni ses enfants. Un vassal qui s'est élevé
de la poussière par un peu de biens veut tirer au bâton contre un maréchal de
France ! » Singulière façon d'aider le seigneur à la conservation de ses droits.
Pourquoi donc ce silence de cinquante et un ans, alors que les habitants jouissaient du marais et en payaient les rentes à Dangu ?

Louis Potart a profité pour usurper de la minorité et des embarras financiers où était tombée la maison de Montmorency. Mais il n'a pas osé dépossé-
der les habitants : ayant vu la terre de Dangu « vendue à M. de Noyers et dont
le Roy mesme faisait un de ses lieux de chasse et de plaisir ». Quant à Nicolas,
il veut surtout par là s'emparer d'une « fontayne qui est au milieu des maretz
et la faire conduire par canaux dans sa maison ». Il a déjà fait faire des fouilles
pour trouver la source dans une pièce située au-dessus et qu'il a achetée. Alors
les habitants, faute d'eau, ne pourront plus faire pâturer leur bétail dans les
marais et, par suite appauvris, n'auront pas le moyen de payer les tailles.

Quant aux titres de 1539, 1582 et 1603 que le défenseur essayait de tirer à lui,
ils ne parlaient pas des marais. Seuls ceux que nous avons analysés plus haut
étayent solidement sa démonstration joints au fait capital de la prescription.
D'ailleurs si les titres n'abondaient pas, la faute en était aux Sublet qui, mé-
contents d'avoir été évincés de la seigneurie de Dangu par les Luxembourg,
avaient gardé par devers eux tout ce qu'ils avaient pu des papiers du fief :

accusation qui revient plusieurs fois à cette époque au cours d'autres affaires.

Mais Potart qui se sentait d'autant plus fort que le duc de Luxembourg, impliqué dans l'Affaire des Poisons, était emprisonné à la Bastille où il devait rester quatorze mois, objectait doucement qu'on ne prescrivait pas contre le roi. Lui-même n'avait pas à discuter. Les marais relèvent-ils de Sa Majesté ou du seigneur de Dangu ? Toute la question est là. C'est aux gens du roi à décider.

Voyant qu'il était assez difficile de réussir, attendu la disgrâce du maréchal, les conseillers de la comtesse de Bouteville mirent en avant diverses transactions : faire servir à l'issue de la messe paroissiale par les habitants de Vesly une rétractation de la déclaration de Potart au terrier du roi ; payer à l'usurpateur les 80 l. prix des marais, moyennant abandon de ses prétentions, sauf recours en répétition contre les habitants coupables de n'avoir pas produit leurs titres ; substituer Potart au droit de la communauté de Vesly sur les marais dont il jouira en payant les redevances à leur place, sans qu'il puisse « prendre aucune qualité de seigneur de Vely en partie ny de Hardencourt et de Rome, comme tenant lesd. marais en roture ».

Ce dernier projet suggéré par M. de Nainville dépouillait tout simplement les habitants, laissant à Potart la charge de briser leur opposition.

Finalement l'intendant de la généralité maintint au terrier du roi la déclaration du sieur de la Ruelle. La lutte reprit quand le maréchal de Luxembourg eut recouvré la faveur de Louis XIV. Le 20 janvier 1691, Potart consent à la réforme de son dénombrement, il accepte de rendre aveu au duc ; mais la comtesse de Bouteville refuse parce qu'il se substituerait ainsi aux habitants dans la propriété et l'usage des marais. Le 9 avril 1693, le maréchal obtient du Conseil du Roi un arrêt l'autorisant à poursuivre ses débiteurs, ceux de 1000 livres et au-dessus devant le Parlement, les autres devant les juges ordinaires. Le 19 juin Voirlot, l'énergique secrétaire de la comtesse, est habilité à « poursuivre tant le sieur Potart de Velly que tous les vassaux relevant et redevables de la terre et baronnie de Dangu et tous autres droictz qui sont dus aud. seigneur mareschal duc, à cause des acquisitions faites tant par le sieur Potart du fief de la Ruelle qu'autres redevances... réformer les dénombrements qui ont été et seront rendus pour qu'ils soient conformes aux antiens ». Le duc mourut l'année suivante, mais les poursuites continuèrent. Voirlot avait d'ailleurs fait ses preuves dans le procès héroï-comique intenté au sieur de Mansigny pour l'obliger à reconnaître que c'était au seigneur de Dangu à donner le premier coup de bâton à l'oie qu'on décapitait ainsi sur la place publique de Gisencourt à la fête patronale de l'Assomption.

La fabrique, profitant de la querelle des marais, devait en 1687 trois années de rentes dont 1 l. 16 s. 9 d. pour les terres relevant du fief de Dangu ; 18 chapons pour les marais, soit à 18 s. l'un, 16 l. 4 s. ; et en outre pour trois amendes de 18 s. 1 d. par année de retard, conformément à la fieffe de 1629, 2 l. 14 s. 3 d. Assigné à Gisors, le trésorier Antoine Hullot consentit à payer les redevances des terres. Pour les marais, il demanda et fut autorisé à « faire appeler en cause Maître Nicolas Potart, écuyer, conseiller secrétaire du Roi, maison et couronne de France ».

Mais cette somme minime ne fut même pas payée et en 1688 le trésorier, Nicolas Loyseau, un jardinier, en appela au Parlement. En 1690, l'affaire était encore en suspens, car le 10 juillet exploit est lancé contre le trésorier Louis Belhoste lui enjoignant ou d'exécuter la sentence de 1687 en payant, ou de reprendre l'appel interjeté par Loiseau deux ans avant. En 1695 Voirlot fit signifier au charpentier Claude Féret trésorier, de ne pas louer les terres de la fabrique sans proclamer à l'avance que l'adjudicataire devra payer les rentes dues au seigneur de Dangu, « spécialement celles de 6 chapons que doivent les marests appartenant à ladite église ». Autrement il s'opposera à l'adjudication et réclamera des dommages-intérêts.

On dut cesser alors de s'ingénier à tourner les engagements de 1629. La ruine d'ailleurs menaçait Potart, l'instigateur de la querelle. En 1787, le paiement des 6 chapons se fait comme une chose normale, au nom de la fabrique détentrice des 3 acres de marais abandonnés par la communauté en 1658. On oublia si bien cette donation et ces litiges que ces 3 acres furent vendus à la Révolution avec toutes les autres terres de la fabrique d'un seul bloc, alors que normalement la commune eût dû en reprendre possession, puisque la redevance féodale n'étant plus à payer, la donation à titre onéreux faite à l'église en 1658 était par le fait annulée. Cette partie du marais mesurait au cadastre de 1809 (n° 118 D) 1 hect. 62 a. 30. Elle appartenait alors à Lefebvre de Saint-Hilaire comme toutes les terres de la fabrique qu'il avait rachetées du premier acquéreur.

Page 107, 3ᵉ alinéa. Il s'agit des Ursulines de Gisors.

Page 109. On compte depuis 1668, date du plus ancien registre, 99 inhumations dans l'église : tous les Vinot sauf 2 enfants en bas âge, soit 20 ; tous les Lefebvre, sauf un garçon de dix ans, soit 14 ; 15 Féret, laboureurs et charpentiers ; 11 Lambert, famille notable, ruinée au XVIIᵉ siècle ; 4 Sauvé, laboureurs aisés, dont François, premier syndic de Vesly de 1703 à 1715, inhumé en 1738 « devant le banc des marguilliers » ; 4 Belin, receveur du prieuré ; 3 Hullot, receveur du Taillis ; 3 Parmentier, modestes laboureurs ; 4 Potart, dont 2 enfants de Nicolas ; 4 enfants Le Cousturier d'Armenouville ; 2 Pastey ; 2 Le Roux ; 2 Le Tacq et 1 membre des familles Le Charpentier, Chevallier, Anclin, de Foirest, Loyseau, Boëtard et Carlier, plus 3 curés et le prêtre Pagnere.

Aucun Mignot ne fut enterré dans l'église : la famille qui apparaît souvent à Vesly à cause de ses alliances, ne s'y fixe que vers la fin du XVIIIᵉ siècle.

Page 112, note 2. Deux neveux de Boëtard étaient curés au diocèse de Sens. Ceux du Torpt et de Tricqueville étaient laboureurs.

Page 114. De 1668 à 1789 on compte exactement 14 enfants naturels dont 4 légitimés peu après par mariage. Hors ces quatre cas, le nom du père est révélé quatre fois et inscrit dans l'acte baptistaire, sur l'attestation de la sage-femme et des parents. Les registres de catholicité mentionnent deux refus formels d'indiquer le père et deux procédures contre des amants rebelles. Le plumitif de la justice de Dangu en contient quelques autres.

A dater de 1736, on semble se désintéresser au baptême de la question de paternité : 5 enfants sont enregistrés sans enquête sous le nom de la mère.

Page 123. D'après un acte notarié de 1820, le muids de Vesly pour les boissons valait 257 litres.

CHAPITRE VI

Page 136, 3ᵉ alinéa, 3ᵉ ligne, lire : 1100 livres.

Page 142, 2ᵉ alinéa. Le curé de Saint-Aubin de Dangu prêta serment avec restriction, mais la municipalité le fit passer pour s'être soumis purement et simplement. Son confrère de Saint-Jean, Marin Dubois, le démontre dans ses curieux Mémoires inédits, intéressants aussi pour le rôle du curé Carlier et de la justice de paix de Vesly.

Page 148, note 2. La fonction de bedeau resta près de cent-cinquante ans dans la même famille. De 1702 à 1727, Philippe Durand ; de 1727 à 1765, son fils

Nicolas ; de 1765 à 1802, le fils du précédent, Jean-Nicolas, auquel le curé Boëtard légua 50 l. « pour l'attention et l'exactitude » avec lesquelles il remplit ses fonctions ; de 1802 à 1821, son beau-frère, le maçon Maurice Lefrançois (sauf de 1811 à 1815 où Louis Duchesne le remplace) ; de 1821 à 1866, le gendre de Lefrançois, le basestamier Dominique Babin. Il fut le dernier à porter la simarre écarlate à franges d'argent et le bonnet conique, rouge aussi, avec houpette à la pointe : costume traditionnel du bedeau de l'église. Le dimanche, il portait l'eau bénite dans les maisons (cf. p. 200). Son successeur Dailly prit le costume du bedeau de la Charité et cumula les deux rôles.

Page 154. Du 28 novembre 1793 au 24 septembre 1803, jour où eut lieu la reconnaissance officielle de tous les baptêmes faits entre ces deux dates, on en compte 262, autant que de naissances. Pour 9 enfants seulement on dépassa le délai du surlendemain. Voici ces neufs cas : 3, 4, 5, 6, 6, 10, 24 jours, 1 an, et pour un enfant de fille, du 5 mai 1799 au 12 avril 1803. Aucun ondoiement n'eut lieu sauf en péril de mort. Hors ce cas d'ailleurs, l'ondoiement est inconnu à Vesly jusqu'à l'arrivée des de Galembert.

Page 168, 3ᵉ alinéa, lire : par arrêté daté du Havre-Marat...

Page 183. Nicolas Lefebvre, bien que la matrice cadastrale porte son nom jusqu'en 1830, mourut le 29 mars 1810 à 73 ans. Il fut inhumé en présence des curés « de Lyons, Farceaux, Boisemont, Fresne, Corny et d'un grand nombre d'autres ecclésiastiques, parents et amis ». Par où l'on voit que s'il ne reprit pas de ministère, il ne faut pas accepter à la lettre le mot de son cousin au sous-préfet : « Il ne se mêle en rien de ses anciennes fonctions ».

Page 191, dernière ligne, lire : 2 400 francs et non 24 000. En 1808 tout le service religieux de Noyers se fait encore à Vesly. De 1809 à 1810, on signale encore trois baptêmes : l'annexion à Dangu est entrée dans les usages.

CHAPITRE VII

Page 195. Il faut encore signaler parmi nos soldats Benoit Molle et Clément Jérôme. Le premier, né à Lenys (Isère), en 1769, servit du 31 décembre 1788 au 10 juillet 1803. Cavalier à la 5ᵉ compagnie du 11ᵉ régiment, son peloton séjourna à Vesly pour l'escorte des diligences. C'est ainsi qu'il s'y maria et s'y fixa.

Le second, fils de Clément Jérôme, jardinier chez les Vinot, et de Marguerite Belhoste, partit aux armées vers 1794. Devenu lieutenant au 60ᵉ de ligne, il disparut durant la retraite de Russie et ses parents le croyant mort se partagèrent ses biens. Il se maria à Vesly en 1816 et mourut à soixante-dix-neuf ans en 1853.

Parmi les « soldats de milice » signalons François Chevallier « mort au service du Roy en 1756. »

Page 196. La veuve de Marinville († 1822) se remaria à soixante-dix ans, en 1814, avec son petit cousin Louis-Philippe-Antoine Le Gendre de la Ferrière, lieutenant au 1ᵉʳ dragon de France, chevalier de la Légion d'honneur.

Michel Blancouyer fut tué non par son gendre, mais par Louis Amette père de son gendre.

Page 198, 2ᵉ alinéa. Malgré la défense de Boëtard, on posa sur sa tombe une dalle de 2 mètres environ sur 1 mètre où l'on peut déchiffrer encore : SUB HOC TUMVLO JACET. JACOB : DOMINIC : BOETARD. Rien ne fut ajouté à l'inscription en souvenir de Carlier.

Page 200. Dès le début du xixᵉ siècle et sans doute avant il existait une sorte de confrérie de la Vierge avec son « bâton », sa bannière, ses quêtes et son tronc. En 1834 le curé le Bret la réorganisa, voulant en faire autre chose qu'un groupement de porte-insignes dans les cérémonies, une féconde association de prières pour les vivants et pour les morts. Connaissant le milieu, il ne chercha pas à faire une sélection ni à urger les réglements. Vers 1852 l'essentiel de la réforme est à peu près abandonné.

L'abbé Saint en 1869 et 1872 tenta vainement un relèvement et l'abbé Nasse apprit à ses dépens qu'il ne ferait pas mieux que ses prédécesseurs.

Ibidem. Les fiançailles tombaient en désuétude depuis le mariage civil. Carlier et Pérelle les célébrèrent quelquefois la veille du mariage, le plus souvent immédiatement avant. Ce dernier les omit même très souvent et après lui, il n'en est plus question.

Ce fut seulement en 1829 que le rite rouennais fut abandonné à Vesly pour la liturgie ébroïcienne et encore, pour le rituel, il fallut attendre jusqu'en 1833.

Page 201, 2º alinéa, 1ʳᵉ ligne, lire : le *dernier* dimanche d'avril. L'adoration perpétuelle a lieu tous les deux ans, et la sixième année le vendredi suivant le vingtième dimanche après la Pentecôte.

Page 202. La Charité se recrutait difficilement et parmi les seuls ouvriers. De 1843 à 1875, il n'y passe que 31 hommes et après 1858 on ne peut maintenir les 12 frères traditionnels.

Jusqu'en 1844 elle fit chanter une messe chaque mois dont une le 4 mars, *natale* de saint Adrien. C'est en mars que l'épidémie de 1777 se déchaîna.

Sous le curé Le Bret on unit le culte des saints Adrien et Maurice. Le premier fut placé à l'avant du chaperon rouge, foulant aux pieds un piédestal renversé ; le second à l'arrière, monté à cheval et brandissant sa lance. Les chaperons portent les diverses dates de leur acquisition. Le roi ou prévôt en avait un de drap d'or.

En 1858 on ne fit plus qu'une fête pour les deux saints entre le 8 et 22 septembre, et après 1869 on ne célébra plus que la Saint Maurice avec le pain bénit établi en 1834 et le service pour les frères défunts le lendemain, établi en 1837.

Page 209, 1ᵉʳ alinéa, lire : Olivier Poullain, comte de Saint-Foix, fils d'un ancien lieutenant...

Page 210. Parmi les nombreux prêtres originaires de Vesly il faut signaler Claude-Guillaume Vinot, fils de Nicolas (1668 † 1733), receveur de la Chartreuse, celui dont une inscription de fondation se lit encore à l'église et qui fieffa des Chartreux une partie du terrain de la Maison-Neuve. Né à Vesly en 1708, docteur en théologie de Sorbonne, Claude Vinot fut curé de Saint-Martin-du-Pont à Rouen, puis par permutation en 1748 curé de Gisors. Il mourut en 1756, léguant ses biens à ses neveux, Michel-Nicolas, de Vesly, et Jérôme Vinot-Préfontaine.

Page 221, 2º alinéa, lire : 1857 et non 1867.

Le réglement définitif de la concession d'Alexandre de Garel ne fut fait qu'en 1860 : elle se confondit avec celle de Sophie Vinot, sa mère, qui avait été prolongée jusque-là. Entre temps, une deuxième concession avait été accordée pour Jean-Louis Guesnier dont le corps fut ramené à Vesly en 1855 : 9 mètres carrés à 150 francs le mètre. A cette occasion fut dressé le premier tarif des concessions perpétuelles et trentenaires, diminué en 1857 et complété par des concessions de quinze ans.

La première inhumation au « clos Buquet » est du 18 janvier 1894.

Page 222. Vers 1830 plus d'un tiers des enfants est baptisé le jour de la naissance ou au plus tard le surlendemain, le reste généralement dans la semaine.

Vers 1855, la quinzaine tend à prévaloir ; vers 1885, le mois finit par l'emporter, et plus même pour un bon tiers. Vers 1900, la grande majorité dépasse le mois et quelques-uns l'année.

CHAPITRE VIII

Page 236, 3ᵉ alinéa. Cette statue a été classée par arrêté du ministre de l'Instruction publique et des Beaux-Arts, le 6 juin 1918, sous cette rubrique : la Vierge et l'Enfant, statue, pierre, xivᵉ siècle.

Page 238, 2ᵉ alinéa. On conservait encore en 1824 « le bâton de sainte Barbe », vestige de quelque confrérie disparue. L'importance de son culte est d'ailleurs attestée par le grand nombre de filles qui avant 1789 portent son nom.

Page 241. Pour donner un sens aux lettres du bouclier du saint Maurice, il est à croire qu'il faut suppléer des lettres omises faute de place. Pour la partie non mutilée nous proposons la lecture suivante dont les minuscules sont les lettres suppléées : ... ISTeR Ferrières OVIum PoSuit AmORE in Honorem BeatI Mauritii. C'est-à-dire, maître de Ferrières a fait faire cette statue pour l'amour de ses ouailles en l'honneur du bienheureux Maurice.

Page 252, 3ᵉ alinéa. La chaire fut seulement réparée sous le curé Le Bret. Elle est antérieure à la Révolution et semblable à celle de Noyers, moins soignée cependant.

Quant aux retables latéraux, malgré l'affirmation de l'abbé Belhoste, ils doivent être antérieurs à 1789, car autrement les comptes de la fabrique très détaillés depuis l'an XI porteraient quelques traces d'un travail si important. Les six stalles de l'entrée du chœur sont aussi de la même époque.

Page 256, 2ᵉ alinéa. Le Christ de la poutre de gloire aussitôt enlevé en 1903 fut fixé sur l'arc en maçonnerie séparant la nef du transept et il s'y trouve encore. Comme celui qui est fixé au-dessus du confessionnal, il est antérieur à la Révolution.

CHAPITRE IX

Page 262. Après le départ du vicaire Romain d'Hostel en 1670, la classe dut être confiée au prêtre habitué Robert Pagnere qui fit fonction de vicaire jusqu'à l'arrivée de Louis Lefebvre lequel exerça vingt-neuf ans à Vesly (1683-1712). Il est appelé à plusieurs reprises « prestre-clerc de cette paroisse ». Les vicaires qui vinrent après et auxquels ce nom n'est jamais attribué, restèrent : cinq durant un an environ et parfois moins, cinq deux ans, deux quatre ans environ. Michel Daussy fut vicaire vingt-sept ans (1732-1759) et Charles Hubert dix (1765-1775).

Ces fréquents changements, avec vacance du poste plus ou moins longue, n'étaient pas favorables à l'enseignement. Aussi, bien qu'il y eut alors un vicaire, c'est en 1760, sous le curé Boëtard, qu'apparaît le premier clerc-laïc : Jacques Guernet, étranger au pays. En juillet 1761, le vicariat étant vacant, on rencontre Michel Blancouyer, d'une antique famille de Vesly, alors dans sa dix-huitième année. Il n'était pas rare à l'époque que l'on chargeât de l'enseignement un jeune chantre sérieux, digne de confiance et plus instruit que la moyenne. Plus près de nous en 1828, on vit Hersan, le futur historien de Gisors, commencer à faire l'école à quinze ans et demi au village de Vaudancourt (Oise).

De 1762 à 1765, bien qu'il y eut un vicaire, le clerc-laïc est Jean Barbier, étranger au pays et, comme ses successeurs, marié. En 1777 apparaît Pierre-

François Robine qui meurt le 3 décembre. Son père, originaire du diocèse d'Avranches, s'était marié à Vesly en 1733 : de lui descendaient tous les Robine du pays.

Il y avait un vicaire en 1777, mais on n'en connaît pas de juillet 1778 à 1782. Le clerc est alors Louis Foin, étranger au pays, de février 1777 à juillet 1781. L'école dut ensuite être confiée au vicaire La Mare, car Victor Féret n'est appelé « maître des écoles » qu'en 1791. Son nom revient souvent de 1778 à 1784 à cause de ses fonctions de chantre ; on l'appelle « laboureur, domestique ou fabricant de bas ». Toutefois, il avait dû commencer à enseigner au moins en 1782 sous la direction du vicaire.

On a vu d'ailleurs par ce qui précède que de 1760 à 1791 l'école ne fut jamais d'une façon complète et continue aux mains des clercs-laïcs : souvent le vicaire reprit son rôle traditionnel. On ne sait si les seigneurs de Dangu qui avaient donné le local pour l'école, à une époque très reculée, étaient consultés pour ces nominations. Le Décret de 1641 pourtant lui attribue formellement le droit de nommer « aux escolles desdits villages et paroisses de Dangu, Gisencourt, Velly et Nainville, et auxquelles cures et bénéfices et chapelles et escolles sus-exprimées, y a vicaires et chapelains à tenir et enseigner lesd. escolles pourvus par lesd. seigneurs de Dangu de tout temps immémorial ».

Victor Féret avait déjà repris son service d'instituteur à la fin de 1794. Il ne l'avait donc interrompu qu'au plus fort de la Terreur.

Déjà avancé en âge, il composa une table des naissances, décès et mariages qui ont eu lieu à Vesly de 1668 à 1827. Çà et là, il y joint des détails que l'on ne connaît que par lui, tel que l'emplacement de la tombe de Carlier. Par quelques fautes de lecture, il nous a quelquefois induit en erreur, par exemple sur des noms de défunts (p. 109 et note 3, p. 165). Il y traduit « Catherine Lefebvre à l'Hôtel-Dieu », une déclaration de celle-ci veuve de Hierosme Vinot annonçant, en vue de la taille, qu'elle quitte Mouflaines pour Vesly où elle ne prétend rien occuper ni faire valoir ».

Page 267, 3e alinéa. Duchesne, instituteur à Douville, s'appelait Alexandre-Athanase et était né en 1818. Avant lui, il faut signaler Abraham-Alexandre Mignart, né à Vesly en 1796, chantre de 1817 à 1819, instituteur à Chauvincourt au moins jusqu'en 1840. C'est donc quatre instituteurs que Vesly a fourni au XIXe siècle.

Page 268, vers la fin. Lefebvre, trésorier d'Ecouis, vint plusieurs fois à Vesly chez ses parents, mais n'y résida pas.

Page 270, 2e ligne, lire : 1795 et non 1775.

Page 271, 6e alinéa, 1re ligne, lire : une école *fut bâtie*. Césarine Thomassin mourut le 4 mars 1862.

Page 273, 2e alinéa. Sœur Malais, en religion sœur Saint-Hilarion, mourut à la Providence d'Evreux, le 4 mai 1918, dans sa quatre-vingt-quatrième année et la soixante-deuxième de sa profession religieuse. Sœur Ernestine Lechevallier, en religion sœur Saint-Emile, mourut au même lieu, le 27 août 1915, à soixante-douze ans environ.

CHAPITRE X

Page 281. Un arpentage général de Vesly fut fait de 1748 à 1750, base unique de tous les plans-terriers postérieurs dont quatre existent encore à ma connaissance. Le remembrement des terres eut lieu en même temps, mais il embrouilla

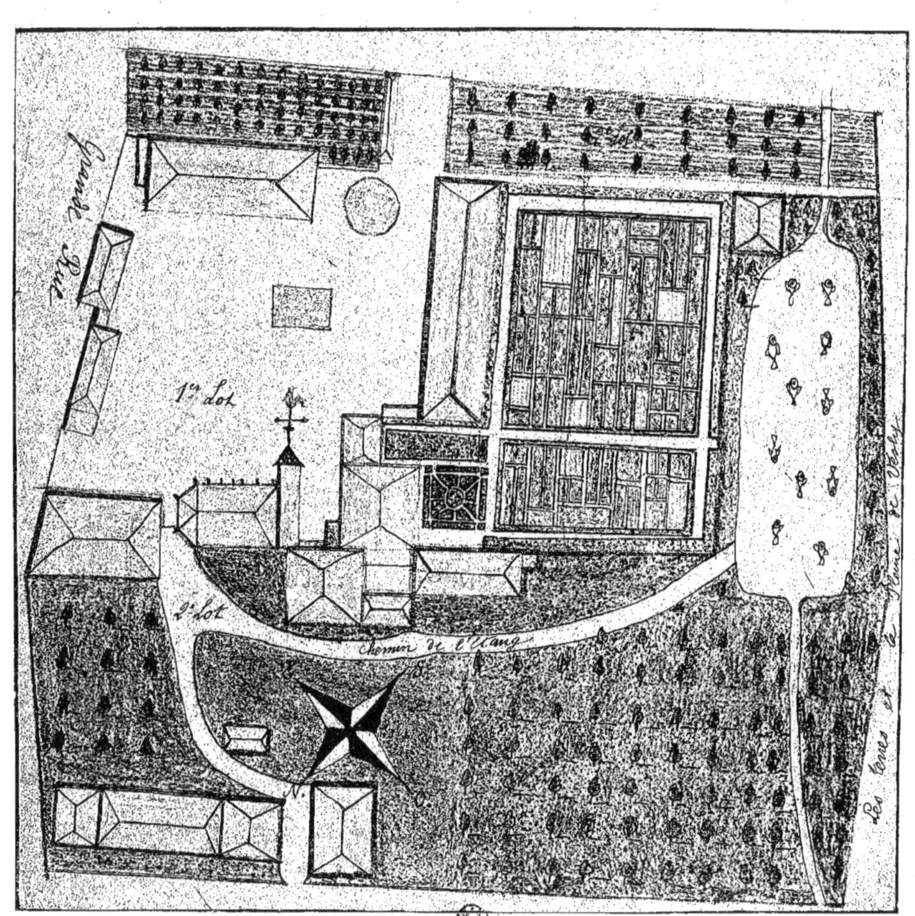

Plan du Prieuré de Vesly levé en 1811 par POTIQUET, appartenant à Mme LAGRANGE et à M. AUBRY. *Divisé en deux lots.*

La ligne ——————— *transversale rentrante et sortante sépare les deux lots.*

Copié sur l'original : carton appartenant à Mme GUESNIER.

les tenures des fiefs qui l'étaient déjà dès le xvii° siècle. La nouvelle répartition des mouvances ne fut achevée qu'en 1778 par le feudiste Chevalier, d'après
la pluralité des titres et diverses transactions, de manière à ce que chaque fief
eut en gros autant de tenure que jadis. Cette réglementation fit loi par la suite
ainsi que la numérotation des parcelles.

Page 283, note 3. La Damourde peut venir de dame *orde*, c'est-à-dire *sale*, en
vieux français. La Damerée peut rappeler la dame Reii qui vivait à Vesly en
1293. Un Jean Reyes y possédait en 1641. On dit aujourd'hui Dambrée, comme
pandrée pour panerée.

Page 287. Le Décret de Dangu en 1641 cite encore 2 acres 52 perches de vignes
à Vesly, mais il doit noter une situation antérieure, car dans les registres du
tabellionage de Gisors débutant en 1577, il est impossible de trouver une vente
de vignes à Vesly, alors qu'on en vend partout dans la vallée.

Page 289. A la suite de certaines difficultés nées de la guerre, la laiterie a
été supprimée le 31 octobre 1916. M. Baquet, officier du Mérite agricole, est
décédé le 15 juin 1918.

Page 293. En 1781 la chute du plancher d'une carrière à marne ensevelit deux
jeunes gens vers deux heures du soir. On ne parvint à dégager leurs cadavres
que vers une heure du matin. En 1858 un garçon de dix-sept ans fut tué « d'un
éboulement de carrière où il tirait de la pierre ».

On signale au xviii° siècle plusieurs « meneuses » et « meneurs » dont la
mission était d'aller à Paris chercher des nourrissons. En 1763, on trouve un
« ouvrier en boucles ».

On gardait généralement le métier paternel de père en fils. La palme appartient à la famille Fleury où le métier de maçon s'est conservé en ligne directe
jusqu'à nos jours, par Claude Fleurie. 1611 † 1677 ; Maurice, 1672 † 1731 ; Denys
Claude, 1715 † 1756 ; Jean-Baptiste, 1742 † 1781 ; J.-B. André, 1770 † 1838 ;
Désiré, 1811 † 1885 et Victor son fils qui vit encore. Signalons aussi les Dupérier, tonneliers de 1668 à 1877 jusqu'à la mort du dernier représentant en ligne
directe.

Page 305. On compte 3 nonagénaires de 1668 à 1800, 13 de 1800 à 1919 dont
2 de quatre-vingt-treize et quatre-vingt-quatorze ans. C'est le maximum. Cas
unique à Vesly durant les deux-cent-cinquante-deux années connues : en 1723
Jeanne Laire veuve Michel Parmentier meurt à quatre-vingt-dix-huit ans.

Page 308. Les Fournier, Fondrille et Babin n'apparaissent à Vesly qu'au
xviii° siècle, les Mignot après 1789; les Gasse actuels qu'en 1840.

En somme si plusieurs familles remontent très haut par leurs alliances, les
seules qui se soient perpétuées en ligne directe depuis deux siècles et demi et
plus sont les Belhoste et les Fleury.

Page 326. Remy Le Plat est constaté comme curé de Vesly en 1584 et 1585
(T. G.).

Page 327. Cadilon est constaté comme prieur dès 1064 ; Jean en 1296. Michel
Jubert meurt en 1551. Charles Vallet est prieur entre 1577 et 1585. L'abbé de
Lagrange-Trianon fut prieur jusqu'à sa mort survenue en 1727.

Dans la liste des maires, lire Gilles Noblet et non Michel. François Mignot
fut « agent municipal » en 1797, titre équivalent à peu près à celui de maire :
il n'y avait alors qu'une municipalité par canton.

TABLE ALPHABÉTIQUE

DES NOMS DE PERSONNES

(Non compris le chapitre des impôts, p. 321, la liste des curés et vicaires, des prieurs et des maires et la généalogie des Lefebvre.)

———

Acard (abbé), 329.
Adrien (saint), 103, 201, 202.
Affre (Mgr), 207.
Alais (sœur), 271.
Albert (abbé), 8, 9.
Albuféra (d'), 208.
Alexandre III, pape, 38.
Alleaume Perrin, 95.
Amécourt (curé d'), 141.
Amette, 196, 308, 340.
Amiot Marie-Françoise, 81.
Amory, de Gamaches, 168.
Anctin, 339.
André, moine, 12.
Anne d'Autriche, 87.
Anschaire, 43.
Apremont (d'), 88.
Arnoult, 59.
Arrachart, 149, 155.
Aubé, 116, 147, 308; Catherine, 198.
Aubigné (Mgr d'), 267.
Aubin , 186.
Aubry et Lagrange, 38, 284, 331.
Audinel, 308.
Auger Ingran, 44.
Auger, 50.
Auger, de Villers, 147, 150, 186.
Augier ou Ogier, 124, 270.
Aulard, 152, 158, 168.
Authevernes (Guillaume d'), 19, 20, 85.
Auvergne (comte d'), 89, 334.
Avenel, 18.
Avisse, 205.

Babin, 148, 155, 340, 344.
Bailly, maire de Paris, 138.
Baluze, 6.
Baquet, 84, 216-219, 222, 289, 290, 344.
Barbe (sainte), 342.
Barbé-Marbois, 59, 191, 192, 263.
Barbier, clerc, 342.
Barentin (de), 44, 59, 60, 160.
Barnoin (de), 89, 91.
Baudot, 224.
Bazincourt, (curé de), 141.
Beaudouin, 178.
Beaumont (Roger de), 8.
Beaumont (le prieur de), 145.
Beaurepaire (de), 95, 96, 123.
Beauquesne, 308.
Bec (Charlotte du), 81.
Bedford (duc de), 95.
Béguin, 127, 141, 147, 172, 173, 195, 307.
Belancourt (de), 82.
Belhoste, 110, 111, 116, 126, 307, 340, 344; François, curé, 84, 210; Julien, 211.
Belhoste (curé de Beausséré), 154.
Bélier, 124, 279.
Belin, 35, 51, 56, 109, 339.
Belin (curé de Molincourt), 152.
Bellargent, 212.
Bellier (Jean), 210.
Bellosse (Jean), 96.
Beloce (Robert), curé, 209.
Belloy (de), 76, 175, 332; marquis, 84, 251, 334.

TABLEAU D'HONNEUR

DES SOLDATS DE VESLY MORTS POUR LA PATRIE

1914

PÉRIER Albert. — Né à Vesly ; marié à la dernière descendante directe de la famille Belhoste ; boucher à Vernon ; caporal au 119ᵉ de ligne. Tué à Bouffioulx, près Charleroi, le 22 août : 26 ans.

SOYER Émile. — Né à Vesly ; ouvrier agricole ; du 5ᵉ de ligne. Tué à Mont-d'Origny, près Guise (Aisne), le 28 août : 20 ans.

LOUVEL Arthur. — Né à Bezu-Saint-Eloi (Eure) ; ouvrier agricole ; du 39ᵉ de ligne. Tué le 12 septembre à Thillois (Marne) : 28 ans.

1915

GASSE Gaston. — Né à Vesly ; fermier de la ferme d'Armenouville ; du 43ᵉ d'artillerie légère. Mort à l'hôpital d'Amiens le 24 février, de maladie contractée au front : 35 ans.

FOURNIER Maurice. — Né à Vesly ; dernier descendant mâle de la famille établie dans le village en 1734, remontant aux origines par les Belhoste et les Mollemont ; cultivateur ; du 74ᵉ de ligne. Tué à Pontavert (Aisne), le 16 mai : 33 ans.

PINEL René. — Né à Vesly ; ouvrier agricole ; du 90ᵉ de ligne. Tué le 28 mai à Calonne (Pas-de-Calais) : 21 ans.

SÉDILLE Gaston. — Né à Vesly ; maçon ; du 74ᵉ de ligne. Tué le 5 juin à Neuville-Saint-Waast (Pas-de-Calais) : 34 ans.

HARDY Henri. — Né à Beauficel (Eure), fils du fermier de la Grand-Maison ; du 128ᵉ de ligne. Tué à la Tranchée de Calonne (Meuse), le 23 juin : 19 ans.

LOUVEL Gaston. — Né à Vesly ; frère d'Arthur susdit ; ouvrier agricole ; du 72ᵉ de ligne. Blessé en Argonne le 22 juin, mort le 2 juillet à Bar-le-Duc, après amputation du bras droit et énucléation des yeux : 19 ans.

DASSE François. — Né à Sainte-Jamme (Seine-et-Oise) ; ouvrier agricole ; infirmier à l'hôpital de campagne nᵒ 1 de la 1ʳᵉ division du Corps expéditionnaire d'Orient. Tué à Sedd-ul-Bahr (Dardanelles), le 16 septembre. Croix de guerre posthume avec citation à l'ordre du jour par le directeur du service de santé le 20 septembre : 21 ans.

BOMME Jules. — Né à Renty (Pas-de-Calais) ; ouvrier agricole ; du 128ᵉ de ligne. Mort de ses blessures à l'ambulance de Somme-Tourbe (Marne), le 19 octobre : 21 ans.

1916

ROUX Yves. — Né à Vesly ; du 128ᵉ de ligne. Mort de ses blessures à l'ambulance d'Hangest-en-Santerre (Somme), le 22 février 1916 : 25 ans.

PELLETIER Edmond. — Né à Paris ; boucher à Vesly ; brigadier au 5ᵉ d'artillerie à pied. Blessé sur la route d'Avocourt à Esnes, au début de la bataille de Verdun, le 22 février. Mort à Lisle-en-Rigault (Meuse), le 11 mars, après amputation d'une jambe et d'un pied : 39 ans.

DUVAL Marcel. — Né à Vesly ; ouvrier agricole ; mitrailleur au 74ᵉ de ligne. Tué à Souhesmes (Meuse), le 23 mai : 28 ans.

BAUMANN Pierre. — Né à Dangu ; ouvrier de papeterie ; du 11ᵉ d'artillerie légère. Mort le 30 octobre aux Bordeaux (Château-sur-Epte) de maladie contractée au front : 28 ans.

1918

SCHULER Antoine. — Né à Vesly ; ouvrier agricole ; du 119ᵉ de ligne. Blessé le 25 avril : Croix de guerre et Médaille militaire ; mort le 27 à l'ambulance de Saint-Rémy-sur-Bussy (Marne) : 23 ans.

PINEL Henri. — Né à Vesly ; frère de René susdit ; ouvrier agricole ; maréchal des logis au 13ᵉ d'artillerie légère. Blessé le 18 septembre entre Fismes et Reims ; mort le 15 décembre à Orléans, après amputation de la jambe droite, désarticulation de la jambe gauche et amputation de trois doigts de la main droite : 25 ans.

AUDINEL Léon. — Né à Ferrières (Seine-Inférieure) ; ouvrier agricole ; du 11ᵉ cuirassier ; disparu au Plessier de Roye (Oise), le 9 juin : 28 ans.

AUZOU Jean. — Né au Mesnil-sous-Vienne (Eure) ; du 328ᵉ de ligne. Tué à La Selve (Aisne), le 1ᵉʳ novembre : 24 ans.

Ils sont morts pour que la France vive,
Vivons de telle sorte que la France ne meure.

TABLE DES MATIÈRES

ÉVREUX, IMPRIMERIE DE L'EURE, 6, RUE DU MEILET. — G. POUSSIN, D^r.

www.ingramcontent.com/pod-product-compliance
Lightning Source LLC
LaVergne TN
LVHW050255060726
842525LV00002B/310